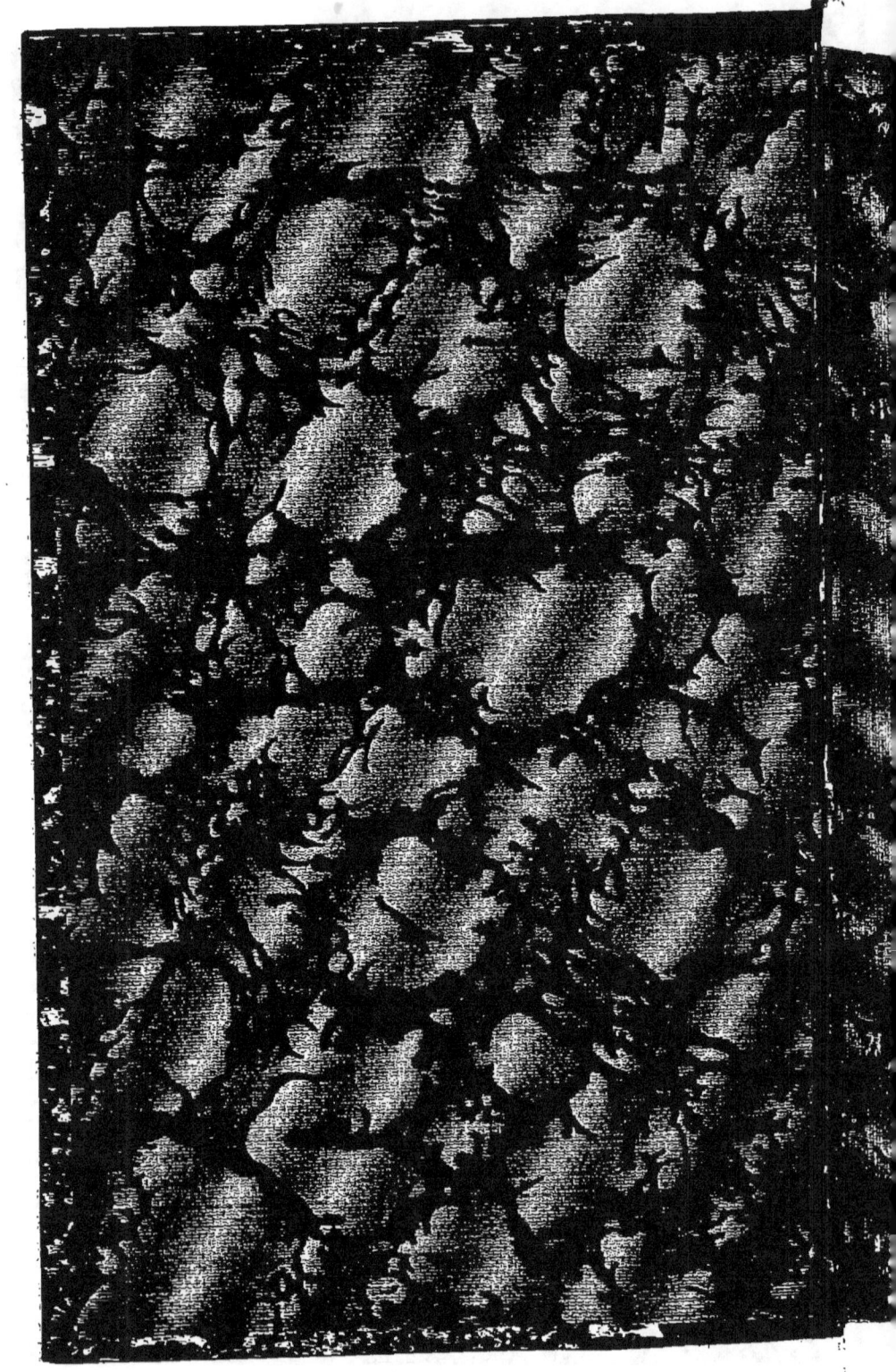

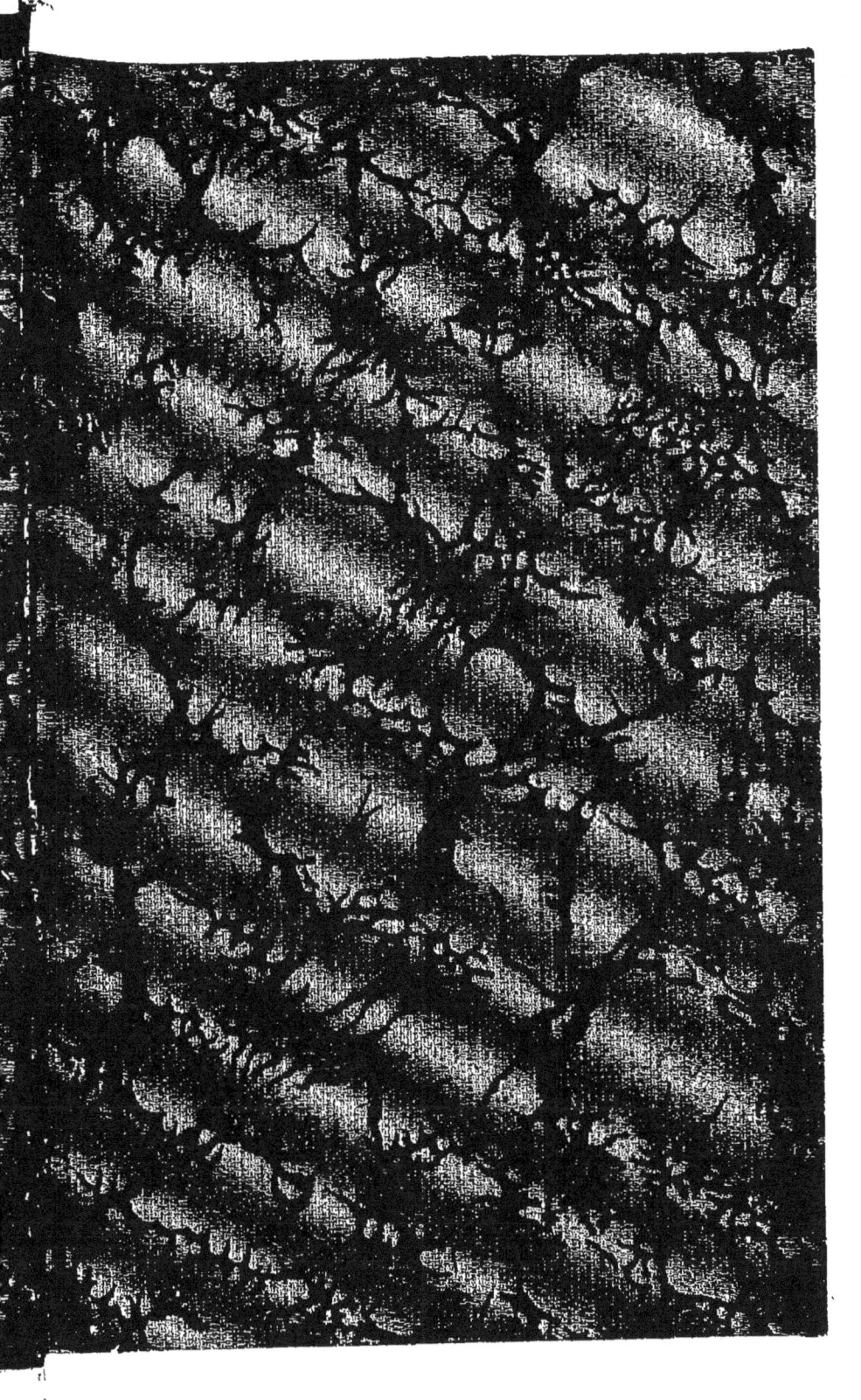

GUIDE PRATIQUE

DES MÉNAGES

CONTENANT

PLUS DE DEUX MILLE RECETTES

SUR

LA PRÉPARATION ET LA CONSERVATION DES ALIMENTS,
L'ART D'ENTRETENIR LA SANTÉ ET DE SOIGNER LES MALADES,
DE PRÉPARER LES MÉDICAMENTS,
L'HYGIÈNE DE LA TOILETTE,
L'ENTRETIEN DES MEUBLES ET DES VÊTEMENTS,
L'ASSAINISSEMENT DES HABITATIONS, ETC., ETC.

PAR

le docteur ELGET

PARIS
GARNIER FRÈRES, LIBRAIRES-ÉDITEURS
6, RUE DES SAINTS-PÈRES, 6

GUIDE PRATIQUE
DES MÉNAGES

MALADIES ET REMÈDES.

ABCÈS. — Tumeur contre nature qui renferme du pus. Les abcès les plus fréquents sont : les furoncles, les clous, les charbons, les maux d'aventure, les panaris. Nous en indiquerons le traitement, car il est général pour presque tous les abcès. On doit d'abord chercher à les amener à suppuration, au moyen de cataplasmes adoucissants. Lorsque les abcès sont mûrs, ils s'ouvrent d'ordinaire d'eux-mêmes. Cependant, on peut pratiquer une légère incision afin de permettre au pus de s'échapper et même presser légèrement les bords de la plaie, afin de le faire sortir plus facilement. Panser ensuite l'abcès avec un linge fin enduit de cérat ou d'huile.

ATTAQUES DE NERFS. — On appelle attaques de nerfs des contractions des muscles observées chez les personnes d'un tempérament lymphatico-nerveux. Ces attaques sont dues à une foule de causes : les émotions trop vives, les excès, de quelque nature qu'ils soient, l'abus des sens, ont presque toujours les attaques de nerfs pour résultat.

Si l'attaque est violente, coucher le malade sur un lit, l'entourer d'oreillers pour qu'il ne puisse se blesser dans ses convulsions. Puis lui faire boire quelques gorgées d'eau dans laquelle on aura ajouté quelques gouttes d'eau de fleurs d'oranger. Si le malade a le sang à la tête, appliquer sur le front des compresses d'eau fraîche renouvelées toutes les cinq minutes, sur les jambes et aux pieds des cataplasmes de farine de lin sinapisés que l'on changera toutes les cinq minutes. En général, l'attaque disparaît quelques minutes après son apparition si ces remèdes sont exécutés régulièrement. Dans le cas où les convulsions persisteraient, on devrait avoir recours à l'homme de l'art. (Voir p. 81.)

CHAUD ET FROID. — Cette locution vulgaire exprime assez bien le mécanisme de la cause d'un grand nombre d'indispositions survenant à la suite de l'impression d'un air froid sur la peau, lorsque celle-ci est en transpiration insensible. Le chaud et froid est plutôt une cause qu'une maladie, aussi les médecins ne le signalent pas dans leurs cadres pathologiques.

Mais comme après un chaud et froid il peut surgir dans l'organisme une multitude d'indispositions très variées et très graves, il est de toute importance de se prémunir contre les suites d'une transpiration brusquement supprimée. Si l'on est assez bien avisé pour se mettre dans un lit bien chaud, et boire des infusions diaphorétiques par petites tasses et bien chaudes, la transpiration d'ordinaire se rétablit, et toutes les craintes disparaissent. Mais, le plus souvent, on s'y prend trop tard, lorsque les plèvres, les poumons, le système nerveux, ou toute autre partie de l'économie en ont reçu le contre-coup. Une pleurésie, ou point de côté, se déclare d'ordinaire, accompagnée de la fièvre, de la douleur à la tête et de la difficulté de respiration. Dans ce cas, tout en continuant à agir sur la peau au moyen de boissons sudorifiques, il sera prudent d'appeler un médecin, car le plus souvent la maladie persiste malgré le retour de la transpiration, et elle parcourt ses périodes en acquérant bien vite un degré d'intensité inquiétant. Si le chaud et froid engendre toute autre indisposition, quelque légère qu'elle puisse se présenter, il sera convenable de ne pas trop se fier aux efforts de la nature, qui, tantôt sont impuissants et tantôt s'écartent de la voie que l'indisposition devrait suivre pour atteindre à la guérison. Dans toutes ces circonstances l'avis du médecin sera indispensable, lui seul pouvant apprécier la valeur de certaines nuances symptomatiques qui échappent aux malades étrangers à l'art de guérir.

CONVULSIONS DES ENFANTS. — Les mouvements convulsifs, que la mère éplorée se figure provenir d'un excès de douleur, tiennent à plusieurs causes, et demandent conséquemment plusieurs remèdes. Si le chaud et froid et l'insolation en sont la cause, l'application des sangsues derrière les oreilles peut prévenir une congestion cérébrale. S'ils dépendent d'aigreurs à l'estomac, un émétique sera le moyen le plus convenable ; s'il y a des vers, et l'on aura la preuve probable de leur présence si la prunelle est dilatée, et si le malade se trouve bien de boire un verre d'eau froide, il faudra avoir recours aux anthelminthiques, tels que la santonine, le *semen contra*, la mousse de Corse, ces deux dernières substances en décoction, et à la dose de six grammes pour une tasse d'eau que l'on fera prendre à l'enfant, et dans le plus court délai. Si enfin les convulsions sont provoquées par la suppression d'un exanthème, le traitement dépasse les limites d'attributions de ménage, et exige la direction médicale.

En général, on ne risque rien de faire avaler à un enfant qui a des convulsions le sirop d'ipécacuanha à la dose de trente grammes, et en même temps de lui administrer un lavement préparé avec quelques grains de castoréum. Si l'enfant ne peut pas avaler, il faudra lui frictionner l'épigastre avec de l'huile chaude, et lui couvrir le ventre avec des cataplasmes de farine de graine de lin. L'application de la moutarde aux membres inférieurs sera également utile.

Le commerce des médicaments saugrenus a mis en vente depuis quelque temps des *Colliers anticonvulsifs* préparés au moyen de substances antispasmodiques. C'est un article consacré à l'exploitation de la douleur maternelle.

VERS DES ENFANTS. — Il y a la plus grande probabilité que les enfants ont des vers intestinaux lorsque la peau de la face est pâle, et les yeux cernés d'un cercle noirâtre. Il y aura presque certitude s'il y a afflux de salive à la bouche le matin et à jeun, s'il existe des nausées, de la mauvaise haleine, un appétit irrégulier, une faim canine et la dilatation des pupilles. Le cadre symptomatique qui annonce la présence de vers parasites dans les intestins renferme encore des démangeaisons fréquentes sur le dos du nez, ou à l'anus, des coliques à la région ombilicale, des éternuements, grincements de dents; pendant le sommeil, décubitus sur le ventre, rêves assez vifs, amaigrissement considérable.

Malgré la quantité de symptômes que nous venons de signaler, le plus sûr de tous les renseignements diagnostiques est la sortie de portions de vers ou de vers entiers.

Chaque espèce de vers donne ses symptômes particuliers, et demande un traitement spécial. Ainsi :

Les *Ascarides vermiculaires* qui se logent dans le rectum donnent un prurit insupportable à l'anus, surtout le soir, la difficulté d'uriner, des épreintes d'aller à la selle sans effet, un écoulement muqueux par le rectum et par le vagin. Ces hôtes fort désagréables rendent l'enfant de mauvaise humeur, et triste par intervalle. Il est facile d'en constater la présence, pour peu que l'on inspecte attentivement les déjections de l'enfant, et le pourtour de l'anus; dans un cas et dans l'autre il sera facile de s'assurer que réellement il y en a, car on les verra se remuer.

Les *Ascarides lombricoïdes*, ou *Vers lombrics*, produisent de fréquentes coliques et une sensation toute particulière de reptation à la région ombilicale.

Aussi bien les uns que les autres, les vers intestinaux

peuvent causer les troubles nerveux jusqu'à faire tomber l'enfant du haut mal, ou à le rendre paralytique.

Le nombre des remèdes vermifuges est très considérable. Avant toutefois de songer à la destruction des vers et à leur expulsion, il est des circonstances où il faut apaiser les symptômes provoqués par la présence de ces parasites, et l'on ne saurait s'y prendre trop tôt s'il existe une affection vermineuse de quelque importance. Ce cas se présente dans les fièvres que les vers peuvent occasionner (fièvres vermineuses), ou peuvent compliquer, dans les inflammations locales, dans les abcès, dans les perforations, car les vers peuvent causer tous ces ravages. Dans cette conjecture on donnera pour boisson à l'enfant du lait, et on appliquera des cataplasmes sur le ventre, et des lavements du même liquide. L'huile et les émulsions huileuses seront aussi très utiles, car l'huile affaiblit et tue les vers probablement en les empêchant de sucer. On a proposé aussi la fleur de zinc, l'extrait de jusquiame, l'eau mercurielle en lavements et en boissons. Dans les cas opiniâtres on a recours aux vomitifs, à l'asa fœtida et à la valériane.

Le traitement radical, qui a pour but de tuer les vers et de les expulser, consiste dans l'administration d'une substance reconnue d'action anthelminthique. Il y en a plusieurs :

1. L'*Extrait aqueux de noix fraîches*, d'après Fischer, détruit en deux ou trois minutes les lombrics. Il faut faire suivre l'administration du remède par un lavement laxatif.

2. L'*Ail*, si nous nous rapportons à Hippocrate et au public, est aussi un remède vermifuge très efficace. On fait des colliers de gousses d'ail dont on entoure le cou de l'enfant. Intérieurement on donne à boire du lait, dans lequel on fait bouillir de l'ail.

3. *Semen contra* en poudre à la dose de 4 grammes; la même dose en décoction.

4. La *Santonine* à la dose de quelques centigrammes. On en fait des pastilles qui sont assez agréées des enfants.

5. La *Mousse de Corse* ou *Coralline*, espèce d'algue que l'on donne en décoction à la dose de 12 grammes dans 240 grammes d'eau.

6. La *Limaille d'acier*, donnée tous les matins à la dose de 4 grammes.

7. L'eau dans laquelle on aura éteint à plusieurs reprises du plomb fondu, à la dose d'une tasse, deux ou trois heures avant de manger.

8. L'*Eau mercurielle*, qui se prépare en faisant bouillir deux parties de vif-argent dans quatre parties d'eau ordinaire, pendant deux heures. Depuis 15 grammes jusqu'à 90 grammes pour les enfants de deux à six ans, seule ou sucrée, le matin à jeun.

9. Le *Camphre* a été beaucoup préconisé par plusieurs médecins, et particulièrement par le docteur Brera, de Milan. On l'emploie de la manière suivante : un demi-gramme de camphre peut être dissous dans une très petite quantité d'esprit de vin que l'on ajoute à 45 grammes d'eau et que l'on donne deux ou trois fois dans la journée. Cette préparation est très efficace pour tuer les lombrics.

Il sera prudent de donner de temps en temps un purgatif salin, ou une eau saline purgative.

10. Le *Beurre fondu* a réussi dans maintes circonstances, à la dose de 100 grammes par jour ; mais on trouverait difficilement un enfant assez docile pour se soumettre à un tel régime.

11. La *Graine de pourpier* à la dose de 60 grammes, pilée avec du lait.

12. Le *Calomélas* se donne à la dose de 30 centigrammes, enveloppé dans une conserve quelconque, ou sous la forme d'une pilule.

13. L'*Huile de noix* à la dose de quatre cuillerées tous les matins à jeun.

Les *Ascarides vermiculaires* demandent des procédés et des remèdes spéciaux :

1. On introduit dans le fondement un petit morceau de lard attaché à un fil. On l'y laisse quelque temps, afin que

les ascarides s'y attachent. En le sortant on le trouvera tout couvert de ces petits vers blancs, ronds et courts.

2. Les *Lavements* préparés avec une décoction de racine de grande gentiane, d'aristoloche, de tanaisie, ou d'absinthe, dans de l'eau ou dans du vin blanc.

3. Les *Purgatifs amers* sont excellents contre les ascarides.

4. Les *Lavements préparés* avec une forte solution de sel de cuisine ; l'*Eau mercurielle*.

5. Les *Pilules* d'extrait de *Quassia amara* et de *Tanaisie*, pendant plusieurs jours.

6. Un *Suppositoire* de coton trempé dans du fiel de bœuf ou dans l'aloès dissous.

On a proposé comme remède anthelminthique universel pour tuer toutes sortes de vers la formule suivante : Prenez scammonée et crème de tartre, de chacune 50 centigrammes, 2 grammes de rhubarbe récemment pulvérisée, une pincée de feuilles et fleurs de tanaisie champêtre mise en poudre ; 4 grammes de poudre d'écorce de racine de mûrier cueillie avant la maturité du fruit ; mêlez le tout, et administrez cette dose dans du bouillon gras ; on doit prendre un bouillon deux heures après.

La racine de fougère femelle à la dose de 8 grammes incorporée dans du miel ou dans du vin blanc pourra remplacer le susdit mélange très avantageusement, en ce sens que l'on n'a pas toujours sous la main tous les ingrédients dont il se compose.

TÉNIA OU TÆNIA, OU VER SOLITAIRE. — On peut soupçonner l'existence de ce ver plat dans les intestins des individus qui éprouvent des lassitudes après leurs repas, une sensation de pesanteur au-dessus du nombril, pâleur à la face, amaigrissement général. Très souvent les malades de ce parasite ont une salivation très abondante et des tranchées : tantôt ils manquent d'appétit ou en ont de déréglé, et tantôt ils éprouvent une faim à ne pouvoir se rassasier. Les symptômes les plus graves sont la perte momentanée de la parole, la syncope, et une douleur très aiguë que l'on ressent à jeun à la région du foie, et dont la violence coupe la parole ou fait que l'on bégaye. Parmi les symptômes, il en est de très bizarres qui se présentent assez souvent, le malade ne peut par exemple supporter ni la musique ni le son des cloches.

Une fois sur le chemin de la crainte ou, pour mieux dire, du doute, on pourra acquérir la certitude, si en inspectant la matière des déjections, on y rencontre des morceaux blancs assez ressemblants à un ruban très étroit ou à des graines de courge.

On a proposé beaucoup de remèdes spéciaux pour tuer et expulser le ténia : nous allons indiquer les principaux.

1. *L'écorce de racine de mûrier* cueillie avant la maturité des mûres. On en fait bouillir 14 grammes dans un demi-litre d'eau pendant une demi-heure, et l'on administre cette dose toute à la fois, après l'avoir passée à travers un linge. Cette racine étant purgative, on peut se passer d'une purgation qui est indispensable si l'on emploie tout autre vermifuge, qui ne soit pas en même temps doué d'une action purgative.

2. *L'Écorce de racine de grenadier sauvage.* 60 grammes dans deux tiers de litre d'eau : faites bouillir jusqu'à ce que la quantité du liquide soit réduite de moitié. On partage le liquide filtré ou passé seulement par un linge, en trois doses, et l'on administre ces doses à une demi-heure de distance l'une de l'autre. Il faut avoir la précaution de purger le malade, le soir qui précède le jour du traitement. Si les premières doses provoquent le vomissement, on passe outre, et l'on donne la troisième, qui ordinairement n'est pas rejetée.

3. *La Racine de fraxinelle;* en prendre à la dose de 4 grammes, plusieurs jours de suite.

4. *Le Jus de menthe* donné à la dose d'une cuillerée à soupe, mêlé avec un peu de vin et d'huile, pendant quelques jours.

5. *L'Huile de térébenthine* à la dose de 30 grammes pour un adulte, et de 15 grammes pour un enfant, que

l'on peut répéter deux ou trois fois dans la quinzaine. On peut l'administrer délayée dans de l'eau.

Les graines de courge. Une émulsion préparée avec 150 grammes de graines de courge fraîches écossées, ou 120 grammes d'amandes de courge telles qu'on les trouve chez les pharmaciens et les droguistes, agit comme un puissant anthelminthique pour tuer le ténia.

6. *La Racine de fougère mâle.* On la donne ordinairement en poudre à la dose de 8 grammes, ou bien on administre l'huile volatile de cette racine à la dose de trente gouttes sous forme de pilules. On donne ce remède le soir; le lendemain matin on donne au malade un verre d'eau froide, et ensuite une poudre composée avec 30 centigrammes de gomme-gutte, 5 centigrammes de calomélas, 60 centigrammes de magnésie carbonatée, et 5 centigrammes d'extrait de jusquiame. Au bout d'une demi-heure, on administre 15 grammes d'huile de ricin, un lavement de lait, et des frictions sur le ventre avec du pétrole.

Cette racine anthelminthique par excellence a été administrée sous toutes les formes; et chaque auteur préconise celle qu'il propose. La décoction se prépare avec 120 grammes de racines triturées dans un litre d'eau réduite par l'ébullition à 2/3 de litre. Alibert la prescrit comme boisson ordinaire dans les cas de vermination. Lorsque l'on entendra parler de la méthode de Nouffer, d'Herrenschwand, de Matthieu, de Bourdier, de Peschier, il est bien entendu qu'il ne s'agit que de fougère donnée d'une manière ou d'une autre, précédée ou suivie de l'usage des purgatifs. Les *Pilules de Peschier* se composent entièrement d'huile essentielle de cette racine, et constituent la méthode la plus facile à employer, quoiqu'elle ne soit pas infaillible.

Pour s'assurer de la présence du ténia, Hufeland propose d'administrer pendant quelques jours de la résine de gaïac avec de l'eau d'amandes amères. Ces substances provoquent la sortie de quelques lambeaux de ver avec les selles.

1.

On ne peut être certain de l'expulsion totale du ténia que lorsque l'on peut constater son extrémité céphalique, qui se termine en pointe. Si cette extrémité en se détachant du tronc n'est pas expulsée, elle produit un autre ténia.

Chez les enfants il est fort utile de donner pendant quelque temps, tous les mois, à la même époque, du *semen contra*, en faisant succéder à chaque fois une dose de jalap (50 centigrammes de racine). Par cette précaution on prévient la reproduction des vers.

7. Hufeland dit que la meilleure manière d'avoir raison du ténia est de le tuer peu à peu, et sa méthode consiste à donner aux malades du sel de Glauber, ou de Sedlitz, tous les matins, en y joignant plusieurs doses par jour d'élixir acide de Haller; de la limaille d'étain dans la conserve de roses, à la dose de 15 grammes de limaille; du lait, dans lequel on fait bouillir de l'ail, et la décoction de racine de grenadier sauvage. Toutes ces substances exercent sur le ténia une action désagréable et délétère qui, petit à petit, le fait mourir.

Un traitement qui a réussi plusieurs fois audit Hufeland consiste à donner soixante gouttes, trois fois par jour, d'un mélange, à parties égales, de teinture d'absinthe et d'asa fœtida, 30 grammes de limaille d'étain, trois cuillerées par jour d'un électuaire préparé avec la poudre de racines de fougère mâle et la conserve de roses, une petite cuillerée d'huile de ricin après chaque dose de cet électuaire, et un régime maigre, fortement salé. On comprend qu'avec une batterie si compliquée le ver n'a qu'à bien se tenir pour n'en pas être blessé plus ou moins grièvement une fois ou l'autre.

COQUELUCHE OU TOUX CONVULSIVE. — Cette maladie est une variété de catarrhe pulmonaire : elle est épidémique, contagieuse même. Il est donc indispensable que les maîtres d'école qui réunissent plusieurs enfants dans la même salle, les surveillent pour s'assurer si quelqu'un d'eux ne serait pas atteint de coqueluche, dans lequel cas il faudrait lui interdire l'entrée de l'école. Les mères d'enfants sains sont intéressées à connaître l'état de santé des autres enfants avec lesquels causent les leurs, car dans le cas de coqueluche présenté par un d'eux, il faudrait immédiatement couper court à toute communication.

Tout le monde connaît en quoi consiste la coqueluche et de quels symptômes elle est accompagnée. Il serait inutile de les rappeler. Dès le début, la coqueluche s'amende sous l'action des vomitifs et des purgatifs, tels que sirop d'ipécacuanha à la dose de 30 grammes, et du sirop de chicorée à la dose de 60 grammes. Les boissons pectorales, émollientes, de lierre terrestre, de bouillon blanc, d'hysope, sont très indiquées, et ce qui l'est encore davantage, ce sont les frictions faites avec un mélange de 30 grammes de graisse et 50 centigrammes de tartre émétique, pratiquées sur le creux de l'estomac, autant de fois qu'il le faut pour déterminer une éruption de petits boutons.

Plusieurs spécifiques ont été préconisés contre la coqueluche, mais aucun n'a encore donné un nombre suffisant de résultats heureux pour mériter cette qualification. L'infusion concentrée de café à la dose d'une grande cuillerée après chaque repas ; l'extrait d'opium, mêlé à l'extrait de belladone ; la cochenille avec le bicarbonate de soude ; le quinquina et ses préparations ; l'asa fœtida, la jusquiame, etc., s'emploient selon qu'il y a spasme ou périodicité. Il est du ressort du médecin de distinguer quel est le symptôme qu'il faut combattre, et quelles sont les indications auxquelles il faut satisfaire. Les parents d'enfants malades doivent se borner à employer l'émétique et dans le cas d'insuccès persistant, à envoyer leurs petits malades respirer l'air pur des montagnes. Le changement d'air est, sans contredit, le meilleur de tous les remèdes.

Dans les cas de coqueluche grave, c'est-à-dire à accès fréquents et à paroxysmes intenses et de longue durée, il conviendra d'administrer aux petits malades une infusion de pétales de fleurs d'oranger (deux tasses à café par exemple) additionnée d'un petit verre et demi de bonne eau-de-vie, et d'une quantité de sucre suffisante pour l'adoucir.

Ces deux tasses d'infusion données le soir en deux reprises favoriseront le sommeil, et ce sera toujours autant de gagné pour l'enfant et pour ceux qui l'entourent.

CROUP. — Cette maladie de l'enfance que l'on nomme aussi *Esquinancie membraneuse*, ou mieux *Angine couenneuse*, se déclare presque toujours brusquement. La voix de l'enfant devient rauque tout d'un trait, la respiration se fait courte et pénible, avec bruissement et sifflement qui ressemblent au cri du coq. C'est à ce dernier symptôme qu'il est facile de reconnaître le croup et de le distinguer de tous les autres genres de toux, avec lesquels il n'est pas possible de le confondre.

La rapidité avec laquelle la maladie parcourt ses phases, exige un traitement prompt, sans quoi il ne reste plus d'autres ressources que la trachéotomie.

Comme il s'agit d'une maladie éminemment phlogistique, il est nécessaire d'appliquer immédiatement sur le devant du cou quatre à six sangsues, selon l'âge, et simultanément il convient d'administrer un émétique, pour que les efforts de vomissement favorisent la sortie de la couenne, qui obstrue le larynx et menace de suffocation. Il sera convenable de faire respirer à l'enfant des vapeurs chaudes, émollientes, pour provoquer la fonte et l'expulsion de la lymphe épaisse qui constitue la couenne. Si l'on ne réussit pas dans les premières heures à débarrasser le larynx de ce corps étranger, il faudra avoir recours au médecin pour l'application d'autres remèdes plus difficiles à manier, et qui pourraient avoir des suites funestes, s'ils étaient donnés mal à propos ou à dose incompatible avec les circonstances accessoires de la maladie.

EMPOISONNEMENTS. — 1. *Par les Champignons*. Si l'on a lieu de supposer que les champignons se trouvent encore dans l'estomac, ce qui est présumable s'il n'y a pas longtemps qu'on les a avalés, on doit employer un vomitif tel que tartre émétique à la dose de 10 ou 15 centigrammes, dissous dans 100 grammes d'eau distillée. On donnera cette solution par petites portions très rapprochées, jusqu'à ce que l'on ait obtenu l'expulsion de tout ce qu'il y avait dans l'estomac. Il en est qui prescrivent de donner simultanément un purgatif tel que le sulfate de soude à la dose de 20 grammes, dans l'intention évidente de favoriser la sortie des champignons par le rectum. Si les symptômes d'empoisonnement ne sont survenus que plusieurs heures après le repas, on peut augurer que les champignons ne sont plus dans l'estomac, et dans ce cas l'émétique serait inutile. Alors on préfère les purgatifs actifs tels que l'huile de ricin, à la dose de 80 grammes, mêlée avec le sirop de fleur de pêcher, et additionnée de quelques gouttes de liqueur d'Hoffmann. On ne donnera pas la dose en entier, mais par moitié à la fois, à demi-heure d'intervalle.

Les contre-poisons préconisés dans cette circonstance, sont l'éther sulfurique à la dose de 8 grammes dans 125 grammes d'eau de fleur d'oranger ; l'eau fortement acidulée de vinaigre ou de jus de citron, et la thériaque.

Cet empoisonnement laisse d'ordinaire après lui des douleurs, et de l'irritation intestinale qu'il faudra combattre avec les mucilagineux et les adoucissants, plus particulièrement avec l'eau de riz ou de mauve, coupée avec du lait. Les fomentations et les bains chauds seront très utiles.

2. *Par les Acides.* Nous supposons que la cause de l'empoisonnement est connue, car différemment nous serions obligés d'aborder les questions de médecine légale pour mettre sous les yeux du lecteur les symptômes à l'aide desquels on peut distinguer la nature d'un poison que l'on voudrait cacher. Ce travail nous mènerait trop loin.

Les contre-poisons des acides, quels qu'ils soient, sont l'eau de savon et de guimauve, les lavements de son, et la magnésie délayée dans de l'eau. Si l'on est encore à temps on chatouillera le fond de la gorge avec une barbe de plume pour exciter les vomissements, ou l'on donnera le sirop d'ipécacuanha.

Règle générale : toutes les fois qu'on le peut, il faut provoquer la sortie du poison, et cela pourra se faire si ce poison n'a pas encore séjourné longtemps dans l'estomac.

Il est évident que si l'acide a déterminé une inflammation de la muqueuse, il est indispensable d'employer une méthode antiphlogistique; diète, boissons émollientes, cataplasmes et fomentations, bains, etc.

S'il s'agit des acides *Sulfhydrique* ou *Prussique*, le contre-poison est le chlore.

3. *Par les Alcalis*. Faire vomir, si l'on y réussit. Les contre-poisons pour les alcalis concentrés sont le vinaigre, le jus de citron (deux cuillerées de l'un ou de l'autre dans un verre d'eau), l'eau chaude en quantité, et l'eau albumineuse (quatre à six blancs d'œuf dans un verre d'eau).

4. *Par les Mercuriaux*. Eau albumineuse, lait étendu d'eau, farine délayée dans l'eau. Pour le traitement, voir ci-dessus *Empoisonnement par les acides*.

5. *Par les Alcaloïdes végétaux*. Décoction de quinquina, ou de noix de galle étendue d'eau.

6. *Par les Cantharides*. Faire vomir en administrant de l'eau tiède ou de graine de lin en grande quantité : frictionner la partie interne des cuisses avec de l'huile camphrée, donner du camphre en émulsion avec l'eau et même en injecter dans la vessie. Comme ce poison agit plus spécialement sur la vessie en déterminant une difficulté insurmontable d'uriner, il faudra avoir recours aux grands bains, à l'eau sucrée donnée en abondance, à l'application de quelques sangsues au périnée, et aux fomentations émollientes.

7. *Par le Chlore liquide, Eau de javelle (Chlorite de potasse)*. Le contre-poison de ces substances est l'eau albumineuse (blancs d'œufs délayés dans de l'eau).

8. *Par l'Arsenic* (préparations arsenicales). Eau sucrée pure ou coupée avec un tiers d'eau de chaux; magnésie délayée dans l'eau; lait; albumine étendue d'eau; décoction d'écorce de chêne, de noix de galle; charbon en

poudre, et finalement comme remède neutralisant chimiquement toutes les préparations arsenicales, le tritoxyde de fer hydraté, délayé dans de l'eau, et à la dose de douze ou quinze fois la quantité présumée du poison.

9. *Par l'Antimoine et ses préparations.* Décoction de noix de galle, d'écorce de saule, de quinquina, et le tanin plus particulièrement, si on l'a sous la main. Les eaux minérales sulfureuses.

10. *Par la Pierre infernale.* Sel de cuisine dissous dans l'eau, à forte dose.

11. *Par le Vert-de-gris.* Eau albumineuse; lait; décoction de noix de galle.

12. *Par les Sels d'étain.* . . .
13. *Par les Sels de zinc* . . .
14. *Par les Sels de bismuth.* . .
15. *Par les Sels d'or.* . . . .

Lait coupé avec de l'eau : eau chargée de blancs d'œufs; décoction de noix de galle, bicarbonate de soude.

16. *Par les Sels de plomb.* Limonade sulfurique; sulfate de soude ou de potasse; eau de Sedlitz; eau albumineuse, lait. S'il s'agit de la *Colique des peintres*, qui se manifeste par des douleurs abdominales atroces, par des vomissements, par des convulsions dans les membres et souvent par la paralysie de ces derniers, et par une constipation opiniâtre, alors il faut donner des purgatifs coup sur coup, des lavements également purgatifs, et quelques remèdes calmants, soit par le haut, soit par le bas. Ce traitement dure huit, dix ou quinze jours, selon les résultats que l'on en obtient. Outre les purgatifs, il sera nécessaire de faire boire au malade de la tisane sudorifique. Il faut continuer le traitement jusqu'à ce que le malade ne ressente plus de douleurs au ventre et aille régulièrement à la selle.

17. *Par les plantes vireuses*, telles que la *belladone*, la *mandragore*, la *morelle*, la *laitue vireuse*, etc., vomissements procurés avec 10 centigrammes d'émétique; beaucoup d'eau chaude; chatouillements au fond du gosier pour exciter à vomir, et, après le vomissement, des boissons acidulées avec du vinaigre ou du citron. Frictions sur tout le corps.

18. *Par les plantes irritantes*, telles que les *ellébores*, la *bryone*, la *coloquinte*, la *gomme-gutte*, le *ricin*, la *sabine*, les *euphorbes*, les *aconits*, la *gratiole*, la *joubarbe*, les *clématites*, les *apocynées*, etc. Boissons émollientes, bains et fomentations; de temps en temps quelques tasses de café à l'eau.

19. *Par les plantes narcotiques*, telles que l'*opium*, ses préparations et ses *alcaloïdes*. Emétique : tisane de noix de galle; café à l'eau en grande quantité : potions éthérées ou alcooliques.

20. *Par l'Acide prussique* ou *cyanhydrique* et ses dérivés, tels que les *cyanures métalliques*, l'*eau de laurier-cerise*, les *amandes amères*, etc. Faire vomir, et, ainsi que je l'ai dit, administrer le chlore en faisant inspirer de l'eau chlorurée : faire respirer aussi de l'eau ammoniacale préparée avec une partie d'alcali volatil et douze parties d'eau. Affusions d'eau froide sur la tête, la nuque et le long de la colonne vertébrale. Application de glace sur la tête. Frictions avec la teinture de cantharides et d'ammoniaque sur les tempes : sinapismes aux pieds et au gras de la jambe. A moins d'une promptitude que rarement on peut obtenir, les personnes atteintes par ce poison le sont mortellement. Tout le monde sait avec quelle rapidité agit l'acide cyanhydrique, puisqu'il agit instantanément : on pourrait dire que c'est un poison foudroyant, mais heureusement il est très difficile de s'en procurer. Il n'en est pas de même cependant de l'eau de laurier-cerise que les pharmaciens généralement donnent sans ordonnance du médecin, et sans réfléchir que s'ils la livrent à des doses inoffensives, il se peut qu'un individu préméditant un suicide par empoisonnement s'en procure, par petites fractions, une dose assez forte pour accomplir ses projets. C'est ce qui est arrivé à une demoiselle de ma connaissance qui, tourmentée depuis des années par des douleurs insupportables, s'est décidée, en désespoir de cause, à user de ce procédé pour se procurer 100 ou 120 grammes d'eau de laurier-cerise, qui, avalée tout d'un coup, l'a tuée à l'in-

stant. On a cité des empoisonnements de ce genre à la suite de l'indigestion d'une certaine quantité d'amandes amères ou de pêches.

21. *Par la Noix vomique ou la Strychnine.* On doit provoquer les vomissements, et les favoriser s'ils existent; insufflation d'air dans les poumons, et quelques cuillerées d'une potion préparée avec eau commune, éther sulfurique ou huile de térébenthine, et sirop de sucre.

Si le poison a été introduit dans l'organisme par la voie de la peau par un instrument contondant quelconque, on devra cautériser la blessure, et traiter le malade comme ci-dessus, sans cependant l'exciter à vomir.

22. *Par le Tabac, la Rue, l'Aconit,* etc. Faire vomir le malade et le purger ensuite. S'il y a stupeur, une saignée. Boissons acidulées et lavements laxatifs.

23. *Par le Seigle ergoté.* Il est arrivé, et il peut arriver encore qu'un médecin donne par distraction à son accouchée, ou dans une hémorrhagie, une dose exagérée de seigle ergoté ou d'*Ergoline* qui en est le principe actif. Il se peut aussi que le blé, le maïs, le seigle dont on se nourrit contiennent cette substance *(Ergot)*, qui ne perd rien de ses propriétés, ni par la manutention, ni par la fermentation, ni par la cuisson de la pâte et sa transformation en pain. Dans tous ces cas d'empoisonnement, si les symtômes sont légers on se bornera à donner de l'eau vinaigrée, ou acidulée par le jus de citron. Y a-t-il menace imminente de gangrène, ce qui constitue le véritable *Ergotisme*, on placera le malade dans un appartement sec et chaud, sur un lit bien chauffé, et on pratiquera des frictions opiacées sur les parties menacées. Les cataplasmes préparés avec la décoction de quinquina seront d'une grande utilité. Si ces moyens ne suffisent pas, l'empoisonnement tombe dans le domaine de la médecine.

24. *Par les Moules.* Ce mollusque employé comme aliment donne lieu, plus particulièrement entre mai et septembre, à des indigestions qui sont de véritables empoisonnements. Dans ce cas il faut administrer un vomitif, et s'il y a

intensité de phénomènes inflammatoires on doit recourir à la saignée, plus une potion antispasmodique dans laquelle on fait entrer 20 à 30 gouttes d'éther ou de laudanum, ou de liqueur d'Hoffmann. Boissons acidulées et application de sangsues au creux de l'estomac, si les douleurs à l'épigastre persistent. (Voir *Urticaire*.)

23. *Par les aliments.* La liste des substances qui peuvent produire des dérangements de digestion est aussi longue que l'énumération de toutes les substances dont nous nous nourrissons. Chaque aliment peut produire des indigestions plus ou moins graves, et chaque indigestion peut être suivie par des accidents qui ne le cèdent en rien aux accidents propres des substances vénéneuses. Qu'il suffise de dire que maintes apoplexies reconnaissent pour cause déterminante une indigestion.

Quelle que soit la substance qui est la cause de l'indigestion, soit par ses qualités, soit par sa quantité, les phénomènes morbides ne diffèrent pas, et conséquemment les indications thérapeutiques à satisfaire sont les mêmes.

Faire rejeter la substance indigeste, soit en provoquant directement le vomissement avec émétique, soit au moyen de grandes quantités d'eau tiède. Aidez l'estomac à digérer la substance indigeste. S'il s'agit de pain, ou de mie de pain frais dont on fait abus (*omnis indigestio mala, panis vero pessima*) il faudra répéter très souvent l'administration d'infusions de tilleul ou de thé, car la fécule demande une grande quantité de liquide pour la détremper. Encore dans ce cas cependant il est plus rationnel de vider l'estomac plutôt que de le fatiguer par un excès de boissons. Quelques gouttes de liqueur contenant des essences servent à faire expulser l'air contenu dans l'estomac, qui complique par sa présence l'indigestion. Tout le monde sait que l'on peut éprouver tous les symptômes d'une indigestion par une quantité d'air accumulé dans l'estomac.

Il y a une espèce d'indigestion, ou tout au moins on en

a les symptômes, par une simple vacuité de l'estomac. Plusieurs individus se plaignent de dérangement d'estomac dont ils souffrent à leur réveil, à un moment sans doute où l'estomac est parfaitement vide. Ils éprouvent le besoin de prendre quelque peu de nourriture, ou quelques tasses d'infusion de thé ou de café. Chez les ouvriers il y a l'habitude de boire du vin ou de la liqueur, ou de manger aussitôt qu'ils quittent le lit. C'est ce qu'on appelle *tuer le ver en cassant une croûte*.

Cette pratique, que l'on serait disposé à rattacher à une vicieuse habitude, a cependant sa raison d'être, et se justifie soit par le sentiment d'appétit qu'éprouve l'individu, soit par la sensation de lourdeur qu'engendrent sur l'estomac les humeurs gastriques accumulées pendant le sommeil. Pour les occuper il faut une substance alimentaire, ou une boisson quelconque qui les décompose. C'est de cette manière que l'on peut apaiser la faim, et les sensations désagréables qui l'accompagnent ou qui la remplacent. Sans doute, la meilleure manière d'atteindre ce but consiste à se nourrir avec quelque substance alimentaire ; mais sans doute aussi on peut pour ainsi dire tromper l'estomac en délayant les sucs gastriques au moyen de quelques boissons. L'idiosyncrasie individuelle, les goûts, les habitudes déterminent seuls le choix.

L'usage du café à jeun s'est pour ainsi dire généralisé de nos jours, et, précisément, parce qu'il tend à se généraliser de plus en plus, on peut reconnaître dans cette habitude une preuve empirique de la parfaite innocence de cette boisson. S'il y a des individus pour qui le café est malfaisant, la grande majorité ne ressent aucune mauvaise impression de son emploi. Nous ne saurions assez en recommander l'usage à toutes les personnes qui ne peuvent attendre l'heure du déjeûner sans éprouver des sensations désagréables à l'estomac.

Nous désapprouvons, par contre, hautement les copieuses libations matinales de liqueurs, de vin *blanc*, ou d'autres liquides fermentés, et conséquemment alcooliques, qui ne peuvent que porter un grand préjudice aux fonctions gastriques et qui sont cause de la perte de l'appétit, de l'abrutissement moral, et d'une infinité d'indispositions, qui souvent ne se terminent qu'avec la mort.

26. *Par les boissons alcooliques.* L'abus des boissons alcooliques entraîne avec lui plusieurs dérangements physiques et moraux, tels que l'*Alcoolisme*, le *Delirium tremens*, la *Paralysie générale progressive* et autres affections très graves du côté des fonctions intellectuelles. L'alcoolisme qui n'est que la suite de libations par trop copieuses et répétées, ne se guérit qu'en renonçant aux boissons alcooliques, par une bonne nourriture, par la noix vomique et par les antispasmodiques. L'huile empyreumatique de pommes de terre, donnée à la dose de 5 à 10 centigrammes neutralise en partie les effets des alcooliques pris à haute dose, ou plus souvent que ne le comporte la latitude organique.

L'*Ivresse* se guérit par l'administration de quelques gouttes d'alcali volatil (ammoniaque) dans un verre d'eau, par de petites doses, répétées de demi-heure en demi-heure; d'eau de laurier-cerise, et par des bains de siège d'eau froide, de neige ou de glace. Le *Delirium tremens*, la *Paralysie* et l'*Epilepsie* sont du ressort de la médecine, et leur traitement, si tant est qu'il en existe un, ne saurait être appliqué que par un homme de l'art.

Coliques. — Sous cette dénomination on désigne généralement toute douleur qui par son siège se rapporte aux intestins ou à un viscère quelconque du bas-ventre. Cette signification quoique incorrecte est cependant généralement employée; il faudra donc s'y tenir. Mais en prenant ainsi le mot *colique* comme synonyme de douleur abdominale, on serait amené à croire que dans tous les cas il n'y a qu'une seule indication à remplir, et conséquemment un seul traitement à appliquer. Ce serait commettre une faute très grave que de conclure de la sorte.

Pour traiter rationnellement les coliques, ainsi que toute autre maladie, il est indispensable de se préoccuper d'en connaître la cause et l'endroit de l'organisme où elles ont leur siège. Pour obéir à ces deux indications diagnostiques, les médecins ont fait de leur mieux pour en faciliter la compréhension, en appliquant à la dénomination de *colique* une épithète ou une autre qui indique soit la cause, soit le siége de cette douloureuse affection. Ainsi, pour n'en donner que quelques exemples, on connaît aujourd'hui la *colique venteuse*, la *colique néphrétique*, la *colique hépatique*, la *bilieuse*, l'*utérine* etc., qui indiquent le siège de quelques-unes et la cause d'autres, les deux particularités qui distinguent une colique d'une autre et demandent chacune un traitement spécial.

Colique venteuse ou *flatulente*. Elle se guérit par les infusions chaudes, aromatiques, spiritueuses, par les applications émollientes sur le ventre, et par des lavements purgatifs.

Si ces moyens ne réussissent pas au bout de quelques heures, il sera prudent d'avoir recours à un homme de l'art.

Coliques hépatiques ou bilieuses. Plusieurs maladies du foie présentent comme symptôme concomitant la douleur continue, et tantôt intermittente. La dénomination de *colique* n'est donnée ordinairement qu'à cette dernière variante : le plus souvent la colique n'est qu'un symptôme de l'hépatite, ou d'un engorgement du foie.

Lorsque la colique hépatique se présente de loin et par accès excessivement douloureux, il y a à craindre qu'elle ne soit maintenue par des calculs biliaires, et dans ce cas elle serait plus correctement appelée *Lithiasie biliaire* pour la distinguer de la véritable colique bilieuse, qui tient à tout autre cause. Pour s'assurer de la présence des calculs dans le foie, il est nécessaire de délayer dans de l'eau les déjections alvinées qui se présentent peu de temps après la cessation des paroxysmes, et ensuite de les tamiser.

Pendant l'actualité de la douleur, boissons émollientes, l'huile d'olive, les bains amidonnés et les légers cathartiques. Comme moyens préservatifs, les eaux minérales alcalines, et, mieux que bien d'autres remèdes, le jus de carottes jaunes pris habituellement tous les matins à jeun pendant deux semaines, pour le reprendre après une semaine de repos, et ainsi de suite jusqu'à guérison complète. Les coliques néphrétiques, mieux dénommées *Lithiasie rénale* pour les distinguer des *coliques névralgiques* des *reins*, se constatent par la présence de la gravelle dans les urines, ou par la sortie de quelques calculs après les paroxysmes douloureux. Eaux minérales de Contrexéville, ou de Vittel comme préservatifs. Pendant l'accès, bains généraux adoucissants, frictions à la région rénale, infusions de fleurs de sureau additionnées de laudanum liquide de Sydenham, repos absolu.

Dans toutes ces coliques lithiasiques, les moyens que l'on peut employer consistent dans le choix des substances susceptibles de favoriser la dilatation du canal cystique ou cholédoque, ou bien des uretères et de calmer la douleur. La *colique utérine* se calme, comme l'hystéralgie, par les opiacés et par les potions calmantes.

CHOLÉRA OU CHOLÉRA-MORBUS. — Malgré l'opinion professée par quelques médecins qui rangent cette maladie dans le nombre des maladies contagieuses, l'observation journalière, impartialement interprétée, nous laisse croire que le choléra n'est qu'épidémique, je veux dire qu'il frappe un plus ou moins grand nombre d'individus à la fois, sans cependant se communiquer de l'un à l'autre. Ce qui prouve surabondamment la justesse de cette assertion, c'est le fait des fuyards, qui, portant avec eux l'infection, sont saisis dans des lieux sains, et souvent meurent, sans cependant communiquer la maladie à ceux qui les ont soignés. Cette circonstance permet de prodiguer les soins nécessaires aux personnes qui en sont atteintes, sans qu'il y ait à craindre de s'exposer à un danger dans l'accomplissement d'un devoir. Il n'y a pas de maladie, on le sait, qui exige des secours plus immédiats que le choléra, secours qui, dans le plus grand nombre de cas, ne peuvent être donnés que par les parents ou les voisins du malade.

Le proverbe qui dit qu'il vaut mieux prévenir que guérir s'applique avec raison au choléra, qui, n'attaquant presque jamais personne à l'improviste, donne le temps de s'opposer avec succès à son éclosion. Le choléra est toujours précédé par quelques malaises qu'il est nécessaire de savoir apprécier pour les traiter. Pendant tout le temps de l'épidémie cholérique il est indispensable de s'étudier, pour ainsi dire, continuellement afin d'être toujours sur le qui-vive pour ne pas être surpris. Toutefois, tout en s'étudiant, il ne faut pas se laisser aller à une crainte exagérée, dont la mauvaise influence pourrait disposer à contracter la maladie, par l'affaiblissement du moral entraînant à un manque de force de réaction de la part du système nerveux, qui paraît être le siège principal de la maladie. C'est un fait constant qu'en portant remède aux indispositions prémonitoires qui précèdent l'éclosion du choléra, on parvient à l'éviter. Il est donc de toute importance d'être bien renseigné sur la nature des signes précurseurs.

On ressent d'ordinaire un malaise au cerveau qu'on ne peut expliquer, sans cependant qu'il y ait douleur proprement dite. La peau de la tête est plus chaude que de coutume; on éprouve des vapeurs et on a un sentiment de tristesse. Communément on ressent aussi des borborygmes, de l'inappétence; la digestion se fait avec difficulté, il y a une sensation de pesanteur sur l'estomac, très souvent diarrhée, lassitude des membres, frissons, et une sensation de crainte indéfinissable. Lorsqu'on est en proie à ces souffrances et que la langue est blanche, qu'il y a les signes d'une indigestion, que les selles sont plus fréquentes, il faudra prendre immédiatement un vomitif de tartre stibié, 5 centigrammes dans un demi-verre d'eau distillée, ou une infusion d'ipécacuanha, 1 gramme de poudre dans 100 grammes d'eau. Si, par contre, il y a lieu de croire que les intestins sont les organes indisposés et non l'estomac, un purgatif sera préférable, aidé par quelques lavements d'eau de mauve et de sel de cuisine. Les fonctions intestinales ou gastriques une fois rétablies, on fera usage du vin de quinquina, ou de quelques prises de sulfate de quinine. Les bains chauds seront utiles, et, à défaut, les frictions opérées avec un morceau de flanelle sur les membres supérieurs et inférieurs. Il est très rare que le choléra, pris à temps, et traité par les moyens indiqués, se déclare.

Lorsque malheureusement on a négligé de combattre ces symptômes précurseurs et que la maladie s'est déclarée, d'autres symptômes apparaissent qu'il est nécessaire de connaître immédiatement. Les voici : impuissance à se tenir debout, déjections fréquentes par le haut et le bas, coliques très douloureuses, vertige, abaissement de température, et surtout des selles qui ressemblent à la décoction de riz. Un peu après, aggravation de tous ces symptômes et apparition des crampes et de la couleur bleuâtre à la peau, qui constituent le degré le plus élevé d'intensité cholérique. Ces périodes ont une durée très courte ; cependant quelquefois elles persistent pendant quelques jours. Dans le premier cas, c'est la mort qui en est la terminaison; dans le second, il y a quelque espoir.

En attendant l'arrivée du médecin il sera indispensable d'administrer bien vite un émétique, des lavements, des compresses trempées dans de l'eau plus que chaude sur toute la surface du corps, alternées par des frictions faites avec des substances spiritueuses.

Si cependant le vomissement et les selles empêchaient par leur intensité l'administration de remèdes par le haut et par le bas, il serait convenable d'enlever l'épiderme au creux de l'estomac, dans un diamètre de 10 centimètres, au moyen de l'ammoniaque liquide ou de l'eau bouillante, pour saupoudrer ensuite la surface de la plaie avec du sulfate de quinine. Ce moyen nous a réussi lorsque l'introduction dans le canal gastro-entérique des substances médicamenteuses était impossible.

Il est désormais démontré que le choléra n'est qu'un accès, ou une série d'accès de fièvres intermittentes pernicieuses, et que dans le cours de cette maladie, qu'elle soit courte ou longue, il n'y a qu'une succession non interrompue de symptômes dont chacun rappelle ou forme le type d'une fièvre pernicieuse. Ainsi dans le choléra s'accumulent, en se suivant, la pernicieuse gastrique, l'entérique, l'algide, et quelquefois toute la maladie n'est qu'un accès de pernicieuse apoplectique.

Telle est la théorie génésique ou pathogénique du choléra qui maintenant a le plus de prosélytes, et à laquelle se sont rangés beaucoup de notabilités médicales qui ont professé pendant longtemps une tout autre opinion.

Les corollaires de cette théorie sont on ne peut plus explicites. Comme préservatif du choléra, le sulfate de quinine; comme moyen curatif, le sulfate de quinine administré le plus vite possible, et sur la peau dénudée, si on ne peut le faire prendre par la voie de l'estomac, ou par celle du rectum.

Comme moyen préservatif, le sulfate de quinine se prend à la dose de 10 centigrammes tous les matins à jeun, sous forme de pilules. L'usage de ce sel n'empêche pas les émétiques ou les purgatifs, si le besoin s'en fait sentir.

On pourra administrer le sulfate de quinine uni au sousnitrate de bismuth, ou au bicarbonate de soude, deux sels éminemment amis du tube gastro-intestinal, mais seulement dans le cas où il serait possible d'administrer des remèdes par la voie de l'estomac.

ECHAUFFEMENT OU ECHAUFFAISON. — Cette indisposition, qui est quelquefois un symptôme précurseur de plus graves maladies, consiste dans une augmentation de chaleur animale, accompagnée par une sensation d'ardeur à la peau, rougeur du visage, et des démangeaisons par tout le corps. Le sommeil est agité et les urines brûlantes à leur sortie. Chez quelques individus, il y a hémorragie par les narines.

Repos, diète, boissons rafraîchissantes, grands bains.

Chez un certain public, le mot échauffement est reçu comme synonyme de *Constipation* ou difficulté d'aller à la selle. Cette indisposition peut tenir à différentes causes, les unes accidentelles, les autres constitutionnelles. Tantôt la constipation est symptomatique d'une autre affection, et tantôt elle est la conséquence d'une affection particulière des intestins, ou d'une paresse du rectum. Il est évident que, selon la nature de la cause, le traitement doit varier, et certes on aurait grand tort de croire que la constipation soit toujours guérissable par les purgatifs, qui, tout en produisant un résultat immédiat, aboutissent toujours à laisser après eux une constipation encore plus opiniâtre, toutes les fois que l'on n'a pas affaire à une constipation accidentelle. Dans maintes circonstances, pour guérir de la constipation, il faut prendre la chose de loin, je veux dire en chercher la cause, qui souvent siége ailleurs que dans les intestins.

Les boissons laxatives, les bains salins, la diète, pourront toujours être employés sans crainte.

Un moyen qui réussit très souvent contre les constipations opiniâtres est de boire à jeun deux ou trois verres d'eau fraîche, et de se livrer immédiatement à une longue promenade.

La *Constipation habituelle* se laisse amender par l'usage intermittent de pilules composées :

Aloès	de chaque	60 centigr.
Extrait de jusquiame		
Sulfate de quinine	30	—
Sulfate de fer	20	—

Faites selon l'art 12 pilules à prendre à la dose d'une à deux tous les matins pendant quelque temps.

Les anciens nous ont transmis la coutume observée en leur temps de se purger ou avec des jus d'herbes, tels que la fumeterre, le cresson etc., ou à l'aide de quelques formules purgatives du ressort de la pharmacie. Cette coutume est presque entièrement tombée en désuétude, quoiqu'elle ne soit pas dépourvue d'un certain degré d'utilité hygiénique. Les théories médicales qui se sont suivies sans interruption tout au long de ce siècle voulant réformer en simplifiant dans leur travail rectificatif, il leur est arrivé parfois de ne pas y mettre assez de discernement pour éliminer seulement les pratiques dangereuses ou inutiles, et épargner du bannissement général beaucoup de bons usages, qui n'ont que le tort de ne pas se conformer avec la théorie qu'on tient à faire prévaloir. Aussi, au lieu de faire progresser la science, les novateurs n'aboutissent le plus souvent qu'à démolir, s'interdisant ainsi de profiter des connaissances, que nous ont léguées nos prédécesseurs. Dans le grand mouvement scientifique de ce siècle on a voulu tout mettre à neuf, ce qui nous a valu de nous moderniser de manière à condamner à l'oubli toutes les idées qui ne sont pas nos contemporaines.

Cette épuration qui s'est accomplie dans les hautes régions de la science, n'empêche pas le public de conserver certaines croyances et certaines habitudes, et entre autres celle de se purger à l'ouverture de chaque printemps dans le but de se débarrasser de toutes les impuretés qui, pendant l'hiver, peuvent s'être amassées dans les intestins, et de raviver l'activité intestinale par la secousse produite par les purgations.

Comme ce n'est pas pour les médecins que j'écris, mais pour le public, je conseillerai les deux formules suivantes :

Une bonne purgation qu'on peut employer en toute saison, si l'occasion d'en avoir besoin se présente, consiste dans 40 à 100 centigrammes de résine blanche de scammonée (selon qu'il s'agit d'un enfant, d'une dame ou d'un homme) délayée dans 25 grammes d'une liqueur quelconque telle qu'élixir de Garus, grande chartreuse, ou toute autre. La prendre deux fois dans une semaine à deux ou trois jours d'intervalle.

Une *purgation printanière* proprement dite consiste à prendre trois fois dans une semaine un verre de lait auquel on ajoute une cuillerée à thé de fleur de soufre, et à même mesure d'alcool.

Un excellent *purgatif à l'huile de ricin* se compose en ajoutant à l'huile assez de sirop d'orgeat pour en marquer la saveur. 40 grammes d'huile et autant de sirop représentent les doses généralement admises comme quantités moyennes, qu'on augmente ou diminue selon l'âge et le sexe de la personne qui doit s'en servir.

ENTORSE. — On donne ce nom à un tiraillement violent des parties molles et tendineuses de certaines articulations et particulièrement de celles du pied. Tous savent ce qu'une entorse veut dire.

Pour la guérir, il n'est besoin que de s'opposer au gonflement des parties tiraillées par des répercussifs, tels que l'eau froide pure, ou additionnée de quelques grammes d'acétate liquide de plomb (*Extrait de Saturne*), renouvelés au fur et à mesure que les compresses s'échauffent. Si cela se peut, on placera le pied malade sous un robinet qui laisse couler de l'eau froide.

Le massage est un excellent moyen pour empêcher l'infiltration des parties tiraillées. Toute la science du *pater rhabilleur*, et des *commères*, qui s'adonnent à ce genre de guérison, consiste à comprimer et à malaxer les parties malades à l'aide de leurs mains, parvenant ainsi, non à mettre en place des muscles, des tendons, ou des os qui s'y trouvent déjà, mais à aider puissamment à la résorption des liquides épanchés et éviter ainsi une inflammation et ses suites. Le chirurgien ne méprise pas ce moyen bien qu'il soit vulgaire, sachant bien que c'est le plus prompt et le plus efficace.

Ce massage demande cependant à être pratiqué d'une manière méthodique qui consiste à opérer le premier massage mollement, graduellement de bas en haut avec la main enduite d'un corps gras. Il faut continuer longtemps, et comprimer toujours de plus en plus jusqu'à dissipation complète du gonflement. Si cependant l'entorse était compliquée d'une déviation notable du pied, il faudrait passer à la réduction, ce qu'un chirurgien seul pourra faire.

FIÈVRES INTERMITTENTES. — Prenez 8 grammes d'encens

en larmes pulvérisé; 50 centigrammes de safran, 16 grammes de sel de cuisine, et 40 grammes de suie; incorporez le tout avec un filet de vinaigre, et lorsque le mélange sera amené à la consistance d'onguent, étendez-le sur des bandes de linge d'une largeur de 4 à 5 centimètres. On applique ces bandelettes comme un bracelet sur les deux poignets du malade, et on les y laisse appliquées pendant neuf jours.

Pour guérir la fièvre quarte, qui est la plus rebelle de ces formes de maladie, faites une pâte avec poudre à canon et vinaigre, et comme il est dit précédemment, appliquez cette pâte sur un linge avec lequel vous entourerez le doigt annulaire de la main gauche pendant neuf jours. Madame Fouquet, à qui nous empruntons ces deux topiques, ne se porte garante que du premier, malgré les excellents renseignements qu'on lui a donnés du second. Nous faisons la même réserve pour les deux, n'ayant aucune expérience qui nous fasse croire à la véracité des assertions de la dame de Montpellier.

HERNIES. — Un médicament qui forme l'objet d'une spécialité thérapeutique exploitée à grand renfort de réclame n'est pas un secret pour nous, et nous ne voulons pas qu'il le soit non plus pour notre lecteur. Faire boire au malade matin et soir un verre de vin blanc dans lequel aient infusé pendant sept ou huit jours 25 grammes de poudre de noix de cyprès et autant de la fougère connue sous le nom d'*osmonde royale*, pour chaque litre de vin. Le traitement dure depuis quarante jours jusqu'à trois mois. Pendant tout ce temps le malade devra porter un bandage, et il sera utile de tenir sur la tumeur des compresses trempées dans du vinaigre qui a servi pour excipient des deux plantes susdites.

Ce traitement, qui ne réussit pas toujours, donne cependant des résultats favorables non seulement dans le déplacement des intestins, mais aussi dans la chute de la matrice et du rectum. Nous l'avons employé, et toujours avec succès.

La turquette (*Herniaria glabra*) a joui anciennement de la réputation d'un remède très efficace contre les hernies; de là peut-être son nom latin. Quoique tant soit peu astringente, elle n'est rappelée dans les matières médicales modernes qu'a titre d'érudition.

Les enfants rompus guérissent par la seule application d'un bandage; il n'est donc pas étonnant que l'on ait reconnu à maintes substances le pouvoir de guérir les hernies de l'enfance. Il n'y a pas jusqu'aux limaçons à qui l'on n'ait prodigué des éloges, soit pris intérieurement, soit appliqués extérieurement sous forme de cataplasme. Si les médecins ont tort de tout rejeter de ce que nos ancêtres nous ont transmis, les auteurs de remèdes renouvelés de l'antiquité devraient employer un peu plus de discernement dans leur choix.

Les Luxations et Foulures ou Contusions demandent à ce que l'on plonge le membre luxé ou contusionné dans un bain d'eau froide, ou mieux, que l'on suspende au-dessus de la partie affectée un arrosoir ou un seau rempli d'eau froide, placé de manière à pouvoir faire tomber le filet d'eau qui s'échappe du robinet perpendiculairement sur la partie malade. Il faut en outre éviter autant que possible les changements de position. On pourra administrer un verre d'eau sucrée, additionnée d'eau de fleur d'oranger et quelques gouttes d'éther sulfurique. On n'essayera pas de ramener le membre dans sa position naturelle; pour cela, il faudra attendre l'arrivée d'un médecin.

Enchifrènement, Coryza, ou Rhume de cerveau. — On appelle ainsi l'inflammation catarrhale de la membrane muqueuse des fosses nasales. Un coup de froid, particulièrement à la tête ou aux pieds, en est la cause ordinaire.

Pour en guérir, il suffit, si le coryza est léger, de garder l'appartement tenu à une douce température. S'il est plus grave, les fumigations d'eau de mauve, les bains de pieds et les frictions avec un corps gras sur le front et sur le nez, produiront le résultat désiré.

Si cette indisposition est habituelle, l'on pourra s'en

affranchir par deux moyens opposés : 1° par l'usage des affusions hydrothérapiques ; 2° par des mesures hygiéniques tendant à maintenir la peau à une température constante : habillement en laine, flanelle, boissons chaudes, bonne chaussure, et toujours la tête couverte, et les pieds chauds.

Le coryza est toujours une indisposition grave pour les enfants nouveau-nés, en tant que l'enfant ne peut téter sans être menacé de suffocation. Les meilleurs remèdes sont le calomélas, et les vésicatoires aux jambes, et, si l'affection est grave, l'application d'une sangsue derrière l'oreille.

LUMBAGO. — Un peu par reconnaissance, et beaucoup par amour de la vérité, nous enregistrons à cette place un traitement qui nous a servi pour nous débarrasser de douleurs de reins devenues par leur ténacité presque insupportables. Ce traitement consiste à se ceindre le corps d'une corde mince de chanvre, à deux ou trois tours, immédiatement au-dessus de la hanche. Soit que la légère irritation de cette corde fasse un point de dérivation au bénéfice des psoas ou des muscles lombaires qui sont le siége de cette incommodité, soit pour toute autre cause, toujours est-il que la douleur disparaît au bout de peu de temps. Un bon nombre de nos amis et connaissances sont guéris par ce moyen que nous recommandons comme tout à fait inoffensif, et d'autant plus qu'il n'exclut aucunement l'application des remèdes rationnels suggérés par la science.

RHUME DE POITRINE. — Irritation catarrhale du larynx et des bronches. Il débute ordinairement par l'*Enrouement*, la toux, et des douleurs vagues à la région pulmonaire. A l'état bénin, on l'appelle *Rhume*; si cependant il devient plus grave, il dégénère en laryngite, en bronchite, et quelquefois en pneumonie. Lorsqu'on ne jouit pas d'une constitution forte, il est toujours prudent de ne pas s'exposer à contracter des rhumes, qui sont très souvent les avant-coureurs de la phtisie pulmonaire.

Un lit bien chaud, des habillements bien chauds, des boissons émollientes bien chaudes, voilà les remèdes.

Parmi les pratiques vulgaires, que l'on emploie pour se débarrasser d'un rhume, il y a celle qui consiste à s'appliquer sur toute la largeur de la poitrine une feuille de papier mou non collé enduite de suif ou d'un corps gras. Certainement ce remède peut avoir d'assez bons résultats, puisque, en interposant un corps impénétrable à l'air entre la poitrine et l'atmosphère, il a pour effet de la garantir d'un froid trop vif.

Un remède assez commun en Russie, où certainement on doit s'y connaître, en fait de rhumes, est le suivant que nous indiquons, l'ayant trouvé très rationnel. Prenez : 3 pommes de reinette, pelez-les et coupez-les en tranches très fines, 15 grammes de jujubes, autant de raisin de Damas, et un litre d'eau. Faites bouillir jusqu'à réduction de la moitié du liquide. Passez ensuite, et dans le liquide qu'on obtient faites fondre 120 grammes de bonne cassonade et faites bouillir jusqu'à réduction de la moitié.

Une ou deux cuillérées en se couchant, et autant en se levant.

Un autre remède consiste à se bander le front avec un large fichu de mousseline dans lequel on aura mis de la ouate. Au bout de quelques minutes, une sensation de chaleur au front se manifeste, accompagnée bien vite de sueur. On enlève le bandeau, et avec lui le rhume de cerveau.

Nez puant. — Tout le monde sait ce que veut dire *Puanteur du nez*, mais ceux qui ne sont pas médecins seront bien aises d'apprendre que cette infirmité désagréable peut tenir à différentes causes ; chacune d'elles exige des remèdes spéciaux. Un ulcère peut s'établir dans la pituitaire et empester l'air qui la touche : le même résultat a lieu à la suite d'une affection chronique de la membrane; enfin, l'antre d'Higmore qui s'ouvre dans les fosses nasales peut communiquer à l'air la puanteur qui le caractérise. Dans le cas où ce désagrément de sentir mauvais du nez tient à une affection superficielle de la pituitaire, on pourra neutraliser la mauvaise odeur en faisant aspirer par le nez parties égales de jus de rue et de menthe, du suc de lierre terrestre, ou du marrube blanc sous forme de tabac à priser.

La noix muscade, concassée et infusée dans le vin, peut produire le même résultat si l'on fait aspirer le vin par les narines.

La solution de parties égales de sulfate de zinc et de sulfate de fer est peut-être le plus actif de tous les désinfectants.

Mais s'il existe un ulcère, il faudra l'usage des caustiques qui ne sauraient être appliqués avec la prudence nécessaire que par un homme de l'art.

Nous avons guéri de ce vice différentes personnes en leur faisant aspirer par le nez le baume du Commandeur ou des Innocents, d'abord délayé dans l'eau et par la suite pur.

Bouche puante. — L'*Haleine forte* tient, elle aussi, comme la puanteur du nez, à différentes causes, et entre autres à de mauvaises digestions, et au mauvais état des gencives, des parois buccales et des dents. Cette infirmité peut se neutraliser momentanément, mais ne disparaît d'une manière absolue qu'en écartant la cause d'où elle provient. Ainsi, si vous avez une dent gâtée et puante, faites-la extraire; si les gencives sont molles, sanguinolentes et blafardes, usez des astringents et des antiscorbutiques; si la digestion ne se fait pas normalement, portez-y remède, et l'haleine acquerra ses qualités premières.

Toutefois, pour remédier temporairement à cette fâcheuse infirmité, mâchez de la racine d'iris de Florence, des clous de girofle, de la cannelle, ou un aromate quelconque. Nous avons donné ailleurs la formule de collutoires destinés à cet usage, et, sans revenir sur ce que nous avons dit, nous ajouterons que tous ces moyens factices, loin de neutraliser complètement l'odeur désagréable du souffle, lui communiquent des nuances de senteur qui, au fond, le rendent encore plus insupportable.

Se rincer la bouche souvent avec de l'eau additionnée d'eau de Cologne ou d'esprit-de-vin ; prendre des pastilles de chlorure de chaux, en ayant soin de cracher la salive, se curer les dents après avoir mangé, sont tout autant de précautions utiles pour amender cette indisposition si incommode pour ceux qui vous écoutent de près.

SUEURS PUANTES. — L'excrétion de la peau ou transpiration cutanée a une odeur qui varie d'un endroit à l'autre et qui, si nous en jugeons par les chiens, est spécifique pour chaque individu. Certaines parties de notre corps sécrètent une sueur alcaline, tandis que d'autres en sécrètent une acide, et dans un cas et dans l'autre, l'alcalinité et l'acidité sont, ou très intenses et conséquemment par trop fortes, ou ont une odeur spéciale et caractéristique qui n'a rien d'agréable. Ainsi l'on peut dire que l'homme, dans aucun cas, ne sent bon pour son voisin, et que, si les odeurs qu'il émane viennent se rendre trop intenses, son voisinage incommode les autres au plus haut degré.

C'est presque toujours par infraction aux exigences de la toilette que l'on sent mauvais. Cependant une longue course, suivie d'une abondante sueur, et quelques maladies de la peau ou d'autres parties du corps, sont la cause de cette auréole puante qui entoure le malade ou l'homme qui a beaucoup marché. Parmi ces odeurs maladives ou seulement exagérées, il y en a qui sont connues de tout le monde et qu'il est inutile de signaler ; mais il y en a d'autres que les médecins seuls savent distinguer, et à la lueur desquelles ils s'inspirent même pour son diagnostic. Ainsi, en entrant dans la chambre d'un malade, si le médecin sent l'odeur de l'urine de chat, il se doutera tout de suite d'avoir affaire avec une maladie typhoïde. Le cancer a une odeur *sui generis*, qui ne permet pas à celui qui l'a sentie une fois de s'y méprendre. Les urines sentent différemment selon les maladies ; en un mot, à chaque condition particulière de l'organisme malade ou bien portant, l'odeur de la sueur varie.

On remédie à une sueur puante au moyen de détersions

fréquentes, pratiquées à l'aide de substances liquides odoriférantes, et plus particulièrement au moyen des désinfectants. L'odeur des pieds, qui est une des plus incommodes, se neutralise par les lavages répétés de solution de sulfate de zinc et de sulfate de fer en parties égales; en changeant souvent de chaussettes et de souliers, et en purifiant à chaque fois ceux-ci d'une manière quelconque.

L'odeur de la sueur des autres parties du corps n'admet comme correctifs que les ablutions répétées, et les frictions faites avec quelque pommade cosmétique. (Voir *Cosmétiques et Parfumeries.*)

Furoncles ou Clous. — Toutes les fois qu'on a des furoncles qui se multiplient ou se succèdent de près les uns aux autres, on peut se douter d'un état saburral de l'estomac. Cependant d'autres causes les produisent également. On ne connaît point de traitement abortif des furoncles, si ce n'est celui de l'incision de la tumeur dès son début, opération à laquelle personne ne veut se soumettre. L'on se borne à l'application de cataplasmes suppuratifs, faits avec de la farine de graine de lin, ou de la mie de pain avec du lait, et l'on attend patiemment la maturité de la tumeur qu'on laisse s'ouvrir d'elle-même. Aussitôt que le bourbillon est sorti, l'ouverture tend à se fermer, et la tuméfaction se dissipe.

Anthrax. — Tandis que le furoncle n'attaque que la peau, l'anthrax affecte le tissu cellulaire sous-cutané, et tandis que le furoncle aboutit généralement à la suppuration, l'anthrax se termine le plus souvent par la gangrène. Aussi, à proprement parler, le furoncle grave est un anthrax bénin; ou autrement, ces deux maladies ne diffèrent entre elles que par leur degré de gravité.

La couleur de la peau qui est le siège d'un anthrax est d'un rouge foncé qui, en peu de jours, passe au violacé. La tumeur est très dure et très douloureuse, et est accompagnée d'une chaleur brûlante. En peu de temps, cette tumeur, lorsqu'elle est maligne, acquiert plusieurs centimètres de diamètre, la pointe du milieu se fait saillante, se mortifie et s'ouvre. Elle est accompagnée le plus souvent par la fièvre. L'anthrax, lorsqu'il est arrivé à maturité, s'ouvre à plusieurs endroits, présentant ainsi, en une certaine mesure, le rayon d'une mouche à miel. De là le nom de *Guêpier* qu'il porte dans certains pays. Il se termine par la sortie d'un bourbillon, qui n'est que du tissu cellulaire enflammé et mortifié.

Dès le début, il faudra appliquer des sangsues coup sur coup, et ensuite des cataplasmes émollients. Dans le cas où ce premier traitement n'aboutirait pas à arrêter le progrès du mal, il sera indispensable de faire deux incisions en forme de croix, et journellement on devra comprimer la tumeur pour en faire sortir le pus et les bourbillons détachés. On panse avec de l'onguent et de la charpie, et on recouvre le tout avec des cataplasmes émollients.

L'anthrax se développe plus communément au dos, sur les épaules et au cou, et souvent entraîne avec lui des altérations sur les parties adjacentes, donnant lieu à des symptômes plus ou moins graves qui exigent l'intervention d'un médecin.

Viennent parfois, pour le compliquer, la difficulté de la respiration, l'étouffement et même la paralysie, et presque toujours des symptômes d'irritation gastro-entérique. Dans toutes ces circonstances, il faudra un traitement approprié.

CHARBON, OU PUSTULE MALIGNE. — Quoique généralement les deux dénominations soient employées comme synonymes, cependant entre les deux maladies qu'elles désignent il y a une différence très notable dont il faut tenir compte. Tandis que dans la tumeur charbonneuse, lorsqu'elle est spontanée, les accidents généraux précèdent la formation de la tumeur, dans la pustule maligne, c'est de la tumeur que les accidents généraux prennent leur point de départ.

Quoi qu'il en soit, si par un moyen quelconque le charbon des animaux vient à être inoculé, la pustule maligne se déclare en peu de temps, parcourt ses périodes et finit par donner la mort à l'individu. Les fréquents exemples de personnes mortes à la suite d'une piqûre de mouche charbonneuse, doivent tenir en éveil quiconque se sentira blessé par cet insecte, et, le plus promptement possible, il conviendra de se faire cautériser la blessure avec le feu ou avec les caustiques chimiques, tels que la potasse, l'alcali volatil et le sublimé corrosif. Tous les caustiques sont bons, pourvu qu'on les applique promptement.

Il ne faut pas faire grand cas de la distinction que l'on a proposée entre la pustule bénigne et la pustule maligne, car l'on pourrait s'exposer à une erreur irréparable. Dans le doute, il vaut mieux se cautériser inutilement, que de ne pas le faire lorsque ce serait utile et indispensable, car jusqu'à présent la maladie, une fois déclarée, n'a encore cédé à aucun des traitements que l'on a préconisés.

PANARIS OU MAL D'AVENTURE. — Il y a trois espèces de cette maladie : 1° celle qui siège entre la peau et l'épiderme, c'est un premier degré le plus bénin, on le connaît sous le nom de *fourniole*; 2° celle qui est placée dans le tissu cellulaire sous-cutané : c'est un degré plus grave ; 3° celle qui envahit la gaine des tendons : c'est le *Panaris tendineux*, et c'est la pire espèce.

Fort mal à propos, selon nous, on a désigné la pointe des doigts de la main et l'orteil comme les parties ordinairement affectées par cette maladie. Nous avons pu remarquer très souvent que le panaris s'implante aussi bien sur toutes les phalanges des doigts, et sur la paume de la main même. Du reste, le traitement est le même pour tous les cas.

Les deux premières espèces parcourent leurs phases ne donnant pas de douleurs insupportables, puisque l'application de l'onguent de la Mère et les cataplasmes suffisent pour les calmer. Mais il n'en est pas ainsi du panaris phlegmoneux, ou tendineux, qui attaque les tendons, en en détachant même quelquefois les fibres qui se fixent sur les os. Il faut se hâter, dans cette circonstance, de pratiquer une incision profonde, sans quoi la suppuration qui s'établit spontanément ne tarde pas à carier et nécroser les parties tendineuses et osseuses. Après l'incision on maintient le membre dans un bain émollient, et l'on panse ensuite avec des topiques relâchants et calmants. Si les phénomènes inflammatoires persistent, on fait des frictions sur le membre malade avec de l'onguent mercuriel. Mais à ce point l'on est déjà dans le domaine de la chirurgie, et ce serait empiéter sur un champ que nous nous sommes interdit, que d'entrer dans l'exposition de moyens dont l'application demande toute la perspicacité des hommes de l'art.

On arrive quelquefois à arrêter le développement du panaris en plongeant le doigt menacé dans l'eau bouillante, et en le retirant aussitôt. On répète ces immersions dix ou douze fois.

ERYSIPÈLE. — L'érysipèle consiste en une inflammation plus ou moins superficielle de la peau, avec tension et tuméfaction de la partie affectée, rougeur légèrement jaunâtre, et dans les cas un peu graves accompagnée de fièvre. Le génie de cette maladie est d'être erratique et, conséquemment, de se transporter d'un endroit à un autre. Tantôt elle se dilate jusqu'à envahir une grande surface, et tantôt, disparaissant d'un endroit, elle se reforme ailleurs, et dans ce cas ce sont des érysipèles qui se succèdent les uns aux autres.

Il ne faut pas confondre l'érysipèle proprement dit avec la rougeur érysipélateuse qui accompagne les plaies, les tumeurs et beaucoup d'autres affections de la peau. Dans ce cas l'érysipèle n'est pas une maladie, il en n'est qu'un symptôme.

Quand l'érysipèle constitue une maladie par lui-même, il est plus ou moins superficiel, plus ou moins profond, avons-nous dit; il est accompagné ou non par des ampoules, il est phlegmoneux ou boutonneux et même gangreneux; très souvent il est périodique. Selon qu'il est une chose ou l'autre, il présente plus ou moins de gravité. Le phlegmoneux qui aboutit à la gangrène est le degré le plus élevé de cette maladie.

L'érysipèle peut s'implanter sur toutes les parties du corps, mais il préfère les membres, la tête chevelue et la face.

Placé sur ces deux endroits il est plus dangereux que partout ailleurs, et laisse craindre ce que malheureusement on observe encore assez souvent, un transport de la maladie au cerveau, ou sur tout autre organe intérieur, pour peu qu'ils soient prédisposés à se ressentir de l'action des causes morbides.

Je me suis étendu un peu plus que le cadre que je me suis fixé ne le comporte, à cause de la nature insidieuse de cette maladie qui, se présentant sous un aspect de *bénignité*, parcourt rapidement l'espace qui la sépare d'une maladie vraiment grave, accompagnée d'un danger sérieux. L'érysipèle de la tête et celui de la face réclament les soins du médecin, à cause du danger de répercussion à l'intérieur qui s'y rattache.

Ce qui indique la gravité de la maladie ce n'est pas tant le degré d'inflammation de la peau, que la fièvre accompagnée par des frissons qui se répètent d'un moment à l'autre, l'insomnie, la céphalalgie (douleur de la tête) intense, et quelquefois le délire. Dans ce cas il y a à craindre qu'elle disparaisse de la surface de la peau pour se transporter sur les membranes cérébrales, ce qui constitue un cas presque toujours mortel.

Localement l'érysipèle est grave lorsqu'il est implanté profondément (phlegmoneux), ainsi que s'il est accompagné d'une boursouflure excessive, et d'une couleur qui dégénère en peu de temps au violet. La gangrène peut se déclarer dans ces circonstances.

Si l'érysipèle n'est pas accompagné par la fièvre, et que l'inflammation soit légère, les applications émollientes suffiront pour en mitiger la douleur et la démangeaison qu'il fait éprouver aux malades. Les boissons tempérantes, telles que le petit-lait, la limonade, et surtout la diète, sont de rigueur. Il est rare qu'il faille avoir recours aux sangsues que l'on applique, si besoin il y a, sur les parties adjacentes à la tumeur, et jamais sur la tumeur même.

Dans toute autre éventualité la présence du médecin est indispensable.

Cette maladie, si elle se présente souvent, est toujours un indice d'accumulations suburrales dans le canal gastro-entérique, et d'un état d'irritation de ses membranes. Quoiqu'une fois déclarée elle parcoure ses stades presque inévitablement, et qu'elle dure de six jusqu'à quinze jours, sans pouvoir en abréger la durée, il ne sera pas hors de propos de purger avec des purgatifs laxatifs, aidés dans leur action par des lavements émollients. Les purgations fortes pourraient irriter par trop les intestins, et favoriser le transport de l'érysipèle à l'intérieur.

L'on ne doit se regarder comme guéri de l'érysipèle que plusieurs jours après sa disparition, car entre celle-ci et son invasion sur une partie interne, il se passe quelque temps pendant lequel le malade se croit tout à fait affranchi. Nous avons vu deux malades que l'on aurait jugé volontiers comme parfaitement guéris, être assaillis deux jours après par une cardite violente et mourir en peu de temps.

Coup de soleil. — L'action violente des rayons du soleil sur les parties non couvertes d'habillements produit une rougeur que l'on pourrait assimiler à celle de l'érysipèle. Dans ce cas il est très léger et cède au moindre régime, aux boissons délayantes, aux lotions d'eau blanche de saturne, et même d'eau fraîche pure. Mais il n'en est pas ainsi du coup de soleil sur la tête, qui, quelquefois, est cause d'une véritable inflammation des membranes cérébrales et, dans ce cas, comme la saignée est indispensable ainsi que l'application méthodique d'autres remèdes, l'intervention médicale sera de rigueur.

Gale. — La gale se guérit en vingt-quatre heures par le traitement suivant : un bain de savon, d'abord, ensuite frictions faites avec une pommade composée de 20 grammes de carbonate de potasse, dissous dans un peu d'eau; 40 grammes de soufre en poudre fine; axonge 200 grammes. Ou bien axonge lavée 125 grammes; fleurs de soufre 16 grammes; chlorure de sodium 4 grammes. Une première friction est faite en sortant du bain, une seconde douze heures après; chaque friction doit durer de vingt à trente minutes, et pour la faire on doit y employer la moitié de la pommade. Un second bain savonneux est pris immédiatement après la seconde friction et termine le traitement.

La vapeur de soufre guérit aussi de la gale en détruisant l'acare qui l'entretient; mais pour l'appliquer il faudra placer le malade dans un appareil construit de manière à ce que la tête soit à l'abri des vapeurs, ce que l'on obtient au moyen des boîtes à bains de vapeur.

L'essence de térébenthine et l'huile de cade ont une action très délétère pour l'insecte de la gale et réussissent assez bien.

Les lotions faites matin et soir avec un solution de sulfure de potasse à la dose de 120 grammes dans 500 grammes d'eau, sur les parties affectées, guérissent également bien de la gale.

Une fois guéri, il faudra purger les habillements de tous les œufs de l'acare qu'ils pourraient contenir, et cela s'obtient, s'il s'agit de linge, par un simple lessivage, et s'il s'agit d'étoffes de laine, en les exposant à la chaleur, d'un four au-dessus de 100° de température.

Gale des animaux. Il faut tondre le *cheval galeux* s'il a de longs poils, ensuite on le savonne avec du savon noir, et on l'essuie pour le frictionner avec un mélange de parties égales d'huile de pétrole et de benzine. Deux bonnes frictions à trois ou quatre jours de distance enlèvent le mal.

La *gale du bœuf* se guérit de la même manière.

La *gale du mouton* exige que l'on tonde d'abord la bête et qu'on la frictionne avec de l'huile de pétrole.

Tout le monde sait que la gale est contagieuse.

PRURIT OU DÉMANGEAISON. — Le prurit est plutôt un

symptôme qu'une indisposition réelle, car il accompagne ordinairement de légères éruptions dartreuses, qui donnent à la peau l'aspect raboteux, d'une couleur roussâtre, qui devient encore plus intense par le frottement. A force de se gratter, la démangeaison se change en cuisson.

Cette indisposition se traite, comme les dartres, par des pommades soufrées ou alcalines, par des bains alcalins ou sulfureux, avec des lotions adoucissantes ou astringentes, dans le cas où le prurit serait humide.

Il y a un prurit qui accompagne la dentition, et qui se manifeste sur les gencives de l'enfant. Quelquefois il est tellement persistant et intense, qu'il trouble le sommeil et les fonctions digestives, trouble qui, souvent, compromet la vie de l'enfant. Selon l'avis de M. Delabarre c'est au prurit, et non aux efforts que fait la dent pour percer la gencive, qu'il faut attribuer les inconvénients qui suivent les dentitions prolongées et difficiles.

Dans ce cas, il faudra frictionner assez souvent les gencives de l'enfant avec des substances calmantes, huileuses, adoucissantes. Le hochet, s'il exerce une compression, peut servir à apaiser la démangeaison, mais peu d'enfants ont l'instinct de s'en servir à cet usage, quoiqu'ils soient tous enclins à mordre ce qu'on leur donne à tenir à la main. C'est à la nourrice de les y habituer.

La *Pommade de Righini* contre la démangeaison consiste dans un mélange d'onguent de Galien, 50 grammes; sulfate de magnésie, 4; acide phénique cristallisé, 30 centigrammes.

CROUTES DE LAIT, OU ECZÉMA DES ENFANTS. — L'eczéma de la face et de la tête des enfants à la mamelle, que l'on nomme vulgairement croûtes laiteuses ou de lait, est ordinairement une éruption salutaire, à laquelle il ne faut opposer que des soins hygiéniques.

Parmi les médecins il y en a qui croient cette éruption contagieuse. Dans le doute, il est prudent de ne pas laisser trop approcher les enfants bien portants de ceux qui sont croûteux.

Si la maladie persiste opiniâtrement, l'on conseille de changer de nourrice.

Teigne. — Maladie fort commune chez les enfants; elle consiste en de petits ulcères du cuir chevelu qui sécrètent une matière visqueuse, occasionnant un violent prurit et formant des croûtes. Il y en a de plusieurs espèces, mais comme le traitement est le même, et que nous ne faisons pas un traité de dermatologie, nous nous abstiendrons d'en donner la description.

Nous dirons seulement que lorsque la teigne est très avancée, la tête se couvre de croûtes blanches adhérentes, et que les bulbes des cheveux se tuméfient.

Traitement. L'on doit tenir la tête propre, peigner et couper souvent les cheveux sans trop les écourter, laver les croûtes avec de l'eau de savon tiède, et les ramollir avec du beurre et de la graisse, et dans les cas opiniâtres, appliquer trois fois par jour des feuilles de chou dont on en superpose trois l'une à l'autre, et qui détachent petit à petit les croûtes, après la chute desquelles on termine le traitement par des frictions huileuses.

L'on a préconisé dans le traitement de la teigne les deux formules suivantes : 1° Dans huit cuillerées à bouche d'axonge ou de graisse de porc mêlez exactement quatre cuillerées à bouche de suie réduite en poudre très fine, et une cuillerée à bouche de couperose blanche pulvérisée (sulfate de zinc); 2° Dans seize cuillerées à bouche d'axonge mêlez intimement trois cuillerées à bouche de carbonate de soude impur (soude de commerce), et deux cuillerées à bouche de chaux éteinte.

On fait, avec l'une ou l'autre pâte, deux frictions par jour. Il en faut gros comme une petite noix.

Autrefois, on pratiquait l'épilation de la tête des enfants teigneux; heureusement on a renoncé à cet usage barbare. On a employé aussi des bandelettes de vésicatoires que l'on plaçait successivement l'une à côté de l'autre, pour enlever toutes les croûtes. Ce procédé n'est plus suivi.

La guérison trop promptement obtenue de la teigne à l'aide de remèdes topiques est cause de maladies internes très graves, ce qui impose la plus grande réserve dans l'usage de ces moyens, appartenant, presque tous à la catégorie des caustiques.

ENGELURES. — Les engelures, qui sont si fréquentes chez les jeunes enfants, tout en n'épargnant pas les adultes, sont ou ulcérées ou non ulcérées. Ces dernières sont peu grave, et guérissent par l'emploi d'un grand nombre de remèdes, de composition connue et inconnue. On les guérit en les frictionnant deux fois par jour, avec une pommade composée de graisse et de borax, ou de carbonate de potasse, et avec des lotions préparées en dissolvant ces deux sels dans l'eau commune. L'on pourra se servir aussi d'une solution d'extrait de saturne, avec de l'eau-de-vie, et d'un liniment préparé par le mélange d'eau de chaux et d'huile d'olives.

Les engelures ulcérées se traitent comme les plaies ordinaires, c'est-à-dire avec un onguent préparé avec de la cire et de l'huile fondues ensemble. Si la surface est d'une couleur blafarde, on pourra toucher les bords avec la pierre infernale.

Autre remède. Dissoudre une quantité de savon de marseille dans assez d'eau, pour donner à la solution la consistance d'un mucilage, s'en frotter légèrement les parties affectées d'engelures, et après une minute ou deux les rincer à l'eau froide. On l'applique tiède.

L'on propose comme un remède très efficace l'application de la pulpe de navets cuits dans de l'eau. D'autres recommandent le jus d'oignons, l'encre à écrire, et tous les remèdes contre les brûlures.

On sait que la distillation de la cire donne pour derniers produits l'*Huile de cire* et le *Beurre de cire*, employés jadis comme adoucissants et résolutifs, et plus particulièrement le dernier contre les engelures et les crevasses du bout des seins.

Les personnes qui sont sujettes à cette incommodité

feront bien, à l'approche de la saison du froid, de se rincer souvent les mains et les pieds avec de l'eau dans laquelle on aura délayé de la farine de moutarde, ou qui aura été additionnée d'un peu d'alcali, en ayant soin que l'eau soit tiède, et de ne pas s'essuyer avec un linge après les lotions.

DURILLONS, CORS AUX PIEDS ET ŒILS-DE-PERDRIX. — Le *Durillon* consiste dans l'endurcissement des couches superficielles épidermiques, qui peuvent se développer sur toutes les parties du corps qui sont ou trop comprimées, ou trop frottées par des corps durs. C'est ce qu'on appelle une *Callosité*. On les guérit par l'éloignement de la cause qui les a produits, et par des applications émollientes. Les durillons des doigts de pieds s'enlèvent facilement à l'aide d'un bistouri ou d'un canif bien tranchant.

Le Cor aux pieds, proprement dit, n'est qu'un durillon qui s'étend jusqu'aux tendons, aux ligaments, au périoste. C'est la compression que ce prolongement exerce sur ces parties qui est cause de la douleur occasionnée par ces petites tumeurs, compression qui devient plus sensible lorsque, par l'humidité de l'atmosphère, le cor se gonfle, et conséquemment acquiert un plus grand volume.

Le premier venu, qui a des cors aux pieds ou qui en a eu, se fera un plaisir de vous indiquer un remède, pour peu qu'il s'aperçoive que vous souffrez de cette incommodité. Aussi le nombre des moyens qui ont été préconisés est-il considérable, quoique généralement l'on oublie d'y comprendre le seul qui soit efficace. C'est sur celui-ci que nous appelons l'attention de nos lecteurs qui désireraient se débarrasser de cette entrave à la marche, à moins qu'ils n'aiment mieux conserver leurs cors, pour pouvoir prophétiser les variations météorologiques éventuelles de l'atmosphère.

Pour guérir les cors aux pieds, il faut prendre en considération la cause qui les engendre. Or, cette cause réside dans la forme et les dimensions de la chaussure, qui les donne, aussi bien si elle est trop étroite, que si elle est trop large. Dans le premier cas, c'est la compres-

3.

sion qui fait le cor, dans le second, c'est le frottement. Pour éviter l'une et l'autre chose, ayez donc une chaussure juste, et pour cela, adressez-vous à un habile cordonnier, qui peut à volonté vous donner les cors et vous en débarrasser. Oui ! le cordonnier seul les ôte, et à l'appui de cette assertion, toute à la charge des disciples de saint Crépin, nous n'avons qu'à invoquer le témoignage des patients, qui nous diront sans doute que telle paire de bottines leur a fait venir les cors, et telle autre les a fait disparaître ; ce qui nous amènerait à enregistrer les cors aux pieds dans le nombre des infirmités intermittentes, à périodes plus ou moins éloignées, d'après le bon vouloir et l'habileté du cordonnier.

Le pédicure, qui doit être, d'après ce que nous venons de dire, le correctif du cordonnier malhabile, emploie différents moyens pour user ou extirper les cors. D'abord, au moyen d'une aiguille mousse qu'il introduit avec dextérité entre le cor et la partie saine, il enlève toute la tumeur, y compris son prolongement. Outre ce moyen tout chirurgical, on peut détruire le cor à l'aide des substances corrosives, quoique l'emploi de ces substances ne soit pas toujours exempt d'inconvénients, et d'autant plus si l'on se sert d'acides minéraux, car dans ce cas on n'est pas toujours maître d'en limiter l'action. Voici la formule d'une pommade qui a joui et jouit encore d'une certaine célébrité, et qui est connue sous la dénomination de *Cire verte*.

Mélangez quatre parties de cire jaune, deux parties de poix blanche, une partie de térébenthine et une partie de vert-de-gris pulvérisé.

Après avoir ramolli les cors ou les durillons par un bain de pieds, après avoir coupé ces cors et ces durillons avec un rasoir ou un bistouri, le plus près possible de leur base, on applique cette cire étendue sur un morceau de peau ou de linge.

Les OEils-de-perdrix s'implantent plus souvent entre les doigts de pied et sont plus douloureux. Voici un moyen pour en calmer la souffrance. Il s'agit tout simplement de placer entre le cor et le doigt, un petit tampon de ouate ou de linge fin double. Le soir, on l'enlève, on graisse le cor avec du suif et on le laisse toute la nuit. Le lendemain on trempe le pied dans l'eau tiède, et à l'aide d'un canif on enlève tout ce que l'on peut enlever du cor sans se faire du mal. On renouvelle le pansement de la veille, et on continue ce traitement en alternant jusqu'à guérison complète.

Un autre moyen plus expéditif consiste à appliquer sur le cor une rondelle de sparadrap diachylum, percée au milieu dans la largeur du diamètre du cor, et ensuite de recouvrir cette rondelle par une autre rondelle également enduite de diachylum. Ce moyen peut être envisagé comme mécanique, car en dernière analyse il ne fait que supprimer la compression qu'exerce sur le cor le doigt d'en face. Si une rondelle fenestrée ne suffit pas, on en superpose un seconde et même une troisième.

On a préconisé un autre moyen qui consiste à frotter légèrement le cor ou le durillon avec de la pierre ponce ou du papier verre, dans le but de le détruire petit à petit. C'est ce qui a inspiré probablement les inventeurs de la *Lime chimique*, que l'on aurait mieux fait d'appeler, comme toutes les autres limes, lime mécanique, pour peu que l'on eût réfléchi qu'avec cet instrument on n'obtient que l'usure successive des cors qui s'opère indépendamment de toute action chimique.

GERÇURES, ÉCORCHURES, EXCORIATIONS, CREVASSES. — Sans être absolument synonymes, ces dénominations se rapportent à peu près au même genre de détérioration de la peau. On dit en effet qu'une partie est gercée lorsque se présentent de petites fentes ou crevasses peu profondes, ainsi que l'on dit qu'une partie est excoriée ou écorchée, si l'épiderme est enlevé. La différence n'est pas bien saillante.

La *Gerçure du mamelon*, ou *Crevasse du sein*, est une petite excoriation à la base du mamelon, déterminée le plus souvent par la succion exercée par le nourrisson, et accompagnée par une forte douleur chaque fois que la mère donne le sein à son enfant.

Le meilleur moyen pour guérir ces crevasses serait de suspendre l'allaitement, mais le danger de voir les glandes mammaires s'engorger fait qu'on donne la préférence à l'emploi des bouts de seins.

Les pommades adoucissantes suffisent ordinairement pour produire la cicatrisation de ces petites fentes; mais, dans les cas graves, lorsque le mamelon menace de tomber, il faut recourir aux remèdes que la chirurgie indique dans le pansement des plaies. Dans ces circonstances il est absolument indispensable de ne pas donner à téter à l'enfant du côté malade, et s'ils le sont tous deux, il conviendra de suspendre entièrement l'allaitement, ou de changer de nourrice.

L'*huile de jaune d'œuf* ainsi que le *Blanc d'œuf* additionnés d'un peu de rhum et battus ensemble ont été préconisés comme remèdes cicatrisant très promptement, pourvu que chaque fois que la mère présente le sein à l'enfant, celui-ci ne rouvre pas les petites crevasses qui commencent à se cicatriser.

Quel que soit le remède adoucissant ou cicatrisant que l'on veut employer, il faudra se garder de l'usage des pommades qui ont une saveur et une odeur qui pourraient déplaire au nourrisson, car il refuserait de prendre le mamelon. La nourrice aura soin de se laver le mamelon avec son lait à chaque fois qu'elle veut donner le sein à l'enfant.

On donne plus communément le nom de *Rhagades* à de petites gerçures qui ont leur siège dans les interstices des plis de l'anus. Les lotions fréquentes d'eau froide et les bains froids suffisent à les faire cicatriser. Si ce moyen ne réussit pas, la poudre de tan, ou toute autre poudre astringente, pourra être employée, en ayant soin toutefois de bien rincer la partie avant l'application du remède.

L'*Intertrigo* appartient à la catégorie passagère des petites infirmités de la peau, n'étant que le résultat d'un frottement d'une partie du corps contre une autre, ou de l'urine ou de la sueur. Ce sont particulièrement les enfants nouveau-nés et les personnes grasses qui sont sujettes à cette inflammation érysipélateuse de l'épiderme. Les lotions astringentes et les bains froids suffisent à remédier à ce petit inconvénient.

TACHES DE LA PEAU. — *Les taches de rousseur* ou *Éphélides* ont une couleur jaune brunâtre, occupent ordinairement le visage et les mains, paraissent ordinairement au printemps et en été et s'effacent en hiver. Les femmes et les hommes à cheveux roux en sont plus particulièrement atteints, et en général on observe ces lentilles chez ceux qui ont la peau fine et blanche.

Généralement les personnes du sexe masculin qui ont ces taches s'en accommodent sans employer aucun remède pour les faire disparaître. Il n'en est pas ainsi des femmes, surtout si elles sont élégantes.

Profitant de cette susceptibilité féminine, les parfumeurs ont inventé maintes formules, qu'ils préconisent comme infaillibles. Pour ne pas être en retard nous en avons rapporté une que l'on trouvera à l'article *Eau anti-éphélide*.

Les taches proprement dites de *rousseur* ou de *hâle* disparaissent en peu de jours en se lavant la face avec une infusion de fleurs de sureau ou avec de l'eau de pluie.

Les *Taches hépatiques* se lient presque toujours à un mauvais état de la fonction du foie, et sous ce point de vue elles ont une importance réelle. Quelquefois elles se rattachent à une irrégularité dans la menstruation ou à l'état de grossesse. Dans cette circonstance ces taches sont temporaires; elles vont et viennent selon que la femme n'est pas ou est enceinte, et selon qu'elle est réglée ou non.

Une solution très concentrée de borax est le moyen le plus sûr contre les éphélides hépathiques (2 grammes de sel dans 30 grammes d'eau de roses). On humecte les places tachées avec cette liqueur et on laisse sécher spontanément. Il ne faudra pas se contenter de ce remède local lorsque l'on aura à craindre que les taches se rattachent à une affection du foie.

Les *Taches de naissance* ou *Envies* sont d'une couleur rouge ou rosée, violacée ou bleuâtre, quelquefois lisses et quelquefois poileuses, ne dépassant pas, dans quelques cas, le niveau de la peau, et dans d'autres présentant une élévation. Les formes bizarres qu'elles affectent prêtent à l'imagination des ressemblances avec les fraises, les framboises ou autres fruits, en les mettant sur le compte du désir de la mère, à l'adresse d'une chose ou d'une autre, éprouvé pendant sa grossesse et non satisfait. Quoi qu'il en soit, ces taches ont pour base une dilatation variqueuse et peut-être anévrismatique des vaisseaux capillaires, veineux ou artériels qui dans l'état ordinaire ne se laissent pas apercevoir, et qui, dilatés, s'engorgent de sang et présentent une tache d'une couleur ou d'une autre, selon la prédominance d'une catégorie de vaisseaux sanguins qui les engendrent.

Le tatouage a été employé dans le but de pratiquer sur les vaisseaux dilatés des piqûres suivies de point de cicatrisation, et conséquemment de resserrement. Ont été employées aussi les faibles dissolutions de borax, d'alun, d'alcali, de sublimé, avec de l'eau de chaux; mais j'ai lieu de croire que ces moyens ne sont pas bien efficaces.

Nous nous sommes bien trouvé dans deux circonstances du traitement suivant :

On expose la partie tachée à la vapeur du lait qui bout, et on l'y laisse exposée jusqu'à ce qu'elle en soit bien imbibée, pour faciliter l'absorption du sel d'oseille que l'on y applique immédiatement après à l'aide d'un blaireau. On la recouvre d'une feuille de chou, et on laisse le tout en place pendant la nuit. Le soir suivant on répète l'opération, et cela jusqu'à la disparition de la tache. Par ce moyen nous avons réussi à effacer des taches très légères sur le cou d'une dame, et en partie des taches plus marquantes sur les joues d'une autre. Le jus de groseille ou le jus d'oseille peut remplacer le sel. Ces résultats sont dus vraisemblablement à l'action astringente de ces substances s'exerçant sur les vaisseaux sanguins dilatés.

Verrues ou Porreaux. — Tantôt isolées et tantôt fort nombreuses, les verrues n'ont pas de pédoncules, ou en ont un. Dans ce dernier cas elles se guérissent par la ligature ; dans le premier, par les caustiques, tels que l'acide nitrique fumant, la pierre infernale et le fer rouge. Il est indispensable cependant d'appliquer ces moyens plusieurs fois de suite, en ayant soin de râcler la verrue avec un canif chaque fois qu'on la touchera avec le caustique.

L'on croit généralement que lorsque les verrues sont nombreuses il n'y a qu'à en guérir une pour que les autres disparaissent. Je ne sais jusqu'à quel point cette opinion est acceptable.

Tannes. — Les tannes sont de petites tumeurs contenant un bourbillon sébacé que l'on fait sortir en les écrasant. Quand elles sont un peu plus volumineuses il faut en extirper le kiste en pratiquant une incision cruciale.

Cette indisposition se présente assez souvent chez les enfants tenus malpropres et mal nourris. Dans ce cas il faut laver la peau avec de l'eau savonneuse, contenant du malt, ou des herbes aromatiques ; il faut donner une nourriture plus abondante et saine ; en outre, des excitants particulièrement lorsque l'on constate que la peau est morte, flétrie, pâle et sèche, toute parsemée de petits points noirâtres et proéminents.

Couperose. — Cet exanthème se présente sous l'aspect de taches au visage, plus ou moins rouges ou plus ou moins cuivrées, et consiste en une inflammation chronique des glandes cutanées. Ces taches sont parfois élevées au-dessus du niveau de la peau et sont parsemées de pustules. Le nez, les joues, le front en sont le siège ordinaire. Ces pustules occasionnent une sensation de fourmillement, et suintent un liquide séro-purulent qui, se desséchant à la pointe des pustules, se convertit en croûtes. Selon sa manière de se présenter, la couperose se distingue par une dénomination spéciale ; ainsi les médecins en connaissent quatre variétés principales : la simple, la rosée, la pointillée et l'indurée.

Un préjugé assez répandu met cette affection, et particulièrement lorsqu'elle a son siège sur le nez, sur le compte de l'abus des boissons spiritueuses. Aussi regarde-t-on généralement le nez *culotté* comme n'étant porté que par les ivrognes de profession. Contrairement à cette croyance, on peut établir que cet exanthème tient à la manière dont s'accomplit la digestion, et particulièrement à une sécrétion biliaire anormale. Cela est si vrai que souvent il nous a été donné de constater cette indisposition sur le visage de dames qui n'avaient jamais goûté ni vin ni liqueurs, et que dans ces circonstances un peu de vin après chaque repas leur empêchait d'avoir les joues et le nez rouges. Les substances douées d'une action tonique sur l'estomac sont le mieux indiquées comme remède interne.

Cependant l'on a préconisé des remèdes pour l'usage externe. Voici les principaux :

1º L'*Eau cosmétique*. Pâte d'amandes, 8 grammes ; eau de roses et de fleurs d'oranger, de chaque 200 grammes : faites une émulsion, et ajoutez teinture de benjoin et borax, de chaque 4 grammes. En lotions le soir avant de se coucher.

2º Le *Lait de soufre camphré*. Eau distillée commune, 500 grammes ; lait de soufre, 20 grammes ; camphre, 8 grammes. Ce remède est regardé comme spécifique. On en imbibe les exanthèmes tous les soirs et on lave la place le matin.

3º La *Pommade de précipité blanc*, qui se compose d'une partie de précipité blanc mercuriel et de seize parties d'axonge. On en frotte les parties affectées tous les soirs en se couchant.

4º L'*Iodure de chlorure mercureux* a été employé, dit-on, avec beaucoup de succès et vanté comme d'une efficacité constante. On l'administre aussi bien à l'extérieur qu'à l'intérieur. On y associe intérieurement l'usage des dépuratifs. La pommade se prépare avec 75 centigrammes d'iodure de chlorure mercureux et 60 grammes d'axonge. Comme l'emploi de cette pommade est souvent suivi de beaucoup de chaleur et de cuisson, il faudra l'appliquer avec précaution. Dans le cas où ces symptômes seraient insupportables, il faudrait appliquer des cataplasmes émollients ou des compresses trempées dans de l'eau de mauve. Les pilules se composent de 1/4 de centigramme chacune, et on en donne trois par jour. L'administration de ces préparations demande la surveillance d'un médecin.

DARTRES. — L'on n'est pas d'accord pour savoir quelle est la vraie maladie de la peau à laquelle on doit appliquer la dénomination de dartres, qui est devenue un terme générique sous lequel on a désigné un groupe de maladies fort diverses, et que l'on distingue aujourd'hui par des noms spéciaux.

Généralement on appelle dartre de petites pustules groupées sur un fond rouge, occupant tantôt un seul endroit de la peau et tantôt plusieurs à la fois, et causant de la démangeaison et de la chaleur. Ces pustules sont tantôt sèches, tantôt écailleuses, tantôt humides, c'est-à-dire sécrétant un liquide. Selon ces différents caractères la maladie prend le nom de dartre sèche, ou farineuse, ou humide, ou âcre, etc. Il y a encore d'autres variétés que nous n'indiquerons pas, d'autant plus que leur traitement est toujours le même.

Toutes ces formes d'affections dartreuses ou herpétiques suivant le nom qu'on veut leur donner constituent autant de maladies, très incommodes et très opiniâtres, quoique rarement dangereuses. Elles ne le deviennent que quand, étant très répandues, elles suppriment les fonctions de la peau, ou lorsqu'elles se répercutent à la charge des parties intérieures nécessaires à la vie. Elles se montrent tantôt stationnaires et tantôt périodiques, et s'épuisent souvent d'elles-mêmes par l'âge avancé du malade. Souvent elles sont héréditaires, quoique non contagieuses.

En fait de remèdes, on peut dire qu'il n'y a pas de maladie contre laquelle on en ait préconisé un aussi grand nombre que pour les dartres. Les inventeurs de remèdes se sont donné libre carrière à ce sujet, et la quatrième page des journaux est encore chargée de porter à la connaissance du public les nouvelles préparations qui journellement jaillissent du cerveau des exploiteurs de la crédulité du vulgaire.

La matière médicale a enregistré, elle aussi, bon nombre d'antidartreux dont on connaît les formules, et dont les médecins se servent avec plus ou moins de succès. Parmi les moyens à composition connue, et adoptés par nos formulaires, les uns sont employés à l'intérieur, les autres à l'extérieur, sous forme de pommade et de lotions.

Les remèdes pour l'usage interne sont ou végétaux, ou minéraux, ou animaux. Parmi les premiers figurent au premier rang les quatre bois diaphorétiques, la douce-amère, la saponaire, la bardane, la salsepareille d'Allemagne, et autres bois et écorces dépuratives. Parmi les minéraux, l'antimoine cru, l'oxyde d'antimoine sulfuré, le graphite, etc. Parmi les animaux, le petit-lait, le bouillon de vipère et d'autres reptiles, etc.

La *Décoction de Zittmann*, qui est une des préparations les plus efficaces, se compose de la manière suivante :

Salsepareille contondée, 350 grammes; eau commune, 24 litres; faites digérer pendant vingt-quatre heures et ajoutez sucre aluné, 45 grammes; calomélas, 15 grammes; cinabre, 4 grammes, le tout renfermé dans un nouet. Faites bouillir et réduire au tiers la quantité de liquide, et sur la fin de l'ébullition, ajoutez anis et fenouil, de chaque, 15 grammes; feuilles de séné, 90 grammes; racine de réglisse, 45 grammes. Passez, exprimez et décantez.

On administre cette tisane à la dose d'un quart de litre le matin de bonne heure, le malade étant encore couché, et on attend la sueur. On change de linge, puis on boit deux tasses de café à l'eau; dans la matinée, on prend une tasse de bouillon ; à midi, une soupe grasse et un rôti de viande maigre ; dans l'après midi, on prend encore du café à l'eau et un demi-litre de tisane froide ; le soir, une soupe au gruau ; avant de se mettre au lit, 1/4 de litre de tisane. C'est donc un litre par jour de tisane qu'il faut administrer. Les bouteilles se conservent à la cave.

Les remèdes extérieurs consistent en bains, en lotions et en pommade. On ajoute à l'eau du bain l'hydrosulfate de soude ou le sulfure de potasse et on obtient ainsi les bains d'Anglade, ou les bains de foie de soufre. Ces deux sortes de bains sont les plus usitées contre les affections dartreuses. L'on prescrit aussi les bains de vapeur simples, ou de vapeur de soufre, ou de plantes aromatiques.

Les mêmes liquides servent pour faire des lotions.

Voici quelques formules de *Pommades antidartreuses*.

Cinabre porphyrisé, 3 grammes ; camphre, 130 centigrammes ; cérat de Gallien, 30 grammes : mêlez exactement. Gros comme une noisette pour chaque friction.

Autre formule. Soufre sublimé, 135 centigrammes ; calomélas, 165 centigrammes ; précipité rouge, une très petite pincée ; axonge, 30 grammes. Mêlez exactement. Emploi comme ci-dessus.

Autre formule. Acétate de plomb, 2 grammes ; précipité rouge, 50 centigrammes ; axonge, 30 grammes.

Hufeland recommande dans les dartres suppurantes et rongeantes de la face, l'application fréquemment renouvelée de poirée ou de plantain pilés.

L'application aussi de feuilles écrasées du pavot cornu (*Glaucium flavum*) a réussi dans maintes circonstances de dartres invétérées. Cette plante contient un suc jaune, âpre, caustique. La chélidoine peut le remplacer.

PEMPHIGUS. — Vésicules qui varient de la grosseur d'un pois à celle d'une noix, ordinairement rondes, quelquefois irrégulières par leur confluence, pleines d'un liquide séreux, et entourées d'une auréole plus ou moins rouge ; elles sont accompagnées de démangeaisons, de chaleur intense et même de fièvre. Si la maladie est bénigne, elle disparaît après quelques jours ou les vésicules passent à la suppuration, qui quelquefois devient chronique. Si elle est plus grave, il se reproduit sans cesse de nouvelles vésicules, pendant des mois et des années.

On distingue difficilement le pemphigus aigu de l'érysipèle pustuleux. Il ne faut pas se préoccuper de prendre une maladie pour l'autre, attendu que le traitement ne diffère point dans les deux.

Pour calmer les démangeaisons et la chaleur intense qui accompagnent le pemphigus, les embrocations faites avec de l'huile, ou avec de l'eau de roses, ou de mucilage de pépins de coings seront très utiles. Il conviendra aussi de piquer avec une aiguille les petites ampoules, pour en faire sortir le contenu; on facilite ainsi l'adhésion de l'épiderme soulevé à la peau proprement dite.

Si cependant, d'après la couleur violacée, il y avait à craindre que la maladie ne tournât à la gangrène, il faudrait appliquer immédiatement des cataplasmes de quinquina, eau de chaux et camphre.

Le pemphigus chronique demande les soins intelligents d'un médecin.

Ont un remarquable degré d'analogie avec le pemphigus, certaines vésicules, ou bulles, ou pustules suppurantes qui disparaissent au bout de quelques jours. On les connaît sous la dénomination de *Phlyctènes*. Elles envahissent ordinairement la face, et les jeunes dames y sont plus sujettes que les hommes, à cause peut-être de la délicatesse de leur peau. Tout exanthème qui ressemble à ces phlyctènes reçoit la qualification de *phlycténoïde* : par exemple, on connaît la *dartre phlycténoïde*, qui est accompagnée d'une expulsion plus ou moins considérable de bulles ou d'ampoules.

L'*Erythème* aussi diffère à peine de tous les exanthèmes dont nous avons fait mention dans cet article. Cette appellation a même un sens que l'on généralise pour y comprendre quelques variantes des affections épidermiques, qui par leur caractère bénin ne demandent aucun traitement spécial. Il faut faire remarquer cependant que ces taches et ces phlyctènes sont quelquefois symptomatiques, c'est-à-dire accompagnent les fièvres catarrhales et rhumatismales et peuvent donner le change à ceux qui ne sont pas médecins, ayant toute l'apparence de taches de scarlatine. Comme elles ne tardent pas à disparaître, l'on acquiert bien vite la certitude de leur innocuité.

La moindre nuance que présentent les maladies de la peau suffit pour que l'on se croie obligé de les distinguer par une dénomination spéciale, quoiqu'elles n'offrent rien de particulier et qui mérite des considérations spéciales : par exemple, les *Echauboulures*, qui ne sont que de petites éruptions cutanées inflammatoires et pustulaires, et qui ne diffèrent des *Ebullitions* que par la cause qu'on leur attribue ; les *Saudaminas*, que l'on rapporte à l'âcreté de la sueur, et qui se manifestent au cou, aux bras, à la poitrine, aux cuisses, aux jambes ; l'*Echauffement*, dont nous avons parlé à son article spécial (voir ce mot). Ces affections prennent toutes la dénomination compliquée de *Pourpre rouge*, pour les distinguer de la *Pourpre blanche*, et qui consiste en une éruption de pustules vésiculeuses pleines de sérosité, qui accompagnent d'ordinaire les fièvres d'un mauvais caractère. L'*Urticaire*, ainsi appelée à cause de la sensation qui l'accompagne et qui ressemble à celle que produisent les piqûres de l'ortie, consiste en un exanthème caractérisé par des taches proéminentes plus ou moins rouges que la peau qui les entoure. Cette affection dure peu et va et vient le même jour plusieurs fois ; elle est souvent symptomatique d'une affection interne, et se présente aussi après avoir mangé des moules ou des écrevisses, ou bien les œufs de certains poissons. Si elle est simple, l'urticaire n'exige aucun traitement : les lotions acidulées suffisent. Si elle est causée par des substances vénéneuses (voir *Empoisonnement par les moules*). Les *Pétéchies* sont des taches rouges ou pourprées, semblables à des piqûres de puce. Elles se manifestent durant le cours des maladies aiguës et sont toujours un indice de mauvais augure. Les *Vergettures* ou *Vibices*, petites raies rougeâtres qui surviennent quelquefois après une forte distension de la peau. On donne ce nom aussi aux taches scorbutiques qui ont une forme linéaire. L'*Essère* ou *Porcelaine*, variété de l'urticaire, est caractérisée par des taches sensiblement proéminentes d'un rouge pâle, presque blanc à leur centre, et accompagnées de démangeaisons insupportables. Ces taches ressemblent beaucoup à celles que produisent les piqûres de punaise. Les *Ecchymoses*, taches livides, noirâtres ou jaunâtres, produites par l'extravasion du sang dans le tissu lamineux qui accompagne les coups reçus, les ligatures trop serrées et quelques affections fébriles et scorbutiques.

ROUGEOLE. — Maladie de l'enfance, mais qui n'épargne pas toujours les autres âges de la vie. Son apparition est toujours précédée par une toux sèche et brève ou par une fièvre ayant le caractère catharrhal, par le larmoiement ou des éternuements fréquents qui durent trois ou quatre jours. La toux et le larmoiement durent tout le temps de la maladie, qui se manifeste après deux ou trois jours d'incubation, sous la forme de taches larges d'une ligne ou deux, un peu élevées au-dessus du niveau de la peau. Dans les cas graves il y a des douleurs de tête et quelquefois le délire. Cet exanthème débute par le visage, les bras et la poitrine, et dure à peu près trois ou quatre jours; ensuite a lieu la desquammation furfuracée de l'épiderme.

Si la rougeole est bénigne, elle suit le cours que nous venons d'esquisser; mais si elle est grave, la peau du visage et des mains s'enfle comme dans la petite vérole; l'affection des yeux et la toux augmentent au point de déterminer quelquefois une bronchite ou une pneumonie.

Lorsqu'elle disparaît, la rougeole quelquefois laisse après elle la toux, des ophtalmies rebelles, et même des affections glandulaires et tuberculeuses. La rougeole n'est pas généralement très dangereuse pendant qu'elle existe, mais les conséquences de cette disparition sont quelquefois redoutables, plus particulièrement chez les sujets qui ont une disposition aux maladies pulmonaires et à la phthisie.

Cet exanthème se complique dans les cas graves d'autres maladies ou d'autres fièvres dangereuses. Parfois, l'éruption ne se fait que difficilement, d'une manière interrompue, et avec beaucoup de tendance à la rétrocession. Des symptômes nerveux l'accompagnent, et même la fièvre pétéchiale peut s'y associer. Enfin elle peut disparaître tout à coup pour se répercuter sur des parties intérieures nécessaires à la vie.

La facilité que montre la rougeole à se répercuter et la complication ordinaire de l'affection catarrhale qui l'accompagne exigent que le malade garde le lit, que la chaleur de la chambre soit maintenue à un degré convenable. Le malade sera placé de manière à recevoir le jour par derrière la tête, pour ne pas irriter les yeux avec les rayons lumineux. Boissons tièdes, légèrement sudorifiques. Il est rare qu'il faille recourir à d'autres traitements, à moins toutefois que les complications ne l'exigent. Quinze jours de lit en été et trois semaines en hiver, dans une chambre chauffée à 18 degrés, telle est la plus importante des indications à remplir.

Après guérison, le convalescent devra garder la chambre encore quelque temps, et à ses premières sorties se prémunir par de chauds habillements contre les variations atmosphériques.

Si, cependant, la maladie se présentait avec des symptômes annonçant un certain degré de gravité, l'intervention du médecin deviendrait indispensable.

SCARLATINE. — Un malaise général, des frissons, des maux de tête, du dégoût, précédant un mal de gorge et la fièvre, sont les symptômes prémonitoires de l'invasion de la scarlatine. Après quelques jours d'indisposition la fièvre se déclare et avec elle apparaissent des taches d'un rouge écarlate, non délimitées, lisses ou parsemées de pustules semblables à celles de la iliaire. Ce qui distingue la fièvre qui accompagne la scarlatine, c'est la grande vitesse du pouls. Ni larmoiement, ni éternuements, comme dans la rougeole.

Quelquefois il n'y a pas de scarlatine apparente, quoiqu'elle existe dans le larynx, d'où la dénomination de *Scarlatine angineuse*. Cette maladie peut dégénérer en un mal de gorge pseudo-membraneux et donner lieu à la *Scarlatine maligne*.

Elle attaque exclusivement les enfants, et dure de sept à neuf jours. Cette maladie est du nombre de celles qui n'attaquent le même individu qu'une seule fois. Le seul danger qu'elle présente consiste dans l'inflammation pulmonaire consécutive ou dans l'hydropisie générale, avec urine albumineuse.

Le traitement est le même que celui que nous avons indiqué pour la rougeole.

Cette maladie, endémique ordinairement, se présente quelquefois épidémiquement, et même, d'après l'avis de quelques médecins, elle se propage par voie de contagion.

Une variante de la scarlatine est la *Roséole*, mais qui s'en distingue par les petites ampoules qui s'élèvent par groupes au milieu des taches. Du reste, elle ne présente pas plus de dangers et elle demande le même traitement.

MILIAIRE ET POURPRE. — Élévations pustuleuses détachées les unes des autres, ayant une ressemblance avec les graines de millet, d'où le nom de *Miliaire*.

Dans le pourpre les petites élévations sont papuleuses et non pustuleuses; elles sont d'une couleur de pourpre et quelquefois si petites qu'on les voit à peine, et produisent, au contact du doigt, une impression qui ressemble au toucher d'une ratine.

Accompagnée quelquefois par la fièvre lorsqu'elle est primaire, elle accompagne certaines fièvres lorsqu'elle est symptomatique. Dans certaines épidémies de fièvre de mauvais caractère et dans la puerpéralité, la miliaire, venant à paraître, devient un indice de mauvaise nature.

Bénigne elle ne dure que peu de jours, huit à quatorze ; maligne et symptomatique elle parcourt les périodes de la maladie à laquelle elle s'associe. Son apparition est précédée par des sueurs abondantes, d'une odeur aigrelette et putride en même temps, par la respiration difficile, toux, agitation, démangeaisons à la peau, quelquefois spasmes et délire. Au moment de l'éruption, la fièvre cesse d'ordinaire ; si elle persiste cela dénote que la maladie est plus intense et que sa durée sera plus longue. Elle se termine par une légère desquammation. Mais généralement la miliaire est un symptôme sinon absolument de mauvais augure, tout au moins assez grave pour exiger toute la science d'un médecin.

Si la maladie est bénigne elle ne demande que quelques soins hygiéniques, tels qu'une température modérée, des boissons émollientes légèrement acidulées. Si elle est grave il faut recourir au médecin pour qu'il juge si la maladie est critique ou aggravante, et, dans un cas et dans l'autre, prendre les mesures appropriées aux circonstances.

EXANTHÈMES ET ECZÉMA. — Ces deux noms correspondent chacun à un groupe de maladies de la peau, plutôt que d'en qualifier une particulière. Ainsi les *Taches*, les *Papules*, les *Pustules*, les *Croûtes*, les *Ulcères* sont tous des exanthèmes, tandis que si l'éruption est accompagnée ou suivie par la sortie d'une humeur, elle appartient aux eczémas. L'on connaît l'eczéma impétigineux du cuir chevelu, qui n'est autre chose que la teigne muqueuse ; l'eczéma de la face, qui correspond aux croûtes laiteuses ; l'eczéma des oreilles, qui ne porte pas d'autre nom.

VARIOLE OU PETITE VÉROLE. — L'éruption de cet exanthème est toujours précédée par la fièvre et des taches rouges. Au bout de trois jours les pustules commencent à se dessiner, et pendant trois jours entiers encore elles sont à l'état de suppuration. Le onzième jour de l'invasion fébrile les pustules se dessèchent et forment des croûtes.

Comme l'éruption pustuleuse ne se fait pas toute dans

un jour, et que, par contre, les pustules apparaissent les unes après les autres, pendant trois jours de suite, la dessiccation complète n'a lieu que le quatorzième jour. Au moment de l'éruption la fièvre cesse.

Les pustules, à leur première période d'apparition, se présentent sous la forme de petits boutons rouges, distincts les uns des autres et assez ressemblants aux piqûres de puce. Peu à peu ces boutons grossissent, le liquide qu'ils contiennent s'épaissit, devient d'abord jaunâtre, et les boutons acquièrent une teinte argentine et purulente. A cette époque, le sommet des boutons présente un aplatissement suivi d'une dépression ombiliquée au centre. L'invasion de ces boutons se présente d'abord à la face, ensuite aux bras, à la poitrine et aux parties du corps.

Tel est le début et tel est le cours de la variole normale, ou bénigne, ou discrète, selon qu'on veut l'appeler. A ce degré elle n'est nullement dangereuse et ne demande que des précautions hygiéniques, comme toute maladie aiguë de la peau. Il n'en est pas ainsi cependant lorsqu'on a affaire à une variole confluente, c'est-à-dire grave : dans ce cas, l'on ne saurait se passer d'un médecin, la maladie présentant trop de complications et trop de formes, et s'accompagnant par des symptômes assez graves pour exiger un traitement approprié aux circonstances diverses qui peuvent se présenter et qu'un homme de l'art seul sait apprécier.

Appartiennent aux variétés de la variole bénigne, deux éruptions non assez exactement définies pour pouvoir aisément les distinguer. Je veux parler de la *Varicelle*, qui ne diffère de la petite vérole discrète que par la particularité, nullement appréciable, de ne pas laisser l'individu dans un état d'immunité, comme cela a lieu pour la petite vérole. Il faut bien dire que la fièvre est moindre dans la varicelle que dans la variole, et que sa durée est plus courte, se terminant en trois ou quatre jours. La *Varioloïde* ressemble, elle aussi, à la variole bénigne, à s'y méprendre :

elle n'a pas cependant pour symptôme la fièvre secondaire, et parcourt ses phases d'une manière encore plus bénigne que la variole discrète.

Ni l'une ni l'autre de ces deux variantes varioliques ne mérite une attention spéciale. Elles apparaissent et guérissent sans, pour ainsi dire, que le malade s'en aperçoive.

VACCINE. — Maladie pustuleuse et contagieuse, que l'on observe plus particulièrement sur le pis des vaches, d'où elle a tiré son nom.

Le pus de ces pustules, *Vaccin*, inoculé aux enfants, les préserve de la petite vérole, ou en préserve le plus grand nombre, ou enfin les préserve pendant un certain laps de temps.

Le vaccin se recueille sur les pustules de la vache, ainsi que sur les pustules des enfants vaccinés, et plus souvent sur ceux-ci. A l'aide d'une aiguille que l'on plonge préalablement dans la pustule suppurante, on fait une légère piqûre entre l'épiderme et la peau pour y déposer le vaccin dont elle est mouillée. On laisse sécher, et l'enfant est vacciné. Pour que l'enfant soit vacciné d'une manière sûre, il faut que la vaccine se manifeste avec fièvre et éruptions pustuleuses aux endroits où on a pratiqué les piqûres. Voici à ce sujet quelques détails intéressant tout le monde, et que nous allons exposer sommairement. Le vaccin doit être recueilli dès qu'il apparaît dans la pustule, tandis qu'il est encore limpide, au sixième ou septième jour après la vaccination. On peut vacciner dans toute saison et à toutes les époques de la vie, à l'exception des deux premiers mois.

La pustule commence à paraître dès le quatrième jour, et au sixième jour elle se présente pleine de sérosité. Le septième et le huitième jour cette pustule se dilate plus qu'elle ne s'élève, et acquiert un diamètre de deux et quelquefois quatre lignes. Elle est entourée d'une auréole inflammatoire rouge et conserve toujours au centre sa dépression ombiliquée comme la pustule de la variole. Au huitième jour environ le pus commence à devenir jaunâtre, plus épais : au dixième, les pustules s'entourent d'une auréole rouge qui acquiert plusieurs centimètres de largeur, et envahit même tout le bras; cette auréole dure deux à trois jours. Les pustules deviennent ensuite croûteuses, et cette croûte noirâtre tombe au bout de huit à dix jours.

A ces caractères, l'on connaîtra que la vaccine a parcouru son cours régulièrement, et l'on pourra croire à l'immunité de l'enfant pour la petite vérole.

La *Vaccinelle* ou *Vaccinoïde* n'est qu'une variante de la vaccine, mais n'ayant pas la faculté de préserver l'enfant de la petite vérole. C'est une vaccine incomplète, soit par manque d'énergie du vaccin, soit par une sorte d'inaptitude à en éprouver l'influence. Elle est à la vaccine ce qu'est la varicelle à la variole. L'éruption de cet exanthème a lieu plus tôt, la pustule n'est pas plate et déprimée au centre, mais elle est convexe et toute pleine, et ne présente pas l'auréole secondaire au neuvième ou dixième jour.

Cette maladie ne demande aucun secours thérapeutique. L'on doit regarder cette vaccination comme insuffisante, et l'enfant devra être revacciné.

Goître ou Gros cou. — Hypertrophie de la glande thyroïde et du tissu cellulaire voisin. Les moyens préconisés pour guérir cette difformité sont nombreux et très variés : les uns pour l'usage intérieur, les autres qui ne s'emploient qu'à l'extérieur.

Remède pour l'usage interne. Éponge carbonisée, à la dose de deux grammes, tous les soirs en se couchant, sous forme de pilules ou d'électuaire. Cendres de liège, à la dose de quatre grammes dans un verre d'eau (le carbonate de potasse peut remplacer ces cendres, mais il faudra le donner à moitié dose). Le savon, les pierres d'écrevisses, les eaux alcalines et sulfureuses ont été recommandés aussi à l'intérieur. Voici deux formules pour l'usage interne conseillées par Hufeland.

Éponge brûlée (réduite en charbon), 2 grammes; coquilles préparées et oléosucre de citron, de chaque, 1 gr., 25 cent.; éthiops minéral, 60 centigrammes : faites une poudre que vous donnerez moitié le matin et moitié le soir.

Autre formule. Éponge brûlée, 15 grammes; eau de fontaine, 360 grammes; faites bouillir et réduire à 150 grammes. Ajoutez, après avoir passé, eau de cannelle et sirop d'écorce d'orange, de chaque, 30 grammes. Une cuillerée à bouche quatre fois par jour.

Autre formule. Bi-carbonate de potasse, 4 grammes; eau de cannelle et sirop de guimauve, de chaque, 30 grammes; eau de fontaine, 180 grammes. Deux cuillerées à bouche quatre fois par jour.

Remèdes pour l'usage externe. Des compresses appliquées sur la tumeur, imprégnées d'eau de Challes ou d'autre eau minérale alcaline et sulfureuse. On les laisse en place toute la nuit. On doit les appliquer tièdes.

Le *Collier de Morand* est une espèce de sachet auquel on donne la forme d'un collier, et qui est rempli de folles fleurs de tan, de chaux éteinte et de sel marin. On le renouvelait tous les quinze jours. On l'a remplacé par une poudre composée de parties égales de sel ammoniac, de chlorure de sodium décrépité et d'éponge carbonisée sans avoir été lavée. On en saupoudre une carde de coton, et on recouvre avec une mousseline piquée en losange. La pommade faite avec l'hydroïodate de potasse iodurée, et employée sous forme de frictions a remplacé tous les autres moyens employés anciennement à l'extérieur pour la guérison du goître. Cette pommade se compose de 1 gr. 20 cent. de sel et de 30 grammes d'axonge bien lavée. La dose est de 2 à 3 grammes par friction, une fois par jour. On a préconisé aussi des lanières en drap écarlate, appliquées sur la tumeur sous forme de cravate. Ce remède qui a eu dans les temps reculés sa raison d'être, car l'écarlate ou la pourpre s'obtenait d'un crustacé dont on a perdu depuis la trace, et par conséquent cette couleur pouvait contenir de l'iode, ce remède n'a plus pour lui qu'une réputation insoutenable, aujourd'hui que l'on obtient la pourpre et une grande partie des couleurs rouges de la cochenille et d'autres drogues qui ne contiennent absolument pas d'iode. — Pour les habitants des pays où le goître règne endémiquement, ce ne sera pas une inutile précaution d'ajouter à l'eau dont ils s'abreuvent quelques petites doses de sel de cuisine.

Scrofule. — La prédominance du système lymphatico-glandulaire, ou, pour parler avec plus d'exactitude, des conditions morbides de ce même système, prédispose à la scrofule et constitue le point de départ ou la base du tempérament scrofuleux. Ce tempérament toutefois n'entraîne pas toujours l'individu à une déclaration de la maladie, dans ce qu'elle a d'altérations anatomiques ou chirurgicales appréciables. Certains individus conservent leur tempérament scrofuleux jusqu'à la fin de leurs jours, sans éprouver pour cela ni gonflement, ni tubercules, ni ulcères, qui sont les trois formes sous lesquelles se présente la maladie déclarée.

Appartiennent à la scrofule et au tempérament scro-fuleux : l'*Ophtalmie scrofuleuse*, le *Carreau des Enfants*, les *Tumeurs scrofuleuses* des glandes du cou et des alen-tours, la *Tuberculose pulmonaire*, les *Écrouelles* proprement dites, *ulcérées* ou *non ulcérées*, et le *Gonflement d'os*, le *Pédartrocace*, *Spinabifida*, *Tumeurs blanches*, le *Cancer scrofuleux*, les *Exanthèmes scrofuleux*, le *Rachitisme*. Les affections scrofuleuses provenant d'une cause prochaine qui est implantée sur le système de la lymphe et des glandes, il n'est pas étonnant que la maladie puisse se manifester sous tant de formes. Il peut y avoir des jetées scrofuleuses sur toutes les parties du corps, car l'on ren-contre partout le système qui en est le siège. La scrofule, étant une maladie constitutionnelle, demande un traitement général tendant à ramener le système lymphathique à l'état normal, et un traitement local, pour faire disparaître le symptôme apparent.

Nourriture saine composée d'aliments digestibles, viande associée aux végétaux, particulièrement aux racines pota-gères. *Air pur*, le meilleur est celui de la campagne ; dans un endroit sec; chambre à coucher souvent aérée; bains d'air comprimé. *Propreté* : changer tous les jours de linge et de draps de lit; matelas de crin, de mousse, de paille hachée ; parfumer le linge avec du succin. *Gymnastique* et mouvements musculaires, même forcés. *Hydrothérapie domestique*, c'est-à-dire se laver tous les jours le corps avec de l'eau froide et se frictionner après. *Un bain tiède tous les deux jours*, additionné de savon ou de sel de cuisine.

En fait de médicaments, le *Café de glands de chêne* sera très utile, et encore plus utile la décoction suivante : petite centaurée, 100 grammes ; petite sauge et follicules de séné, de chaque, 80 grammes; rhubarbe, 30 grammes ; fleurs de pêcher, 20 grammes ; faites bouillir le tout pendant une heure, dans 2 litres de bon vin vieux, au bain-marie. En prendre deux centilitres tous les matins à jeûn. Bonne nourriture, point de laitage ni de salé.

Les préparations d'or, le muriate de barite, l'iode, le quinquina, les martiaux, l'huile de foie de morue ont été préconisés, comme des fondants aptes à résoudre les engorgements glandulaires et les nodosités.

C'est au médecin qu'il faut recourir pour se procurer les conseils nécessaires à l'égard de la dose et de la manière d'administrer les remèdes que je viens de mentionner, à l'exception de l'huile de foie de morue, qu'on emploie généralement dans les familles et qu'on délivre à la pharmacie sans ordonnance médicale. La meilleure manière d'administrer cette huile pour épargner au malade le dégoût qu'on éprouve aux premières doses, consiste dans une émulsion qu'on prépare de la manière suivante : prenez une cuillerée d'huile de foie de morue, un jaune d'œuf et quelques gouttes d'alcool de menthe. Battez à l'aide de la cuillère pour bien incorporer l'huile avec l'œuf, ensuite ajouter un demi-verre d'eau sucrée. De cette manière on obtiendra l'*Huile de foie de morue émulsionnée*.

Les remèdes locaux varient selon la forme et le lieu du symptôme que l'on veut combattre. L'*Ophtalmie scrofuleuse* se traite par un collyre composé avec 100 grammes de décoction de feuilles de noyer, 1 gramme d'extrait de belladone et autant de laudanum. On peut toucher le bord des paupières avec la *Pommade ophtalmique*, dont voici la formule : précipité rouge, 10 centigrammes ; tutie, 30 centigrammes ; onguent simple, 2 grammes ; extrait aqueux d'opium, 2 centigrammes et demi ; ou bien avec une solution de borax additionnée avec quelque peu d'eau de laurier-cerise.

Collyre de Favel. Cette préparation, connue dans quelques pays sous la dénomination *d'Eau pour les yeux*, d'Alibout, se compose de la manière suivante :

Prenez :

Sulfate de cuivre	4 grammes
— de zinc ou mieux de cadmium	4 —
Camphre	1 —
Safran	60 centigrammes
Litharge	1 gramme
Sucre Candi	15 —
Eau de fontaine	500 —

Les *Écrouelles ulcérées* ne demandent que fort peu de remèdes topiques ; il faut se borner à rincer l'ulcère avec une légère dissolution de chlore ou de sublimé, ou avec de l'eau phagédénique, et établir un cautère aux environs.

Les *Écrouelles non ulcérées* et les tumeurs glandulaires du cou et des alentours se résolvent presque toujours à la suite de l'application du mélange suivant, qui constitue la *Pommade antistrumeuse*. Prenez 120 grammes de fiel de bœuf, 90 grammes d'huile de noix et 12 grammes d'ammoniaque. Faites un savonule avec l'ammoniaque et l'huile et ensuite mêlez au fiel. On en imbibe de la ouate et on l'applique le soir pour la garder toute la nuit.

Le *Carreau des enfants* demande des frictions sèches

sur le ventre, un régime adoucissant, des cataplasmes et des bains émollients; quelques purgatifs de loin en loin, et pas trop drastiques, seront indiqués. Les eaux minérales légèrement excitantes seront indiquées aussi, de même que les ferrugineux associés aux amers.

Toutes les autres formes de scrofule exigent un traitement général tel que nous l'avons indiqué; mais pour ce qui est de la localité, le choix des remèdes et leur application est entièrement du ressort de l'homme de l'art.

GOUTTE ET RHUMATISME. — Par ces deux dénominations on distingue, en médecine, un état d'irritation, quelquefois phlogistique, implantée sur les aponévroses et membranes séreuses des muscles et des articulations. Entre la goutte et le rhumatisme il n'y a à proprement parler d'autre différence essentielle que le siège que chacune de ces deux maladies occupe, la goutte ou *Arthrite* se jetant sur les capsules articulaires, le rhumatisme sur les muscles. Mais ce sont toujours les mêmes tissus fibro-séreux aponévrotiques qui sont frappés par la cause, quelle qu'elle soit, qui détermine ces deux formes morbides.

La conséquence immédiate que l'on doit tirer de cette appréciation pathogénique se rapporte, sinon à l'identité absolue du traitement, au moins à l'analogie d'action des moyens curatifs.

La goutte aussi bien que le rhumatisme est tantôt excessivement douloureuse et tantôt indolente. La raideur des articulations et l'immobilité du membre affecté sont quelquefois les seuls symptômes qui se présentent, symptômes qui, dans certains cas, simulent la paralysie par leur gravité.

Ces deux maladies, je l'ai dit, peuvent être accompagnées et même entièrement constituées par un travail inflammatoire, mais généralement toute inflammation manque, et il ne se présente que des symptômes d'engorgement séreux.

Lorsque les articulations s'enflamment par une cause quelconque, elles ne sont pas toujours dans un état goutteux. L'*Arthrite aiguë* n'est pas une forme de la goutte, comme l'inflammation des muscles (*Myitis*) n'est pas un rhumatisme. Et, en effet, l'une et l'autre de ces maladies demandent un traitement antiphlogistique, tandis que la goutte et le rhumatisme se trouvent beaucoup mieux des moyens propres à évacuer la sérosité.

Le nombre des remèdes antigoutteux et antirhumatismaux est prodigieux, et cependant le véritable spécifique est encore à trouver. Cela prouve que la maladie n'est pas simple, et que, par contre, se compliquant de l'état idiosyncrasique des malades, des influences atmosphériques et d'autres particularités morbides inhérentes au siège qu'elle occupe et aux parties qui l'avoisinent, elle ne peut réagir, dans tous les cas, de la même manière à un seul traitement ou à une seule action thérapeutique. La gravité même de la maladie et son ancienneté doivent nécessairement être cause de l'insuccès d'un remède qui aura réussi même bon nombre de fois.

D'après le mode d'action des substances qui réussissent d'ordinaire dans le traitement de ces deux maladies, on pourrait presque augurer que si les conditions de la fonction gastro-intestinale ne sont pas la cause morbide, elles compliquent cependant, dans maintes circonstances, l'état morbide de la localité. Presque tous les médicaments employés à l'intérieur jouissent d'une action éméto-carthique incontestable, et il n'est pas rare d'observer que les accès se mitigent ou disparaissent par l'usage de purgations répétées plusieurs fois de suite. Il y a encore un fait bien constaté, qui consiste dans l'efficacité des remèdes amers et toniques pour l'estomac, comme moyens préservatifs.

Pour couper des accès de goutte et de rhumatisme, nous n'avons pas trouvé de remèdes plus actifs et plus prompts que les suivants: *Squine, Séné mondé, Salseparcille, Sel d'Epsom, Agaric, Gayac, Polypode de chêne, Cristal minéral, Sassafras, Réglisse, Filaria major, Racine de bardane, Roses de Provins*, de chaque 15 grammes; triturez le tout grossièrement et mettez-le dans 3 litres d'eau froide:

laissez infuser pendant trente-six heures, ensuite passez à la serviette en exprimant avec force. L'on mettra le produit en bouteilles, que l'on déposera dans un lieu frais. On prend cette tisane faite à froid, le matin à jeûn à la dose d'un verre de table, toutes les heures, pendant quatre heures. Dans l'intervalle, entre un verre et le suivant, l'on prendra une tasse de bouillon aux herbes ou de jarret de veau, ou une eau à la groseille. Les trois bouteilles doivent servir environ pour quatre jours. Si cependant on se sentait fatigué, on suspendrait pendant un jour; mais il est à désirer que le traitement ne soit point interrompu.

La *Poudre préservatrice de la goutte et des rhumatismes chroniques* se compose d'un mélange de parties égales de poudre de *Gérurcadrée*, de *Gentiane*, d'*aristoloche* et de *Centaurée*, à la dose de 1 à 2 grammes, soit en poudre, soit en pilules.

Le *Céleri*, variété cultivée de l'*opium graveolem*, a été tout récemment préconisé comme antirhumatismal; on l'administre de la manière suivante : On coupe le céleri en petits morceaux qu'on fait bouillir dans l'eau, jusqu'à leur ramollissement. Le malade en boit le bouillon. On met à profit le légume ainsi cuit en l'additionnant de lait, d'un peu de farine et quelque peu de noix muscade. On l'expose au feu une deuxième fois pour le recuire et, préparé de cette manière, il forme un plat maigre fort agréable.

Comme remède extérieur devant déterminer une fluxion humorale à la peau, on conseille les bains excitants, les bains de vapeur térébenthinés. Les topiques dont on se sert plus communément dans le rhumatisme sont les applications excessivement chaudes, la moutarde en cataplasmes et le vésicatoire. Les frictions faites à l'aide de la pommade camphrée, du baume opodeldoch et autres préparations excitantes ou sédatives, font partie du bagage thérapeutique du rhumatisme. Il est très rare que l'on soit obligé d'avoir recours à l'application des sangsues, qui ne sont indiquées que dans le cas où le rhumatisme serait indubitablement inflammatoire.

Les remèdes intérieurs prônés contre la goutte déclarée ne diffèrent pas des précédents. Il est à craindre cependant que l'accès, une fois établi, ne suive sa marche malgré l'administration des remèdes même regardés comme spécifiques, tels que le colchique, l'alkékenge et autres végétaux plus ou moins irritants ou purgatifs. On préfère les applications anodines, les bains locaux de petit-lait et l'application de quelques sangsues tout autour du siège du mal.

Comme moyens préventifs ou préservatifs de la goutte et du rhumatisme les substances jouissant d'une action tonique sur l'estomac, et capables de régulariser les fonctions de cet organe, occupent le premier rang ; une nourriture simple, uniforme est de rigueur, ainsi que beaucoup de parcimonie dans la dose des boissons fermentées et des liqueurs.

Beaucoup d'autres remèdes ont été préconisés dans le but de préserver de plusieurs de ces maladies, mais presque tous ont été aussitôt abandonnés qu'essayés. C'est ainsi que la matière médicale acquiert du volume, sans acquérir de l'importance.

La *Sciatique externe ou interne*, la *Coxalgie*, le *Lumbago*, le *Torticolis* font partie du groupe des affections rhumatismales, ayant leur siège, tantôt sur les ligaments et sur la gaine des muscles, et tantôt sur la gaine des nerfs ; les unes et les autres attaquent toujours le même tissu séro-fibreux. Le traitement varie selon la localité affectée. Ainsi, la *Sciatique*, maladie éminemment nerveuse qui envahit quelquefois toute la longueur du nerf sciatique, depuis son origine jusqu'à ses dernières ramifications, et conséquemment qui intéresse la cuisse, la jambe et le pied à la fois, ne demande pas absolument les mêmes remèdes que demande la *Coxalgie*, qui s'implante sur l'articulation coxo-fémorale ou sur le ligament de la tête du fémur. Du domaine exclusif de la médecine, ces deux maladies exigent chacune un traitement approprié à la nature du mal et à ses complications, et conséquemment dépassent les limites de l'ingérence de la maîtresse ou du maître de maison. Le meilleur expédient dans ces circonstances est de se confier à un homme de l'art. — (Voir *Névralgies*.)

Le *Lumbago* et le *Torticolis* guérissent ordinairement sans le secours de la médecine. Cependant, les bains sont indiqués, ainsi que les frictions faites avec une flanelle chaude, sèche ou humectée par quelque teinture alcoolique ou quelques pommades rubéfiantes, et dans quelque cas, l'application d'un vésicatoire.

CATARRHE. — Dénomination générale d'un groupe d'affections propres aux membranes muqueuses, accompagnées par un écoulement de l'humeur sécrétée en condition de maladie par ces mêmes membranes. Comme ce système est très répandu dans l'organisme, les affections catarrhales sont nombreuses, et chacune d'elles emprunte un nom qualificatif de la membrane qu'elle occupe. Ainsi l'on connaît plusieurs espèces de *Catarrhes*, et entre autres celui des bronches et du larynx, appelé *Catarrhe pulmonaire*; celui du gosier, *Catarrhe angineux*, ou *Angine catarrhale*; celui des intestins, *Catarrhe intestinal*, *Diarrhée ou Dyssenterie*; celui des fosses nasales, *Catarrhe pituitaire*, ou *Rhume de cerveau*; celui des yeux, *Catarrhe de l'œil*, ou *Ophtalmie humide*; celui des oreilles, *Catarrhe de l'oreille*, ou *Otorrhée*; celui de la vessie, *Catarrhe vésical*; celui du vagin, *Catarrhe vaginal*, ou *Flueurs blanches*, ou *Leucorrhée*; celui de l'urètre, *Catarrhe urétral*, ou *Blennorrhée ou Blennorrhagie*.

Quoique le fond de la maladie soit toujours le même, il n'est pas moins vrai que les moyens curatifs, tout en appartenant à la même catégorie, devront cependant varier dans leur mode d'application. Les unes de ces espèces de catarrhes exigent des remèdes généraux, d'autres se contentent des moyens appliqués à la localité.

Quand le catarrhe pulmonaire est accompagné par la fièvre, cette fièvre prend le nom de *Fièvre catarrhale*, qui, tantôt constitue une maladie par elle-même, et tantôt n'est qu'un symptôme concomitant à une autre maladie. Selon qu'il y a une chose ou l'autre, le traitement sera tel que l'exigent les conditions présentées par la maladie même que le médecin seul sait apprécier.

Si cependant le catarrhe pulmonaire est sans fièvre, la coction ou la résolution s'obtiennent par la tisane de gruau et les infusions de fleurs béchiques, par la température modérée de l'appartement. Si la toux est chatouilleuse on pourra administrer la teinture de boucage, ou pimprenelle (saxifraga). On applique aussi sur la poitrine des flanelles chaudes, ou de la moutarde. — (Voir *Rhume de poitrine*.)

L'on doit se méfier des toux qui traînent en longueur, car ce n'est pas toujours impunément qu'on néglige un rhume de poitrine, qui peut, chez quelques individus d'une constitution délicate, dégénérer en phtisie tuberculeuse. Si la toux est spasmodique, sèche, nerveuse, il conviendra d'employer l'extrait de jusquiame à la dose de 20 à 30 centigrammes par jour, la poudre de Dower, le soir en se couchant, à la dose de 1 à 2 grammes, et dans les cas opiniâtres l'opium.

Le *Catarrhe de l'œil* cède ordinairement aux collyres astringents. (Eau de roses de Provins et acétate de plomb.)

Le *Catarrhe de l'oreille*, aux injections faites avec le collyre ci-dessus, ou à celui préparé avec le sulfate de zinc ou le nitrate de cadmium. La *Diarrhée* qui est accompagnée par des symptômes d'embarras suburral se mitige et guérit même sans l'emploi de boissons laxatives; mais si cette complication n'existe pas, les médicaments les plus appropriés sont l'eau albumineuse, la tisane de riz aiguisée du jus d'un citron pour chaque ligne, le nitrate de bismuth. Si ces remèdes ne suffisent pas, il n'y a plus qu'à recourir à la science du médecin, car l'insuccès de ces moyens curatifs est un indice de la présence d'une cause que le malade ne peut apercevoir, et que l'homme de l'art seul saura déterminer.

Un *remède contre la diarrhée*, qui pour être un remède

de bonne femme n'en est pas moins un excellent antidiarrhéique, consiste dans 250 grammes de coings confits coupés en petits morceaux, additionnés d'une quantité égale de sucre candi et d'un litre de vin ordinaire rouge ou blanc. Placez ce mélange au bain-marie où vous laisserez exposé au feu jusqu'à ce que le volume se réduise de la moitié. Passez ensuite et conservez-le dans un lieu frais et sec.

Quatre ou cinq cuillerées à soupe dans le courant de la journée et quelques cuillerés à café de la marmelade qui reste sur le filtre suffisent pour obtenir la guérison de la diarrhée, même invétérée, dans l'espace de deux à trois jours. — C'est un remède que les enfants trouvent de leur goût.

La *Dyssenterie*, loin d'empirer, s'amende par l'usage des fruits, et les médecins clairvoyants les conseillent. L'amidon en lavements est encore le remède le plus usité contre cette maladie, qui quelquefois cède aussi à l'usage de la décoction de tamarin et de la rhubarbe. Il ne faut pas oublier que cette maladie constitue le symptôme d'une véritable phlegmasie intestinale qu'il faut traiter par tous les moyens les plus conformes à cet état de la membrane muqueuse, ce qui demande l'intervention d'un médecin. Lorsque dans les *Flux de sang* ou dyssenteries on peut obtenir une selle de matières fécales, la guérison est assurée.

Le *Catarrhe vaginal* se guérit très facilement s'il n'est pas ancien, par les injections d'eau goudronnée et par l'usage de la même eau à l'intérieur. On donne aussi avec succès des injections préparées avec des substances astringentes, légèrement narcotisées par l'addition d'une tête de pavots en décoction. Très souvent cette maladie n'est qu'un symptôme d'un dérangement d'estomac, et dans ce cas la rhubarbe sera plus particulièrement indiquée.

Le *Catarrhe urétral*, provenant d'une simple irritation du canal de l'urètre, se guérit assez promptement par des injections faites à l'aide d'une dissolution de sulfate de zinc dans l'eau distillée. Si ce remède ne réussit pas à cause de l'ancienneté de la maladie, on pourra se servir d'injections contenant du calomélas, ou de l'acétate de plomb et tanin en parties égales. Le tannate de plomb qui se forme et le calomélas se trouvant dans un état de division presque infinitésimale, et n'étant pas solubles dans l'eau, d'après ce qu'il paraît, se déposent sur la membrane, et en empêchent mécaniquement le suintement. Les bains et les sémicupes seront très utiles.

Il ne saurait être question ici que de la blennorrhée innocente. Celle qui ne le serait pas demande à être traitée par un homme de l'art. A ce sujet nous dirons seulement que la prudence (et une prudence qui est très salutaire et économique), conseille de se méfier de tous les remèdes secrets qui la plupart du temps n'aboutissent qu'à rendre chronique une maladie, qui, prise à son début avec les moyens convenables, n'aurait eu qu'une durée passagère.

SACHET ANTÉMÉTIQUE contre le mal de mer et les vomissements de femmes enceintes. On remplit à moitié un petit sachet en soie ou en toile de lin, de noix de muscade en poudre. On l'aplatit en le capitonnant, et on le place à la hauteur du creux de l'estomac où il doit être appuyé. Un ruban sert à le suspendre autour du cou.

L'évaporation du liquide volatil, appliqué au moyen d'une compresse placée sur le creux de l'estomac, est reconnue comme un excellent préservatif du mal de mer. Il faut mouiller la compresse au fur et à mesure qu'elle se dessèche.

Dans les cas ordinaires de vomissement, le meilleur moyen pour les calmer consiste à mettre dans une cuiller une prise de carbonate de potasse, et autant de sucre, avec la moitié de la cuillerée d'eau, et de remplir la cuiller avec du jus de citron. Il faut l'avaler pendant qu'a lieu l'effervescence. C'est la *Potion antémétique de Rivière*.

NÉVRALGIES ET NÉVROSES. — La première de ces dénominations comprend un groupe très nombreux de maladies ordinairement apyrétiques (sans fièvre) dont le symptôme principal est une douleur vive, exacerbante ou intermittente, qui suit la ramification nerveuse d'où elle procède, sans rougeur, chaleur ni gonflement. On en connaît neuf espèces : mais comme tous les organes doués de nerfs sensitifs peuvent en être le siège, on voit que le nombre de ces affections est très considérable. D'après le tissu anatomique qui en est toujours le siège, ces maladies appartiennent en quelque sorte à la catégorie des affections rhumatismales. Généralement elles sont plus douloureuses que dangereuses, et n'exigent pas un traitement essentiellement différent de celui des rhumatismes. Nous toucherons aux principales variétés de ce symptôme, qui se montre plus ou moins tenace selon le nerf qui le manifeste et selon la gravité de la cause prochaine qui l'entretient.

Une des formes les plus opiniâtres et les plus douloureuses de la névralgie est celle qui est connue sous le nom de *Tic douloureux* ou *Névralgie de la face*. La douleur a son siège tantôt au-dessus de l'œil en bas du front, et tantôt au-dessous. Aussi s'appelle-t-elle sus-orbitaire, ou sous-orbitaire, selon qu'elle est placée dans un endroit ou dans l'autre. Le traitement est toujours chanceux, et il n'est pas rare de rencontrer des cas de cette maladie où tous les remèdes les plus vantés ont échoué, y compris même celui de la résection du nerf. Si cependant la maladie est purement nerveuse, les douches froides pratiquées à l'aide d'une seringue calment la douleur, au moins temporairement. Les fomentations faites avec l'eau de laurier-cerise ont réussi quelquefois. Les mouches d'opium sont aussi efficaces que les frictions avec des substances anodines. Un remède que nous avons vu réussir assez souvent dans le tic douloureux ainsi que contre le mal de dents consiste à renifler brusquement par la narine du côté de la névralgie cinq à six gouttes de teinture de pyrèthre additionnée d'un peu de poudre de fleur de la même plante, que l'on verse dans le creux de la main, en tenant fermée avec l'autre main la narine opposée. Cet errhin cause nécessairement sur la putuitaire une sensation très forte, qui peut-être par la raison que *sensatio major debilitat minorem* est cause à son tour de l'apaisement de la douleur névralgique. Si une première aspiration ne suffit pas il conviendra de la répéter de dix en dix minutes jusqu'à en obtenir le résultat désiré, que nous avons vu souvent ne se produire qu'à la troisième fois. Nous recommandons ce moyen tout empirique qu'il est, car notre expérience nous y autorise.

Le *Mal de dents* ou *Odontalgie* constitue quelquefois une névralgie purement nerveuse, et d'autres fois se rattache à une dent gâtée par *Carie*. Dans le premier cas il pourra se mitiger et même disparaître par les applications locales de médicaments émollients et narcotiques ou par l'aspiration de la teinture de pyrèthre (v. ci-dessus), ou en appliquant à la dent le *Mélange odontalgique* composé de six grammes de teinture de benjoin, d'un gramme de teinture d'iode, d'autant de chloroforme, de cinquante centigrammes de tanin et de cinq centigrammes de chlorydrate de morphine qu'on applique au moyen d'un peu de coton en réitérant deux ou trois fois. Dans le second la maladie devient du ressort du dentiste, qui s'empressera ou de remplir le creux de la dent avec un mastic quelconque, ou de cautériser la surface cariée, ou bien d'arracher la dent si le dégât n'est pas remédiable avec les deux premiers moyens. Les gencives aussi peuvent être le siège de cette névralgie, et dans ce cas il est très difficile de bien préciser si la douleur a pour point de départ une dent ou la gencive. Avant de se décider à faire extraire des dents qui ne présentent aucune lésion, il est prudent d'épuiser tous les remèdes antiphlogistiques et calmants, car il n'est pas rare d'observer des individus, conseillés par la force de la douleur d'avoir recours à la clef de Garengeot, se faire extraire trois ou quatre dents sans obtenir aucun soulagement.

La carie des dents cesse en introduisant, trois fois par jour, dans la cavité cariée de la ouate de coton trempée dans le jus de citron, ou bien dans un mélange de parties égales d'huile éthérée, de clous de girofle, et de laudanum de Sydenham.

Le mal d'oreille ou *Otalgie* se traite comme l'odontalgie. Les cataplasmes faits avec des feuilles de jusquiame et des fleurs de sureau, cuits dans le lait et appliqués sur l'oreille, donnent d'heureux résultats : mais quelquefois la douleur ne cède qu'après l'application des sangsues derrière l'oreille, ou d'un petit vésicatoire, dont on saupoudre la surface ulcérée avec de l'hydrochlorate de morphine. Comme toute autre névralgie, l'otalgie revêt quelquefois le caractère rhumatismal, et dans ce cas il faudrait un traitement tel que nous l'avons indiqué à l'article *Rhumatisme*.

Surdité. Lorsque cette infirmité est encore à son début, on peut l'empêcher d'empirer dans une certaine mesure au moyen de l'instillation de quatre ou cinq gouttes de glycérine tiède dans le conduit auditif assez profondément pour que cette glycérine aille au contact de la membrane du tympan. Si cette dureté d'oreille est symptomatique d'une céphalalgie ou d'une autre affection nerveuse temporaire, on peut se flatter de la voir se dissiper à la disparition de l'affection dont elle ne serait que secondaire. Si elle est accompagnée de douleurs, il faudra laudaniser légèrement la glycérine, ou l'huile d'amandes douces si on préfère se servir de cette huile plutôt que de la glycérine. On a proposé aussi le suc de basilic, mais si la surdité est tant soit peu ancienne, si elle accompagne l'âge avancé, ou bien si elle est héréditaire, il y aura à craindre l'existence sur la caisse du tympan ou dans le labyrinthe de quelque défaut de construction, ou d'un vice d'organisation acquis par une maladie ou une autre cause quelconque. Ce diagnostic n'est certes pas très constant pour les sourds, mais, en compensation, il peut servir à sauvegarder les intérêts de ceux qui sont victimes de cette indisposition, en se tenant à distance de certains spécialistes qui promettent beaucoup plus que ce qu'ils savent pertinemment ne pouvoir tenir.

Insectes dans les oreilles. On sait que les huiles tuent les insectes. Ainsi dans le cas où une puce, un cousin, une mouche seraient entrés dans le conduit auditif un peu trop loin pour pouvoir rétrograder, et que par leurs mouvements désordonnés ils causeraient une sensation, insupportable pour la personne qui en serait atteinte, il n'y aura qu'à instiller quelques gouttes d'huile dans l'oreille pour les condamner au repos éternel. Il ne restera plus qu'à en sortir les cadavres, ce qu'on obtiendra facilement à l'aide d'un cure-oreille.

Il n'est pas toujours facile de connaître le point de départ d'une névralgie, et conséquemment de déterminer quelle est la ramification nerveuse qui en est le siège. Par exemple, la *Névralgie maxillaire* qui part du trou mentonnier et se propage à la langue, aux dents, aux lèvres à la tempe et à l'oreille, laisse indécis le médecin sur la localité nerveuse affectée la première, et l'on ne saurait la préciser que d'après la marche suivie par les accès, dans le cas même où l'accès débute indubitablement par le trou mentonnier, ce qui n'a pas toujours lieu. Comme il s'agit d'une variante du tic douloureux, elle ne demande pas un autre traitement que celui que nous venons d'indiquer un peu avant.

La *Névralgie iléo-scrotale* part de la crête de l'ilium, suit le cordon spermatique, se porte au scrotum et au testicule dont elle détermine la rétraction.

La *Névralgie femoro-poplitée* ou *Sciatique antérieure* ou *postérieure* selon qu'elle s'implante sur une branche ou l'autre du nerf sciatique.

La *Névralgie plantaire*, c'est-à-dire de la plante des pieds.

La *Névralgie brachiale* qui se fixe depuis le coude jusqu'au dos de la main, etc.

Si nous revenons à parler de la sciatique après ce que nous en avons dit à l'article *Goutte* et *Rhumatisme*, c'est pour indiquer un traitement que nous avons vu employer avec beaucoup de succès dans des cas de sciatique, contre lesquels avaient échoué tous les remèdes les plus actifs. Le moyen auquel nous faisons allusion consiste dans l'application d'un vésicatoire au talon. Mais comme les vésicatoires ordinaires ne déploient pas assez d'énergie pour produire l'effet qu'ils produisent ordinairement sur les autres parties non calleuses, l'on a recours aux bulbes de la *Renoncule scélérate* (Ranunculus sceleratus) qui croît le long des fossés. Cette bulbe écrasée et appliquée sur tout le talon produit une ampoule considérable au bout de 24 heures. Alors on incise en croix cette enflure; il en sort une grande quantité de sérosité, et avec cette évacuation disparaît la sciatique. La peau soulevée se détache et laisse une plaie qui empêche de marcher pendant quelques semaines.

Mobilité nerveuse, Névropathie, Névrose équivalent à trois degrés d'une affection nerveuse, qui au fond est à peu près toujours la même, ou mieux, ces expressions correspondent à trois formes analogues entre elles d'un même état morbide du système nerveux. Rien de plus bizarre que la symptomatologie des névroses, qui se rattachant par un bout aux affections physiques, présentent des phénomènes d'un ordre purement fonctionnel, et touchant même au moral de l'individu donnent lieu à un autre ordre de manifestations dont le mécanisme et la cause nous sont aussi inconnus que la fonction cérébrale elle-même. Nous faisons allusion aux phénomènes du *Somnambulisme*, de la *Catalepsie*, du *Magnétisme animal* en un mot, dont on a fait un mauvais usage, mais dont la réalité aussi, en une certaine mesure, est incontestable. Toutes ces indispositions ne demandent aucun traitement particulier. Elles apparaissent et disparaissent ordinairement sans cause manifeste, et sans que leur apparition ou disparition se rattache à une action quelconque morbide ou salutaire. Les *Convulsions* purement *nerveuses*, l'*Hystérisme* appartiennent à la catégorie des névroses, et n'exigent que quelques soins hygiéniques pendant les accès, tels qu'une atmosphère bien ventilée, de légères aspersions d'eau fraîche à la face et une surveillance active pour que le malade ne se blesse pas pendant le paroxysme, en se débattant au milieu de violentes contorsions. Si cet état dure longtemps c'est au médecin à en combattre la cause, dans la supposition qu'il soit assez heureux pour la saisir.

Appartiennent à la catégorie des affections nerveuses le *Mal à la tête* ou *Céphalalgie*, la *Migraine*, la *Gastralgie*, la *Colique nerveuse* et la *Néphrétique*, l'*Epilepsie* et les *convulsions épileptiformes*. Dans toutes ces maladies l'intervention médicale est indispensable, quoique malheureusement elle ne soit pas toujours efficace par raison d'impuissance de l'art.

ALOPÉCIE. — (V. *Pommades et Huiles pilophiles*.)

CHLOROSE OU PALES-COULEURS. — Cette maladie, qui affecte ordinairement les jeunes filles, à l'époque de leur première menstruation, peut être encore la conséquence d'une soustraction trop considérable de sang produite ou par une violente hémorragie, ou par abus de la saignée. Il ne faut pas la confondre avec l'*Anémie*, dont elle n'est qu'un symptôme. L'une et l'autre ne tiennent pas tant à une disette de sang, qu'elles sont maintenues par un manque de proportion entre les globules cruoriques et la partie séreuse.

Les remèdes tirés du fer sont les plus efficaces contre ces maladies.

APOPLEXIE OU COUP DE SANG. — Placer le malade sur un plan incliné dans un lieu bien aéré, la tête un peu élevée. Il faut faire des lotions d'eau froide acidulée de vinaigre, sur la partie supérieure de la tête : il faut en outre déshabiller complètement la personne atteinte.

En attendant l'arrivée du médecin l'on appliquera à chaque bras une ventouse sèche, au moyen d'un verre de table et d'un peu de coton auquel on met le feu au moment où l'on applique le verre sur la peau. L'application de la moutarde aux cuisses, les fomentations très chaudes aux mains, les frictions pratiquées à l'aide d'une flanelle chaude sur les extrémités inférieures.

Asphyxies. — Si l'asphyxie est occasionné par les *Vapeurs du charbon* ou des *cuves en fermentation*, ou par les *Gaz des mines de charbon*, ou par *Excès de chaleur*, ou par *Défaut d'air respirable*, il convient d'exposer le malade au grand air, et de lui sortir tout vêtement qui pourrait lui comprimer la poitrine. Il faudra le placer dans une position un peu inclinée, la tête et la poitrine un peu élevées. Aspersion d'eau vinaigrée, ou de vinaigre pur sur le visage, frictions par tout le corps, surtout à l'épigastre et au bas-ventre au moyen d'une brosse trempée dans l'alcool ou dans une liqueur alcoolique très forte. On lui fera respirer de l'ammoniaque ou du vinaigre radical, ou de la première *odeur* forte dont on pourra disposer. On insufflera de l'air dans les poumons, ce qui peut se faire soit par voie directe en appliquant les lèvres sur les lèvres du malade, soit par un appareil approprié à cet usage. Enfin on percutera la poitrine en tous sens, et on la malaxera pour ainsi dire, dans le but de favoriser mécaniquement la reprise des mouvements de la respiration. Les asphyxies rarement sont guéries par l'intervention médicale : aussi faudrait-il que les amis ou les parents prodiguent eux-mêmes les soins aux asphyxiés : la mort ou la vie tiennent souvent à la promptitude et à la persévérance des secours.

Si l'asphyxie est produite par le *Gaz des fosses d'aisances* ou *Gaz hydrogène sulfuré*, par le *Gaz des Puisards* ou des *Égouts*, les moyens que nous avons indiqués précédemment seront les plus convenables. Outre cela il faudra faire inspirer du chlore et faire avaler deux cuillerées d'huile d'olive. On frictionnera tout le corps et on appliquera des sinapismes sous la plante des pieds.

L'*Asphyxie par le froid* demande que l'on enveloppe le malade dans une couverture de laine chaude et qu'on le réchauffe petit à petit. Cela s'obtient en plongeant l'asphyxié dans un bain d'eau froide dont on élève graduellement la température jusqu'à ce que le bain soit tiède. Les moyens susindiqués et qui s'appliquent à tous les cas d'asphyxie devront être appliqués aussi dans celui-ci.

L'Asphyxie par submersion. On devra placer le noyé dans une position horizontale un peu sur le côté droit; on l'essuiera à l'aide de linges secs, et on l'enveloppera dans une couverture de laine. On fera des frictions sur tout le corps et principalement sur le creux de l'estomac, sur les flancs, le ventre et les reins avec une brosse à frictions en laine douce, ou avec un morceau de flanelle ou d'étoffe de laine. On appliquera des compresses très chaudes sur ces mêmes parties que l'on aura frictionnées. L'on ne devra jamais placer le noyé la tête en bas, comme on fait assez souvent dans le but de faire vomir l'eau avalée. C'est une pratique plus dangereuse qu'utile. Encore dans cette circonstance il faudra tenter des inhalations de vapeur faites comme on a dit plus haut, et plus particulièrement l'insufflation d'air que l'on pratiquera comme nous indiquerons un peu plus loin.

L'Asphyxie par strangulation. Le même traitement que pour l'asphyxie par submersion. Après avoir coupé le lien qui serre le cou du pendu on appliquera des ventouses aux bras et aux cuisses pour y appeler le sang qui menace de se congestionner aux poumons.

Insufflation de l'air dans les poumons. Cela se pratique à l'aide d'une seringue à air que l'on introduit préalablement à l'intérieur avec du suif ou du savon. On charge la seringue d'air atmosphérique en retirant le piston; ensuite on introduit le tuyau élastique dans la glotte et on presse le piston. Arrivé à la fin de sa course on sort la seringue et on répète l'opération en la chargeant de nouveau d'air atmosphérique. L'on peut introduire le tuyau élastique dans une narine, boucher l'autre, et aussi la bouche, et dans ce cas comme dans celui de l'introduction par la glotte, il faudra pousser le piston doucement et par intervalles jusqu'à la fin de sa course. Cette introduction d'air devra être accompagnée par des pressions alternées sur la poitrine et le ventre pour favoriser mécaniquement la reprise des fonctions pulmonaires. Dans le cas d'asphyxie par submersion, à l'aide de la même seringue, on tâchera d'extraire l'eau contenue dans les bronches, et les mucosités qui les obstruent.

SIGNES DE LA MORT RÉELLE. — Les secours indiqués contre les asphyxies doivent être appliqués persévéramment jusqu'à ce qu'on ait acquis la certitude de la mort, ce qui n'est pas toujours facile à déterminer. Cela nous amène naturellement à indiquer les *Signes de la mort réelle*, qui n'ont aucune valeur pris isolément et n'en acquièrent une approximative que dans le cas où ils se présentent ensemble : car le seul véritable indice de la mort réelle est un commencement de putréfaction. Cependant on aura lieu de craindre qu'un individu est réellement mort s'il y a suspension complète de circulation et de respiration, roideur du corps et affaissement, flaccidité et obscurcissement des yeux, aspect cadavéreux de la face, front ridé et aride, yeux caves, nez pointu, tempes affaissées, oreilles redressées, lèvres pendantes, pommettes des joues saillantes, menton ridé et racorni, couleur de la peau plombée ou violette. L'ensemble de tous ces indices laisse croire à la cessation de la vie, encore plus lorsqu'ils persistent depuis plusieurs heures. Malgré cette probabilité, il est prudent de conserver encore quelque temps le cadavre supposé, et pour faire cela sans inconvénient hygiénique, l'on pourra se servir de la *Mixture Falconi*. — (Voir cet article.)

BLESSURES EN GÉNÉRAL. — Si la blessure est légère, il suffira de laver la plaie avec de l'eau, et d'en rapprocher les bords que l'on tiendra adhérents au moyen de taffetas gommé ou de sparadrap diachylum. Mais si la blessure est grave, il faudra nécessairement l'intervention du chirurgien.

HÉMORRAGIE. — Selon l'endroit du corps où l'hémorragie

a son siège, les moyens que l'on doit appliquer varient, sans cependant varier d'une manière essentielle, car ils consistent tous dans une compression que l'on doit exercer un peu au-dessus de l'endroit d'où s'échappe le sang si l'hémorragie tient à des blessures. Cette compression s'opère au moyen d'un tampon que l'on applique et que l'on serre fortement soit au moyen de la main, soit à l'aide d'un bandage. Si l'hémorragie vient des narines, on fera inhaler de l'eau froide et on appliquera des corps froids sur la nuque et au front. Le tamponnement des narines est du ressort du médecin. Sur les blessures, quelles qu'elles soient, on applique des compresses d'eau froide que l'on humecte avec de la nouvelle eau, sans les déplacer.

FRACTURES DES MEMBRES. — En attendant l'arrivée d'un homme de l'art, on se bornera à maintenir le membre supposé fracturé dans une position naturelle et à y appliquer des compresses d'eau froide, ou mieux des douches à l'aide d'un arrosoir pour empêcher l'engorgement qui gênerait le chirurgien dans ses manœuvres pour placer les tronçons de l'os l'un en contact de l'autre. Dans les fractures de la clavicule ou des côtes (ce que l'on pourra soupçonner s'il y a une douleur poignante sur l'un ou l'autre os), il faudra un repos absolu. Si c'est la clavicule qui est fracturée, on placera le bras en écharpe ; si c'est une côte, on emmaillotera le tronc du malade le plus soigneusement possible, et de manière à ne pas gêner la respiration.

BRULURES. — On guérit les brûlures légères sans le secours d'un médecin, en appliquant des compresses d'eau froide, ou de la pulpe de carottes jaunes ou de pommes de terre râpées. On conseille l'eau de chaux mêlée à l'huile, ou *Liniment calcaire* : on conseille aussi d'éponger la brûlure avec un tampon en chiffons trempé dans l'eau-de-vie, qui calme la douleur plus vite que toute autre application. On doit ce résultat au froid que produit l'alcool en se volatilisant. Si la brûlure est grave, il faudra appliquer quelques sangsues ou quelques ventouses à l'entour de la partie affectée et la maintenir toujours couverte de linge que l'on arrosera d'eau très froide, sans jamais rien déplacer. Si les brûlures sont faites aux paupières, aux doigts, sous les aisselles, ou partout ailleurs, dans des endroits où deux parties destinées à rester séparées tenteraient de se souder entre elles, on aura soin de les tenir écartées par la présence d'un linge mouillé placé entre l'une et l'autre.

La poudre impalpable de charbon végétal a été employée, dit-on, avec succès. On l'applique en une couche de l'épaisseur de deux ou trois millimètres, qu'on laisse en place jusqu'à la guérison de la partie brûlée. Cette poudre produit une douleur très vive, qui se calme peu à peu pour ne plus reparaître.

Vu la propriété antialgide du gaz acide carbonique on serait tenté de croire à la convenance d'arroser les brûlures par l'eau gazeuse. A défauts d'autres moyens on pourrait l'essayer.

MORSURES ET PIQURES VENIMEUSES. — Cautérisation de la plaie au feu, aux acides ou à l'ammoniaque après avoir fait sortir de la plaie tout le sang et toute la bave en la pressant en tous sens. On appliquera aussi une ventouse sèche, avant de passer à la cautérisation, qui pourra être aussi pratiquée avec la pierre infernale ou avec du beurre d'antimoine. Les morsures de chien, de vipère, ainsi que les piqûres d'insectes venimeux, tels que scorpions, guêpes, tarentules, abeilles, araignées, frelons, mouches charbonneuses, devront être traitées de la même manière. On aura soin d'enlever l'aiguillon des insectes qui pourrait être resté implanté dans la plaie. (Voir *Mouche empoisonneuse.*) — Dans toutes ces piqûres d'insectes, à défaut d'ammoniaque liquide, on pourra employer le suc d'oignon ou de poireau.

PARFUMERIES ET COSMÉTIQUES

Essences ou Huiles essentielles, ou éthérées, ou oléates. — L'importance capitale qu'ont les essences dans l'art du parfumeur et du liquoriste exige que nous leur consacrions un chapitre spécial, pour indiquer la meilleure manière de les obtenir, leurs caractères, ainsi que les sophistications qu'on leur fait subir avant de les livrer au commerce.

La méthode de préparation des huiles essentielles varie selon la substance d'où on l'extrait et selon la nature même de l'huile qui en est le produit. L'eau, l'alcool, l'éther, les huiles fixes et les graisses sont les corps à l'aide desquels on obtient les huiles essentielles, en employant divers procédés que nous allons décrire. — (Voir p. 89.)

On introduit l'une ou l'autre de ces plantes dans un bain-marie en toile métallique que l'on plonge dans la cucurbite d'un alambic aux deux tiers pleine d'eau en ébullition, et après en avoir superposé le chapiteau et l'avoir bien luté, on procède à la distillation. L'huile essentielle passe avec l'eau dans le réfrigérant, et par sa condensation elle se sépare de l'eau avec laquelle elle passe cependant dans un récipient florentin ; plus légère que l'eau, elle surnage, et on peut facilement la recueillir.

HUILES ESSENTIELLES OBTENUES A L'AIDE DE LA DISTILLATION PAR L'EAU

NOM DE LA PLANTE	PARTIE DE LA PLANTE employée	CARACTÈRES DE L'ESSENCE
Essence de fleurs d'oranger (Neroli)	fleurs fraîches.	incolore, très liquide, d'odeur très agréable.
— basilic	la plante fraîche.	elle rougit en vieillissant.
— hysope	feuilles fraîches.	très liquide, couleur ambrée.
— laurier-cerise	id. id.	liquide, et se cristallisant par la suite.
— lavande	sommités fleuries sèches.	ayant le poids p. 0,898.
— marjolaine	plante fraîche.	couleur citrine, légère, liquide.
— mélisse	id. id.	plus légère que l'eau, en vieillissant elle jaunit.
— menthe	id. id.	couleur jaune rougeâtre.
— origan	plante fraîche à fleurs rouges	rouge, liquide, aromatique.
— pouliot	plante en fleurs fraîches	jaune, liquide, aromatique.
— romarin	feuilles fraîches.	ambrée, très liquide.
— sariette	toute la plante.	id. id.
— sauge	la plante fraîche en fleur.	jaune
— serpollet	la plante fraîche.	d'odeur fort agréable.
— thym	la plante sèche	jaune-roussâtre ou jaunâtre.
— tanaisie	id. id.	jaune-verdâtre, de saveur amère-âcre.

De la même manière se prépareront les huiles essentielles des fruits ou graines de :

Nom de la plante.	Partie de la plante employée	Caractère de l'essence.
Carvi	graines sèches	jaunâtre, pâle, âcre ; poids 0,94
Coriandre	graines sèches	très liquide, jaune, très légère.
Cumin	fruits récents	citrine, liquide, très légère.
Fenouil	fruits secs	décolorée, aromatique.
Genièvre	fruits secs entiers	ambrée légèrement.
Anis	graines fraîches	jaunâtre, liquide, d'une saveur douceâtre, aromatique.
Aneth	graines sèches	jaune, d'une odeur très forte.

On prépare de la même manière les essences de :

Bergamote	}	citrine très liquide.
Bigarade		incolore.
Cédrat	en employant l'écorce	—
Citron	du fruit récente	—
Limette		—
Orange	}	

C'est par le même procédé que l'on obtient les huiles essentielles des plantes ci-après :

Absinthe	sommités fleuries fraîches.	verte foncée.
Camomille	fleurs desséchées.	bleu foncé, presque opaque
Balsamite	la plante en fleurs sèche	légèrement ambrée, ou citrine.
Matricaire	la plante en fleurs fraîches	liquide, citrine, odeur forte.
Verveine	la plante en fleur, sèche ou fraîche.	légèrement ambrée ou jaunâtre
Valériane	racine sèche.	verte pâle, très liquide, aromat.

Les *Essences de cannelle, de clous de girofle, de noix muscade, de pyrèthre, de sassafras, de nard* et d'autres substances sèches se préparent de la même manière, en les faisant cependant macérer pendant quelque temps avant de les soumettre à la distillation et en ajoutant une partie de sel de cuisine.

L'*Essence de rose* se prépare de la manière suivante.

Prenez :

Pétales de roses mondées de leur
    calice, *fraîches* . . . . . 7,500 grammes.
Eau commune . . . . 20,000 —
Sel marin . . . . 1,250 —

Laissez le tout reposer pendant un jour ou deux dans la cucurbite d'un alambic; ensuite distillez à feu nu pour obtenir sept litres et demi de produit. Redistillez ce produit sur une nouvelle quantité de roses; répétez ces cohobations et vous obtiendrez l'huile volatile qui viendra surnager sur l'eau et qui se rendra concrète à 10° au-dessus de zéro. Cette essence a une couleur blanche tant soit peu jaune, une odeur suave et une saveur très chaude et aromatique.

Toutes ces eaux sur lesquelles viennent surnager les huiles volatiles en conservent cependant assez pour être aromatiques et parfumées. Ce sont de véritables *Hydrolats* ou des *Eaux aromatiques distillées*.

L'*Essence d'amande amère* s'obtient en délayant le tourteau duquel on a exprimé l'huile dans l'eau froide, laissant macérer quatre ou cinq heures pour distiller ensuite. On la débarrasse de l'acide prussique qui se volatilise avec elle en la redistillant sur du protochlorure de fer.

Les *Essences de jacinthe, de violette, de réséda, de muguet, de lilas, de cassis, de tubéreuse, de myrte, de jonquille, de jasmin, de lis* et d'autres fleurs à parfum difficile à fixer, s'obtiennent en opérant de la manière suivante :

Dans un vase en cristal, en terre ou en bois doublé de zinc on superpose des toiles imbibées d'huile de ben, d'olive ou d'amande, et entre ces toiles on étend un lit de fleurs. On couvre le vase et on laisse en repos pendant vingt-quatre heures. Au bout de ce temps, on enlève les toiles et on remplace les couches de fleurs par des fleurs nouvelles que l'on laisse en place encore vingt-quatre heures. On réitère ce déplacement jusqu'à ce que les toiles soient imprégnées et saturées du parfum de la plante employée. On soumet toute ces toiles à une forte pression pour en exprimer toute l'huile, et après quelques jours on décante et on filtre.

On peut verser l'huile exprimée dans deux fois son poids d'alcool rectifié, et après avoir bien remué le mélange on le verse dans l'alambic à bain-marie, et ensuite on distille. L'alcool s'empare de l'essence et l'huile grasse reste dans l'alambic. Ces préparations, que l'on appelle *Extraits de senteur*, ne sont, en réalité, que des *Alcoolats*.

Ces alcoolats pourront être obtenus au moyen de l'action du froid, sans distillation, et voici comment : on mêle parties égales d'une huile exprimée comme ci-dessus et d'alcool rectifié. On secoue la bouteille jusqu'à ce que le liquide devienne laiteux. On place alors la bouteille dans la glace, l'huile grasse se fige et reste au fond de la bouteille, et l'alcool chargé de l'huile essentielle occupe la partie supérieure. Il ne reste plus qu'à décanter l'alcool, ce qui est extrêmement facile, attendu que l'huile grasse figée ne saurait changer de place qu'en la faisant fondre.

On peut remplacer les toiles et l'huile par le saindoux, en en étendant une couche sur une toile cirée, ou une surface lisse, et en y enfonçant les fleurs dont on veut extraire le parfum. Vingt-quatre heures après on renouvelle les fleurs recueillies tous les matins avant le lever du soleil, et de vingt-quatre heures en vingt-quatre heures on réitère la même substitution jusqu'à ce que le saindoux soit suffisamment saturé de parfum. Ensuite on plonge le saindoux dans l'alcool de bon goût et on passe le mélange à travers un linge très fin, qui arrête la graisse et ne laisse passer que l'alcool parfumé.

Il faut, au moins, trois demi-livres de fleurs pour une demi-livre de graisse. Au bout de deux ou trois jours, la graisse a acquis autant de parfum qu'elle peut en prendre. Chauffez cette graisse au bain-marie, passez à travers un linge et vous aurez une délicieuse pommade. Si on désire l'extrait de senteur pour mouchoir, procédez comme on vient de le dire.

Tableau des principales sophistications des Huiles essentielles et manière de les reconnaître. — Les huiles volatiles sont très souvent adultérées avec des huiles grasses. L'huile volatile qui contient une huile grasse est plus douce, et tache le papier sans colle, tandis que lorsqu'elle est pure le papier ne reste pas gras. En outre, en agitant une huile ainsi additionnée, sa surface se couvre d'une quantité de bulles d'air. Mêlée avec huit volumes d'alcool, l'alcool dissoudra toute l'huile volatile et laissera intacte l'huile grasse. Au moyen de la distillation au bain-marie l'huile grasse restera dans la cucurbite de l'alambic.

Ces huiles sont encore adultérées au moyen de l'alcool. Cette sophistication se découvre assez facilement, car en en versant une certaine quantité dans l'eau, celle-ci devient laiteuse. En outre, on peut se servir d'un tube de verre d'un centimètre de diamètre et d'une longueur de quinze centimètres, bouché à une extrémité. On applique aux deux tiers deux bandelettes de papier à la distance de deux centimètres l'une de l'autre. On remplit le tube d'eau jusqu'à la bandelette inférieure et l'espace entre les deux bandelettes est rempli de l'huile que l'on veut analyser. Après avoir bouché le tube, on agite les deux liquides. Si l'huile contient de l'alcool, celui-ci se dissoudra dans l'eau; conséquemment, après quelques instants de repos, on verra que l'eau aura empiété sur la place de l'huile proportionnellement à la quantité d'alcool qu'elle contenait. Si l'huile essentielle est plus lourde que l'eau, au lieu de placer les deux bandelettes aux deux tiers en montant, il faudra les coller aux deux tiers en descendant. Dans ce cas, l'on verse de l'huile jusqu'à ce que l'eau soit arrivée à la bandelette supérieure, et puis l'on agite et l'on opère comme ci-dessus.

L'on pourra aussi découvrir cette falsification avec le potassium. Ce métal étant immergé dans les huiles volatiles pures, on n'observe entre ces deux corps aucune réaction sensible; mais si l'huile contient de l'alcool, la réaction devient considérable. Voici ce qui se produit :

Si l'on plonge dans 12 gouttes d'une huile volatile un morceau de potassium de la grosseur d'une graine de psyllium, le potassium disparaît en cinq minutes lorsque l'huile contient plus d'un quart d'alcool, et disparaît en moins d'une minute si elle n'en contient que le quart. Cette disparition est accompagnée d'un petit bruit plus ou moins fort selon la quantité d'alcool.

Les huiles volatiles les plus chères sont adultérées par les huiles volatiles à bon marché, telles que les huiles de térébenthine, de romarin, de lavande, etc. On n'a d'autre moyen pour s'en assurer que de graisser avec ces huiles ainsi additionnées du papier ou de la toile placée au grand air. Les huiles n'étant pas toutes également volatilisables, l'odeur de l'huile qui le sera le moins persistera dans le papier ou la toile plus longtemps que l'odeur de celle qui se volatilisera la première. L'on pourra cependant s'en assurer aussi en confrontant l'huile suspecte avec une huile dont la pureté soit certaine.

L'*Huile volatile de sassafras* se trouve mêlée dans le commerce avec l'huile de térébenthine; mais comme l'une est plus lourde que l'eau, l'autre plus légère, au moyen de la distillation on les séparera facilement, celle de térébenthine se portant à la surface de l'eau, celle de sassafras allant au fond du vase.

L'*Huile volatile de rose* se falsifie au moyen de l'addition du blanc de baleine ou spermacéti. En la faisant fondre à une douce chaleur on constatera que cette huile falsifiée n'a pas la liquidité de l'huile pure, et laisse sur le papier sans colle une tache de graisse que la chaleur est impuissante à faire disparaître.

L'*Huile volatile de lavande* est presque toujours mêlée à l'huile de térébenthine. Un morceau de toile imprégnée de cette huile trahira encore l'odeur de la térébenthine longtemps après que par l'évaporation au grand air l'odeur de lavande aura disparue.

L'*Huile volatile de néroli* se trouve dans le commerce mêlée à l'alcool et à l'huile volatile d'écorce d'orange.

L'alcool se découvrira au moyen du procédé que nous avons indiqué. Il n'en est pas de même de l'huile d'écorces d'orange, qui est très difficile à être décelée. Il n'y a que la comparaison des caractères de l'huile suspecte avec ceux d'une huile reconnue pure qui puisse nous aider à découvrir cette fraude.

Eau de Cologne. — *Par distillation*

Essence de Portugal.	40	grammes.
— de bergamote.	46	—
— de cédrat.	30	—
— de citron.	30	—
— de néroli.	25	—
— de romarin ⎫		
— de lavande ⎬ de chaque.	60	—
— de benjoin ⎭		
Alcool à 86° (3/6).	1	litre.

Laissez infuser les drogues dans l'alcool pendant une quinzaine de jours, en ayant soin d'agiter de temps en temps la bouteille; distillez ensuite au bain-marie pour obtenir la quantité d'alcool employé.

Au moyen des essences :

Essence de citron.	320	grammes.
— de bergamote.	295	—
— de Portugal.	145	—
— de romarin.	40	—
— de néroli.	40	—
— de girofle.	20	—
— de lavande.	30	—
Teinture d'ambre.	20	—
— de benjoin.	90	—
Total.	1,000	—

On mêle toutes ces essences, et on les laisse en repos

pendant quelque temps, afin que les parfums puissent se combiner entre eux. Cent grammes de ce mélange suffiront pour faire un litre d'excellente Eau de Cologne, c'est-à-dire pour aromatiser 1 litre d'esprit de vin à 86° (3/6) bon goût. Toute la quantité pourra servir pour 10 litres d'alcool.

Ces deux formules peuvent supporter des variantes dans la qualité des essences et dans leur dose, selon que l'on désire que dans le produit il y ait prédominance d'un parfum ou d'un autre. Cette latitude de composition a donné lieu à autant de formules d'Eau de Cologne qu'il y a de distillateurs qui se sont occupés d'imiter ou de perfectionner celle de Jean-Marie Farina, qui en est le type.

Selon cette prédominance d'un parfum exclusif l'on aura, par exemple, l'*Eau de Cologne de lavande*, l'*Eau de Cologne à l'ambre*, etc.

Eau de Lavande alcoolique ou alcoolé de lavande. — Fleurs fraîches de lavande, ou sommités, fleurs . 60 grammes.
Alcool à 86° (3/6) . . . . 1 litre.

Laissez macérer pendant quatre ou cinq semaines; ensuite filtrez. Si, au lieu d'alcool on emploie de l'eau-de-vie, et si l'on double la dose de la lavande, on obtient l'*Eau-de-vie de lavande*, qui, dit-on, est un excellent vulnéraire.

Eau-de-vie de Lavande anglaise. — Cette eau de toilette, d'un parfum très agréable, s'obtient en procédant de la manière suivante :

On introduit dans la cucurbite d'un alambic,

Fleurs de lavande	100 grammes.
Ambre gris	20 centigrammes.
Alcali volatil	2 grammes.
Alcool rectifié à 86°	750 —
Eau de rose	375 —

Laissez le tout en repos pendant une semaine; ensuite ajoutez :

Musc.	20 centigrammes.
Essence de bergamote.	4 grammes.

et distillez à feu très doux, ou mieux au bain-marie pour obtenir un litre de produit.

L'eau simple se charge aussi des principes aromatiques de la lavande, au moyen de la distillation. L'*Eau distillée de lavande* se prépare de la manière suivante :

Sommités fleuries fraîches de lavande.	1.500 gr.
Eau commune	5 lit.

Introduisez dans la cucurbite d'un alambic, et laissez macérer pendant 12 heures. Ensuite distillez pour obtenir 2 litres 1/2 de produit.

Se préparent de la même manière :
L'*Eau distillée de fleurs d'oranger.*
L'*Eau distillée de fleurs et feuilles de myrte.*
L'*Eau distillée de rose* (pétales).
L'*Eau distillée de sureau* (fleurs mondées).
L'*Eau distillée de tilleul* (fleurs mondées).
L'*Eau distillée de menthe* (sommités fleuries et fraîches).
L'*Eau distillée de mélisse,*
et toutes les eaux en général que l'on obtient en faisant distiller au moyen de l'eau les fleurs ou les sommités fleuries, de même que les zestes et l'écorce des fruits parfumés tels que le *citron*, la *bergamote*, l'*orange douce et amère*, le *cédrat* et autres espèces et variétés du fruit du genre *citrus*, de même aussi que les feuilles aromatiques, telles que les feuilles de *laurier-cerise*, de *pêcher*, d'*amandier*, etc. — 1 kilo par 2 litres d'eau, 1 litre de produit — de même enfin que les écorces sèches aromatiques aussi de *cannelle*, de *cascarille*, de *sassafras*, de *clous de girofle*, de *fruit de piment*, de *graines de persil*, de *fenouil*, d'an-

gélique, d'anis, etc., en employant 1 kilo de subtance aromatique pour 8 litres d'eau, laissant macérer pendant 12 heures et ensuite distillant à feu nu pour obtenir la moitié en produit de la quantité d'eau employée.

Eau des Bayadères (DE NAQUET).

Essence de bergamote.	125 grammes.
— de citron.	60 —
— de Portugal	60 —
— de néroli fin ⎫	
— — petit grain ⎬ de chaque.	30 —
Baume de Tolu pulvérisé ⎭	
Essence de romarin.	15 gouttes.
— de rose	20 —

On lui donne la couleur rouge au moyen de la cochenille à la dose de 15 grammes délayée dans un peu d'eau légèrement alunée, pour obtenir une nuance plus brillante.

Cosmétique employé pour adoucir la peau et, dit-on, pour embellir le teint et faire disparaître, ou tout au moins amender, les taches de rousseur du visage. On s'en sert en en mettant quelques gouttes dans l'eau.

Eau de Miel parfumée ou esprit de miel.

Miel blanc de Narbonne.	500 grammes.
Coriandre (graines pulvérisées) . .	500 —
Clous de girofle	24 —
Zestes frais de citron ⎫	
Noix muscade ⎬ de chaque .	30 —
Benjoin ⎪	
Storax calamite ⎭	
Eau de rose ⎱ de chaque.	125 —
— de fleurs d'oranger ⎰	
Alcool à 86° (3/6)	1,500 —

Laissez macérer le tout pendant quelques jours, ensuite passez et filtrez.

Odeur très pénétrante. Quelques gouttes suffisent pour parfumer quoi que ce soit en fait de linge.

L'*Eau de miel de Londres* se compose de :

Eau.	1 litre.
Miel blanc.	30 grammes.
Essence de bergamote.	2 —
— de néroli fin } de chaque	1 —
Teinture d'ambre	
— de safran	250 —

Après quelques jours de repos on pourra s'en servir.

Eau de Musc.

Esprit d'ambrette.	1 litre.
Alcool à 86° (3/6).	2 —
Baume de Tolu.	60 grammes.
Teinture de vanille } de chaque	30 —
Essence de musc	
Essence d'ambre.	8 —

Eau de rose quantité suffisante pour rendre le parfum de cette eau plus moelleux.

Eau de mille fleurs.

Essence de néroli.	2 grammes.
— de girofle.	4 —
Teinture de vanille.	30 —
Alcool à 86° (3/6).	1 litre.

Agitez et ajoutez :

Eau de bouquet (Voir ci-après)	1 litre.
— de rose	500 grammes.
— de fleurs d'oranger.	250 —
Teinture d'ambre } de chaque	2 —
— de musc	

Agitez de nouveau, laissez infuser, ensuite filtrez.

Eau de bouquet.

Eau de miel (Voir plus haut) . .	60 grammes.
Alcoolat de jasmin	20 —
— de girofle.	15 —
— de violette.	15 —
— de souchet odorant . .	8 —
— de roseau aromatique .	8 —
— de lavande.	8 —
— de fleurs d'oranger. . .	2 —

Laissez infuser, ensuite filtrez.

Eau sans pareille.

Essence de citron.	10 grammes.
— de cédrat.	8 —
— de bergamote	10 —
Esprit de romarin.	250 —
Teinture d'ambre	8 —
Alcool à 86° (3/6)	2 litres.

Distillez au bain-marie jusqu'à obtenir la quantité d'alcool employé.

Eau des Odalisques (BACHEVILLE).

Alcool à 84° (3/6).	4 litres.
Eau de rose	1 —
Cochenille.	2 grammes.
Crème de tartre soluble. . . .	125 —
Styrax.	45 —
Baume liquide du Pérou } de chaque	20 —
— sec —	
Galanga (racine du petit) . . .	30 —
Pyrèthre (racine)	45 —
Souchet odorant (racine) . . .	45 —
Vanille	4 —

Écorce d'orange sèche	8 grammes.
Cannelle fine ⎫ de chaque .	4 —
Essence de menthe ⎭	
Angélique de Bohême (racine).	4 —
Graines d'aneth	4 —

Laissez infuser pendant huit jours; ensuite filtrez.

Cette teinture s'emploie sous forme de collutoire dans le relâchement des gencives à la dose d'une vingtaine de gouttes dans deux ou trois cuillerées d'eau tiède.

Elle est employée pure, comme tout autre alcoolé aromatique, en frictions contre les paralysies des membres; on l'ajoute aussi à l'eau du bain pour lui communiquer une action légèrement excitante sur la peau. Je crois qu'elle peut être remplacée par toute autre teinture alcoolique, c'est-à-dire par l'alcool tenant en dissolution une huile essentielle excitante quelconque.

Eau ambrée.

Alcool à 85° (3/6) ⎫ de chaque . .	1 litre.
Esprit d'ambrette ⎭	
Eau de fleurs d'oranger. . . .	250 grammes.
Teinture d'ambre.	30 —
— de musc.	15 —

Mêlez, laissez en repos pendant quelques heures, ensuite filtrez.

Eau de Toilette.

Alcool à 60° (3/6).	800 grammes.
Benjoin ⎫	
Encens ⎬ de chaque. . .	10 —
Gomme arabique ⎭	
Clous de girofle ⎫ de chaque. . .	5 —
Muscade râpée ⎭	
Amandes douces concassées ⎫ de chaque.	15 —
Iris de Florence ⎭	

6.

Essence de rose
— de bergamote } de chaque . . 10 gouttes.
— de Portugal

Laissez infuser dans un vase bien bouché et exposé à une douce chaleur, pendant quelques jours; ensuite passez en exprimant; après, filtrez et conservez dans des flacons à l'émeri.

Une cuillerée ou deux dans une quantité d'eau suffisante.

Eau de Mélisse des Carmes.

Mélisse récente et fleurie . . .	750 grammes
Zestes frais de citron	125 —
Cannelle fine }	
Clous de girofle }	
Muscade } de chaque . . .	60 —
Coriandre }	
Racine d'angélique } de chaque . .	30 —
Eau de menthe }	

Après avoir concassé toutes ces substances séparément, on le laissera infuser pendant cinq à six jours dans 4 litres d'alcool à 60°; ensuite on passera le tout à la distillation pour en obtenir tout l'alcool employé, que l'on rectifiera au moyen de la redistillation.

Cette formule est du grand nombre de celles dont le secret de la composition est gardé scrupuleusement. Etant entièrement composée de substances végétales elle échappe à l'analyse chimique. On a cherché à l'imiter, et on y a réussi dans une certaine mesure : mais quoiqu'on ne puisse pas dire que les modes de préparation que l'on a proposés donnent un produit absolument identique à la recette primitive, l'on peut cependant assurer que, pour ce qui est des propriétés médicamenteuses et autres, la différence n'est pas sensible, d'autant plus que cette préparation, même authentique, a perdu beaucoup de sa renommée, et que l'usage en est fort restreint. Aux yeux de ceux qui ne reconnaissent dans toutes ces formules que ce qu'il y a réellement, cette eau n'est envisagée que comme un alcoolat aromatique, dont les propriétés ne changent pas sensiblement, quelles que soient les petites inégalités dans sa composition. Ainsi, faute de la véritable Eau de Mélisse, on pourra en toute assurance se servir du produit que donne la formule que nous venons de transcrire, et que nous empruntons au *Manuel du Parfumeur*, de M. Debay.

Teinture de Verveine composée.

Alcool à 85° (3/6) . . . . . . 250 grammes.
Ajoutez :
Essence de verveine . . . . . 15 —
 — de bergamote . . . . 8 —
Esprit de citronnelle . . . . . 15 —

Mêlez en agitant le flacon, qui doit être bouché à l'émeri.

Eau de la Reine de Hongrie.

Alcool à 85° (3/6) . . . . 1 litre.
Sommités fleuries de romarin . . . . 400 grammes.
 — — de lavande ⎱ de
 — — de marjolaine ⎰ chaque 100 —

Après quelques jours d'infusion, passez et filtrez.

Eau de Botot.

Anis vert . . . . 300 grammes.
Clous de girofle . . . . 100 —
Essence de menthe . . . . . . 30 —
Alcool à 85° (3/6) . . . . . . 10 litres.
Alcoolat d'ambre . . . . 40 grammes.

Faites infuser tous les aromates ainsi que l'essence de

menthe dans les alcools pendant dix ou douze jours, ensuite ajoutez :

    Cochenille . . . . 30 grammes.

triturée avec 30 gr. de crème de tartre et 5 gr. d'alun, et délayée dans un peu d'eau ; filtrez ensuite.

Cette Eau est employée pour les soins de la bouche ; elle exerce une action astringente sur les gencives, leur communique une teinte rose et corrige en une certaine mesure la pesanteur de l'haleine.

On l'emploie à la dose d'une cuillerée à café dans un verre d'eau fraîche, pour se rincer la bouche une ou deux fois par jour. La formule que nous venons de rapporter peut être modifiée à l'infini, en variant les doses des aromates ou en donnant la préférence à d'autres. On connaît en parfumerie cinq ou six variantes, qui portent ordinairement le nom de leurs inventeurs, et sont qualifiées par l'épithète de dentifrice, quoiqu'elles n'agissent qu'en raffermissant les gencives et les parois buccales, en ne contribuant que fort peu à entretenir la propreté des dents.

Nous nous bornerons à donner plus loin la formule appelée *Teinture dentifrice anglaise* pour mettre en évidence la facilité d'en créer de nouvelles, pour peu qu'on veuille s'en donner la peine.

Eaux de Senteur composées, à base d'un parfum fugace.

De *Jasmin*. — Alcool à 85°. . . . . 1 litre.
    Alcoolat de jasmin (ou essence de). 500 grammes.
    Teinture de Tolu   ⎫
    —   de benjoin ⎬ de chaque . . . 8 —
    —   d'ambre . . . . 3 —

Filtrez après un jour de repos.

De *Réséda*. — Alcool à 85°. . . . . 1 litre.

Alcoolat ou essence de réséda . . . 500 grammes.
— — de rose . . . . 15 —
Teinture d'ambre . . . . 4 —
— de Tolu . . . . 8 —

Agitez, laissez macérer un jour, ensuite filtrez.

De *Tubéreuse*. — Alcool à 85° . . . . . . 1 litre.
Alcoolat ou essence de tubéreuse . . 500 grammes.
Eau spiritueuse de rose . . . . . . 250 —
Teinture de Tolu . . . . 8 —
— d'ambre . . . . 2 —

Opérez comme précédemment.

De *Violettes*. — Alcool à 85° . . . . . . 1 litre.
Essence ou alcoolat de violette . . . 500 grammes.
Eau spiritueuse de rose . . . . . . 250 —
Teinture d'ambre . . . . 2 —
Alcoolat de cassis . . . . 250 —

Opérez comme précédemment.

De *Jacinthe*. — Alcool à 85° . . . . . . 1 litre.
Alcoolat ou essence de jacinthe . . . 500 grammes.
Eau spiritueuse de fleurs d'oranger . 250 —
Teinture de benjoin . . . . 3 —
— d'ambre . . . . 2 —

Opérez comme précédemment.

De *Jonquille*. — La même quantité d'alcool et d'alcoolat de jonquille additionnée de :
Eau spiritueuse de fleurs d'oranger . 250 grammes.
— — de réséda . . . . . 250 —
Teinture d'ambre . . . . 3 —

Opérez comme précédemment.

D'après ces formules l'on pourra préparer toutes les Eaux de senteur avec les alcoolats de fleurs à parfum fugace.

Eau d'Héliotrope. — Attendu l'incoercibilité du parfum de l'héliotrope et sa ressemblance avec celui de la vanille on a cherché à l'imiter au moyen de la formule suivante :

Alcoolat de rose \	
— de jasmin } de chaque . .	500 grammes.
— de tubéreuse /	
Teinture de vanille.	250 —
— de baume du Pérou. . . .	125 —
— d'ambre.	30 —

Laissez en repos pendant quelques heures, ensuite filtrez.

Eau de Vanille.

Teinture ou alcoolé de vanille. . .	1000 grammes.
— — de baume de Tolu .	250 —
— — d'ambre et de musc.	60 —
Eau de rose.	250 —

Agitez le mélange, ensuite filtrez.

Eau de Myrte.

Essence de myrte.	60 grammes.
Alcool à 86° (3/6).	700 —
Eau distillée de fleurs et feuilles de myrte . . .	250 —
— de fleurs d'oranger } de chaque . .	125 —
— de rose /	

Agitez le mélange, ensuite filtrez.

Si, au lieu de filtrer l'on distille, le produit aura une senteur plus délicate.

PRÉPARATIONS DENTIFRICES

Parmi toutes les poudres que l'on a proposées comme dentifrices, il y en a d'acides, d'alcalines et de neutres, c'est-à-dire qui ne contiennent ni substances acides ni alcalines. Celles-ci sont composées presque exclusivement de poudres astringentes et remplissent le double but de nettoyer la denture, et de resserrer en même temps les gencives. Ce sont celles qui méritent la préférence.

Nous empruntons à l'ouvrage du Dr Lunel, parmi les nombreuses formules qu'il donne, quelques-unes de celles qui nous ont paru mériter la préférence par leur innocuité sur l'émail des dents.

Poudre Dentifrice de Lefoulon.

Feuilles de cochléaria
Raifort
Gaïac
Quinquina
Menthe
Pyrèthre
Calamus aromatique
Ratanhia
} de chaque, parties égales.

Réduisez en poudre impalpable.

Poudre Dentifrice de Righini.

Pain carbonisé . . . . 40 parties
Quinquina en poudre . . . . 10 —

Pulvérisez et mêlez.

Poudre Dentifrice simple.

Charbon en poudre très fine . . . . 20 grammes.
Quinquina en poudre . . . . 40 —

L'on prescrit d'ajouter 10 grammes de sucre ; je crois utile de s'en abstenir.

Poudre Dentifrice au corail.

Corail porphyrisé	100 grammes.
Os de sèche pulvérisés	20 —
Cochenille	3 —

Mêlez exactement.

Poudre Dentifrice magnésienne.

Charbon végétal.	200 grammes.
Magnésie calcinée.	10 —

Porphyrisez et mêlez avec soin.
Aromatisez avec quelques gouttes d'une essence d'un parfum agréable.

Poudre dentifrice anglaise.

Craie sèche	3 parties.
Camphre.	1 —

Mêlez : conservez dans un flacon bien fermé.

Odontine Pelletier. — Mélange de magnésie calcinée et de beurre de cacao, aromatisé au moyen d'une essence quelconque.

Oter toutes les impuretés qui peuvent salir les dents et donner à l'émail l'éclat et la blancheur du marbre, tel est le but que l'on se propose par l'emploi des dentifrices. L'un et l'autre peuvent être obtenus au moyen d'une poudre impalpable inerte et par l'emploi d'une brosse à dents très souple. La magnésie, la craie, le corail, le charbon, le quinquina, le tanin, la pierre ponce, la poudre de marbre, finement pulvérisés, suffisent comme moyens mécaniques à enlever toutes salissures, et indirectement à rendre l'émail brillant. Si l'on demande ce résultat aux substances acides, comme la crème de tartre ou tout autre agent chimique, on s'expose à attaquer l'émail, et à mettre à nu la substance osseuse de la dent, qui ne tarde pas à se carier, et conséquemment à provoquer des névralgies dentaires que l'on ne parvient à guérir que par l'emploi de la clé de Garangeot.

Dans le but de préserver l'intégrité de l'émail des dents de toute atteinte, soit mécanique, soit chimique, et en même temps pour raffermir les gencives saignantes ou relâchées, l'on a proposé des dentifrices liquides tels que les suivants.

Teinture dentifrice anglaise.

Alcool à 85° (3/6) . . . . 1 litre.
Amandes amères concassées. . . 60 grammes.
Bois de Brésil . . . } de chaque. 15 —
Bourgeons de sapin }
Iris de Florence . . . . 8 —
Cochenille . . } de chaque . . . 4 —
Sel d'oseille . . }

Laissez macérer pendant quelques jours, filtrez et ajoutez :

Esprit de cochléaria . . . . . . 50 grammes.
Essence de menthe . . . . 15 —

Une cuillerée à café dans un verre d'eau pour se rincer la bouche.

Élixir dentifrice de Désirabode.

Eau-de-vie de gaïac . . . . } de chaque . 100 grammes.
Eau vulnéraire spiritueuse }
Huile essentielle quelconque . . . . . 4 gouttes.

Dans le cas ou les gencives saigneraient habituellement et qu'il s'agirait de corriger une haleine trop forte, on pourra ajouter 100 grammes d'alcoolat de cochléaria, ou de teinture de quinquina.

Élixir aromatique de Lefoulon.

Teinture de vanille.	15 grammes.
— de pyrèthre	125 —
Alcoolat de menthe ⎱ de chaque. .	30 —
— de romarin ⎰	
— de roses.	60 —

Mêlez : quelques gouttes dans une verre d'eau pour se rincer la bouche.

Élixir oriental Delabarre.

Alcool à 85° (3/6).	100 grammes.
Essence de menthe.	1 —
— de roses.	8 gouttes.
Cochenille.	1/2 gramme.
Sel de tartre.	1/2 —

Laissez macérer 48 heures et filtrez.

Une cuillerée à café dans un verre d'eau pour se rincer la bouche.

Alcoolat dentifrice.

Alcoolat de cochléaria.	200 grammes.
— de lavande ⎱	
— de menthe ⎰ de chaque.	100 —
— de citron ⎰	

Mêlez : une cuillerée à café dans un verre d'eau pour collutoire.

Le pyrèthre et le cochléaria jouissant de la double propriété d'être antiscorbutiques et odontalgiques, peuvent remplacer avantageusement toutes les autres subtances préconisées comme dentifrices. Un mélange d'esprit de cochléaria et d'esprit de pyrèthre, ou de raifort à parties égales, aromatisé par une essence d'un parfum agréable, peuvent tenir lieu et place de toutes les formules que nous venons de rapporter. Ainsi, pour satisfaire à toutes les indications auxquelles les dentifrices doivent pourvoir, nous proposons la formule suivante :

Alcoolat de cochléaria, ou de raifort.	200 grammes.
— de pyrèthre	100 —
Teinture de quinquina	100 —

Mêlez, aromatisez avec quelques gouttes d'une essence quelconque. Une cuillerée à café dans un verre d'eau, avec laquelle on se rincera la bouche une fois par jour si la bouche est en état de santé, et après chaque repas s'il y a quelques symptômes scorbutiques à corriger.

Eau philodontine. — M. Debay donne la préférence au produit que l'on obtient par la formule suivante :

Clous de girofle concassés		
Cannelle	de chaque . 50 grammes.	
Anis		
Gaïac.		
Quinquina.	de chaque . . . . 30 —	
Cachou en poudre		
Poivre cubèbe	15 —	
Alcool à 86° (3/6)	1 litre.	

Laissez macérer pendant quinze jours, ensuite filtrez et ajoutez au produit :

Alcoolat de pyrèthre	200 grammes.
Eau distillée de menthe double.	200 —
Essence de menthe dissoute dans 150 grammes d'alcool.	25 —

On pourra la colorer en rouge, moyennant l'addition de la cochenille et de la crème de tartre.

SAVONS

Le savon dont on se sert généralement pour préparer les savons de toilette est le savon d'*huile d'amandes douces* qui se prépare en faisant réagir la soude caustique sur ce corps gras et en opérant de la manière suivante :

Lessive caustique de soude à 36°. . . 1 partie.
Huile d'amandes douces, non rance . 2 —

Mettez la lessive dans une terrine, et petit à petit, toujours en remuant, incorporez-y l'huile. Lorsque le mélange a acquis la consistance d'une pâte molle, on cesse d'agiter et on laisse le tout en repos pendant deux ou trois jours. Au bout de ce temps, le savon sera assez consistant pour pouvoir être mis dans des moules de faïence que l'on maintiendra dans un local ayant une température de 20 à 22 degrés centigrades. Après un mois on pourra le sortir des moules et s'en servir.

Ce procédé à froid peut être remplacé par un autre procédé qui consiste à opérer le mélange, la terrine étant placée sur des cendres chaudes. En opérant ainsi, il faut avoir la précaution d'ajouter un peu d'eau chaude à la lessive pour en empêcher la concentration.

Ce savon, lorsque l'opération a bien réussi, a une odeur fraîche et acquiert une dureté telle qu'en le faisant sécher à l'étuve réduit en copeaux, on pourra le pulvériser et le tamiser.

Il est préférable à toute autre qualité de savon pour les usages de la parfumerie.

Si au lieu d'employer l'huile d'amandes douces on se sert de l'huile du fruit de palmier, l'on obtiendra le *Savon de palme*, d'une couleur marron foncé, d'une odeur fraîche, agréable et toute particulière, que l'on imite au moyen d'un parfum composé de :

Essence de cannelle	12 grammes
— de girofle	8 —
— de lavande	15 —
— de bergamote	30 —

Savons parfumés. — Pour obtenir les savons parfumés on n'a qu'à faire fondre du savon blanc dans une quantité d'eau suffisante pour faire une pâte et y incorporer l'essence ou la teinture aromatique ayant le parfum que l'on désire, et en quantité suffisante pour que le savon une fois sec conserve assez de parfum de la substance que l'on aura employée. Les parfums dont on se sert sont ou simples, ou résultant d'un mélange de plusieurs qui puissent s'harmoniser ensemble. Les savons à parfum simple portent le nom de la substance avec laquelle on les aromatise ; les savons à parfums composés ont reçu différentes dénominations, selon leur provenance ou le caprice de l'inventeur. Aussi connaît-on dans le commerce les :

Savons *à la rose*	
— *à la fleur d'oranger*	on les aromatise
— *à l'amande amère*	avec l'essence.
— *au benjoin*	
— *à la vanille*	la teinture.
— *au camphre*	le camphre.
— *au musc*	
— *au patchouli*	l'essence.

Tous ces savons pourront être colorés en *rouge* par l'addition à la pâte d'une certaine quantité de cinabre, ou de pourpre de Cassius mêlé avec de l'oxyde de manganèse ; en *jaune*, avec l'oxyde de chrome ; en *vert*, avec l'oxyde de chrome et l'oxyde de cobalt. On colore aussi en rouge, en jaune ou en vert les savons composés qui suivent :

Savon de Windsor.

Mélange d'essence de cassis . . . . . . 15 grammes.

Mélange de thym ⎱
— de girofle ⎰ de chaque 8 grammes
— de bergamote . . . . 30 —

Mêlez et parfumez-en la pâte lorsqu'elle commence à se refroidir.

Savon au bouquet des Alpes.

Mélange d'essence de menthe ⎫
— de sauge ⎬ de chaque 15 grammes.
— de thym ⎭
— de lavande ⎫
— de romarin ⎬ de chaque 10 —
— de serpolet ⎭

Opérez comme ci-dessus.

Savon au miel.

Savon blanc de Marseille . ⎱
Miel commun. . . . . . . ⎰ de chaque. 150 grammes.
Benjoin . . . . 30 —
Storax . . . . 15 —

Mêlez le tout ensemble dans un mortier de marbre, faites fondre au bain-marie, tamisez et coulez dans les moules.

Savon à la glycérine. — Même composition que le précédent, avec cette différence qu'au lieu de miel on emploie de la glycérine.

Savon cosmétique. — Amandine Fagner.

Gomme. . . . . 60 grammes.
Miel blanc. . . . . 180 —
Savon blanc de potasse, neutre. 90 —

Mêlez le tout exactement et ajoutez toujours en mêlant :

Huile d'amandes douces . . . . 1,000 grammes.
Jaune d'œufs . . . . 5 —
Lait de pistaches à l'eau de roses. 125 —

Aromatisez avec l'essence d'amandes amères.
Pâte à demi-liquide dont on se sert pour ajouter à l'eau.

Savon de toilette.

Savon choisi. . . . . 1,000 grammes.
Marne très fine (mélange de carbonate de chaux et d'argile). 140 —
Carbonate de potasse . . . . . 2 —

Après avoir bien divisé ces subtances séparément, on les mêle avec soin, et on ajoute au mélange assez d'eau pour faire une pâte de la consistance d'une crème un peu liquide. On fait bouillir toujours en remuant, et lorsqu'il aura pris le degré de consistance voulu on le versera dans des moules où en refroidissant il se solidifiera.

Essence de savon ou savon liquide.

Eau-de-vie. . . . . 400 grammes.
Savon râpé . . . . 400 —
Potasse du commerce (sous-carbonate de) 30 —

Introduisez toutes ces substances dans une bouteille que vous fermerez avec un bouchon ayant un trou au milieu. On exposera la bouteille au soleil pendant deux jours, ou sur des cendres chaudes. On passe le mélange à travers un linge et on le conserve pour l'usage. Cette liqueur savonneuse sert pour se raser. Il y a une autre essence de savon pour dégraisser, que l'on prépare de la manière suivante :

Alcool . . . . 500 grammes.
Savon blanc. . . . . 250 —
Carbonate de potasse. . . . . 30 —
Eau de roses. . . . . 8 —

Après avoir râpé le savon, on le laisse macérer dans l'alcool pendant une dizaine de jours. On fait dissoudre le carbonate de potasse dans l'eau de roses, et l'on ajoute cette solution à celle du savon dans l'alcool.

On l'emploie en imbibant un morceau de coton ou de linge, avec lequel on frotte la tache jusqu'à ce qu'elle ait disparu. Ensuite on lave avec de l'eau chaude et on continue à frotter avec un linge sec pour enlever tout ce qui s'est formé à la suite de l'action du savon sur la substance qui salissait l'étoffe. (*Dictionnaire de la vie pratique, etc.*)

Savon végétal. — On appelle ainsi un mélange de poudres de :

Farine de pistaches	3 parties.
— d'amandes	1 —
— de sarrasin décortiqué	1 —
Poudre d'iris et de patchouli	1 —

Parfumez à l'essence que vous désirez.

Autre formule :

Pommes de terre bien cuites, décortiquées et pilées dans un mortier avec un peu de lait.

A cette classe de moyens détersifs appartient la *Pâte d'amandes*, qui se compose de :

Amandes douces pulvérisées	1,000 grammes.
Farine de riz	100 —
Iris de Florence en poudre	100 —
Savon en poudre	20 —
Acajou pulvérisé	20 —
Essence de roses, quantité suffisante pour aromatiser.	

Mêlez exactement.

Savon en poudre. — Après avoir coupé en rubans minces

le savon blanc, vous le ferez sécher dans une bassine placée au bain-marie ou à l'étuve. Une fois desséché complètement, réduisez-le en poudre au moyen d'un pilon et d'un mortier, ensuite tamisez avec un tamis fin. Pour le parfumer il faudra ajouter les essences lorsque le savon est encore en pâte.

Savon poreux. — Pour obtenir un savon d'une pâte très poreuse, et par conséquent léger, il faut fouetter cette pâte dans une chaudière placée sur le feu. On ajoute de l'eau salée toujours en fouettant, jusqu'à ce que par l'effet de la chaleur la pâte monte et menace de déborder. C'est alors que finit l'opération. On coule dans des moules et on laisse sécher.

Savon transparent. — Prenez poudre de savon et alcool en parties égales, faites dissoudre dans une bassine exposée au feu. Une fois la dissolution opérée coulez dans les moules et laissez sécher. Il ne deviendra transparent qu'à dessiccation complète.

On parviendra à donner au savon un aspect nacré, en pilant longuement dans un mortier la pâte de savon. C'est ce savon qui est connu sous le nom de *Crème d'amandes amères*, parce qu'on l'aromatise avec l'essence d'amandes amères.

Savon à la guimauve. — C'est le savon d'huile d'amandes douces parfumé avec un mélange de :

Essence de clous de girofle.	10 grammes.
— de cannelle.	5 —
— de Portugal ⎫ de chaque. .	15 —
— de thym ⎭	

Savon ponce. — Pour accroître l'activité détersive des savons on a pensé à y incorporer des poudres minérales pour obtenir ainsi une action mécanique qui vient s'ajouter à l'action chimique du savon même. La poudre peut être plus ou moins impalpable et conséquemment le savon rayer l'épiderme ou ne pas le rayer, selon la finesse de la poudre même. A cet effet, on a employé la pierre ponce, d'où la dénomination de *Savon ponce*, et la silice, d'où le nom de *savon siliceux*. La quantité de poudre à ajouter au savon est arbitraire. On l'incorpore au savon lorsque celui-ci est encore à l'état de pâte.

VINAIGRES

Vinaigre anglais.

Acide acétique pur.	500	grammes.
Camphre	60	—
Essence de clous de girofle } de chaque.	2	—
— de bergamote . . }		
— de cannelle	5	—
Teinture d'ambre et de musc . . .	1	—

Mélangez toutes ces substances et arrosez-en du sulfate de potasse dont vous aurez rempli des flacons bouchés à l'émeri.

Vinaigre des quatre voleurs.

Vinaigre de vin	2,500	grammes.
Racine de roseau aromatique } de chaque.	24	—
— d'angélique . . . . . }		
Sommités d'absinthe	70	—
Feuilles de sauge	100	—
Feuilles de rue	60	—
Musc.	8	—

Laissez macérer pendant quinze jours, ensuite exprimez et au produit obtenu ajoutez :

Camphre dissous dans une petite quantité d'alcool	15	grammes.

Filtrez et conservez dans des bouteilles soigneusement bouchées.

Vinaigre rosat.

Roses rouges mondées et sèches.	250 grammes.
Vinaigre blanc ou rouge	4,000 —

Laissez macérer pendant deux semaines dans une bouteille fermée et ensuite filtrez.

L'on prépare par le même procédé les *Vinaigres de romarin*, *Vinaigres de lavande*, et généralement tous les vinaigres à arome simple.

Vinaigre de toilette de Sinfar.

Alcool à 84° (3/6)	8 litres.
Vinaigre blanc de vin	2 —
Eau de Cologne	1/2 —
Teinture de benjoin) de chaque. .	60 grammes.
— de storax)	
Vinaigre radical (acide acétique pur)	125 —
Essence de lavande.	45 —
— de cannelle	4 —
— de clous de girofle	4 —
Alcali volatil (ammoniaque). . . .	4 —

Mélangez l'alcool, les essences de lavande, de cannelle et de girofle et laissez macérer huit jours en agitant de temps à autre. On ajoute ensuite les autres substances, et après avoir coloré à l'orseille ou à la cochenille, on filtre au papier.

Cette préparation a la plus grande analogie avec la suivante :

Vinaigre aromatique de Bully.

Eau ordinaire	7,000 grammes.
Alcool à 86° (3/6)	3,500 —
Alcoolat de mélisse. , ...	500 —

Essence de bergamote		50	grammes
— de zestes de citron.. . . .		30	—
— de Portugal		12	—
— de romarin.		23	—
— de lavande	de chaque.	4	—
— de néroli			

Agitez de temps à autre, et après 24 heures ajoutez :

Teinture alcoolique de benjoin			
— baume de Tolu	de chaque.	60	grammes.
— de storax			
— de girofle			

Agitez de nouveau, puis ajoutez :

Vinaigre distillé . . . . 2,000 grammes.

Filtrez au bout de 12 heures, et ajoutez encore :

Vinaigre radical. . . . . 90 grammes.

Vinaigre cosmétique.

Alcool à 84° (3/6)		1 litre.	
Esprit de mélisse.		150	grammes.
— de lavande	de chaque . .	100	—
— de romarin			
Essence de bergamote		10	—
— de bigarade		6	—
— de citron		4	—
— d'orange		3 1/2	—
— de néroli		2	—
— de menthe	de chaque . .	1 1/2	—
— de thym			
— de clous de girofle		1/2 ou 50 c.	
— de cannelle		1/4 ou 25 c.	
— de verveine		1 1/2	

Distillez au bain-marie pour en obtenir 1 litre 1/4 de produit. Prenez 400 grammes de ce produit, auquel vous ajouterez 150 grammes d'iris de Florence et 20 grammes de baume de Tolu. Laissez macérer pendant un mois, ensuite filtrez. Réunissez le produit distillé au produit filtré, et en dernier lieu ajoutez 150 grammes d'acide acétique à 8°. Filtrez après 24 heures.

Je n'affirmerai pas que cette formule soit la véritable dont le produit est connu dans le commerce sous la dénomination de *Vinaigre de la Société hygiénique;* mais il est à présumer que toutes ces préparations à base d'alcool, d'acide acétique et d'essences aromatiques ne diffèrent entre elles ni par leur mode d'action ni par les usages auxquels on les destine.

Il y a une autre préparation cosmétique analogue connue sous le nom de *Crème de vinaigre.* Nous en extrayons la formule de l'ouvrage du docteur Lunel, qui lui-même l'emprunte à Celnart. La voici :

Alcool à 86° (3/6)	1,000	grammes.
Essence de bergamote	45	—
— de citron	20	—
— de néroli	125	—
— de roses	60	—
Huile de noix muscades	8	—
Storax en larmes	8	—
Vanille	2	gousses.
Benjoin	8	grammes.
Huile de girofle	4	—

Laissez en repos le tout mélangé pendant 48 heures pour distiller ensuite au bain-marie. Au produit ajoutez :

Vinaigre radical ou acide acétique concentré	2,500	grammes.

Filtrez.

D'après l'éloge que M. Julia de Fontenelle fait de cette

préparation, il semble qu'elle doive être préférée à ses analogues, ainsi qu'à l'eau de Cologne, à cause de la suavité tout exceptionnelle de son parfum.

On l'emploie à la dose d'une cuillerée dans un verre d'eau. Nous pourrions multiplier le nombre de ces formules, et même en proposer de nouvelles, si nous en voulions transcrire autant que l'on en rencontre dans les traités spéciaux, ou si l'envie nous prenait d'en créer d'analogues. Mais, puisque nous tenons avant tout à présenter à nos lecteurs un ouvrage utile, il nous semble que nous n'atteindrions pas notre but si nous ne faisions pas un choix intelligent parmi tous les matériaux que nous avons sous les yeux et qui généralement ne diffèrent entre eux que par les doses des ingrédients, ou par l'épithète dont les spéculateurs en parfumerie aiment à les décorer.

C'est peut-être pousser trop loin le rigorisme, mais nous ne craignons pas de recommander à nos lecteurs et à nos lectrices la plus grande parcimonie dans l'usage des cosmétiques, et la plus grande réserve à l'égard des titres pompeux des préparations de ce genre et des propriétés éminentes dont on surcharge les prospectus qui les accompagnent.

Dépilatoires. — Il importe particulièrement aux dames de faire disparaître les poils partout où la nature n'en fait pas pousser dans le plus grand nombre des cas. La moustache, la barbe au menton, les poils sur les bras ou sur les omoplates, ou placés un peu trop avant sur le front sont inexorablement condamnés à disparaître, et à cet effet on emploie l'épilation, ou des substances ayant une action destructive sur la substance pileuse. Ces deux moyens cependant, les seuls que l'on connaisse jusqu'à ce jour, ne parviennent pas à déraciner le poil, n'exerçant leur action que sur le poil même, et non sur son bulbe. Le poil repousse, et conséquemment il est indispensable de répéter l'épilation de temps à autre. Le bulbe pileux est placé trop profondément pour pouvoir être arraché ou détruit : cette circonstance empêchera peut-être de longtemps les chercheurs de remèdes radicaux de réussir, et obligera les dames qui ne peuvent souffrir leur barbe à se contenter de la faire disparaître au fur et à mesure qu'elle pousse.

Il n'est cependant pas hors de propos d'appeler l'attention des dames sur un fait assez commun, mais dont elles ne font pas trop de cas, c'est que le poil grossit, se renforce et se raidit à mesure qu'on le coupe. Aussi voit-on des dames n'ayant d'abord qu'un simple duvet qui n'a rien de désagréable, acquérir une barbe masculine après l'application de quelques dépilatoires, ce qui devrait engager les aimables porteuses de cet innocent duvet qui encadre si bien une jolie figure, à le laisser en repos au moins jusqu'à ce qu'il se transforme en barbe par un accroissement spontané. C'est le moyen d'être moins barbues sur la fin de leurs jours.

Presque tous les dépilatoires sont composés de substances dangereuses quant à l'intégrité de la peau : leur action sur le poil s'exerce aussi sur l'épiderme; aussi voyons-nous des lèvres et des mentons rouges qui réveillent immédiatement l'idée que quelques jours auparavant ils étaient couverts de poils. Cela tient à ce qu'il est très difficile de bien prendre sa mesure pour ne pas laisser le dépilatoire appliqué trop longtemps, ou pas assez; pas assez pour ne pas manquer le but, trop pour ne pas le dépasser.

Les préparations arsénicales et la chaux vive sont les deux substances que l'on emploie le plus souvent comme ayant une action destructive très énergique sur les poils. Un double motif nous empêche de donner toutes les formules qui contiennent de l'arsenic; d'abord pour ne pas mettre dans les mains de tout le monde une substance aussi vénéneuse qu'est ce métal choisi de préférence à tout autre pour commettre des crimes; ensuite pour ne pas nuire aux personnes qui voudraient l'employer, pouvant une fois ou l'autre être absorbé par la peau, pour peu que celle-ci soit dépourvue de son épiderme.

Voici les formules que nous croyons les meilleures : l'une d'ordre chimique, l'autre d'ordre mécanique : l'une détruisant les poils, l'autre les arrachant.

Dépilatoire au sulfhydrate de soude.

Hydrosulfate de soude. . . . . 3 grammes.
Chaux vive en poudre. . . . . 10 —
Amidon . . . . 10 —

Mêlez et conservez le mélange dans un flacon bleu, pour l'abriter de la lumière.

Pour s'en servir on délaye cette poudre avec un peu d'eau pour en faire une pâte que l'on applique sur la partie poilue, et qu'on laisse appliquée quatre ou cinq minutes. Aussitôt que l'on éprouve un léger picotement on l'enlève; l'effet est produit.

Pommade dépilatoire.

Térébenthine de Venise. . . . 100 grammes.
Poix-résine . . . . 90 —

Faites fondre et conservez dans l'eau.

Lorsqu'on veut s'en servir, on en prend une quantité suffisante pour couvrir la surface poilue, en ayant soin de se graisser les doigts avec un peu d'huile. Un instant après on la retire et avec elle les poils qui y sont adhérents, au point qu'ils se laissent plutôt arracher que de s'en détacher.

Cette pommade ressemble aux emplâtres agglutinatifs dont on se servait anciennement pour arracher les cheveux et les poils dans le cas où l'épilation était reconnue nécessaire. Cette méthode a été complètement abandonnée et a été remplacée par l'usage de la pince, qui ne vaut pas mieux, à cause de la douleur qu'elle provoque.

L'*Huile de cade* est, dit-on, le meilleur dépilatoire en tant qu'elle éteint la sensibilité du cuir chevelu, et porte spécialement son action sur le bulbe pileux. L'on en graisse les parties que l'on veut dépouiller, et ensuite l'on arrache peu à peu les poils, les uns après les autres, soit avec les doigts, soit avec les pinces.

L'huile de cade s'obtient en distillant le bois de génevrier : c'est une huile empireumatique.

Pommades et Huiles pilophiles. — La beauté et la conservation de la chevelure sont de la plus grande importance au point de vue de la santé et au point de vue de l'élégance personnelle. Aussi presque tout le monde s'en préoccupe et peut-être bien des personnes s'en préoccupent un peu trop, car à force de soins elles parviennent à provoquer ce qu'elles veulent éviter, la *Calvitie*. Dans la croyance que les bulbes pileux ont besoin de moyens externes pour végéter plantureusement, on abuse généralement de pommades et d'huiles que l'on préconise comme fortifiantes et régénératrices de la chevelure, soit pour l'entretenir, soit pour la reproduire. Les spéculateurs de la crédulité ont exploité cette branche peut-être plus que toute autre, et malgré l'expérience on continue toujours dans un certain monde à avoir foi dans les prospectus et dans les annonces dont fourmille la quatrième page des journaux. Etes-vous menacé de perdre vos cheveux? vous avez à votre service quelques demi-douzaines de préparations plus énergiques les unes que les autres. Etes-vous chauve? c'est même un bonheur, car dans le cas où la pommade que vous achetez vous laisse tel que vous êtes, vous avez droit à l'indemnité de 10,000 francs, ce qui est une compensation. Le tout est que vous puissiez les recouvrer ; il est à craindre même que vous restiez sans cheveux et sans prime.

Malgré cela on ne peut pas dire que toutes les pommades dont on se sert pour entretenir la chevelure soient inutiles ou dangereuses. Elles se composent ordinairement de substances astringentes qui, resserrant le cuir chevelu, empêchent réellement la chute des cheveux, ou tout au moins la retardent. Je crains bien que l'on ne puisse en dire autant des pommades décorées de l'épithète de régénératrices de la chevelure perdue. Si le bulbe est atrophié ou détruit, tous les moyens imaginables ne serviront pas à grand chose. Après quelques expériences infructueuses, l'on se convaincra que l'art du perruquier seul peut, par une chevelure postiche, remédier tant bien que mal à la calvitie. Les cheveux ne se sèment pas comme la luzerne et leur bulbe est trop profondément implanté sous la peau pour que des remèdes puissent y faire sentir un degré d'action suffisante à les rappeler à la vie. Si cette vérité ne fait pas l'affaire des spéculateurs, elle peut cependant être acceptée en toute assurance par les personnes chauves, pouvant leur servir pour les mettre à l'abri de la jonglerie.

Voici la formule de quelques préparations pilophiles, conservatrices de la chevelure.

Huile de Macassar. — Cette huile, qui a joui d'une certaine célébrité, se compose de :

Huile de graines de soleil . . .	90 grammes.
Graisse d'oie.	30 —
Beurre de cacao ⎫	
Huile d'œufs . . ⎬ de chaque . .	8 —
Storax . . . . ⎭	
Néroli.	4 —
Essence de thym	2 —
Baume du Pérou	1/2 —
Essence de roses.	1 —

Mêlez le tout; laissez macérer pendant 24 heures et filtrez ensuite.

Huile antique.

Huile d'amandes de Ben . . .	500 grammes.
Essence de bergamote	15 —
Teinture d'ambre	10 —

Mêlez.

Huile de froment. — Mettez sur une assiette une certaine quantité de blé et arrosez légèrement de temps à autre pour le faire germer. Lorsque le germe aura atteint la longueur de la graine, pilez le tout dans un mortier et mêlez-le avec quatre fois son poids d'huile d'olive vierge. Faites bouillir pendant un quart d'heure ou une demi-heure; ensuite passez à travers un linge et filtrez. Aromatisez avec quelques gouttes d'essence.

Rien de plus efficace, dit-on, que cette huile pour rendre la chevelure plantureuse. En tout cas rien de plus inoffensif.

Toutes ces huiles s'appliquent sur le cuir chevelu en écartant les cheveux une mèche après l'autre.

Pommade de Dupuytren.

Moelle de bœuf	300	grammes.
Acétate de plomb cristallisé. . . .	5	—
Baume noir du Pérou.	10	—
Alcool à 54°.	50	—
Teinture de cantharides	2	—
Teinture de girofle — de cannelle } de chaque. .	20	gouttes.

Pommades contre l'Alopécie (ou chute des cheveux).

Axonge.	30	grammes.
Suc de citron	6	—
Teinture de cantharides . . .	2	—

Autre formule (Bouchardat) :

Beurre de cacao.	40	grammes.
Huile d'olive	20	—
Quinine.	40	centigram.
Tanin.	60	—
Teinture aromatique	80	—

Autre formule (Stège) :

Beurre de cacao.	30 grammes.
Huile de ricin..	15 —
Quinine.	50 centigram.

Faites fondre.

Autre formule :

Moelle de bœuf.	200 grammes.
Décoction saturée de quinquina.	100 —

Faites chauffer à feu nu, et toujours en mêlant jusqu'à pénétration complète du quinquina avec la moelle fondue. L'eau de la décoction s'évapore.

Avant qu'elle ne se refroidisse ajoutez petit à petit, et toujours en mêlant :

Rhum de la Jamaïque. . . . . 30 grammes.

Cette formule est peut-être la meilleure parmi toutes les recettes conservatrices de la chevelure.

Autre formule :

Graisse épurée	15 grammes.
Baume nerval.	10 —
Huile d'amandes.	15 —

Faites fondre au bain-marie et triturez dans un mortier pour en obtenir une pommade homogène à laquelle, toujours en triturant, vous incorporerez :

Sel de cuisine.	1 1/2 grammes.
Sous-carbonate de soude	2 1/2 —

Dissous dans :

Eau distillée	5 —
Alcool	5 —

Autre formule :

Comme variante de la précédente formule nous citons celle qui suit :

Graisse épurée.	50 grammes.
Savon mou	5 —
Sel de cuisine	2 1/2 —
Baume nerval.	5 —

Quelque peu d'huile d'amandes douces. Le sel de cuisine devra être dissous dans un peu d'eau de roses, et on ne l'ajoutera à la graisse et au savon qu'après avoir fondu ces deux substances rassemblées au moyen de la trituration et en avoir obtenu un mélange parfait.

Autre formule :

Celle-ci aussi est une formule qui, par sa composition, se rapproche de l'avant-dernière.

Graisse épurée.	35 grammes.
Baume nerval.	15 —
Beurre de muscades	15 —
Huile d'amandes.	20 —

Faites fondre au feu, triturez dans un mortier et ajoutez :

Huile de croton	1 goutte.

Incorporez en battant.

Ajoutez une solution de 10 grammes de sous-carbonate de soude dans 2 grammes 1/2 d'eau distillée aiguisée de 2 1/2 d'alcool.

Mêlez, triturez jusqu'à incorporation complète.

Au lieu de carbonate de soude on pourra employer le sulfate de fer, le tanin ou autre astringent, si l'on veut obtenir une pommade qui resserre le cuir chevelu.

Préparations liquides contre l'Alopécie. — (Alcoolé alcalin détersif.)

Alcool à 85° (3/6)	50 grammes.
Savon de Marseille.	30 —
Eau filtrée	70 —

Faites fondre à une chaleur douce en ajoutant :
Sous-carbonate de soude ou de potasse 10 grammes.

Il conviendra de faire fondre le savon dans l'eau avant d'ajouter l'alcool pour en empêcher la volatilisation.

Autre formule :

Prenez 60 grammes d'écorce de quinquina, contondez et faites-les bouillir dans 500 grammes d'eau jusqu'à ce que le liquide se soit réduit de la moitié. Filtrez et ajoutez 250 grammes de rhum.

On emploie ce liquide sous forme de lotion pour se dégraisser les cheveux et le cuir chevelu, pur ou coupé avec de l'eau.

Autre formule :

Alcoolé de savon	50 grammes.
Alcool camphré	12 1/2 —
Sous-carbonate de soude ou sel de cuisine.	10 —

Une fois la solution opérée, filtrez.

Donnons aussi quelques spécimens de préparations anti-calvitiques propres à la régénération des cheveux.

Pommade régénératrice de Mahon.

Axonge lavée	150 grammes.
Carbonate de soude.	30 —
Tartre stibié	2 —
Savon médicinal	30 —

Faites fondre l'axonge avec le savon et incorporez-y les sels. On a cru peut-être agir sur le bulbe au moyen de l'irritation que cause sur la peau le tartre émétique. A-t-on vu juste ? J'en doute.

Autre formule :

La *Pommade aux feuilles de noyer* se compose avec :

Graisse préparée.	500	grammes.
Feuilles de noyer fraîches.	250	—
Teinture de graines de persil	8	—
Essence de lavande ⎱ de chaque.	2	—
— de néroli ⎰		
— de clous de girofle	4	—

Faites cuire dans la graisse au bain-marie, les feuilles de noyer préalablement écrasées. La graisse étant fondue retirez-la du feu et laissez macérer les feuilles pendant trois jours. Après faites cuire de nouveau et exprimez. Ajoutez au produit encore fondu les autres drogues, toujours en remuant avec une spatule, jusqu'à complète incorporation.

La *Poudre anticalvitique* se compose de 60 grammes de graines de persil finement pulvérisées, de quinze de quinquina en poudre et de dix de cachou. Mêlez et tamisez.

On en saupoudre le cuir chevelu pendant quelques jours (Debay).

La *Lotion anticalvitique* n'est autre chose que l'infusion de thé employée à se rincer fréquemment le cuir chevelu.

Une autre lotion anticalvitique est la suivante :

Teinture de cantharides	36	grammes.
Glycérine.	113	—
Eau de rose	4	litres.

On l'emploie deux fois par jour au moyen d'une brosse ou d'une éponge avec beaucoup de succès.

La *Teinture anticalvitique* se prépare de la manière suivante :

Feuilles de laurier cerise.	60	grammes.
Clous de girofle	8	—
Alcoolat de lavande ⎫ de chaque. .	180	—
— d'origan ⎭		

Laissez macérer pendant cinq ou six jours, et passez en exprimant; ensuite ajoutez au produit :

Éther sulfurique. . . . .   15 grammes.

Conservez dans un flacon à l'émeri.

L'inventeur de cette formule, qui est un médecin athénien, dit que cette teinture appliquée en frictions produit des effets sensibles au bout de cinq ou six applications.

Les sueurs excessives du cuir chevelu sont une des causes les plus fréquentes d'alopécie. On a cherché à y remédier au moyen de substances astringentes appliquées sous forme de pommade. Voici la formule donnée par Debay.

Graisse préparée.	500	grammes.
Extrait alcoolique de quinquina.	25	—
Acide tannique	2	—
Goudron	1	—

Triturez dans un mortier l'extrait et réunissez-le au goudron ; ajoutez le tanin, et après avoir bien incorporé une chose à l'autre, ajoutez la graisse. Aromatisez avec quelques gouttes de l'essence aromatique qu'il vous plaira.

L'on prépare une pommade assez bonne pour l'entretien de la chevelure, en mêlant ensemble au moyen de la chaleur :

Graisse épurée et sans odeur . .	20	grammes.
Blanc de baleine.	10	—
Cire vierge	3	—
Huile d'amandes douces . . .	25	—
Essence quelconque	2	gouttes.

Au moyen de la trituration dans un mortier tâchez d'obtenir un tout homogène.

Si à ces ingrédients l'on ajoute 5 ou 6 grammes d'huile de ricin et du mucilage de gomme adragante dans l'eau de roses à la dose aussi de 5 ou 6 grammes, l'on obtiendra la pommade connue dans la parfumerie sous la dénomination de *Brillantine*.

Bandoline. — Cette préparation, qui n'est au fond que l'équivalent d'une autre formule connue sous la dénomination de *Fixateur des cheveux*, s'obtient de différentes manières. Entre autres, en mêlant ensemble :

Huile de ricin.	2 grammes.
Spermaceti	2 —

et en ajoutant quelques gouttes d'essence de bergamote, ou bien :

Mucilage de graines de coings.	120 grammes.
Eau de Cologne.	4 —

ou bien en mêlant :

Eau	220	—
Gomme adragante	6	—
Alcool à 86° (3/6)	90	—
Essence de roses.	10	gouttes.

Laissez macérer pendant 24 heures, passez à travers un linge et conservez en flacons.

Appliquée sur les cheveux au moyen d'une petite brosse, par la qualité agglutinative de la gomme, elle maintient en séchant, les cheveux à la place où le peigne ou les doigts les ont placés.

Fixateur pour faux toupets. — Gomme arabique, gomme adragante, de chaque, 20 grammes; iris de Florence, 10 grammes; sucre candi, 7 grammes. Pulvérisez chacune de ces substances séparément; ensuite mêlez et conservez dans un flacon bien bouché.

Lorsqu'on voudra s'en servir, on en délayera une pincée dans une quantité d'eau suffisante à faire un mucilage pour en enduire la partie interne du toupet que l'on veut fixer sur le cuir chevelu dénudé.

Huile anticalvitique.

Huile d'olives. . . } de chaque parties égales.
Esprit de romarin }

Mêlez et ajoutez quelques gouttes d'huile de noix muscade.

S'en frotter le cuir chevelu tous les jours, et tous les jours en augmenter peu à peu la quantité.

Autre formule :

Aurone ou citronnelle récemment cueillie.	250 grammes.
Huile vieille.	750 —
Vin rouge.	500 —

Faites bouillir, et ensuite exprimez au moyen d'un linge. On recommence trois fois cette opération avec de nouvelles plantes. Ensuite on ajoute au produit :

Graisse d'ours. . . . . 62 grammes.

Cette huile fait promptement repousser les cheveux.

Pommade anticalvitique.

Moelle de bœuf.	31 grammes.
Graisse de pot au feu avant d'être salé .	31 —

Faites bouillir ensemble dans un pot de terre neuf; passez et ajoutez :

Huile de noisettes . . . . . . 31 grammes.

Aromatisez avec quelques gouttes d'une essence quelconque.

Si nous devons ajouter foi aux assertions de M. Chevallier, à qui nous empruntons la formule, cette pommade serait excellente pour faire revenir les cheveux dans les endroits dénudés. Il en a, dit-il, constaté lui-même les heureux effets.

Pommade antipédiculaire.

Poudre de staphisaigre. . . . 5 grammes.
Graisse préparée. . . . . . . 15 —

Faites une pommade qui sert à merveille pour détruire les poux.

Préparations tinctoriales pour le poil. — Si ce n'est pas sans quelques inconvénients hygiéniques que nous perdons nos cheveux, ce n'est pas non plus sans porter préjudice aux avantages personnels que nos cheveux et notre barbe blanchissent. Le monde élégant ne consent, qu'avec peine, à se dessaisir de la couleur de ses cheveux, et il n'est pas rare de rencontrer des octogénaires dont la noirceur artificielle de la chevelure contraste avec le plissé de leur visage, et, soit dit en passant, les rend encore plus vieux.

De toutes les préparations que l'on a proposées pour teindre les cheveux en noir, il n'y en a pas, à notre connaissance, qui puissent donner le change. Les cheveux teints s'aperçoivent de loin, lors même que la racine ne vient pas déceler sournoisement que les cheveux sont d'un noir artificiel. Aussi a-t-on dit que les cheveux teints ne font illusion qu'à une seule personne, à celle qui les porte.

Une bonne partie des substances dont on se sert ont une action défavorable sur la santé, et il n'est pas rare qu'elles produisent des effets plus ou moins nuisibles sur les organes des sens, et même sur le cerveau. Avis aux lecteurs.

Voici les principales formules.

Pommade mélanogène.

Nitrate d'argent	4 grammes.
Crème de tartre.	8 —
Axonge lavée ⎱ de chaque . . .	15 —
Ammoniaque ⎰	

Préparation peu hygiénique.

Savon mélanogène.

Suif.	60 grammes.
Poix rendue liquide	30 —
Pierre noire en poudre ⎱	
Laudanum ⎬ de chaque.	15 —
Vernis ⎰	

Mêlez et ajoutez lessive de cendres de saule quantité suffisante pour saponifier.

L'on s'en sert pour noircir les cheveux et la moustache.

Poudre mélanogène.

Litharge pulvérisée et porphyrisée.	250 grammes.
Chaux vive pulvérisée et porphyrisée	125 —
Poudre à poudrer.	60 —

Mêlez : lorsqu'on veut se servir de cette poudre, il faut la réduire en pâte semi-liquide au moyen d'un peu d'eau chaude. On l'applique à l'aide d'une brosse, de manière à toucher le poil jusqu'à sa racine. On recouvre le tout avec un mouchoir de coton que l'on garde toute la nuit. Le matin on brosse, ou on lave à l'eau.

Pommade omnicolore.

Moelle de bœuf.	100 grammes.
Cire blanche.	25 —
Nitrate d'argent	2 —

On fait fondre la moelle et la cire au bain-marie, et

l'on y ajoute le nitrate d'argent, et quantité suffisante de carbure de fer porphyrisé pour obtenir la nuance marron ou noire que l'on désire.

La teinture en blond demande une moindre quantité de carbure de fer. On peut y ajouter la gomme-gutte jusqu'à obtenir la nuance voulue, ou toute autre substance colorante pour obtenir des nuances différentes.

Eau qui colore en blond la chevelure rousse.

Eau de plantain.	250 grammes.
Savon de Venise	31 —
Gomme arabique.	15 —

Mêlez exactement.

On s'en frotte matin et soir la chevelure qui, au bout de quelque temps, devient d'un blond très agréable. Il sera prudent de continuer encore à s'en servir après avoir obtenu l'effet désiré, pour peu que la couleur rousse tende à reparaître.

Si l'on désire changer la couleur rousse contre la noire, on procèdera de la manière suivante :

Litharge d'or	250 grammes.
Chaux vive	125 —
Charbon de bois	62 —

Mêlez ces poudres ensemble et formez une pâte au moyen d'eau chaude quand vous voudrez vous en servir. On en frotte les cheveux jusqu'à ce qu'ils en soient bien humectés ; on les couvre ensuite avec une feuille de chou, et on enveloppe la tête ou la barbe d'un mouchoir pour les préserver du contact de l'air. Le lendemain matin, on sort la poussière, et on se lave la tête avec une brosse ; après l'avoir essuyée on y passe un peu de pommade.

PRÉPARATIONS COSMÉTIQUES

Ces préparations, employées particulièrement pour embellir la peau et pour en corriger les imperfections, sont sous forme de lotions, de pommades, de poudres, ou de bains. Nous allons indiquer les principales.

Eau antiéphélide. — Ayez deux flacons ; dans un vous introduirez :

    Teinture d'iode. . . . . 15 grammes.
    Iodure de potassium . . . . . 20 —
    Eau filtrée. . . . . 100 —

Aussitôt le mélange opéré, ajoutez :

    Hyposulfite de soude . . . . . 250 —
Dissous dans :
    Eau . . . . 700 —
Filtrez.

Dans l'autre flacon introduisez :

    Sulfure de potassium . . . . . 50 —
    Eau filtrée. . . . . 500 —
    Essence de citron . . . . . . 5 gouttes.

Filtrez.

Pour s'en servir, l'on remplit un verre aux trois quarts avec le liquide contenu dans le premier flacon, et on y verse ensuite goutte à goutte le liquide du second flacon jusqu'à ce que l'on ait un liquide laiteux jaunâtre. On se lave le visage avec ce lait, en y trempant le coin d'un essuie-mains.

Eau antirugueuse ou antiride.

    Eau de roses. . . . . 500 grammes.
    Tanin. . . . . 10 —

Faire dissoudre et ajouter un mélange homogène, préalablement préparé de :

    Beurre de cacao . . . . 100 grammes.
    Crème d'amandes amères . . . 20 —
    Acide benzoïque . . . . 5 —

Après avoir incorporé le tout ensemble, à l'aide de la trituration dans un mortier, ajoutez :

Eau de laurier-cerise. . . . . 500 grammes

Un verre aux trois quarts plein d'eau ordinaire, et l'autre quart de ce liquide : au moyen d'une serviette trempée dans ce liquide on se lave le visage, et on laisse sans essuyer pendant quelques minutes, ensuite on se lave avec de l'eau fraîche et l'on s'essuie.

Lait cosmétique. — Faites bouillir le blanc de trois poireaux coupés en quatre par le long dans un demi-litre de lait pendant 30 ou 40 minutes.

Passez.

Ce lait est très ami de la peau : il la nettoie, l'adoucit, et lui donne un beau transparent ; fait disparaître les boutons et efflorescences. Au lieu de poireaux on pourra se servir de racines de raifort.

Pommade du sérail.

Cire blanche	4 grammes.
Blanc de baleine	4 —
Huile d'amandes douces	60 —
Eau pure.	45 —
Baume de la Mecque.	40 gouttes.

On fait liquéfier la cire et le blanc de baleine dans l'huile, et l'on ajoute l'eau par petites portions en agitant toujours, et ensuite le baume, et une essence si l'on veut. Ce cosmétique est excellent.

Pommade de concombres. — On fait chauffer de l'axonge lavée et on ajoute des tranches de concombres pelés. Après cuisson, on passe à travers un linge, et on conserve dans des pots fermés.

Pommade pour les lèvres. — Cette pommade, qui peut s'obtenir par divers procédés, se prépare plus ordinairement de la manière suivante : On fait fondre dans 30 grammes d'huile d'amandes douces 13 grammes de blanc de baleine et 10 grammes de cire blanche, en y ajoutant un peu d'orcanette pour la colorer en rouge et quelques gouttes d'une essence quelconque pour l'aromatiser. On la passe et on la coule dans des boîtes. On l'emploie dans les crevasses et les gerçures des lèvres ou des autres parties irritées ou fendillées.

Cérat cosmétique ou crème froide, ou cold-cream. — Prenez :

Huile d'amandes douces. .	215	grammes.
Blanc de baleine	60	—
Cire blanche.	30	—
Eau de roses	60	—
Huile volatile de roses . .	30	centigrammes.
Teinture de benjoin . . .	15	grammes.

Faites chauffer au bain-marie la cire, l'huile, le blanc de baleine et l'eau de roses. Coulez dans un mortier de marbre, et remuez continuellement le mélange. Lorsqu'il sera presque froid, versez-y l'huile volatile, et remuez encore.

On aromatise cette crème à l'ambre, au romarin ou à d'autres parfums ; on y incorpore du camphre, de la fleur de soufre, pour s'en servir à apaiser les démangeaisons de la peau.

FARDS

Compositions destinées à colorer la peau en rouge ou en blanc. Il existe donc en parfumerie des fards rouges et des fards blancs.

Fard rouge végétal. — Qu'au moyen de la chaleur l'on fasse fondre une pommade simple, inodore et incolore quelconque, et qu'au point où elle commence à se refroidir l'on y incorpore ou du carmin de safranum (carthamine), ou du carmin de cochenille en quantité suffisante, pour lui communiquer une belle couleur rouge. Les carmins devront être réduits préalablement en poudre impalpable.

Ces carmins pulvérisés pourront être mêlés au talc également en poudre impalpable, et l'on obtiendra ainsi un mélange qui adhérera à la peau, et qu'il faudra étendre avec un tampon de linge, en ayant soin d'en nuancer l'application. La dose est de 8 de carmin et de 100 de talc.

Outre les *Fards rouges* en *pommade* et en *poudre*, l'on emploie aussi les *Fards liquides* qui se préparent de la manière suivante :

Cochenille pilée en poudre. . .	12 grammes.
Laque en poudre.	90 —
Alcool	100 —
Vinaigre de lavande ou de roses	500 —

Laissez macérer le tout pendant 8 ou 10 jours, en ayant soin d'agiter la bouteille de temps à autre, et ensuite passez et filtrez.

Autre formule :

Carmin de safranum ou de cochenille suspendu dans du vinaigre blanc à l'aide d'un peu de mucilage de gomme.

Cette préparation est connue sous le nom de *Vinaigre de rouge*.

Autre formule :

Cochenille en poudre.		30 grammes.
Crème de tartre		
Sel de tartre. . .	de chaque	30 —
Alun		
Eau filtrée.		250 —

Faites d'abord bouillir la cochenille dans l'eau avec le sel de tartre (*carbonate de potasse*). Après quelques bouillons ajoutez l'alun et la crème de tartre : passez ensuite, et conservez dans des flacons.

Autre formule :

Laque de bois de Brésil. . . . 500 grammes.

Après l'avoir dissoute dans trois fois son poids d'eau ordinaire, ajoutez du jus de citron ou de l'acide nitrique dissous dans l'eau en quantité suffisante pour que toute la matière colorante soit précipitée. Filtrez alors, et le rouge restera sur le filtre. On le fera sécher à l'air.

Le rouge se prépare en faisant dissoudre cette poudre dans de l'eau distillée. Il est évident que l'eau en en dissolvant plus ou moins, on obtiendra une nuance plus ou moins intense selon la dose.

Fard rouge en crépons. — En saturant des morceaux d'étamine très fine de carmin ou de safranum (carthame), l'on obtient une étoffe qui, promenée légèrement sur la peau, déteint et la colore en rouge.

Fard blanc.

En poudre :

Sous-nitrate de bismuth . }
Craie de Besançon. . . . } parties égales.

Mêlez exactement.

Autre formule :

Oxyde blanc de zinc (fleur de zinc). }
Craie blanche de Besançon. . . . } parties égales.

Opérez le mélange dans un mortier.

En pommade :

Oxyde blanc de zinc, ou
Sous-nitrate de bismuth, ou
Céruse, ou
Baryte. . . . . 30 grammes.
Cold-cream. . . . . le double.

Broyez dans un mortier.

En liquide :

Blanc de céruse délayé dans du mucilage de gomme adragante.

Autre formule :

Sous-nitrate de bismuth . . . 500 grammes.
Eau distillée . . . . 1,500 —

Mêlez en agitant le contenant et conservez dans des bouteilles.

Fard blanc de talc.

Talc en poudre impalpable. . 500 grammes.
Vinaigre distillé . . . . . . 1,500 —

Laissez macérer et ensuite filtrez et lavez à grandes eaux le dépôt qui restera sur le filtre jusqu'à lui ôter toute acidité. Jetez ce dépôt dans un mortier de marbre et broyez-le avec un peu d'eau savonneuse légèrement gommée. La pâte qui en résultera demande à être séchée à l'abri de la poussière.

Autre formule :

Sulfate de baryte. . . . . . . 300 grammes.
Oxyde de zinc blanc. . . . . 500 —
Talc très finement pulvérisé. . 150 —

Triturez ce mélange dans un mortier avec de l'eau filtrée et conservez dans des flacons de verre.

C'est ce que l'on appelle *Blanc de cygne*.

Parmi les fards blancs la *Poudre ou farine de riz* est peut-être la moins préjudiciable à l'hygiène de la peau, quoique elle ait aussi le désagrément de sécher la peau en absorbant l'humidité, et de nuire à la transpiration insensible. Les dames qui seraient disposées à ne pas tenir compte de ces considérations, réfléchiront sans doute lorsqu'elles sauront que l'usage de la poudre de riz dispose à des rides précoces. Elle remplace aujourd'hui la *Poudre à poudrer*, qui n'était que de la fleur de farine parfumée à une essence quelconque.

Lait virginal. — Faites une émulsion avec 30 grammes d'amandes douces, 8 grammes d'amandes amères, 150 grammes d'eau de roses. Passez la liqueur et ajoutez-y 1 gramme de benjoin.

Cette liqueur s'emploie pour maintenir la fraîcheur du teint et pour faire passer le hâle et les taches de rousseur.

BAINS ET ABLUTIONS

Les bains et ablutions, au point de vue de la callidermie, appartiennent naturellement à la catégorie des moyens dont les dames plus particulièrement se servent pour nettoyer et blanchir la peau et pour se parfumer. Ces bains sont ou émollients, ou alcalins, ou parfumés, selon que l'on ajoute à l'eau des substances émollientes, alcalines ou aromatiques. Voici trois formules qui pourront servir de modèle pour en faire d'autres.

Bain émollient. — Pour la quantité d'eau d'un bain. Faites bouillir dans la quantité voulue d'eau les substances suivantes :

Orge mondée.	500 grammes.
Riz mondé.	250 —
Son.	2,000 —
Bourrache	4 poignées.
Graine de lin.	250 grammes.

Ajoutez cette décoction à l'eau du bain.

Autre formule :

Fleurs de mauve	2,000 grammes.
Graine de lin.	250 —

Faites bouillir dans trois ou quatre litres d'eau ; passez et ajoutez le produit à l'eau du bain.

Un kilog. de son ou de farine d'orge décocté dans l'eau, ou bien renfermé dans un nouet et ajouté au bain remplace avantageusement tout autre ingrédient.

Bain gélatineux. — Eau quantité suffisante à laquelle on ajoutera 500 grammes de colle forte dissoute préalablement dans deux ou trois litres d'eau.

Quelques praticiens prescrivent d'ajouter :

Sel de cuisine	150 grammes.
Savon blanc dissous.	500 —

Bain alcalin. — On rend alcaline l'eau d'un bain en y ajoutant :

Savon dissous.	500 grammes.
Cristaux de soude.	250 —

On peut remplacer le cristal de soude par 1 kilog. de cendres de bois, mais le premier moyen nous paraît plus convenable sous le rapport de la propreté.

Bain aromatique. — L'on peut aromatiser l'eau du bain au moyen de l'addition de différents parfums, tels que l'eau de Cologne et autres eaux de senteur, ou moyennant la décoction de plantes aromatiques.

L'une des formules les plus agréables est la suivante :

Eau de roses.	1,500 grammes.
Teinture de benjoin.	50 —
Essence de thym.	30 —
Eau de Cologne.	50 —

Versez le tout dans l'eau du bain et agitez pendant quelques minutes.

Sachet parfumé pour bain. — Introduisez dans un sachet de toile :

Noix muscade en poudre.	6 grammes.
Clous de girofle pilés.	15 —
Écorce d'oranges	30 —
Feuilles de roses desséchées } de chaque	25 —
Feuilles de violettes —	
Menthe, feuilles desséchées }	
Serpolet, —	de chaque une poignée.
Lavande, —	
Laurier, —	
Poudre d'iris de Florence.	30 —
Graines d'anis broyées.	20 —

Ce sachet se place sous le robinet d'eau chaude pour que l'eau, en le traversant, se charge des principes aromatiques des ingrédients. Au bout de dix minutes l'on exprime le sachet et l'on ouvre le robinet d'eau froide ; on conserve cependant le sachet dans l'eau tout le temps de la durée du bain.

Bain tonique astringent.

Eau de fontaine	2,000 grammes.
Thym . . }	
Romarin . } plante desséchée.	250 —
Lavande . }	
Origan . . }	
Clous de girofle pilés.	10 —
Noix muscade concassée . . .	5 —

Faites bouillir pendant une demi-heure et même plus, passez à travers une toile et ajoutez la décoction à l'eau du bain.

Bain excitant. — Ce bain s'obtient en ajoutant à l'eau

Vin rouge	4 litres.
Ou alcool	1 litre ou deux.

selon que l'on désire que le bain soit plus ou moins excitant.

Ablution ordinaire. — Toutes les formules que nous avons rapportées, en fait de bains, peuvent servir aussi bien pour pédiluves, maniluves et ablutions de n'importe quelle partie du corps qu'il s'agit de nettoyer. Cependant on est dans l'usage d'ajouter à l'eau ordinaire ou du vinaigre de toilette, ou de l'eau de Cologne, ou toute autre eau aromatique.

En jetant les yeux sur les formules de bains qui précèdent, chacun pourra choisir les ingrédients qu'il croira convenables pour obtenir le but qu'il se propose.

Lotions. — On appelle lotions les lavages partiels d'une partie quelconque du corps, et ne différant conséquemment, ni des ablutions, ni des bains proprement dits, qui ne sont, en somme, que des lotions générales de tout le corps. En tant qu'opérations et préparations cosmétiques, les lotions tombent dans la catégorie des bains de propreté simples ou composés, dont nous avons donné précédemment les formules.

Eau désinfectante.

Chlorite de chaux.	2 grammes.
Eau de fontaine.	1,000 —
Alcool de menthe.	32 —
Sucre	200 —

En se rinçant la bouche avec cette eau, on enlève toute mauvaise odeur provenant d'un mauvais état des gencives, d'une dent cariée, ou d'une affection quelconque des parois de la cavité buccale.

Pastilles désinfectantes.

Cachou	30 grammes.
Magnésie	15 —
Sucre.	125 —
Essence de citron . ⎫	
— de canelle. ⎬ de chaque.	20 gouttes.
— de menthe. ⎭	

Mucilage de gomme arabique en quantité suffisante pour faire des pastilles d'un gramme chaque.

Ces pastilles servent dans les mêmes cas où est indiquée la préparation précédente. Elles corrigent la fétidité de l'haleine provenant de la fumée de la pipe et du cigare.

Pastilles du sérail ou fumigatoires. — Ces pastilles, que l'on appelle aussi *Clous fumants*, ou *Trochisques odorants* se composent de la manière suivante :

Benjoin	30 grammes.
Baume de Tolu.	16 —
Laudanum	4 —
Santal citrin.	16 —
Charbon léger	192 —
Nitrate de potasse.	8 —

Mucilage de gomme adragante en quantité suffisante pour faire une pâte que l'on divisera et l'on façonnera sous la forme de cône : on les laissera sécher. En mettant le feu à la pointe, ces pastilles brûlent lentement, laissant échapper une fumée d'une odeur balsamique et asssez persistante pour parfumer pendant assez longtemps la chambre où elles brûlent.

Nous croyons utile de faire remarquer que tous les moyens que l'on emploie ordinairement pour neutraliser les mauvaises odeurs, tels que le sucre et le vinaigre jetés sur une pelle rouge, ne font que dissimuler les émanations fétides sans les détruire. A plus forte raison les pastilles du sérail n'ont, dans ces circonstances, qu'une action passagère, les mauvaises odeurs prenant bien vite le dessus, et la cause d'où elles proviennent persévérant dans toute son intégrité.

Un moyen désinfectant des plus efficaces consiste à mettre sur une assiette une certaine quantité de chlorure de chaux arrosé d'eau ordinaire. Le chlore qui s'en dégage se répand dans l'atmosphère, et neutralise incontestablement la cause des mauvaises émanations; mais ce moyen de désinfection aboutit à remplacer une mauvaise odeur par une autre qui n'est pas moins désagréable.

La solution aqueuse concentrée de parties égales de sulfate de zinc et de fer (à 36°), a l'avantage de détruire les odeurs fétides et la cause d'où elles émanent, sans par elle-même sentir mauvais. Il suffit d'en arroser le parquet tout autour du lit des malades ou des objets à désinfecter pour assainir l'atmosphère.

Nous reviendrons aux désinfectants à leur article spécial (V. *Désinfectants*).

Parfums pour appartements. — Toutes substances aromatiques brûlées sur une poêle chaude répandent une odeur plus ou moins agréable, et peuvent servir à parfumer les appartements. Toutefois, on donne la préférence au mélange suivant :

Musc. 10 centigrammes; benjoin et cascarille, de chaque, 4 grammes; iris, 32 grammes; clous de girofle et cannelle, de chaque, 12 grammes; macis, 2 grammes.

Mêlez toutes ces poudres et conservez-les dans un flacon bouché à l'émeri; pour vous en servir, jetez une pincée sur une plaque chauffée discrètement pour ne pas les brûler, et dégager ainsi une odeur empireumatique.

Sachet odoriférant.

Feuilles de roses desséchées / Iris de Florence en poudre.	de chaque.	250 grammes.
Clous de girofle en poudre. / Noix muscade en poudre.	de chaque.	16 —
Graines d'ambrette en poudre		30 —

Mêlez exactement et renfermez dans des sachets.

Ces sachets répandent une odeur mixte, qui empêche

d'en apprécier la composition. Puisqu'il en est des odeurs comme de toute autre chose, c'est-à-dire qu'elles peuvent aussi bien plaire que déplaire, toute personne qui voudra parfumer son linge ou ses habillements pourra faire un mélange de substances aromatiques ou autres, selon son goût. Ainsi les uns adoptent des sachets purement de lavande, d'autres se servent de préférence de vétiver ou de patchouly; il y a des personnes qui aiment à se parfumer au musc, à l'ambre, et il n'est pas rare de rencontrer des individus qui sont eux-mêmes, pour ainsi dire, des sachets odoriférants, tant sont fortes les émanations parfumées qui les enveloppent dans une auréole embaumée. A ceux-ci il faudrait rappeler le dicton latin : *Qui semper bene olet, non bene olet.* « Qui sent toujours bon ne sent pas bon », parce qu'il laisse croire qu'il a besoin de dissimuler de mauvaises odeurs.

Peut-être ne sommes-nous pas assez habitués aux manières et usages du monde élégant; cela nous servira d'excuse si nous disons que la meilleure senteur que l'on puisse porter sur soi est la senteur qui s'exhale d'une propreté rigoureuse. Une dame, et encore mieux un monsieur, qui sentent excessivement bon, nous sont suspects, d'après le proverbe que nous venons de citer, et outre cela, il nous paraît qu'au point de vue de l'hygiène de nos sens et des sens des autres, il vaudrait infiniment mieux ne pas se condamner à vivre au milieu d'une atmosphère énervante, préjudiciable à la sensibilité olfactive, et très souvent dangereuse pour les personnes douées d'un système nerveux impressionnable.

Saponine à gants ou Gantéine. — Faites une pâte avec 250 grammes de savon blanc, 10 grammes d'ammoniaque, 165 grammes d'eau de javelle et 155 grammes d'eau ordinaire.

Pour s'en servir, on en imprègne un tampon de flanelle et on en frotte les gants jusqu'à ce qu'ils soient nettoyés.

On se sert aujourd'hui d'un percarbure d'hydrogène

que l'on nomme *Benzine*, et qui n'est autre chose que de l'huile essentielle de goudron rectifiée ; mais à cause de la mauvaise odeur de cette préparation, lors même qu'elle est soi-disant désinfectée, les dames désireraient quelques procédés pour détacher les gants qui fussent moins désagréables à l'odorat. Nous en trouvons un dans l'ouvrage de M. Chevallier, que nous allons transcrire, quoique je crois qu'il laisse à désirer, lui aussi, parce qu'il doit nuire à l'intégrité de la peau, qui s'accommode mal de frictions trop prolongées. Au surplus, voici ce procédé :

Brossez fortement les gants avec une brosse dure et avec un mélange de terre à foulon bien sèche et d'alun pulvérisé. On les secoue après pour faire tomber toute la poussière, ensuite on les saupoudre d'un mélange de son sec et de blanc d'Espagne : on les frotte de nouveau, et on les secoue en les battant pour les débarrasser dudit mélange.

Si cependant les gants étaient très sales, tachés de graisse, couvrez les taches de poudre d'os brûlés, et couvrez la poudre d'un papier de soie, puis, à l'aide d'un fer à repasser chaud, faites fondre la graisse, qui sera absorbée par la poudre d'os. Frottez ensuite au moyen d'une flanelle imprégnée de poudre d'alun et de terre à foulon. Pour le nettoyage des gants, l'on se sert encore quelquefois de lait alcalisé par le carbonate de soude (5 gr. pour chaque litre de lait) : on en imprègne un morceau de flanelle, et avec celle-ci on frotte les gants, tendus sur les doigts ou sur des baguettes. On les essuie après avec une flanelle sèche.

Le savon en poudre dégraisse aussi les gants, en procédant comme ci-dessus.

Le lait écrémé, chargé d'un peu de savon blanc, donne les mêmes résultats, et s'emploie comme il est dit précédemment.

Gants cosmétiques. — Mme Celnart, réfléchissant sans doute aux charmes que présentent des mains potelées et satinées, s'est occupée de trouver un moyen pour conserver ces deux beautés chez les dames assez heureuses pour les posséder, et pour les donner ou pour en favoriser le développement dans le cas où ces beautés laisseraient à désirer. Voici la préparation qu'elle propose.

Prenez :

Cire vierge . .		
Blanc de baleine	de chaque . .	15 grammes.
Savon blanc . .		

Faites fondre toutes ces substances au bain-marie, et une fois fondues ajoutez :

Huile d'olive	46 grammes.
Pommade à la rose	46 —
Benjoin.	4 —
Baume du Pérou.	4 —
Essence de roses ou autres . . .	quelques gouttes.
Eau de miel . . } de chaque . . .	15 grammes.
Eau de bouquet	

Agitez jusqu'à ce que le mélange soit homogène. Enduisez de ce mélange la surface interne des gants au moyen d'un pinceau. Retournez ensuite les gants, soufflez dedans pour que les deux peaux ne se collent pas et laissez sécher.

Ces gants restent raides, mais avec la chaleur de la main ils se ramollissent. On les porte ordinairement pendant la nuit.

Il me paraît, mais ma compétence n'est pas une autorité, que la femme qui a besoin de recourir à ce moyen pour s'assouplir la peau, pourrait se graisser les mains avec cette pommade, et ensuite enfiler la première paire de gants qui lui tombe sous la main. Ce serait sans doute beaucoup plus commode et peut-être plus efficace.

Cire ou Pâte à rasoir.

Graisse de mouton	250 grammes.
Cire jaune	120 —
Sanguine pulvérisée ou ardoise	250 —
Émeri	125 —
Acide muriatique	16 —

On fait fondre le suif, on l'écume, et on ajoute la cire. Le mélange fait, on y ajoute la sanguine, si on veut une pâte rouge, et l'ardoise, si on la veut noire. Après on ajoute l'émeri, toujours en remuant. On laisse bouillir quelques instants, et ensuite on ajoute l'acide muriatique et quelques gouttes d'une essence quelconque. On réduit le tout à la consistance du miel, on le coule dans des moules de papier et on le laisse figer.

Autre procédé.

Prenez :

Pierre ponce } Limaille de fer } de chaque	40 grammes.
Bol d'Arménie	75 —

Réduisez ces substances en poudre impalpable et mêlez-les exactement avec 45 grammes de graisse de bœuf ou d'axonge, soit à chaud, soit à froid.

Autre procédé.

Parties égales de sanguine et de suif : mêlez exactement, après avoir réduit la sanguine à l'état de poudre impalpable.

L'on s'en sert pour faire couper les rasoirs. On en étend un peu sur le cuir, sur lequel on repasse la lame à plusieurs reprises.

CASSOLETTES

Espèce de réchaud dans lequel on fait évaporer des parfums ; ou petites boîtes en or ou en argent, que l'on porte sur soi, et contenant des parfums. Ces parfums peuvent varier indéfiniment, au point de vue de leur nature et de leur composition. Nous n'en donnerons qu'une formule, qui pourra servir de spécimen pour guider l'amateur dans la composition de ce genre de satisfaction des sens.

Cassolettes à l'ambre.

Ambre gris.	2,000	grammes.
Poudre à la rose	1,000	—
Benjoin	30	—
Essence de roses ⎫ de chaque	15	—
Gomme adragante ⎭		
Huile de santal	quelques gouttes.	

Après avoir pulvérisé les substances solides, on les malaxe avec les autres pour en faire une pâte que l'on lie par la gomme adragante. Cette pâte dégage à la température ordinaire un parfum de rose et d'ambre, et le dégage encore plus si on fait chauffer la cassolette.

On peut remplir ces cassolettes d'autres substances en poudre, pourvu que ces poudres soient liées au moyen de mucilage de gomme. Voici la préparation de ces poudres :

Poudre à la jonquille. — L'on prend une poudre quelconque inodore, et on la recouvre de fleurs de jonquille récemment cueillies. On met le tout dans une boîte que l'on puisse fermer exactement. On mêle la fleur avec la poudre en agitant la boîte en tous sens, et on laisse le tout en repos pendant vingt-quatre heures. Au bout de ce temps on crible et on jette les fleurs. On répète cette opération un nombre de fois suffisant pour que la poudre soit très odoriférante. Il convient de la conserver dans des vases fermés hermétiquement.

L'on prépare de la même manière les poudres à parfum fugace, telles que la *Poudre au jasmin, à la tubéreuse, à la fleur d'orangers, au réséda, à la rose musquée, à la cassie,* etc.

La *Poudre à la violette* s'obtient en mêlant 250 grammes d'iris de Florence (racines), 100 grammes de palissandre, 50 grammes de graines d'ambrette, 15 grammes de roseau de Provence, 8 grammes de cannelle et autant de clous de girofle et d'écorces d'oranges. On réduit le tout en poudre très fine, en pilant chaque substance isolément pour les réunir après.

La *Poudre à la maréchale* se prépare en réunissant 100 grammes de roses de Provins, 60 grammes de fleurs d'orangers sèches, autant de souchet long, 125 grammes de sassafras, 60 grammes de santal citrin, 45 grammes d'iris de Florence, 15 grammes de benjoin, de roseau de Provence et de storax, 60 grammes de coriandre, 30 grammes de marjolaine, 30 grammes d'écorce de bergamote, 15 grammes de racine d'angélique et 2 grammes de musc que l'on n'ajoutera qu'après avoir trituré finement toutes les autres substances, et les avoir passées au tamis.

Ces poudres, introduites dans un vase, conservent leur parfum si le vase est hermétiquement fermé, mais elles répandent leur odeur tout autour si le couvercle du vase est percé de petits trous. C'est de cette manière que l'on parfume les appartements pour en purifier l'air.

Elles servent aussi pour faire les sachets d'odeur.

BOISSONS

VINS

Vins naturels. — Les vins préparés avec du raisin sont ou *rouges*, ou *roses*, ou *blancs*, non *mousseux* ou *mousseux*, selon la couleur du raisin, et selon certains procédés de fabrication.

Le *Vin de piquette*, ou comme on l'appelle dans certains endroits d'Italie, *Vin de famille*, que l'on boit le long du repas, n'est qu'un vin additionné d'une plus ou moins grande quantité d'eau que l'on met à fermenter avec le raisin. Commençons par celui-ci :

On obtient la piquette en introduisant dans un tonneau défoncé ou dans une cuve le marc de raisins qui a été déjà soumis au pressoir, et duquel conséquemment on a extrait tout ou presque tout le jus. On ajoute à peu près son poids d'eau et même davantage, selon le degré de force que l'on veut donner à la piquette, et on laisse fermenter. La fermentation arrivée à son terme, on soutire le vin que l'on conserve en tonneau pour la consommation.

Un autre procédé consiste à mettre dans un tonneau du raisin très légèrement écrasé avec son volume d'eau. Au bout de huit à dix jours on commence à soutirer, et au fur et à mesure que l'on en extrait on ajoute par la bonde la même quantité d'eau nécessaire pour que le tonneau se maintienne plein. Il est évident qu'avec ce procédé on mange, comme on dit, son pain blanc le premier, puisque journellement le jus du raisin diminue d'autant que l'eau augmente. Cette boisson vient de jour en jour plus faible et plus acide, et après un certain temps déterminé, ce n'est qu'en se faisant illusion que l'on se figurer boire un liquide vineux.

Le véritable *Vin de famille*, ou de *ménage* se prépare en faisant fermenter raisins et eau ensemble en égale quantité, et en soutirant aussitôt que la fermentation est achevée. On obtient un *second vin* en ajoutant de la nouvelle eau, et laissant fermenter de nouveau, et soutirant le produit. Si l'on ajoute au marc de raisins qui reste dans la cuve une nouvelle quantité d'eau, et qu'on laisse fermenter longtemps, l'on obtient un *troisième vin* qu'on boit le premier, n'ayant pas assez de vigueur pour se conserver. Après le troisième on boit le second, après le second le premier, en procédant ainsi à l'opposé des buveurs de piquette française qui commencent par le meilleur et finissent par le plus mauvais.

Lorsque la fermentation du raisin est à son terme, et que l'on a soutiré le vin, on peut ajouter au marc une certaine quantité d'eau et laisser fermenter de nouveau. C'est encore un vin de famille que l'on obtient. De la nouvelle eau et une nouvelle fermentation donneront un *second vin*, qui est à vrai dire un *troisième*, car le premier est le vin pur. Dans la crainte de laisser quelques parcelles potables dans les raisins de la cuve, il y en a qui font une autre addition d'eau qui, cette fois, ne produit aucune fermentation, et obtiennent ainsi une boisson de quatrième ordre improprement appelé *vin quatrième*, et qui mériterait la dénomination de lavure de marc de raisin.

Vins rouges. — La moitié de ce volume ne suffirait peut-être pas si nous voulions enregistrer tous les procédés en usage dans les différents pays pour faire les vins, et particulièrement les vins rouges. Chaque qualité de raisin, et chaque climat demandent des méthodes de fabrications spéciales. Il y a cependant quelques généralités communes à toutes les méthodes, et qu'il ne sera pas inutile de signaler.

Que l'on égrappe ou que l'on ne l'égrappe pas, c'est-à-dire qu'on ôte ou qu'on laisse les rafles, il faut toujours écraser le raisin, sans quoi la véritable fermentation ne saurait avoir lieu. Pour obtenir ce résultat tous les moyens écrasants sont bons ; mais à quelques exceptions près, tous les vignerons se servent de leurs pieds garnis de sabots, ou mêmes nus préalablement purifiés à grandes eaux.

Le raisin ainsi écrasé est mis dans la cuve, que l'on ne remplit pas exactement pour laisser assez d'espace à la fermentation tumultueuse. Selon les usages, l'on n'introduit que le moût dans la cuve, ou on y met le tout ensemble, et on laisse fermenter plus ou moins longtemps. Les cuves sont ouvertes ou fermées.

On soutire les vins et on leur fait subir une petite fermentation dans les tonneaux qu'on a soin d'ouiller pour qu'ils soient toujours pleins. Au bout d'un certain temps on les soutire des tonneaux pour les séparer de la lie qu'ils ont déposée pendant la fermentation lente.

La couleur résidant dans la pellicule, tout moût de raisin est blanc, aussi fait-on du vin blanc avec du raisin noir, si on a soin de ne faire fermenter que le moût passé et dépourvu des rafles et de pellicules. Des œnologistes distingués de Bourgogne sont d'avis de prescrire l'égrappage, attendu que le tanin de la grappe est indispensable à la conservation des vins.

Lorsque le raisin n'est pas suffisamment doux on a recours au *Sucrage*, méthode très employée particulièrement en Bourgogne pour obtenir des vins plus alcooliques, mais très nuisible au bouquet des vins. La dose du sucre est depuis deux kilos à dix pour 228 litres de vin. A cause du prix moindre on donne la préférence au glucose, ou sucre de pommes de terre.

Si la fermentation s'arrête dans la cuve par un abaissement subit de température, on y remédiera en y versant du moût chauffé à 60°. Une fois le vin soutiré, on passe le marc au pressoir pour en extraire le *Vin de presse.* Ce marc est soumis deux ou trois fois à la presse, et à chaque fois il donne un produit moins bon.

Le marc ainsi dépourvu presqu'entièrement de jus conserve cependant encore quelques parties sucrées qui, à l'aide d'eau, fermentent et donnent un liquide légèrement alcoolique. C'est la *piquette* dont nous avons déjà parlé.

On peut le laisser exposé à l'air pour le faire devenir acide, et après l'avoir arrosé d'eau on le presse pour obtenir du vinaigre qui n'est pas de première qualité.

Dans certains pays, comme dans le midi de la France, on le distille et l'on obtient un liquide alcoolique chargé d'une huile essentielle que l'on connaît sous le nom d'*Eau-de-vie de marc* dont nous avons parlé à son article spécial.

Il sert à Montpellier pour faire le *Verdet,* ou *Vert de gris,* ou *Acétate de cuivre* en stratifiant des lames minces de cuivre avec le marc que l'on laisse exposé à l'air pour qu'il aigrisse.

On en retire les pépins pour en faire de l'huile. Nous en avons dit un mot à l'article *Huile de pépins de raisins.* On l'emploie aussi pour la nourriture des bestiaux, des pigeons et des gallinacés qui en sont très friands.

Vins blancs. — Les vins blancs, qui se préparent ordinairement avec des raisins blancs, nous l'avons dit, se préparent aussi avec les raisins noirs. (Voir l'article précédent.)

On porte la vendange au pressoir, et le liquide obtenu est versé dans une cuve qui n'a jamais servi à faire du vin rouge, et que l'on couvre soigneusement. Aussitôt que la fermentation tumultueuse est achevée, on soutire et on entonne dans les fûts neufs ou qui n'ont pas contenu de vin rouge. On ouille les tonneaux deux fois par jour.

Les tonneaux qui ont servi à contenir de l'eau-de-vie ou des alcools sont très propres à cet usage. Ceux qui ont contenu ou du malaga ou autre vin liquoreux d'Espagne, ou du muscat de Lunel ou du frontignan, communiquent à toute espèce de vin blanc un goût qui rappelle ces mêmes vins.

Lorsque la fermentation est apaisée, il faut se hâter de soutirer et de changer de fût ; la fermentation continue, mais d'une manière insensible.

Le vin que l'on connaît sous le nom de *Râpé*, n'est qu'une piquette obtenue en ajoutant de l'eau au marc de raisins blancs et laissant fermenter. Si à ce marc on ajoute une quantité de vendange non pressurée on obtient un vin de ménage très agréable à boire, et qui se conserve d'une année à l'autre, tandis que le râpé pur ne se conserve pas si longtemps.

Vins mousseux. — Tous ou presque tous les vins seraient mousseux, si on parvenait à les saturer de l'acide carbonique que les raisins dégagent pendant la fermentation. On réserve cette manipulation pour certains vins seulement, pour ceux dont la saveur s'accorde agréablement avec l'aigrelet de l'acide carbonique.

Laissant aux œnologistes la description des procédés employés en Champagne plus particulièrement pour fabriquer le vin mousseux blanc, nous ne nous occuperons que de la manière de rendre mousseux tout vin blanc ou rouge qui ne l'est pas. L'on y parvient à l'aide de trois moyens : 1° par l'addition d'une certaine quantité de sucre candi que l'on ajoute au vin d'une bouteille (3 0/0), et par le bouchage hermétique de la bouteille, dont on a soin de maintenir le goulot en bas. Ce sucre détermine une fermentation, et conséquemment un dégagement d'acide carbonique qui ne peut sortir de la bouteille, et la clarification du vin même par la précipitation de la lie sur le bouchon. Lorsque l'on s'aperçoit que la fermentation a fini, toujours tenant la bouteille sens dessus dessous on ôte le bouchon pour le remettre tout de suite aussitôt la lie sortie. Si le vin n'est pas assez clarifié, on le colle avec une certaine quantité de colle de poisson, et on répète la précédente opération ; 2° au moyen d'une addition d'acide tartrique et de bicarbonate de soude, 4 grammes de chaque pour une bouteille, et une petite quantité de sucre candi ; 3° par l'introduction forcée de l'acide carbonique dans la bouteille remplie de vin, c'est-à-dire par le même procédé dont on se sert pour rendre mousseuse l'eau. — On le voit, la *champagnisation* des vins ne peut s'obtenir que dans les bouteilles, qui, dès lors, doivent être assez résistantes pour soutenir la pression de 15 atmosphères. Les bouchons doivent être de premier choix, et introduits dans le goulot à la forcée.

Vins malades. — *D'amertume.* — Les vins gardés longtemps, quelquefois acquièrent une saveur amère, à laquelle on remédie en ajoutant une certaine quantité du même vin récemment obtenu. Il y en a qui proposent de le verser dans un cuvier rempli de raisins écrasés ou de moût, afin qu'il subisse une nouvelle fermentation. Nous ignorons le nom français de cette opération, qu'en italien on appelle *incappellare il vino*, et en anglais *to stum*. S'il est permis de créer un nouveau verbe, sans la permission de l'Académie, je proposerai le verbe *moûter* le vin, qui correspond exactement à la signification des deux verbes, l'un italien, l'autre anglais, ci-dessus.

D'astringence. — C'est un goût qui annonce que le cuvage a été trop prolongé, et dans lequel les rafles ont dominé. Plusieurs collages successifs emportant une portion de tanin, peuvent corriger sensiblement ce défaut.

Goût de fût. — On y remédie en partie en changeant le vin de tonneau, et en suite en y ajoutant un verre d'huile d'olive. On fouette vigoureusement et puis on laisse en repos, afin que l'huile vienne surnager. En ouillant le tonneau, l'huile débordera.

Viscosité (Graisse des vins). — *Vin visqueux.* — Les vins dépourvus de tanin et chargés de matières azotées sont exposés à une fermentation visqueuse qui leur donne un goût détestable. Quelquefois cette altération est assez intense pour donner au vin l'apparence de l'huile, par sa viscosité gluante, parce que, en le versant dans le verre, il ne fait entendre aucun bruit. Quinze ou vingt grammes de tanin précipitent toute la substance visqueuse.

On pourra aussi se servir de 100 grammes environ de pépins de raisins réduits en poudre. L'on propose aussi de faire un nouet contenant 15 grammes de sel commun, et autant de gomme arabique et de cendres de sarment. On doit attacher ce nouet à un bâton dont on se servira pour fouetter le vin pendant un quart d'heure. Après on retire le nouet, et l'on bouche la bonde.

Acidité. — Le vin aigre se ramène à de meilleures conditions, en saturant l'acide acétique et l'acide lactique qui lui donnent le goût aigre, au moyen de 200 à 400 grammes, par pièce de 230 litres, de tartrate neutre de potasse. L'on dit aussi que la graine de poireaux et les feuilles et vrilles de la vigne, en séjournant dans le vin, lui ôtent toute son acidité.

Pour rétablir le vin qui tourne à l'acide il faut le soutirer dans un fût méché, ou en le méchant sur bonde. On le met ensuite sur de bonnes lies, et après l'avoir collé on le coupe avec un vin jeune et corsé. Si l'acidification n'est pas trop avancée, ce traitement réussit à merveille.

Un autre moyen consiste à introduire dans le vin un peu de cendres de bois. Le méchage est utile dans ce procédé.

Coloration en bleu ou en violet (vins bleus ou tournés). — C'est une altération qui tient à ce que les vins deviennent alcalins par suite d'une légère fermentation putride. L'acide tartrique ramène ces vins s'ils ne sont pas déjà trop malades.

Pousse. — Une fermentation assez vive dans les tonneaux est la cause de cette maladie. Il faut donc arrêter la fermentation, et pour cela il convient de soutirer le vin dans un fût soufré, ajouter un ou deux litres d'eau-de-vie, coller, tirer au clair. Mettre le tonneau dans un lieu frais.

Inertie. — C'est le défaut opposé au précédent. On parvient à le faire disparaître en élevant la température artificiellement, ou, ce qui revient au même, en plaçant les fûts dans un cellier situé au midi.

Vins troubles. — Mêmes remèdes que pour la pousse,

puisque c'est par un mouvement de fermentation que les vins se troublent.

Vins gelés. — La gelée partage les vins en deux parties, l'une plus spiritueuse que le vin même, l'autre, la gelée, entièrement aqueuse. Si l'on soutire un tonneau de vin gelé, ce qui en sort est très vigoureux, ce qui reste est gelé, et en dégelant n'est que de l'eau, sans goût ni couleur de vin. Je ne sais pas ce qui s'oppose à employer ce moyen pour communiquer de la force aux vins par trop faibles.

Dans la supposition que le vin d'un tonneau ait gelé et puis dégelé, il devient trouble et d'une couleur terne. Pour le rétablir, il faut le transvaser dans un tonneau soufré, en y ajoutant un demi-litre d'alcool pour une contenance de 220 à 230 litres. On bouche le tonneau, et après quelques jours de repos on colle le vin pour le mettre en bouteilles.

Vins moisis (fleurs). — Ces moisissures proviennent de l'accès libre de l'air dans les fûts. On peut éviter cet inconvénient en appliquant un fausset hydraulique au soutirage.

Vins de fruits. — On donne ce nom à des liquides produits par la fermentation de fruits plus ou moins sucrés, et analogues aux vins proprement dits.

Les vins de fruits que l'on prépare le plus communément sont :

Le *vin de groseilles,*
Le *vin de cerises,*
Le *vin de framboises,*
Le *vin de mûres,*
Le *vin de mûres de ronces,*
Le *vin de sureau,*
Le *vin de prunelles,*
Le *vin de prunes,*
Le *vin de fraises,*
Le *vin de cassis.*

Pour obtenir ces vins, on n'a qu'à écraser les fruits, et après les avoir introduits dans un cuvier ou dans un tonneau, placer ce tonneau dans un lieu d'une température convenable, et attendre que la fermentation s'établisse et qu'elle s'achève. Après on les soutire et on les conserve dans des vases quelconques, en verre ou en bois, comme si c'était du vin de raisins.

Chacun de ces vins a son goût particulier et est plus ou moins alcoolique, selon l'arome du fruit et la quantité de sucre qu'il contient. Le vin de cassis est d'une saveur sucrée; les groseilles employées un peu vertes donnent un vin limpide et mousseux comme le champagne. Les mûres donnent un vin de la couleur du fruit. Les baies de sureau donnent un vin rouge d'un goût plat. S'il s'agit de fruits à noyaux, il ne faut pas trop broyer les noyaux qui communiqueraient au vin un degré d'amertume désagréable. Enfin avec les fraises et les framboises on obtient un vin sec et doux, d'une saveur agréable.

Les vins préparés avec les fruits secs ont trouvé leur place à l'article *Boissons économiques*.

Vin d'oranges. — Tout le long de la côte de Gênes on cultive en grand les orangers, et c'est seulement dans les pays qui ont la même spécialité de produits que l'on prépare le vin de ces fruits, en choisissant ceux qui, bien mûrs, menacent de se gâter, et ceux qui, pour avoir reçu une contusion quelconque, ne pourraient point se conserver. On les écrase, on les soumet à une pression pour en extraire le jus, qui, après avoir été additionné d'une certaine quantité de sucre ou de mélasse, fermente comme toute autre liqueur sucrée.

Nous avons eu l'occasion de goûter de ce vin, mais il ne nous a pas laissé un souvenir assez agréable pour nous souhaiter la chance de le goûter de nouveau. Il a un goût mêlé d'amertume, de douceur, d'alcool, d'arome du fruit, et somme toute il tient de la saveur des vins médicinaux.

Vin d'abricots. — Prenez 5 kilogrammes d'abricots bien

mûrs, sortez les noyaux, saupoudrez-les avec 1,100 grammes de sucre et laissez le tout en repos pendant six heures; faites bouillir jusqu'à ce que les abricots soient réduits en marmelade; aussitôt refroidie, introduisez cette marmelade dans une dame-jeanne et ajoutez-y le tiers des coques des noyaux sans amandes; ajoutez ensuite 12 bouteilles de vin blanc ordinaire et trois bouteilles de bonne eau-de-vie; fermez le récipient et laissez-le en repos pendant un mois, à une température pas trop élevée; finalement, passez à la manche, et mettez le produit en bouteilles. Ce vin imite le vin de Lunel.

Vin de cerises. — On le prépare en mêlant 4 litres de jus de cerises obtenu en exprimant les fruits, 1 litre d'eau-de-vie, 270 grammes de sucre et 1 gramme 1/2 de cannelle en poudre grossière; on passe à la manche et on conserve le produit. Ce vin a une saveur très agréable.

Vin saint. — Dans certains pays il est d'usage de conserver jusqu'au printemps, du raisin blanc qui a ainsi le temps de flétrir, c'est-à-dire de perdre une partie de son eau. On l'écrase alors et on le fait fermenter longuement. Le vin que l'on obtient est liquoreux au plus haut degré, contenant beaucoup plus d'alcool et moins d'eau que le vin préparé avec le même raisin à l'époque des vendanges. C'est ordinairement pendant la semaine sainte que l'on prépare ce vin, et c'est peut-être à cause de cette date qu'il s'est acquis cette qualification de saint.

Vins artificiels ou factices. — Parmi les vins artificiels il y en a d'imités et de falsifiés. C'est des uns et des autres que nous traiterons à cet article, aussi succinctement que possible.

VINS IMITÉS

Vin de Malaga imité. — Pour chaque litre de vin blanc

ajoutez 60 grammes de sucre, deux ou trois cuillerées de bonne eau-de-vie, et une petite cuillerée à café d'eau de goudron. Si le mélange n'est pas limpide il faudra filtrer la liqueur.

Autre procédé :

Vin de Champagne.	7 litres.
Raisins de Damas	750 grammes.
Fleurs de pêchers	28 —

Laissez macérer pendant deux ou trois mois, passez en exprimant fortement, et après un mois collez.

Vin muscat imité.

Vin blanc de Chablis.	10 litres.
Raisins muscat secs	2.500 grammes.
Fleurs de sureau dans un nouet. .	100 —

Après trois mois de macération passez à la presse et collez.

Vin de Frontignan imité.

Vin rouge nouveau	10 litres.
Vin blanc doux.	10 —
Alcool à 54°	1 —

Mêlez, agitez, et puis laissez reposer pendant quelque temps.

Vin de Bordeaux imité. — Vin de Bourgogne de bonne qualité aromatisé avec le suc de framboises. Il est utile de le filtrer s'il n'est pas limpide.

Vin de Lacryma-Christi imité.

Vin rouge de bonne qualité .	25 litres.
Coriandre écrasée	250 grammes.
Sucre.	1.000 —
Fleurs de pavots.	50 —
Safranum (fleur).	125 —

Cachou. . . . .   4 grammes

On fait bouillir le tout pendant une seule minute, on laisse refroidir après et on y ajoute :

Alcool. . . . .   625 grammes.

Et puis on filtre et on met en bouteilles que l'on bouche hermétiquement.

Vin de Madère imité.

Vin blanc bon et sec	15 litres.
Sucre.	1.000 grammes.
Figues sèches découpées . .	1.000 —
Fleurs de tilleuls.	60 —
Rhubarbe.	4 —
Aloès sucrotin.	18 centigram.

Faites bouillir le tout une minute, filtrez ensuite, et puis mettez en bouteilles que vous fermerez soigneusement lorsqu'il sera entièrement refroidi.

Autre procédé :

Vin de Piquepoil gris.	1 barrique.
Infusion alcoolique de coques d'amandes torréfiées. . . .	125 grammes.
Esprit de goudron	62 —
Infusion de noix	2 —

Mêlez et conservez en bouteille ou en fût.

Vin de Portugal imité.

Cidre.	1.000 grammes.
Eau-de-vie	350 —
Gomme kino.	4 —

Après 4 jours de macération on filtre et on embouteille.

Vin de Château-Margaux imité. — Vin rouge 3 bouteilles,

vin blanc 1 bouteille 1/2, framboises fraîchement cueillies 180 grammes; faites bouillir ce mélange, et aussitôt refroidi ajoutez 2 grammes de teinture de vanille, et 180 grammes d'alcool. Filtrez et conservez en bouteilles bien fermées.

Vin du Rhin imité.

Cidre	1.000 grammes.
Eau-de-vie	350 —
Éther nitrique alcoolisé . . .	4 —

Vin de Saint-Georges imité. — Moitié vin rouge monté en couleur, et moitié vin de Piquepoil donnent un vin qui ressemble beaucoup au vin de Saint-Georges. Mais ce procédé constitue autant un coupage qu'une imitation.

Vin de Chypre imité. — Prenez : vin blanc ordinaire, 8 litres environ, auquel vous ajouterez 1 kilog. 1/2 de sucre; ajoutez ensuite 300 grammes de raisins secs de Damas, 8 grammes de fleurs de carthame sèches, et autant de fleurs de sureau également sèches; faites bouillir le tout ensemble pendant une minute, laissez refroidir lentement, ajoutez 250 grammes de bon rhum, filtrez et conservez en bouteilles.

Vins coupés. — Ajouter une qualité de vin à une autre, c'est ce qui constitue le coupage des vins. Le but de ces coupages est évidemment d'améliorer une qualité de vin par une autre, et de vendre au prix de bon vin un vin médiocre ou mauvais. Une bonne partie de ces mélanges n'entraînent aucun désagrément au point de vue de la salubrité; il y en a cependant qui constituent des vins indigestes ou trop capiteux, ce qui entre dans le nombre des pratiques malfaisantes.

Le vin du midi de la France généralement ne vaut pas les vins des régions centrales. Aussi les producteurs de vins fins emploient-ils les vins du Languedoc pour remonter la couleur et l'alcoolicité du bourgogne ou du bordeaux particulièrement, lorsque l'année a été défavorable à l'un et à l'autre.

Combien de vins du midi boit-on dans des bouteilles de bordeaux ou de bourgogne, c'est ce que personne ne saurait dire; mais aussi personne n'ignore la réalité de cette industrie qui, innocente au point de vue hygiénique, n'est pas trop délicate en tant que l'on force le consommateur à payer un vin médiocre au prix d'un vin fin. Nous ferons une dernière remarque à ce sujet, et cette remarque se rapporte au manque de proportion qui existe entre la production des vins fins et leur débit, qui force ou engage le commerçant à viser aux moyens de suffire aux demandes auxquelles il ne pourrait satisfaire, sans avoir recours aux mélanges. De cette manière tout le monde, un peu plus ou un peu moins, peut boire des vins d'extra sans trop surmener ses ressources pour peu qu'il se résigne à ce fameux dicton, que c'est la foi qui nous sauve. Mais malheureusement il y a encore à noter que certains commerçants, non contents d'ajouter des vins de qualité inférieure aux vins les plus estimés, intervertissent leurs opérations en ajoutant ceux-ci à ceux-là dans des proportions si minimes, que l'on peut dire qu'au lieu de boire du bordeaux ou du bourgogne allongés par d'autres vins, les petits consommateurs ou les moins appréciateurs boivent des vins d'ordinaire parfumés au bouquet des vins fins, ce qui n'est pas absolument la même chose. Inutile d'ajouter que les moyens chimiques sont impuissants à nous déceler ces mélanges, qui dès lors ne sont justiciables que devant la délicatesse du palais des connaisseurs, et l'on sait combien il en coûte pour se créer cette délicatesse de goût que l'on ne saurait acquérir que, par une comparaison exercée pendant longtemps, ce qui conséquemment, implique une dépense qu'il n'est pas donné à tout le monde de pouvoir faire.

Vins falsifiés. — Il n'y a pas de substances alimentaires que l'on ait cherché à falsifier comme les vins, et l'industrie coupable de certaines gens a atteint son apogée, livrant à la consommation des vins artificiels qui ne contenaient pas une larme du jus de la treille. Cependant, au fur et à mesure que la chimie a progressé, les falsifications des vins sont devenues plus rares, et aujourd'hui on se livre plus particulièrement à quelques manipulations qui ont pour but de corriger les défauts inhérents à certaines qualités de vins, ou aux vendanges de certaines années. Ainsi on cherche à déguiser la verdeur des vins de mauvais terroir; on relève la saveur des vins plats; on aromatise les vins ordinaires pour leur communiquer le bouquet de vins fins, et on modifie la couleur à l'aide de substances tinctoriales, ou de sucs de végétaux. On mouille et l'on vine les vins au moyen de l'addition d'alcool à 86° afin de les réchauffer.

Les vins fabriqués de toutes pièces avec divers jus fermentés et des bois colorants ne résistent pas longtemps à l'intelligence du palais des dégustateurs qui s'en aperçoivent à l'instant. Ce qui est plus difficile à découvrir c'est l'addition d'alcool délayé dans l'eau.

On mêle du cidre de poires au vin; mais celui-ci contracte une saveur âpre toute spéciale au poiré. Outre cela si l'on évapore ce vin, et que l'on expose le résidu à une chaleur de 200°, il se produit une sorte de caramélisation et le développement de l'odeur particulière à la poire légèrement torréfiée. Si le vin contient du plomb il sera facile de s'en apercevoir moyennant l'addition de quelques gouttes d'eau sulfurique qui y produisent instantanément une coloration brune, et même un précipité noir.

M. Payen donne le procédé suivant pour découvrir les petites quantités de plomb dans les vins. Il faut, dit-il, évaporer le vin à siccité, calciner le résidu, le traiter par l'acide nitrique qui oxyde et dissout le plomb, ensuite on étend d'eau, et au moyen de l'addition d'acide sulfurique on produira dans le liquide filtré et incolore une coloration et un précipité noir.

Un moyen qui peut mettre sur la voie pour découvrir les falsifications diverses des vins faites en vue de les charger en couleur est la potasse. Voici les précipités que cette substance donne selon la substance que l'on a employée à colorer les vins.

Baies de hièble . . .	précipité violacé.
Bois de campêche . .	— rouge violacé.
Bois de Fernambouc.	— rouge.
Betterave	— rouge.
Airelles	— bleu foncé.
Tournesol	— violet clair.
Bois de santal	— rouge.
Baies de troëne . . .	— violet bleu.
Baies de phytolaque .	— jaune.

Les vins naturels, traités par les mêmes réactifs, donnent un précipité de couleur rouge qui passe au vert-bouteille et ensuite au vert foncé.

Un autre moyen pour reconnaître si la couleur du vin est naturelle consiste à imbiber une petite éponge du vin suspect et de la poser sur le fond d'une assiette couverte de quelques millimètres d'eau. Si le vin est coloré naturellement, l'eau de l'assiette mettra un quart d'heure environ pour se rougir, tandis que dans le cas contraire l'eau se colore immédiatement.

Sous la dénomination d'*Oenoline*, on trouve dans le commerce une préparation colorant en rouge les vins par eux-mêmes fort peu chargés de couleur, et qui n'est autre chose que de l'*Orseille* séchée au four, et réduite en poussière. On peut révéler cette fraude de la manière suivante. On verse dans un verre à analyse une petite quantité du liquide suspect, et un volume égal d'une dissolution d'alun. Si la coloration est due à l'orseille, il se forme dans l'espace d'une heure un précipité brun rouge ; si la couleur, par contre, est naturelle, le chlorhydrate d'ammoniaque donne un précipité rubis. La couleur du vin naturel ne précipite pas.

La *Fuchsine* et le *Rouge de Bordeaux* ont été employés pour colorer le vin, sans le consentement de la texicologie qui défend d'employer les dérivés de la houille pour teindre les substances qui servent à l'alimentation.

On n'est point fixé sur la provenance du rouge de Bordeaux, et on ignore complètement le procédé à l'aide duquel on le prépare. On a des raisons, cependant, pour croire que ce rouge dérive de la houille, ni plus ni moins que la fuchsine, ou rouge d'aniline. Mais malgré l'analogie qui peut exister entre ces deux substances tinctoriales, toujours est-il qu'elles ne se comportent pas identiquement à l'égard des réactifs chimiques dont on se sert pour déceler dans les vins l'une et l'autre de ces deux substances. L'alcool amylique qui dissout la fuchsine ne dissout pas le rouge de Bordeaux; par conséquent le procédé qu'on emploie pour découvrir la fuchsine au moyen de cet alcool ne donnerait aucun des résultats s'il s'agissait du rouge de Bordeaux. Une réaction qui peut faire soupçonner la présence de ce rouge dans le vin, on peut l'avoir en procédant de la manière suivante :

Le vin coloré avec le rouge de Bordeaux teint la laine à l'ébullition. Or la laine teinte par ce rouge cède sa matière colorante à l'ammoniaque bouillante qui la colore en rouge. Dans ces mêmes conditions la laine teinte à la fuchsine se décolore sans teindre le liquide.

BOISSONS ÉCONOMIQUES

Vin de réglisse.

Eau ordinaire	100 litres.
Racine de réglisse	1,250 grammes.
Crème de tartre	500 —
Eau-de-vie à 54°	5 litres.
Fleurs de sureau, ou de mélilot, ou graines de coriandre	40 grammes.

Bière de ménage.

Eau ordinaire	100 litres.

Mélasse	2,500 grammes.
Houblon	100 —
Racine de gentiane	50 —
Levure de bière	50 —

Vin de fruits secs.

Eau ordinaire	100 litres.
Pommes sèches, ou raisins secs,	3,125 grammes.
Alcool à 86° (3/6)	104 —
Graines de fenouil. — de coriandre } de chaque.	25 —
Fleurs de houblon	100 —
Levure de bière	50 —

La manière de préparer ces boissons est la suivante :

On fait une forte infusion des aromates dans 20 ou 25 litres d'eau, et d'un autre côté l'on dissout la mélasse dans 4 ou 5 litres d'eau, ou bien l'on fait une forte décoction avec les pommes ou les raisins secs, l'on passe à travers un linge, on réunit les liqueurs, on ajoute la levure de bière délayée dans un peu d'eau, et on laisse fermenter pendant cinq ou six jours à une température de 10 ou 15 degrés. Ensuite on soutire et on met en bouteilles, où la fermentation s'établit. Après huit à dix jours l'on obtient un liquide mousseux, d'un goût très agréable. Avant de le mettre en bouteilles on pourra le clarifier au blanc d'œuf, ou à la colle.

Bière de pâte de pain.

Eau ordinaire	150 litres.
Pâte de pain blanc mise au four	2,250 grammes
Mélasse	2,750 —

Délayez la pâte avec 8 ou 10 litres d'eau, ajoutez la mélasse et introduisez une chose et l'autre dans la futaille que vous remplirez d'eau, toujours en remuant. Pour que la fermentation s'établisse il faudra tenir la futaille dans un endroit pas trop frais. Cette fermentation dure trois semaines environ, et au bout de ce temps la liqueur est claire et bonne à boire.

Je crois que l'addition d'un peu de houblon serait convenable, ainsi que d'une certaine quantité d'alcool que l'on mélangerait avec la boisson déjà fermentée. Ces additions sont subordonnées au goût du consommateur.

Vin d'eau sucrée au café. — Faites une légère décoction de café torréfié, à laquelle vous ajouterez une convenable proportion de sucre, et quelque peu d'eau-de-vie. C'est une boisson très nourrissante, très salubre, mais qu'il faut préparer au fur et à mesure des besoins de la consommation. Ayant abreuvé de ce liquide des ouvriers, on a remarqué que ces ouvriers mangeaient moins, sans cependant maigrir ni souffrir d'aucune sorte.

C'est une boisson excellente pendant les grandes chaleurs, particulièrement pour ceux qui travaillent.

Vin de Beauce.

Eau commune.	240 litres.
Alcool à 83° (3/6)	6 —
Mûres de ronces.	6,000 grammes.
Tartre brut rouge	250 —

On dissout le tartre dans deux litres d'eau bouillante, et on le verse dans le tonneau où l'on a mis les fruits écrasés. On y verse par dessus 15 litres d'eau bouillante, on laisse reposer cinq jours ; ensuite on remplit le tonneau d'eau, on le bouche et on laisse éclaircir la liqueur, que l'on soutire après.

Vin de Lafayette.

Cassonade.		1,500 grammes.
Violettes		
Sureau	de chaque	8 —
Coriandre		

Vinaigre	250 grammes
Eau	18 litres.

Après quatre jours de contact passez et mettez en bouteilles. Il faudra prendre les précautions qu'exigent les liquides mousseux, car au bout de quelques jours celui-ci le devient.

Cidre ou Vin de pommes. — Le cidre est une liqueur fermentée que l'on obtient des pommes et des poires, avec la même facilité et la même promptitude que le vin du raisin.

Les fruits à cidre peuvent se ranger en trois catégories : 1° les pommes acides ou aigres ; 2° les pommes douces ; 3° les pommes amères ou âcres. Chacune de ces qualités de pommes donne une qualité particulière de cidre, et chaque qualité de cidre présente des nuances diverses qui sont dues à la nature du terrain, à l'exposition, et même aux manipulations auxquelles on assujétit les fruits.

On pile les fruits et on les écrase pour en exprimer le jus au moyen d'un meuleton, ou d'un moulin à cylindre, et d'un pressoir. C'est de 70 à 85 p. % de jus que ces fruits donnent. On remplit de ce jus des tonneaux de 6 à 700 litres placés dans un lieu ayant une température de 12 à 15°. On couvre la bonde avec un linge mouillé. En peu de jours s'établit une fermentation tumultueuse, et conséquemment il se produit beaucoup d'écume qui est rejetée par la bonde : peu après il se forme un chapeau que l'on ne doit pas toucher, et on maintient les tonneaux pleins. Cette fermentation s'achève ordinairement au bout d'un mois; alors on bouche les tonneaux hermétiquement, et une quinzaine de jours après le cidre est bon à boire.

On presse la pulpe des fruits jusqu'à trois fois de suite. Le produit de la première pression est le *gros cidre*. Les produits des deux autres pressions (la première avec addition de 2/3 d'eau, la seconde avec 1/3 d'eau, du poids du sucre) est le *petit cidre*, ou la *piquette de cidre*, qui ne peut se conserver longtemps, manque de sucre pour développer assez d'alcool. On remédie à cela en ajoutant une certaine quantité de cassonade ou de sucre, ou de glucose. Si l'on mêle les trois produits, il en résulte un bon cidre de moyenne qualité. 3 hectolitres de fruits donnent 1 hectolitre de cidre.

Pour l'avoir délicat on le soutire un mois après le pilage, et on continue ces soutirages de mois en mois jusqu'à ce qu'il soit fait. Pour l'avoir mousseux on ne le laisse fermenter dans les tonneaux qu'un mois seulement, et on le met en bouteilles dès qu'il est éclairci.

On prépare le cidre à des époques de l'année différentes, par la raison bien simple que les pommes ne mûrissent pas toutes à la fois. Celui fait en été est potable du quatrième au sixième mois, celui d'automne du sixième au dixième, celui d'hiver du dixième au vingtième. Le meilleur cidre ne se conserve pas plus de quatre ans.

M. Duchêne a proposé un moyen pour fabriquer le cidre, qu'il appelle procédé par infusion, et qui consiste à écraser dans un tonneau rempli jusqu'aux trois quarts de sa hauteur des pommes coupées en quatre, et de remplir le tonneau d'eau pure. On laisse infuser vingt-quatre heures, et ensuite on soutire. On répète ces infusions trois fois, on réunit les produits et le cidre est fait. L'eau remplace le suc de la pomme. Cette méthode est la plus économique.

Cidre ou Vin de poires ou Poiré. — On prépare le poiré comme le cidre de pommes. Ce cidre est moins nourrissant et plus irritant que le cidre de pommes. Vieux il devient capiteux, et enivre ceux qui en font un usage habituel. Pour conserver les cidres, il convient de mettre à fermenter le moût des fruits écrasés et exprimés dans un tonneau défoncé, garni de quelques copeaux de hêtre vert. La sève du hêtre ajoute à la qualité du liquide.

Cidre de ménage. — Mettez des pommes écartelées dans

un tonneau de capacité suffisante avec 90 litres d'eau, 4 kilos de prunes sèches, dites tappées, 2 kilos de raisins de Samos, 250 grammes de bois de genièvre.

Trois jours après ajoutez à ce mélange 1 litre d'alcool de betterave. On laisse le tout en macération pendant sept ou huit jours, plus ou moins, selon la température, et au bout de ce temps on met en bouteilles. Quatre ou cinq jours après il est bon à boire.

Cidre artificiel.

Prenez :

Eau.	100 litres.
Cassonade commune.	6 kilos.
Acide tartrique.	250 grammes.
Ou à défaut, crème de tartre . .	750 —
Esprit de vin bon goût à 86° (3/6)	2 litres.
Fleurs de sureau ⎱ de chaque. . — de mélilot ⎰	125 grammes.

Mélangez bien le tout, brassez fortement, ôtez la bonde et laissez fermenter à 15° Réaumur de température. Lorsque la fermentation est finie, on bouche le tonneau et on le descend à la cave. Au bout de dix jours on soutire à clair, on colle à la colle de poisson et on met en bouteilles que l'on couche. Si les bouchons partent on redresse les bouteilles, et lorsque la fermentation cesse on les couche de nouveau.

M. Chevallier, à qui nous empruntons cette formule, dit que cette boisson tient du vin muscat, avec lequel des palais peu exercés peuvent la confondre. Son prix de revient est de 15 centimes la bouteille environ.

Cidre de Berg-op-zoom ou Bergopzoom. — C'est encore une boisson économique dont on peut s'abreuver faute de mieux. Voici la formule pour la préparer :

Eau commune	10 litres.
Cassonade	750 grammes.
Vinaigre ordinaire	1 verre à table.
Fleurs de sureau	6 grammes.
Graines de coriandre	4 —
Fleurs de violettes	10 —

Faites infuser le tout à froid pendant trois jours, en ayant soin de remuer trois ou quatre fois dans la journée. Après ce temps on passe et on met en bouteilles qu'il faut ficeler, car la fermentation qui s'y développe pourrait faire sauter le bouchon. Tenir les bouteilles couchées à la cave trois ou quatre jours avant de les boire.

On a essayé de faire accepter par le public cette boisson, et le public, à ce qu'il paraît, ne s'est pas montré assez docile pour que les entrepreneurs aient été encouragés à persister dans leur spéculation. Cependant c'est une boisson rafraîchissante et salubre dont on pourrait faire usage particulièrement dans les journées de grosses chaleurs.

Coco ou boisson de gamins. — Prenez une certaine quantité de racines de réglisse (100 gr. par exemple), nettoyez-les en raclant l'épiderme et ensuite écrasez-les à coups de marteau. Mettez-les dans une bouteille de dix litres aux deux tiers pleine d'eau. Ajoutez l'écorce de deux citrons, et 1/2 litre d'eau-de-vie anisée. Aussitôt préparée elle est bonne à boire.

Toutes nos échoppes de rafraîchissements sont pourvues de cette boisson, qui n'a rien de désagréable à l'usage et qui satisfait complètement aux exigences de la loi de l'économie.

BIÈRE

Cette liqueur fermentée, dont la consommation ment dans la ville de Londres, dépasse 250 litres, est une décoction d'orge additionnée du principe amer et aromatique du houblon que l'on fait fermenter.

Voici succinctement comment on la prépare :

On met l'orge à macérer dans un baquet d'eau fraîche : au bout de vingt-quatre heures environ les graines de cette céréale sont gonflées, on les sort de l'eau et on les entasse en autant de cônes, sur une planche, que l'on appelle *germoir*, où en réalité elles commencent bientôt à s'échauffer et à germer. Lorsque le germe a acquis à peu près la longueur de la graine, la transformation de la fécule en dextrine et en sucre s'est accomplie. Alors on fait passer l'orge au grillage pour sécher le germe et le faire détacher de la graine ; on peut obtenir ce résultat de différentes manières : ordinairement on étend l'orge sur une plaque métallique toute percillée de petits trous, placée à une certaine distance d'un foyer. La chaleur est contenue moyennant une enveloppe de maçonnerie qui part du fourneau et aboutit à la plaque. Le foyer doit être plus ou moins distant de la plaque, selon le degré de chaleur que l'on veut développer. Une fois que l'orge est suffisamment touraillée, on la moud dans un moulin pour la réduire en farine grossière, c'est-à-dire pour obtenir le *malt*.

Ce *malt* est délayé dans trois ou quatre fois son poids d'eau, que l'on maintient à la température de 75° centigrades pendant deux ou trois heures. On laisse en repos ensuite, et l'on soutire le *moût*, c'est-à-dire l'eau employée chargée des principes sucrés et autres dont elle s'est imprégnée pendant l'infusion.

On introduit ce moût dans une chaudière, on y ajoute une certaine quantité de houblon, et l'on fait bouillir deux, trois ou quatre heures, selon la concentration du moût, car le second et le troisième *brassin* (c'est-à-dire la seconde et la troisième infusion aqueuse du malt que l'on obtient en versant à deux reprises de la nouvelle boisson chaude sur le malt), sont moins chargés de principes fermentescibles que ne l'est le premier. Le deuxième brassin est uni au premier, et le troisième sert pour préparer de la petite bière, ou pour remplacer l'eau du premier brassage à l'opération suivante.

L'ébullition achevée on soutire le liquide de la chaudière et, pour en éliminer le houblon, on le fait passer à travers un clayonnage. Après on cherche à le refroidir le plus promptement possible, en le distribuant dans des rafraîchissoirs en couches très minces, pour en ramener la température à 15° environ. Ensuite on l'introduit dans une cuve profonde en ajoutant un peu de levure de bière. La fermentation s'établit bientôt, devient tumultueuse, et persiste pendant quelques jours. Dès qu'elle est terminée on soutire la bière déjà faite et on remplit des tonneaux, où s'établit la petite fermentation, qui dure aussi plus ou moins longtemps, selon le degré de température du cellier et selon la richesse de la bière.

On s'apercevra que la fermentation de la bière est terminée en ne voyant plus sortir d'écume par la bonde. C'est cette écume qui constitue la *levure de bière*. Alors il ne reste plus qu'à la coller comme on colle le vin. Trois jours après elle est buvable. Si on la met en bouteilles elle devient mousseuse au bout de huit à dix jours, et encore plus vite si l'on y ajoute un peu de mélasse ou de sirop.

38 hectolitres de malt demandent à peu près 108 hectolitres d'eau et donnent 68 hectolitres de bière, un peu moins du double du malt employé. Si l'on tient compte de ceci que l'orge en germant et en grillant perd le quart de son poids, 47 hectolitres d'orge donneront 68 hectolitres de bière, ou autrement pour chaque litre de bonne bière, il entre 723 grammes d'orge.

Le houblon entre en diverses proportions, selon la qualité de la bière.

L'*Ale* et le *Porter* anglais demandent à peu près 1300 grammes de houblon par hectolitre de malt. Les bières fortes en prennent 700 grammes, les communes 300 grammes. En France on en emploie de 450 à 500 grammes pour la bière double ordinaire, et seulement 80 grammes pour la très petite bière.

Falsifications de la bière. — Au lieu de houblon qui est d'un prix élevé, on a employé les petits rameaux et les feuilles du buis, mais les dégustateurs n'en sont pas dupes. La gentiane aussi a eu l'honneur de remplacer le houblon, mais même cette racine, quoique amère, n'a pas le parfum aromatique propre du houblon, et conséquemment il est très facile de s'apercevoir de cette substitution. L'orge aussi a été remplacée par d'autres céréales, et même par la fécule saccarifiée, que l'on a cherché à épaissir par la décoction de carragahem pour la rendre plus mucilagineuse. Toutes ces substitutions, difficiles à dévoiler au moyen des réactifs chimiques, donnent des bières de mauvaise qualité, qui laissent soupçonner leur origine douteuse.

Bière conservée. — L'on conserve la bière pendant plusieurs années en mettant un quart de litre d'esprit de vin dans chaque tonneau.

Si la bière vient à se gâter on la revifie en la mêlant avec de la levure de bière forte, et en laissant le mélange auprès du feu quelque temps. A défaut de levure, on pourra se servir de miel, de mélasse ou de levain de pain.

Pour empêcher la bière d'aigrir, les brasseurs ont la coutume de placer dans le tonneau un sachet rempli d'herbe benoîte, qui a encore l'avantage de donner à la bière un goût agréable.

Mais si la bière a déjà aigri on y ajoute 2 kilos de bol d'Arménie bien broyé, pour chaque tonneau, et on les laisse jusqu'à ce que la liqueur ait perdu son acidité. On transvase ensuite dans un tonneau bien propre, en y ajoutant un peu de vin de drèche avec quelques poignées de houblon. La *Drèche* n'est autre chose que le malt qui a subi l'action de l'eau ; mais aussi ce mot, en français, correspond à celu de malt. Ainsi *Vin de drèche*, dans ce cas, correspond à moût de bière. L'infusé de malt, concentré à la consistance de miel, s'appelle *Essence de malt*.

La bière se clarifie aussi par la liqueur que l'on obtient en faisant bouillir pendant une heure 1,000 litres d'eau avec 150 kilos de tan, et en ajoutant ensuite 10 kilos de sumac et 10 kilos de noix de galle, et la ramenant à peser 2° de Baumé. Un litre de cette liqueur suffit pour clarifier 100 litres de bière ; on a soin de l'agiter avec un bâton, et on laisse reposer ; après 24 heures, la clarification est complète.

La *Bière résineuse* ou *Bière de sapinette*, se prépare en remplaçant en grande partie le houblon par les bourgeons de diverses qualités de sapins. Même les Américains font de ces bourgeons un extrait qu'ils appellent *Essence de sapin*, et qu'ils ajoutent au moût de bière. On lui attribue des propriétés antiscorbutiques éminentes.

On rend l'écume de bière plus persistante et plus onctueuse au palais en faisant dissoudre, par une longue ébullition, des pieds de veau dans le moût de bière.

Le degré alcoolique des petites bières est de 1,28 ; celui de la plus forte, *Ale*, est de 8,88. Au milieu de ce maximum et de ce minimum viennent se ranger toutes les autres qualités de bière.

Bière économique.

Eau commune	de 40 à 120 litres.
Mélasse de sucre des colonies.	3,000 grammes.
Houblon.	150 —
Levure de bière.	150 —

Faites infuser le houblon pendant une demi-heure, sur le feu, dans 10 litres d'eau amenée presque à l'ébullition. Passez ensuite à travers un linge ou un tamis en crin, et dans le produit débarrassé du houblon délayez la mélasse. Avec de la nouvelle eau et au moyen d'une seconde infusion à chaud, épuisez le houblon. Coulez cette seconde liqueur et ajoutez-la à la première. Mettez le tout dans un tonneau, ajoutez ce qui reste d'eau, après cependant avoir délayé la levure. La fermentation s'établit plus ou moins vite selon la température de l'atmosphère, mais on peut l'activer en chauffant une petite quantité d'eau à l'aide de laquelle on chauffe légèrement toute celle du tonneau. Une fois commencée, elle s'achève dans l'espace de cinq à six jours.

Si cette bière n'est pas limpide on pourra la clarifier à la colle de poisson.

Ensuite il ne reste plus qu'à la mettre en bouteilles, après y avoir ajouté quelque peu de mélasse ou de sirop pour l'obtenir mousseuse.

Bière de chiendent.
Prenez :

Chiendent haché . . . . 4,000 grammes.

Introduisez cette racine dans un baquet, et arrosez-la d'eau tiède en quantité suffisante pour la tenir toujours mouillée, sans cependant qu'elle trempe entièrement dans l'eau. Aussitôt qu'il aura poussé des petites tigelles blanches de la longueur d'un centimètre, mettez dans un tonneau, et ajoutez :

Baies de genièvre concassées . 1,000 grammes.
Cassonade 2,000
Levure de bière 80
Eau très chaude sans être bouillante . 3 litres.

Et on agite au moyen d'un bâton. Le lendemain on ajoute encore :

Eau chaude . . . . . . 9 litres.

Toujours en ayant la précaution d'agiter.

On bouche le tonneau en laissant un fausset d'évent dans lequel on introduit quelques fétus de paille, et on laisse reposer cinq à six jours. On soutire après dans une autre futaille propre, et deux jours après on peut la boire.

Cette bière que l'on dit très agréable et très saine, doit contenir un peu de mucilage que le chiendent lui fournit, mais elle ne sera ni plus ni moins alcoolique que ne le permettra la quantité de cassonade qui, au moyen de la fermentation se change, on le sait, en alcool. Le genièvre l'aromatise, et tient lieu et place de houblon pour sa conservation.

Bière de Gingembre ou Ginger-beer des Anglais.

Prenez :

Gingembre en poudre.	120 grammes.
Crème de tartre.	250 —
Eau.	10 litres.
Sucre	3,000 grammes.

L'eau doit être bouillante. On y ajoute les substances indiquées et on les laisse infuser jusqu'à refroidissement complet de l'eau. Quand le mélange est presque froid, on y ajoute huit à dix cuillerées de levure de bière et un blanc d'œuf bien battu en mousse. On la laisse fermenter douze ou quinze heures ; ensuite on la passe au tamis ou même au filtre, et on la met en bouteilles. A chaque bouteille une goutte d'essence de citron.

La préparation connue sous le nom de *Vin de Gingembre* ne diffère pas assez de la précédente pour qu'on ait à l'envisager comme une préparation spéciale.

Bière anglaise.

Ale	8 litres.
Gentiane en poudre grossière. .	125 grammes.
Zestes de citrons	90 —
Cannelle concassée	8 —

On fait macérer huit jours, l'on filtre, et l'on en remplit des bouteilles.

Bière russe ou Kirvas.
Prenez :

Farine de seigle
—   d'avoine   } de chaque.   10,000 grammes.
—   d'orge

Mêlez-les exactement, et ensuite distribuez-les dans plusieurs vases. On délaye ces mélanges avec de l'eau bouillante en quantité suffisante pour les réduire à l'état de bouillie claire. Mettez ces vases dans un four chauffé un peu moins que ne le comporte la cuisson du pain. Remuez de temps en temps jusqu'à ce que ces mélanges aient pris la consistance d'une crème. Versez tous les vases dans un baquet assez grand pour contenir 150 litres d'eau. On ajoute ensuite :

Menthe sèche . . . . 2 poignées.
Raisins secs 2   —
Levure de bière pétrie avec un peu
    de farine blanche. 1   —

Laissez fermenter à une température de 20°. La fermentation s'établit d'ordinaire au bout de quarante-huit heures. On passe la liqueur par un tamis aussitôt que la fermentation commence, pour la mettre ensuite dans un tonneau où on la laisse reposer pendant plusieurs jours. Après on la mettra en bouteilles pour la boire au bout de huit jours.

Bière à froid.

Eau . . . . 100 litres.
Mélasse de sucre de canne . . . . . . 2,500 grammes.
Fleurs de houblon 100   —
Racines de gentiane contondées } de chaque.   50   —
Levure de bière

On laisse infuser la gentiane dans 2 litres d'eau, ensuite

l'on passe à travers une toile. On délaye la mélasse et la levure, chaque chose à part, dans une certaine quantité d'eau, et on verse le tout dans un tonneau. On remue pour en faire un liquide homogène, et après on laisse la fermentation s'établir. Au bout de huit à dix jours cette bière est bonne à boire.

D'après Lunel, à qui nous empruntons cette formule, cette boisson ne revient qu'à 1 centime le litre.

Nous achèverons cet article des boissons fermentées en faisant observer qu'on peut obtenir une fermentation et partant une boisson alcoolique, depuis le vin le plus généreux jusqu'à la plus petite bière, peu importe d'ailleurs la substance, pourvu qu'elle contienne du sucre, ou qu'on l'y développe. De ce point de départ on peut tirer une multitude de conclusions, c'est à dire que l'on peut à volonté composer une foule de formules, pour peu que l'on observe certaines règles, et certaines prescriptions qu'il sera facile d'apprécier ou bien s'inspirant de tous les détails que nous avons signalés à cet égard. Nous donnerons à l'usage des dames ménagères une dernière formule, que nous empruntons aussi au livre du docteur Lunel, et d'après laquelle on pourra obtenir une excellente bière, et, qui plus est, une bière dont la qualité ne saurait être suspecte.

Bière domestique.

Drêche (malt, ou orge germée et touraillée). . 25 litres.

Faites infuser pendant quelques heures dans 75 litres d'eau bouillante. On soutire le liquide et l'on fait une seconde infusion, toujours à chaud, avec 40 litres de nouvelle eau. On soutire encore cette seconde liqueur, on la réunit à la première et on ajoute :

Houblon d'Allemagne. . . . . 250 grammes.

On fait cuire, et lorsque la cuisson sera achevée, on

passe par un tamis fin, on laisse refroidir (le plus promptement n'est que le mieux) et on met le liquide dans un cuvier ou dans un tonneau défoncé. Lorsque la fermentation est achevée on colle la liqueur, et ensuite on la met en bouteilles.

Eau gazeuse ou Eau de Seltz artificielle Soda Water.

Bi-carbonate de soude . . . . . . 2 parties.
Acide citrique ou tartrique . . . . 3 —

Cinq grammes de ce mélange pour une bouteille. Aussitôt introduit dans la bouteille, déjà pleine d'eau jusqu'à la naissance du goulot, on bouche sur-le-champ, et on retient le bouchon à l'aide d'une ficelle en croix, ou d'un morceau de toile que l'on assujéttit avec une corde autour du bord du goulot.

On a inventé divers instruments pour faire l'eau gazeuse, instruments que tout le monde connaît. Celui qui nous a paru le plus rationel, en tant qu'il ne présente aucune éventualité d'explosion, se compose de deux bouteilles accouplées l'une à l'autre, ou mieux d'un vase partagé en deux par un diaphragme au milieu dans la direction de l'autre, haut en bas. On met l'acide d'un côté, le bi-carbonate de l'autre, on remplit d'eau les deux compartiments: il n'y a qu'à verser dans les verres l'eau qui s'écoulera des deux becs à la fois pour déterminer la mousse par l'union des deux solutions.

On prépare en grand l'eau gazeuse en saturant d'acide carbonique l'eau des bouteilles. Cet acide carbonique développe par le contact de l'acide sulfurique et de la craie.

La formule que nous donne M. Bouchardat, pour la préparation de l'eau de Seltz artificielle, est trop compliquée. Elle ressemblera, si l'on veut, davantage à la naturelle ; mais du moment que l'on ne demande qu'à avoir de l'eau gazeuse, il me semble qu'il suffit de deux substances qui, par leur union, dégagent du gaz.

Hydromel ou Vin de miel, ou Vin d'hydromel.
Prenez :

Miel d'excellente qualité, sans odeur de couvain.	15 kilos.
Eau de fontaine.	45 litres.
Levure de bière.	200 grammes.

Introduisez ce mélange dans un vase placé à la température de 15 à 20° Réaumur, et laissez en repos. Après un temps plus ou moins long, la fermentation commencera, et on la laissera continuer jusqu'à ce qu'il s'en dégagera une odeur de vin. Alors on soutire la partie du liquide qui est claire et on conserve en bouteilles.

Cette liqueur se bonifie en vieillissant.

Il y en a qui prescrivent d'ajouter deux ou trois litres de bon vin vieux, et d'introduire par la bonde du tonneau un sachet contenant de la cannelle concassée et quelques clous de girofle.

Au liquide qui doit fermenter on peut ajouter des fraises, des cerises et des framboises écrasées; cette addition sert à merveille pour déguiser le petit goût de couvain qu'a le miel, tant bon soit-il.

Pendant la fermentation tumultueuse, qui dure à peu près trois mois, il sort de la bonde une écume épaisse, qui coule dans une terrine placée sous le tonneau. On maintient plein le tonneau à l'aide d'une portion de liquide que l'on a conservée pour cet usage.

Les débris de rayons qui contiennent encore du miel sont soumis à la fusion, après avoir ajouté trois ou quatre litres d'eau, selon la quantité. On opère à feu modéré. Après quelques minutes on presse et on laisse reposer le tout pour laisser figer la cire. L'eau est décantée et mise à fermenter, comme il a été dit précédemment, en y ajoutant un peu de levure de bière. Cette liqueur ne sera vineuse qu'après six mois ou un an.

On peut se servir de cet hydromel pour améliorer les eaux-de-vie de pommes de terre et de betteraves.

Levain artificiel. — Prenez :

Farine.	500 grammes.
Cassonade brune.	125 —
Sel.	Un peu.
Eau.	10 litres.

Faites bouillir ce mélange pendant une heure. Au bout de 24 heures ce mélange peut être employé. Un kilo suffit pour neuf kilos de pain.

Levure artificielle. — Prenez des pommes de terre farineuses que vous ferez cuire jusqu'à ce qu'elles soient devenues molles. On les pétrit avec assez d'eau pour en faire une pâte de la consistance du levain. On y ajoute 60 grammes de mélasse pour chaque 500 grammes de pommes de terre et deux grandes cuillerées de bière. On tient le tout à une chaleur modérée, pour que la fermentation puisse s'établir. En 24 heures la levure est bonne à employer.

Levure de bière de Vienne. — Mêlez du maïs, du seigle et de l'orge germée ou malt en poudre grossière et à doses égales ; laissez infuser ce mélange dans de l'eau à la température de 65 à 70 degrés centigrades. Au bout de quelques heures la saccarification s'étant accomplie, on soutire le liquide et on le met fermenter, en y ajoutant une petite quantité de levure de bière. Le liquide fermentant se couvre d'une écume qui n'est pas de la même densité dans toute son épaisseur. On enlève au moyen d'une écumoire la couche supérieure, comme la plus riche en globules de levure. On fait égoutter et on lave avec un peu d'eau, tandis qu'il est encore sur la toile, et ensuite on le soumet à la presse hydraulique pour le livrer au commerce. Dans cet état il peut être conservé pendant huit ou quinze jours, suivant la saison.

Outre que cette levure est beaucoup plus active, et qu'elle n'a pas l'arome du houblon, elle donne, à une dose moindre, une fermentation plus régulière, et des produits de boulangerie d'une meilleure qualité. Aussi les boulangers de Paris commencent-ils à s'en servir.

Vinaigre. — Le meilleur vinaigre pour les usages de la cuisine et de la table est sans contredit le *Vinaigre de vin,* qui se prépare assez promptement en faisant tomber par gouttes du vin sur des rubans de hêtre. Pour cela faire on défonce un tonneau et on le remplit de ces copeaux, on remet le fond qui est tout percé de petits trous bouchés avec une petite ficelle qui pend sur les copeaux. On verse sur le fond le vin, qui bientôt filtrera tout le long des ficelles pour tomber goutte à goutte sur les copeaux. Arrivé au bas du tonneau il sortira par le robinet placé à cet effet, et ainsi recueilli on le transportera une deuxième fois sur le fond supérieur. On répétera cette opération autant de fois qu'il sera nécessaire pour rendre le vin suffisamment acide. Lorsque les copeaux ont déjà servi et qu'ils sont acidifiés eux-mêmes, l'opération marche beaucoup plus vite. C'est pour cela qu'il convient de les mouiller de vinaigre avant de les faire servir à l'acidification du vin. Il est important que le tonneau soit placé dans un endroit où la température soit très élevée, car la chaleur favorise la transformation du vin en vinaigre.

Dans un pays d'Italie, à Modène, plus particulièrement, on prépare un vinaigre que l'on décore de l'adjectif *balsamique,* en employant le procédé suivant :

Dans un baquet ayant un robinet de décharge on introduit une certaine quantité de pommes ou de poires coupées en quartiers et même écrasées. On les laisse égoutter et on recueille le liquide qui s'écoule lentement du robinet, liquide qui a déjà commencé à aigrir. On introduit ce liquide dans des tonneaux placés au grenier, en couvrant la bonde d'une toile pour ne pas empêcher l'action de l'air. Au bout de quelque temps le vinaigre est fait. Plus il vieillit plus il s'aromatise et plus il s'acidifie. Un tonneau qui a déjà servi est préférable aux tonneaux nouveaux.

Ce vinaigre ne sert ordinairement que pour aromatiser le vinaigre ordinaire, auquel il communique son parfum qui est on ne peut plus agréable.

Dans les ménages on a un petit baril que l'on tient à la cuisine et que l'on remplit d'excellent vinaigre. A chaque fois qu'on en soutire on a soin d'ajouter une quantité correspondante de vin. La bonde doit être couverte d'une toile (v. *Acide acétique*).

Le vinaigre, s'il est falsifié par des acides minéraux, présente les particularités suivantes. On sait qu'une goutte de bon vinaigre pur jetée sur un papier blanc ne laisse par l'évaporation aucune trace sensible, tandis que s'il contient de l'acide sulfurique la tache noircit, et que l'acide nitrique donne une tache jaune. Le papier bleu de tournesol rougi par le vinaigre, en séchant passe sensiblement au violet, mais si le vinaigre a été additionné d'un acide minéral, la couleur rouge persiste indéfiniment.

Tout vinaigre suspect mis à évaporer à siccité dans une cuillère d'argent avec un fragment de carbonate de soude et qui calciné dégagera une odeur de goudron, pourra être considéré comme provenant de la distillation de bois, et quelque bien rectifié qu'il ait été, ce procédé décelera la présence de l'acide pyroligneux, n'entrât-il dans le mélange, que dans la proportion de 5 p. 100.

Vinaigre à l'estragon. — En faisant macérer dans du bon vinaigre des feuilles fraîches, bien épluchées et non humides d'estragon et quelques clous de girofle, on obtient un vinaigre aromatisé au goût de cette plante. Cette macération doit durer une quinzaine de jours; après ce temps on filtre et on met en bouteilles.

Vinaigre artificiel. — Prenez 500 grammes de sucre et dissolvez-les dans 3 litres 1/2 d'eau, ajoutez à la solution 35 grammes de levure de bière, et laissez fermenter dans un endroit chaud pendant une douzaine de jours. Le vinaigre que on obtient est d'une excellente qualité, puisque 32 parties saturent 3 parties de carbonate de potasse, tandis que 100 parties du meilleur vinaigre n'en saturent que 5.

Sachet acétigène. — Prenez quantité égales de gingembre et faites-les infuser dans du fort vinaigre pendant huit jours au moins. Faites sécher ces drogues, et lorsqu'on voudra faire tourner le vin à l'acide, l'on n'aura qu'à introduire un sachet les contenant dans le tonneau. L'acidification du vin par ce moyen est assez prompte.

Vinaigre framboisé. — On remplit de framboises un vase quelconque, sans les presser, et on y ajoute assez de vinaigre blanc pour les couvrir entièrement. Après une douzaine de jours, lorsqu'on voit se former une croûte à la surface et le jus devenir clair au-dessous on passe par un tamis de crin, et ensuite à la chausse.

Avec ce vinaigre on compose un excellent *Sirop de vinaigre framboisé*, dont nous donnerons plus loin la formule.

Vinaigre rouge décoloré. — Pour faire du vinaigre blanc avec du vinaigre rouge on conseille de soumettre celui-ci à l'action du charbon animal en grains, se servant d'une bouteille pour récipient pour pouvoir l'agiter de temps en temps jusqu'à décoloration complète.

Cela obtenu, il ne reste plus qu'à filtrer au papier.

Vinaigre de miel ou miel aigre. — Après avoir obtenu l'hydromel avec le miel pur, ainsi que nous en avons indiqué le procédé, on expose ce liquide à une température de 30° environ. Il sera utile d'y ajouter une mère de vinaigre ou levain acidulé. On obtient cette mère en plaçant au soleil de l'écume d'hydromel extraite de la chaudière où l'hydromel entre en ébullition.

Un demi-kilogramme de miel peut donner deux litres

de bon vinaigre, que l'on obtiendra très fort si on le laisse séjourner quelque temps sur des copeaux de hêtre. On doit le conserver dans des caves sèches.

Limonade simple. — Un citron qui a beaucoup de jus peut suffire pour faire un litre de limonade. On ramollit le citron en le roulant et en le pressant entre les deux mains, ou sur un corps résistant. On en exprime fortement le jus, on passe ce jus que l'on ajoute à un litre d'eau, et qu'on adoucit avec 150 grammes de sucre environ, selon que l'on désire l'avoir plus ou moins douce, plus ou moins acide.

En y ajoutant 50 ou 60 grammes de rhum, on obtiendra la *Limonade au rhum*, que l'on pourra boire chaude ou froide.

Limonade sèche ou Poudre pour Limonade.
Prenez :

Acide citrique.	8 grammes.
Sucre.	240 —
Essence de cédrat	13 gouttes.

Mêlez l'essence à une partie du sucre, ensuite mêlez le tout ensemble.

La quantité que l'on voudra dans un verre d'eau, suivant qu'on voudra boire une limonade plus ou moins concentrée.

On pourrait se servir d'acide tartrique à la place d'acide citrique ; la différence ne serait pas bien sensible.

Limonade vineuse ou Limonade anglaise. — Il y a deux procédés pour préparer cette limonade : le premier consiste à ajouter à la limonade ordinaire un verre à table de bon vin ; le second à frotter sur l'écorce de deux citrons des morceaux de sucre, mettre ce sucre au fond d'une bouteille, y ajouter assez d'eau chaude pour le fondre, et ensuite remplir la bouteille de vin blanc ou rouge.

Limonade cuite. — On dépouille les citrons de leur écorce et on les coupe par tranches que l'on fait bouillir dans l'eau pendant cinq minutes. On passe et on verse cette eau sur les écorces. On laisse refroidir et on sucre à volonté.

On obtiendra à peu près le même résultat en versant de l'eau bouillante sur des tranches de citrons ayant leur écorce.

Orangeade. — Si au lieu de citron on emploie les oranges, on aura de l'orangeade au lieu de la limonade, et elle pourra être aussi bien crue que cuite, simple que vineuse, au rhum ou au kirsch, à volonté.

Orgeat. — L'on obtient cette boisson en émulsionnant 750 grammes d'amandes douces et 125 grammes d'amandes amères avec la décoction d'orge, et en y ajoutant une suffisante quantité de sucre pour l'adoucir, et un peu d'eau de fleurs d'oranger pour en rehausser la saveur.

Ordinairement on la prépare sur-le-champ en mettant quelques cuillerées de sirop d'orgeat dans un verre d'eau chaude ou froide. (Voir *Sirop d'orgeat*.)

Dans les climats chauds où on est à la recherche de toutes les boissons les plus désaltérantes et en même temps rafraîchissantes, on prépare une *Crème d'orge* en procédant de la manière suivante :

Faire cuire à feu lent, dans une quantité suffisante d'eau, 350 grammes d'orge mondée : au fur et à mesure que l'eau s'évapore, ajoutez-en de la nouvelle pour que la quantité soit toujours la même. Continuez l'ébullition jusqu'à ce que l'orge ait acquis une consistance très molle. Passez et pilez l'orge dans un mortier pour en exprimer ensuite la crème. A cette crème ajoutez autant de sucre qu'il faut pour lui donner assez de douceur. Si cette crème est trop liquide on la fait évaporer pour la réduire à la consistance de conserve.

On la sert à la dose de 20 grammes environ délayés dans un verre d'eau froide.

Orgeat aux graines de melon. — Pilez des graines de melon sèches ou fraîches dans un mortier, et émulsionnez à l'eau froide (30 grammes pour un verre d'eau). Passez en exprimant avec force. Ajoutez au produit obtenu la quantité convenable de sucre pour l'adoucir.

Excellente boisson et très rafraîchissante.

L'on prépare une *Conserve de graines de melon* de la manière suivante :

Prenez la quantité que vous voudrez de graines de melon décortiquées, et le double de leur poids de sucre en poudre fine. Pilez dans un mortier jusqu'à ce que le mélange soit devenu homogène. Conservez dans des flacons bien bouchés.

On pourra obtenir cette conserve en pilant préalablement les graines dans le mortier, et en ajoutant de temps en temps quelque peu d'eau de cédrat, ou de fleurs d'oranger. Elle doit être assez liquide pour passer à travers un tamis. Si les graines employées pesaient 100 grammes, on y ajoutera 300 grammes de sucre cuit à la perle et encore chaud. Avant que la masse se refroidisse on la versera dans des vases de faïence.

500 grammes d'eau commune suffisent pour dissoudre 30 grammes de conserve environ.

Glace naturelle. — *Conservation de la glace.* — On introduit la glace dans un vase de bois ou dans un tonneau. Ce tonneau ou ce vase sont mis dans un autre vase ou un autre tonneau qui le dépasse en grandeur, pour laisser entre eux un espace que l'on remplit de paille, ou de son, ou de charbon pilé ou de laine. On en fait de même de ce dernier vase que l'on met dans un vase plus grand, et entre deux on met une des substances ci-dessus, comme fort peu conductrice de la chaleur. Un quatrième vase, rembourré d'une troisième couche isolante, garantira d'une manière presque sûre la conservation de la glace, pourvu que l'on ferme ces vases par deux couvercles superposés à une distance qui permette d'y mettre entre deux une couche des substances isolantes indiquées. Ces tonneaux sont maintenus à la cave si elle est fraîche ou enfoncés en terre sur une couche de sable destinée à laisser passer l'eau de fusion.

Ces tonneaux disposés de la sorte forment une *Glacière de ménage*.

Deux vases en plomb l'un dans l'autre, et laissant entre eux un espace qui se remplit de sel de cuisine, arrosé par de l'acide sulfurique conserveront aussi la glace pendant tout le temps que dure la réaction entre l'acide et le sel.

Un morceau de glace, entouré d'une couche de charbon pilé, de 10 centimètres environ, et le tout enveloppé dans une double ou triple étoffe de laine, se conserve assez longtemps pour pouvoir être transporté même dans les journées très chaudes.

La glace se conserve aussi en l'enveloppant dans une serviette, le tout placé sur deux petits bâtons tenus transversalement sur le bord d'une cuvette. La serviette qui enveloppe la glace sera agencée de manière à laisser pendre deux des coins qui tomberont au fond de la cuvette garnie d'un décimètre en hauteur d'eau. La serviette, en outre, devra être préalablement imbibée d'eau.

Par cette disposition l'eau de la serviette s'évaporera à l'aide de la chaleur de son entourage, et de cette manière elle empêchera la glace de se fondre.

La glace naturelle se conserve aussi quelque temps en la renfermant dans une boîte de planches de chêne épaisses, et plaquée dans son intérieur de minces couches de bois de liège, ainsi que le couvercle.

Glace artificielle ou mélanges frigorifiques. — Pour faire de la glace artificielle, ou des glaces, il est nécessaire d'avoir à sa disposition un cône en bois et un vase en métal, que l'on nomme *Sorbetière*, qui entre entièrement dans le cône en laissant tout autour de lui un espace d'à peu près 10 centimètres, destiné à être rempli d'un mélange frigorifique dont voici les formules principales :

1° Mélange de glace pilée ou de neige et d'acide sulfurique étendu dans la proportion de trois de neige et d'acide. Ce mélange abaisse la température de 30°;

2° Mélange de glace pilée ou de neige et de sel de cuisine (250 de sel gris et 1,000 de glace). Il refroidit suffisamment pour faire toutes sortes de glaces comestibles;

3° Mélange de sulfate de soude et d'acide hydrochlorique (5 et 8); refroidit une substance qui est à 10° au-dessus de zéro, en la portant à 17 au-dessous;

4° Mélange de 2,500 grammes de sulfate de soude et 2,000 d'acide sulfurique à 36°. Ce mélange congèle l'eau presqu'à l'instant où on le fait. C'est peut-être le meilleur procédé en tant que par l'évaporation du mélange on pourra reprendre le sulfate de soude qui se cristallise.

Les auteurs de physique font mention d'autres mélanges frigorifiques, que nous ne rapportons pas comme tout à fait superflus dans un ménage.

Si au deuxième mélange on ajoute 1/10° de salpêtre, la congélation aura lieu plus promptement. Par l'évaporation du mélange, on récupérera le sel employé.

Glaces comestibles. — Sous la dénomination de glaces, sont comprises les *glaces* proprement dites, les *sorbets*, qui n'en diffèrent pas essentiellement, et les *granites* qui s'en approchent beaucoup, n'étant pas cependant tout à fait la même chose.

L'appareil pour glaces a été décrit à l'article *Glace artificielle*. C'est le même pour toutes les préparations de ce genre.

Glaces à la crème. — La composition de cette glace se fait de la manière suivante :

On délaye des jaunes d'œufs dans du lait et l'on y ajoute du sucre. On place le vase qui contient ce mélange sur le feu, et l'on remue constamment pour que la composition soit homogène. Dès qu'elle est suffisamment épaissie on la retire du feu, et on la passe à travers un tamis de soie,

On l'aromatise comme l'on désire, à la vanille, au café, aux pistaches, au chocolat, en ajoutant la quantité voulue de ces substances.

Pour un litre de crème, par exemple, on emploie 375 grammes de sucre, un bâton de vanille et neuf jaunes d'œufs. On met les jaunes d'œufs dans une terrine avec le sucre, et on les remue avec une spatule en les mouillant avec la crème. On passe ce mélange au tamis et on l'expose au feu où on le laisse jusqu'à ce qu'il se lie. C'est alors que l'on ajoute la vanille concassée, et on continue à faire chauffer en remuant toujours jusqu'à liaison complète : on passe encore au tamis, et on agite pour faire refroidir le plus promptement possible, et on introduit ensuite le mélange dans la sorbetière.

La *Glace à la crème au café* exige 150 grammes de café moulu, grillé ou cru, que l'on fait infuser dans un quart de la crème, et qu'on passe ensuite. Du reste on opère comme précédemment.

Si l'on veut les *Glaces à la crème aux pistaches* on ajoute à la crème, au moment où elle commence à se lier, 100 grammes de pistaches, autant d'amandes douces, un demi-bâton de vanille, et un brin de zeste de citron, le tout pilé ensemble et délayé dans un peu de crème. Quand elle est cuite on la passe au tamis, on la laisse refroidir, ensuite on l'introduit dans la sorbetière.

Les *Glaces à la crème au chocolat* exigent 125 grammes de cacao broyé, et un demi-bâton de vanille. On fait ramollir tant soit peu le cacao à l'aide du feu, et on délaye avec un cinquième de la crème tiède. On procède comme ci-dessus.

Si on se servait de chocolat on réduirait le poids du sucre : pour 250 grammes de chocolat on n'emploierait que 200 grammes de sucre.

Pour les *Glaces à la crème aux amandes grillées* on ajoutera 125 grammes d'amandes amères coupées en quatre et grillées comme le café. Si aux glaces à la crème ordinaire on ajoute 125 grammes d'eau de fleurs d'oranger pilée avec le sucre, on obtiendra les *Glaces à la crème à l'eau de fleurs d'oranger*. Si l'on ajoute la râpure de l'écorce de quatre cédrats, on aura des *Glaces à la crème au cédrat*. Si l'on veut le parfum de cannelle on n'a qu'à ajouter 16 gr. de cette écorce concassée, et on a les *Glaces à la crème à la cannelle*.

Sorbets ou Glaces aux fraises. — On y emploie un demi-litre de crème double, autant de purée de fraises, et 500 grammes de sucre aromatisé avec un demi-bâton de vanille. Quand ce sucre mêlé à la purée est fondu, on ajoute la crème, et on mêle le tout pour en avoir une pâte uniforme que l'on mettra tout de suite dans la sorbetière.

La purée d'autres fruits donnera par le même procédé des glaces portant le nom du fruit employé.

Sorbets ou Glaces au citron ou à l'orange. — Il faut employer des fruits mûrs, et les exprimer à la main sur un tamis, et y ajouter un peu de zeste.

Jus de citrons ou d'oranges. .	500 grammes.
Sirop simple.	750 —
Les zestes d'un fruit.	
Sucre vanillé	Une cuillerée.

On mêle le jus passé au tamis avec le sirop ; ensuite on ajoute les autres ingrédients, et après quelques minutes on passe à l'étamine et on verse dans la sorbetière.

Le jus de citron entre dans beaucoup de sortes de glaces, et entr'autres dans les *Glaces aux framboises*, qui se composent de sirop simple à la dose que nous venons d'indiquer et d'un kilogramme de purée de framboises, avec jus de trois citrons. Il entre aussi dans les *Glaces à la pêche*, qui s'obtient par la même dose de purée de pêches et le jus de trois citrons. De même des *Glaces aux abricots*. Les *Glaces à la rose* renferment 500 grammes d'eau de rose et le jus de six citrons. Les *Glaces à la fleur d'oranger* se préparent avec 188 grammes de cette eau et le jus de six citrons. Il en est de même des *Glaces à la cannelle*, pour lesquelles on emploie 188 grammes d'eau de cannelle et le jus de six citrons. Finalement les *Glaces au marasquin, au kirsch, au rhum,* s'obtiennent en aromatisant le sirop simple avec le jus de quatre citrons et un des parfums nommés. Comme on le voit, on peut aromatiser le sirop qui est la base des glaces avec une quantité d'essences parfumées ou aromatiques et le jus de citron.

Sorbets au vin de Champagne. — Laissez infuser pendant un quart d'heure le zeste d'un demi-citron et le zeste d'une orange dans trois quarts de litre de sirop, mêlez avec une demi-bouteille de vin de champagne le jus d'un citron et de quatre oranges. Passez au tamis, et faites glacer dans la sorbetière. Vers la fin de la congélation ajoutez une autre demi-bouteille de vin de champagne, une dizaine de minutes avant de servir.

On obtiendra les *Sorbets à l'ananas* en opérant comme ci-dessus et en employant un litre de sirop d'ananas, le jus de quatre oranges et d'un citron, quelques zestes de ces fruits, et trois décilitres de vin de champagne, que l'on n'ajoute que par petites portions et en dernier lieu. Cette dernière addition n'est pas de rigueur.

Granites. — Ce ne sont que des sorbets, ordinairement de fruits, préparés avec du sirop léger et le jus de différents fruits.

On sert les *Granites de groseilles, de framboises, de cerises, au citron, à l'orange, aux fraises,* etc.

La manière de procéder est toujours la même : un demi-litre de sirop et un demi-litre de jus du fruit voulu, le jus d'une orange et quelques brins de zeste ; on passe au tamis et on verse le produit dans le sorbetière pour le manipuler à l'aide de la spatule, pendant sept ou huit minutes, non pas de suite mais par intervalles. Dès que la préparation commence à se congeler elle est à l'état de granite, ce nom ne désignant qu'un amas de petits cristaux de glace. C'est le moment de servir.

Inutile d'ajouter que ces préparations peuvent être aromatisées de différentes manières, comme les glaces et les sorbets, et donner lieu ainsi à une grande quantité de variantes dont nous ne croyons point avoir à nous occuper.

SIROPS

Les sirops sont des liquides de consistance visqueuse, contenant une assez grande quantité de sucre dissous dans de l'eau, du vin, du vinaigre, du jus de fruits, etc. Nous donnerons les formules pour préparer ceux de ces sirops qui intéressent plus particulièrement les ménages.

Sirop simple ou de sucre. — Prenez :

Sucre blanc en pain. . . . . . . 20 parties.
Eau. . . . . 10 —

Triturez dans un mortier jusqu'à dissolution complète.

Filtrez ensuite au papier et conservez dans des flacons que l'on puisse boucher exactement.

Autre procédé :

Sucre blanc en pain. . . . . . . 20 parties.
Eau . . . . 11 —

Mettez l'une et l'autre chose dans un vase en cuivre étamé et laissez en repos. Au bout de 24 heures le sucre sera réduit en pâte et une portion de l'eau surnagera. Agitez alors pour faire fondre tout le sucre et ajoutez ensuite :

Charbon animal lavé. . . . . . . Une partie.

Agitez, remuez de temps en temps avec une spatule

pendant 24 heures ; après filtrez au papier. Le sirop que l'on obtiendra sera d'une qualité parfaite.

Cette manière de faire le sirop simple à froid mérite d'être préférée à la méthode qui consiste à le préparer avec l'intervention de la chaleur.

Dans le cas où, par suite d'une forte chaleur ou par le contact de l'air, le sirop viendrait à mousser, il n'y aurait qu'à y ajouter un peu d'eau et à l'exposer au feu pour le faire évaporer, et conséquemment épaissir.

Sirop d'orgeat. — Prenez :

Amandes douces décortiquées.	1,500 grammes.
Amandes amères	500 —
Eau ordinaire.	3,000 —
Sucre blanc.	5,000 —
Eau de fleurs d'oranger	125 —
ou Essence de citron	5 —

Réduisez les amandes en pâte en les pilant dans un mortier de marbre avec une partie de sucre, délayez-les ensuite dans l'eau, et mettez le tout, eau et sucre, dans une bassine que vous exposerez au feu pendant cinq minutes. Alors on ajoute l'essence de citron ou de fleurs d'oranger, on passe au travers d'une toile, et, le sirop refroidi, on le met en bouteilles que l'on bouche bien.

Sirops divers — Le *Sirop de gomme* demande :

Gomme	100 grammes.
Eau pour la dissoudre.	500 —
Sucre	1,000 —

Le *Sirop de capillaire* se prépare en faisant infuser :

Capillaire	30 grammes.
Eau	500 —

On passe et on ajoute :

Sucre	1,000 grammes.

Le *Sirop de quinquina* s'obtient en faisant infuser :

Quinquina	64 grammes.
Eau ordinaire	500 . —

On passe et on ajoute :

Sucre.	1,000 grammes.

Le *Sirop de guimauve* se compose d'une infusion faite avec :

Racine de guimauve.	8 grammes.
Eau	500 —
Sucre	1,000 —

Le *Sirop de coing* se prépare en mélangeant :

Jus de coings obtenu par expression et clarifié	500 grammes.
Sucre	1,000 —

Le *Sirop de groseilles* :

Jus de groseilles	500 grammes.
Sucre	1,000 —

Le *Sirop de mûres*, mêmes proportions et même procédé.

Le *Sirop de cerises*, mêmes proportions et même procédé, et ainsi de tous les sirops de jus de fruits, tels que : *citrons, oranges, cédrats, pommes, prunes,* etc.

Sirop de chicorée. — Prenez :

Racine de chicorée	30 grammes.
Eau.	160 —

Faites bouillir pendant vingt minutes, et à la fin ajoutez :

Racine de rhubarbe hachée menu,	30 grammes.

Alors on passe et on ajoute le double du poids de sucre et on clarifie le sirop.

Sirop d'Ipécacuanha. — Comme il est important pour les familles placées loin des pharmacies de pouvoir faire vomir un malade, et comme il est très utile dans les ménages d'avoir toujours a sa disposition le sirop d'ipécacuanha, particulièrement s'il y a des enfants, nous donnons place à la formule pour le préparer presque sur le champ, en faisant décocter 24 grammes de racine d'ipéca concassée dans 500 grammes d'eau, en passant ensuite à travers une toile et en ajoutant 1,000 grammes de sucre.

Sirop de fleurs d'oranger. — Faites infuser :

Fleurs d'oranger	30 grammes.
Dans :	
Eau.	500 —
Ou même :	
Eau de fleurs d'oranger . . .	500 —
Sucre.	1,000 —

Sirop de grog.

Sirop simple	26 grammes.
Acide citrique.	5 décigr.
Eau-de-vie.	60 grammes.
Teinture de citron.	4 —

Cette préparation se sert à l'état gazeux, c'est-à-dire qu'on en met 150 grammes dans chaque bouteille d'eau gazeuse. Elle approche de la préparation dont nous avons parlé sous le titre de *Punch gazeux*.

Sirop d'écorce d'orange. — Faites décocter :

Ecorce sèche d'orange . . .	240 grammes.

Dans :

    Eau ordinaire . . . . 2,500 grammes.

Jusqu'à ce que le liquide se réduise de la moitié. Passez alors et ajoutez :

    Sucre blanc . . . . 2,500 grammes.

Plus deux blancs d'œufs bien battus, et faites cuire à consistance de sirop. Filtrez ensuite.

On prépare de même :
Le *Sirop d'écorce de cédrat*,
Le *Sirop d'écorce de citron*.
Si l'on veut se servir d'écorces fraîches, il faudra doubler la dose.

Sirop de verjus. — On le prépare en employant trois parties de sucre sur deux parties de verjus, et moyennant ébullition jusqu'à consistance voulue.

On prépare de même :
Le *Sirop de berberis*,
Le *Sirop de framboises*,
Le *Sirop de grenades*,
Le *Sirop de vinaigre*,
Le *Sirop de vinaigre framboisé*,
Le *Sirop d'airelles*,
Le *Sirop de sorbes*,
Le *Sirop de cassis*.

Les verjus et le vinaigre doivent être clairs et limpides.

Sirop de fraises. — Après avoir bien nettoyé les fraises (celles des bois conviennent mieux), on les place dans une terrine, couche par couche, alternativement avec du sucre. On dépose la terrine à la cave, et vingt-quatre heures après on verse le mélange sur un tamis pour recevoir le jus qui en découle. On met ce jus dans des bouteilles que l'on fait chauffer au bain-marie, ensuite on les bouche et on les conserve dans un lieu frais.

Sirop d'escargots.

Chair d'escargots.	120 grammes.
Eau	100 —
Sucre blanc	1,000 —

Après avoir introduit ces trois substances dans une fiole que l'on bouchera, on expose la fiole au bain-marie que l'on tient en ébullition pendant quatre heures. Au bout de ce temps on passe le sirop, et lorsqu'il sera presque refroidi on l'aromatisera avec trente grammes d'eau de fleurs d'oranger ou de toute autre eau distillée aromatique au goût de celui qui doit le prendre.

Sirop de lait de vache. — Prenez :

Lait de vache aussitôt trait. .	6,000 grammes.
Sucre très blanc	4,500 —

Mêlez le tout dans une bassine et laissez évaporer jusqu'à ce qu'il se réduise à 6,700 grammes.

On aromatise avec :

Eau de fleurs d'oranger ou Eau de laurier cerise.	50 grammes.

On passe et on conserve le sirop dans des bouteilles. On prépare de même le *Sirop de lait d'ânesse*.

Sirop d'œufs. — Prenez :

Blancs et jaunes d'une quantité suffisante d'œufs frais pour peser.	520 grammes.
Ajoutez :	
Sucre blanc	800 —

Agitez de temps en temps pour favoriser la dissolution du sucre, et passez à travers une étamine. Mettez dans des demi-bouteilles bien bouchées.

Un aliment très nutritif et très digestible.

Sirop de Tamarins. — Prenez :

Pulpe de tamarins, la plus fraîche.	1,000 grammes.
Sucre.	5,000 —
Eau de fleurs d'oranger.	50 —
Eau simple.	2,000 —

On fait bouillir le tamarin dans l'eau, et, après l'avoir passé, le décocté qui en résulte est mêlé au sucre pour en faire un sirop que l'on doit clarifier. Après on ajoute l'eau de fleurs d'oranger.

Il faudra faire attention que pendant la clarification le sirop ne déborde pas de la bassine, qui devra être en terre.

Délayé dans de l'eau, à la dose d'une cuillerée à bouche pour chaque verre d'eau, il constitue une excellente boisson très rafraîchissante et tant soit peu laxative. A plus haute dose il purge.

Sirop de Cynorrhodons. — Le cynorrhodon n'est autre chose que le fruit de l'églantier, ou rosier sauvage.

Il faut le cueillir bien mûr. On en extrait la pulpe que l'on mêle avec le double de son poids de sucre et un peu de vin blanc. On le fait cuire à consistance de sirop.

Contrairement au sirop précédent, celui-ci, au lieu de relâcher les intestins, les constipe légèrement : on le donne particulièrement aux enfants qui ont un commencement de diarrhée.

Sirop de Fécule. — La fécule de pomme de terre bouillie longtemps dans l'eau, aiguisée à un demi-centième d'acide sulfurique, ou à douze ou quinze centièmes de malt (orge germée, séchée ou moulue), se change en dextrine d'abord, et ensuite en matière sucrée, connue sous la dénomination de *Glucose*, ou *Sucre de glucose*, ou *Sucre de fécule*. Lorsque par cette opération on est sûr que la transformation s'est accomplie, on fait évaporer au bain-marie jusqu'à consistance voulue.

Si l'on emploie l'acide sulfurique, il faudra, aussitôt la transformation effectuée, neutraliser cet acide par une quantité correspondante de craie. Dans un procédé comme dans l'autre, avant l'évaporation, il faudra filtrer le liquide saccharifié.

Les sirops les plus estimés de ce genre sont les plus blancs, les plus pesants et du goût le plus sucré, sans mélange de mauvaise saveur.

Ce sirop a sur le sirop de sucre l'avantage de ne pas fermenter.

Sirop de Raisins. — On commence par faire bouillir le moût afin de lui enlever une partie de ses impuretés, en l'écumant au fur et à mesure que l'écume se forme. Après on sort la bassine du feu en y ajoutant de la craie pour neutraliser toutes les acidités que contient le liquide. On laisse reposer et on décante. Ensuite on clarifie au blanc d'œuf dans la proportion de trois blancs pour 25 kilogrammes de moût. On le remet sur le feu et on le porte à l'ébullition. Lorsqu'on voit se former des flocons brunâtres on ralentit le feu, et on filtre à travers des blanchets. On pousse vigoureusement le feu pour le réduire à 32°, c'est-à-dire à la moitié environ, et on le fait refroidir le plus promptement possible.

Ce sirop sert pour remplacer le sucre, mais il n'a pas le même degré de douceur.

Café. — Les cafés portent le nom du lieu d'où ils proviennent. D'après les qualités relatives qu'on leur reconnaît on les classe dans l'ordre suivant :

Moka.	Saint-Domingue.	Porto-Rico.
Martinique.	Ceylan.	Brésil.
Guadeloupe.	Marie-Galande.	Java.
Bourbon.	Havane.	Sumatra.
Cayenne.	San-Yago.	

Quoique tout le monde donne la préférence au café

Moka, cependant on s'accorde à reconnaître qu'un mélange de Moka, de Martinique et de Bourbon, est préférable à chacune de ces qualités prises isolément. Lorsqu'on voudra mélanger ces cafés, on ne le fera qu'après les avoir torréfiés séparément, chacun d'eux exigeant un degré de torréfaction différent. Les proportions à garder dans le mélange sont les suivantes :

Café Moka	250 grammes,
— Bourbon	250 —
— Martinique	500 —
Total	1.000 —

L'on obtient encore un bon mélange avec moitié Moka et moitié Bourbon.

Les cafés jaunes demandent à être torréfiés moins longtemps que les cafés verts, ceux-ci contenant plus d'eau.

On ne doit les moudre que lorsqu'ils sont refroidis complétement, car l'huile empâterait le moulin, et au fur et à mesure que l'on veut s'en servir pour que l'arome se volatilise le moins possible.

Les cafés pilés donnent un meilleur produit que les cafés moulus.

Les personnes qui le peuvent feront bien de faire leur provision en gros, le café devenant d'autant meilleur qu'il vieillit davantage, pourvu qu'il soit maintenu dans un lieu sec et frais.

La torréfaction est achevée aussitôt que la fumée s'échappe du brûloir en abondance, et répand une odeur aromatique, *sui generis*, que tout le monde sait apprécier. Cependant l'exquis de l'infusion tient en partie à savoir saisir juste le moment où l'on doit sortir le brûloir de dessus le feu, et de la promptitude que l'on met à le faire refroidir.

Il est donc indispensable d'ouvrir de temps en temps la trappe du cylindre pour s'assurer si le café pétille, de vient humide, et a acquis la couleur voulue (Voir *Café conservé.*)

Si l'on n'a pas vanné le café avant de e griller, il faudra le vanner après pour en extraire les pellicules qu'il renferme.

Le café, en se torréfiant, ne doit jamais perdre plus du cinquième de son poids, soit de 18 à 20 %.

Les proportions de café moulu pour une tasse à café, d'une capacité ordinaire, qui contient de 110 à 120 grammes de liquide, est de 10 grammes environ. Cette proportion peut être réduite selon la quantité de tasses que l'on veut faire à la fois : par exemple, 125 grammes de poudre donnent 14 tasses d'un café ordinaire. L'on conçoit du reste que cette règle est subordonnée au désir du consommateur, selon qu'il veut que son café soit léger ou chargé.

On prépare cette boisson de deux manières, par décoction, et par infusion à chaud ou à froid. Par décoction, on se sert d'une cafetière ordinaire que l'on remplit au trois quarts d'eau, et à laquelle on ajoute la quantité voulue de poudre. On fait bouillir, en ayant soin de la retirer du feu à chaque fois que le café menace de déborder. Après trois ou quatre remontées on le laisse reposer et on le sert. Pour faciliter la précipitation de la poudre on est dans l'usage d'y ajouter un petit morceau de sucre. Dans maints pays l'on ne sert d'autre café que celui qui est préparé de cette manière.

Par infusion, on a une cafetière à la Dubelloy, que l'on peut varier de plusieurs manières, mais qui se compose toujours d'un cylindre ayant à sa base une grille métallique très-fine sur laquelle on met le café moulu. Sur ce café moulu on verse de l'eau bouillante, qui, traversant la poudre, se charge des principes du café et tombe dans un réservoir *ad hoc*. Il est nécessaire de couvrir le cylindre par son couvercle pour ne pas laisser échapper le parfum.

Cette opération peut être faite avec de l'eau froide ;

mais le produit n'est pas aussi parfumé qu'avec l'eau chaude.

Lorsqu'on veut réchauffer l'infusion de café qui s'est refroidie, il faut le faire au bain-marie.

Il n'est pas nécessaire que l'eau qui doit servir à préparer l'infusion soit bouillante : 80° suffisent, et même conviennent mieux.

Le marc de café qui a subi une première infusion sert, dans beaucoup de ménages, pour une seconde, dont le produit s'emploie à faire de nouveau café en le versant sur de la poudre fraîche. On économise ainsi quelque peu de café, mais en revanche la qualité de l'infusion que l'on obtient laisse à désirer.

L'infusion concentrée de café que l'on connaît dans le commerce sous la dénomination d'*Essence de café*, contient, sous un faible volume, les principes extractifs et aromatiques du café. En effet une seule cuillerée dans 120 grammes d'eau bouillante, donne une excellente tasse de café. On recommande de faire bouillir un instant pour que l'arome puisse se développer.

Falsifications du café. — Le café grillé et en poudre se falsifie par l'addition de poudres provenant de la torréfaction de plusieurs graines, telles que celles de *maïs, seigle, haricots, orge, lupins, glands*, et surtout la poudre de *racine de chicorée* grillée. De toutes ces falsifications il n'est resté debout que cette dernière : même on peut dire qu'elle n'en est plus une, attendu qu'aujourd'hui la chicorée est employée toute seule comme succédanée du café, ou mêlée au café comme correctif des qualités par trop irritantes dont jouit cette *Boisson intellectuelle* auprès de bien des personnes qui craignent une impression trop intense sur leur système nerveux. Celles cependant qui, n'ayant pas cette crainte, désireraient se mettre à l'abri de cette falsification, n'auront qu'à jeter une pincée de la poudre suspecte à la surface d'un verre d'eau. Si la poudre contient de la chicorée, celle-ci tombera et colorera l'eau en jaune, tandis que la poudre de café pure surnage au-dessus du liquide.

L'industrie coupable des falsifications, non contente de s'être exercée sur le café grillé et moulu, s'est portée sur la graine de café en nature, crue ou grillée, et on est parvenu à l'imiter avec beaucoup de ressemblance. On pourra s'en apercevoir cependant en jetant les graines suspectes dans de l'eau qui, en les détrempant, les délayera, ce qui n'arrive pas pour les graines de café naturelles.

Café de chicorée. — Ainsi que nous venons de le dire dans le précédent chapitre, la racine de chicorée s'est acquis une véritable importance commerciale comme succédanée du café, malgré l'absence complète de parfum. N'importe ! elle a été envisagée comme beaucoup moins excitante que le café pur, et cela suffit pour que son usage se soit assez promptement répandu. Maintenant on peut dire qu'elle a pris droit de bourgeoisie parmi les boissons provenant des substances torréfiées.

La racine de chicorée sauvage est riche en principes muqueux sucrés, et par la torréfaction elle acquiert une saveur amère qui n'est pas désagréable et un arome qui se rapproche de celui du sucre cristallisé.

Le commerce la vend dans de petits sacs en papier sous la forme d'une poudre brune.

Pour la faire infuser on procède comme pour l'infusion de café, et pour l'aromatiser on ajoute un peu de poudre de ce dernier. Ainsi la gourmandise et la crainte de certains amateurs se trouvent également satisfaites.

Avec les gousses du caroubier torréfiées on prépare une poudre que l'on vend à la faveur d'annonces pompeuses, et qui réellement n'a pas plus de propriétés que n'en ont tous les produits végétaux caramélisés. Cette poudre est connue sous le nom de *Café de caroube*.

Le *Café de betterave* se prépare en coupant cette racine en de très minces rondelles qu'on laisse sécher à un degré convenable de température pour l'endurcir au point de pouvoir le moudre dans un moulin à café. On le conserve dans une bouteille bouchée à l'émeri.

La chicorée, après avoir servi à falsifier le café, a été à son tour falsifiée, et voici comment : au lieu de bien monder les racines de toutes les radicelles et épluchures, on laisse celles-ci, et l'on y ajoute de la sciure de bois, du tan épuisé et jusqu'à du foie de cheval desséché et pulvérisé. La chicorée bien préparée donne à la combustion 7 à 9 pour 100 de cendres ; celle qui n'est pas épluchée en donne de 20 à 30 centièmes.

On peut découvrir l'addition de substances étrangères au café en poudre en mêlant dans un demi-verre de l'eau avec une petite quantité d'acide muriatique, sur laquelle on laissera tomber deux ou trois prises du café moulu qu'on veut essayer. Le café pur ne précipite pas au fond du verre aussi promptement que le café falsifié, les matières qu'on y a jointes étant plus lourdes.

Café de Chartres ou Café au caramel. — Lorsque la torréfaction du café est arrivée au point où la coloration est devenue blonde pour les cafés jaunâtres et rousse pour les cafés verts, on ajoute dans le brûloir du sucre blanc concassé en petits morceaux d'un centimètre de chaque côté. On continue la torréfaction ; le sucre se caramélise et couvre les graines d'une espèce de vernis de couleur marron foncé, en répandant une forte odeur. On fait alors refroidir le café brûlé le plus rapidement possible, et on le conserve dans des bocaux hermétiquement fermés, car le café ainsi préparé absorbe facilement l'humidité de l'atmosphère.

Le café préparé de cette manière ajoute au parfum du café l'arome du sucre caramélé, et donne une infusion très colorée, ce qui est une raison pour en mettre moins, et conséquemment est plus économique. Au moyen du vernis donné aux graines de café, si on réussit à le faire refroidir promptement, l'arome propre du café se conserve, comme nous avons dit à l'article *Café conservé*.

Café de figues. — Ce café n'est autre chose que le produit de l'infusion préparée avec la poudre de figues torréfiées et moulues.

Comme tous les autres végétaux contenant en grande quantité le principe muqueux sucré, les figues, traitées comme nous venons de le dire, donnent une infusion qui n'a aucune propriété spéciale qui la distingue des autres infusions analogues. On la regarde cependant comme adoucissante, et on la préconise contre la pneumonie aiguë, le catarrhe, les bronchites, la coqueluche.

THÉS

Les thés se partagent en deux classes bien distinctes d'après leur couleur, et en une grande quantité de variétés d'après les caractères qui leur sont propres.

Voici les principales, en commençant par les plus estimées :

Verts.

Hyson skin ou *peau de hyson;*
Iwankey ou *Songlo;*
Young hyson ou *Hyson junior;*
Hyson ou *He-ehum;*
Hyson chulan ou *Hyson soulang;*
Impérial ou *perlé;*
Gun-powder (poudre à canon).

Noirs

The bo hé ou *woo e* ou *boa;*
Campon ou *Congo;*
Souchong ou *Saotchaon;*
Pouchong ou *Padre pouchong;*
Peckao aux pointes blanches ;
Ankay;
Souchay.

Aux qualifications de thé vert et de thé noir se rattachent deux modes d'action sur l'économie animale, que l'on ne saurait méconnaître, tant est sensible la différence des effets produits par les thés d'une classe et ceux produits par l'autre classe. Ainsi, tandis que le thé noir développe des réactions organiques qui peuvent aller jusqu'à constituer un état fébrile très passager, mais ne produit d'ordinaire qu'une excitation temporaire d'une ou deux minutes, le thé vert trouble le plus souvent le système nerveux, produit une gêne dans l'estomac, des palpitations au cœur, des tremblements généraux, et par suite de la faiblesse et la suspension du sommeil. L'habitude finit par émousser la sensibilité et ces symptômes ne se présentent pas chez bon nombre de consommateurs. Cependant il existe des personnes qui ne peuvent en aucune manière accoutumer leur organisme à ce genre de boisson.

On s'habitue plus facilement à un mélange de deux qualités de thé, et cela se conçoit, car dans la même quantité le thé vert ne figure que pour moitié.

Un mélange qui, sans nuire aux qualités que l'infusion de thé doit posséder, n'a aucun des inconvénients occasionnés par le thé vert est le suivant :

Thé vert perlé ou impérial . . . .   ⎫
  — poudre à canon . . . . .   ⎬ de chaque parties
Thé noir Souchong. . . . .   ⎪ égales.
Thé noir Pékao à pointes blanches (1) ⎭

L'infusé de thé s'obtient, tout le monde le sait, en versant de l'eau bouillante sur les feuilles, qui se déroulent immédiatement et aromatisent l'eau de leur parfum. Il y a quelques précautions à prendre pour bien réussir

---

(1) Le thé Pékao, qui a le plus de parfum est celui qui contient le plus de feuilles blanchâtres. Il ne faut pas le confondre avec le thé *Pékao orange*, d'une couleur bleu noirâtre, et donnant à l'infusion une couleur vert jaunâtre et une saveur herbacée.

dans cette opération, qui, quoique très simple et très facile, donne cependant des résultats plus ou moins parfaits, selon la manière dont elle est menée.

La théière en métal anglais est l'instrument le plus convenable, conservant très bien la chaleur et étant d'une jolie apparence.

Les théières en argent seraient peut-être également bonnes, mais ne sauraient être d'un usage général. Celles en terre satisfont aussi au but de maintenir la chaleur.

Préalablement à toute autre opération, on verse de l'eau bouillante dans la théière afin de la réchauffer, puis on vide l'eau et l'on met dans la théière une cuillerée à café de thé pour chaque tasse d'infusé que l'on veut obtenir. L'eau étant en ébullition, on en verse une moitié sur le thé et on couvre : les feuilles commencent à se dérouler, on laisse infuser pendant quelques minutes, et ensuite on ajoute l'autre moitié de l'eau à son maximum d'ébullition. Encore quelques minutes et le thé peut être servi. On aura soin d'échauder même les tasses, pour que le thé ne se refroidisse pas au moment où on le verse, car cette boisson est d'autant plus parfumée qu'elle est plus chaude. On y ajoute, si on veut, un peu de lait ou quelques gouttes de liqueur, telle que le rhum, le kirsch, etc.

Les dames économes ne rejettent pas le marc qui reste dans la théière. Elles le font sécher à l'ombre, et à l'occasion lui font subir une autre infusion à l'eau bouillante, dont elles se servent pour infuser de nouveau thé, en mettant celui-ci en quantité moindre. Cette pratique, économique si l'on veut, ne constitue pas, à notre avis, un bon procédé pour obtenir une infusion d'un goût délicat et parfumé, contenant le principe astringent et un peu âcre de la feuille.

Le thé absorbe avec la plus grande facilité toutes les odeurs ; aussi est-il prudent de le conserver dans des boîtes en bois doublées d'une feuille de plomb, ou dans des flacons en cristal hermétiquement fermés.

Falsification des thés. — L'humidité et la lumière sont deux causes d'altération des thés, ainsi que l'eau, et surtout l'eau de mer. Les thés venant à perdre, à la suite d'une de ces influences, leurs qualités intrinsèques et en grande partie leurs caractères extérieurs, les falsificateurs s'emploient, sinon à leur rendre leurs qualités, au moins à corriger leurs caractères pour pouvoir les vendre. Les thés verts sont colorés avec du chromate de plomb et du bleu de Prusse ou de l'indigo. Les noirs avec du graphite (mine de plomb). On a trouvé mêlées au thé des feuilles de prunier et de camélia, de la poussière de thé agglomérée avec de la gomme.

Une falsification encore assez fréquente consiste à traiter, avec de la gomme, les feuilles qui ont déjà été épuisées, à les rouler ensuite, à les froisser et à les sécher, pour les remettre pour ainsi dire à neuf. Il est évident que les thés de cette sorte ne doivent pas pécher par excès d'arome. Il est d'autant plus difficile de s'apercevoir de ces fraudes, que les falsificateurs ne sont pas assez maladroits pour offrir au commerce des parties entières de thé falsifié, et qu'ils se bornent à les ajouter au bon par certaines quantités.

Le mot thé changeant en grande partie sa signification primitive, celle d'indiquer un arbrisseau fournissant une feuille que l'on fait infuser, est reçue maintenant comme l'équivalent de l'infusion elle-même. De là les dénominations de *Thé d'Europe*, donnée à l'infusion de Véronique, de *Thé français* ou *indigène* dont on décore les infusions de mélisse, menthe, origan et verveine, en quantités égales, de *Thé de verveine* dont on nomme l'infusion des feuilles et fleurs de cette plante, et enfin de *Thé suisse*, dont certains industriels ont affublé un mélange de fleurs de primevère officinale, d'oreilles d'ours, de bouillon blanc, de mélilot, de feuilles et fleurs de thym en parties égales, en tout 250 grammes, que l'on réunit à 500 grammes de feuilles d'aspérule odorante, à 300 grammes de fleurs de pieds de chat, à 60 grammes de fleurs d'arnica, à 120 grammes de millepertuis, à 120 grammes de serpolet, à quelques feuilles de marjolaine et à quelques graines de coriandre.

Le *Thé de viande* se prépare en versant de l'eau bouillante sur de la viande hâchée menu, laissant infuser pendant quelque temps, ensuite passant à travers un linge et exprimant. On pourra saler légèrement l'eau.

Cette infusion convient dans les cas où la digestion ne peut s'effectuer qu'avec grande difficulté, par suite de longues maladies.

LAIT

Les espèces de lait qui servent aux usages domestiques et à la médecine sont les suivantes :

Lait de vache,   *Lait d'ânesse,*
— *de chèvre,*   — *de cavale,*
— *de brebis,*   — *de buflesse.*

Le lait le plus analeptique après celui de la femme est le lait d'ânesse. Dans l'ordre de leurs propriétés nutritives viennent le lait de cavale, de brebis, puis celui de chèvre.

Pour empêcher le lait de tourner, il est nécessaire d'ajouter un gramme de bicarbonate de soude à chaque litre. (*V. Lait frais conservé.*)

Falsifications du lait. — D'après M. Payen, les fraudes sur le lait se sont bornées aux quelques pratiques suivantes :

1. On écrème le lait de la veille et on le mêle à celui du matin qui doit être livré à la consommation. Ce lait, naturellement, n'a pas la consistance du lait pur, et sa couleur tire sur le bleu.

2. Le plus souvent on ajoute au lait de l'eau dans des proportions plus ou moins considérables. La couleur du lait ainsi délayé est bleuâtre, sa consistance est moindre.

En en laissant tomber une goutte sur une surface plane ou une plaque lisse de marbre ou de verre, cette goutte produira tout autour une auréole d'eau, tandis que le lait pur forme une goutte qui ne s'élargit aucunement.

Les falsificateurs savent cela, et ils y pourvoient en colorant le lait en jaune avec du caramel, de l'extrait de chicorée, etc. Mais cette falsification se découvre assez facilement, en faisant écailler et égoutter le lait sur une toile. Le petit lait qui en dégoutte entraîne avec lui la matière colorante, et au lieu de se présenter blanc il est d'une nuance orange ou brune.

3. On a essayé de falsifier le lait en y ajoutant, non de l'eau simple, mais une solution un peu mucilagineuse de dextrine, soit une décoction de son ; le pèse-lait ne révèle pas ces additions, qui sont immédiatement décelées par l'iode qui donne une coloration violette au mélange, et mieux encore au petit lait qu'on en extrait par la coagulation à l'aide du vinaigre et de l'ébullition.

Lait artificiel. — Il convient quelquefois dans les ménages de se servir d'un lait approchant le lait de femme pour la nourriture des enfants à la mamelle.

Voici la formule proposée par Rosenstein :
Amandes douces décortiquées. . deux.
Eau bouillante . . . . 120 grammes.

A l'aide d'un pilon et d'un mortier émulsionnez et ensuite passez et ajoutez :
Lait de vache . . . . 180 grammes.

D'autres médecins prescrivent de couper le lait avec la moitié de son poids de décoction d'orge.

Lait caillé.
Lait de vache . . . . 1 litre.
Sucre blanc en poudre . . . . 120 grammes.

Faites bouillir quelques instants et ensuite ajoutez eau de fleurs d'oranger, 2 cuillerées à soupe.
Retirez du feu ; le lait ne tardera pas à se cailler.
Faites filtrer dans un morceau de toile blanche bien propre, laissez égoutter. On peut le servir sur table une fois refroidi comme délicieux entremets.

Petit lait. — En ajoutant un filet de vinaigre au lait et en faisant bouillir, tout le lait se caille, et le sérum ou petit lait s'écoule à travers une toile.

Autrefois la coutume exigeait de prendre quelques dépuratifs au sortir de la saison d'hiver, dans le but d'éliminer de l'organisme toutes les impuretés restées à sa charge par défaut de transpiration cutanée. Je ne connais pas les raisons qui ont fait renoncer à cet usage, qui, dans beaucoup de circonstances, nous paraît très utile, et qui, dans aucune, ne saurait être préjudiciable.

Pour se purger de cette manière on préférait les décoctions de chicorée, de fumeterre ou de cresson dans le petit lait. Cette décoction est très rafraîchissante, légèrement laxative, et tant soit peu diurétique.

Le petit lait a servi aussi à préparer un remède antiscorbutique, qui s'obtient en mêlant trois quarts de lait de vache avec un quart de jus de plantes antiscorbutiques, telles que la cochléaria, le raifort, le cresson, et en faisant bouillir ensuite. Aussitôt que le lait se coagule, on passe à l'étamine ou à la serviette. On le donnait à la dose de 100 à 180 grammes par jour.

Si on évapore le lait jusqu'à la consistance du miel, il laisse déposer par le repos des cristaux de *Sucre de lait*, dont on fait usage en médecine ; on lui attribue des propriétés pectorales.

Lait artificiel de Liébig. — Prenez :

Lait de vache écrémé . . . . . 160 grammes.
Farine de froment . . . . . . 16 —

Faites bouillir jusqu'à ce que le mélange se soit transformé en une bouillie homogène. Retirez alors du feu et ajoutez :

Orge germée et moulue (malt) . 16 grammes.
Eau commune froide. . . . . . 32 —

Cette eau sert à pétrir le malt, avant de l'ajouter à la bouillie de lait. Ajoutez aussi :

Solution de bicarbonate de potasse..   3 grammes.

Celle-ci préparée avec onze parties d'eau et deux de sel.

Le vase qui contient ce mélange doit être placé dans un endroit chaud, jusqu'à ce que la bouillie ait acquis la consistance liquide d'une crème. Au bout de quinze ou vingt minutes on remet le tout sur le feu, on fait bouillir quelques instants et ensuite on passe à travers un tamis de crin bien serré.

Ce lait, qui a été proposé par son auteur pour l'allaitement artificiel des nouveaux-nés, demande à être laissé en repos pendant un quart d'heure et plus pour le débarrasser des matières fibreuses fines qu'il tient en suspension.

Il nous paraît que ce serait faciliter et simplifier l'opération que de préparer à part le moût de bière, en faisant infuser le malt dans quatre fois son poids d'eau très chaude, sans être bouillante, et en se servant d'une cafetière à la Dubelloy pour obtenir à peu près la moitié du liquide employé qu'on ajouterait à la bouillie de lait. De cette façon on éviterait de filtrer.

Si on a la possibilité de se procurer du moût de bière tout fait, on pourra se servir du moût des brasseurs avant l'addition du houblon. L'addition de bicarbonate de soude ou de potasse est faite en vue de rendre le lait plus digestible et de pouvoir le conserver plus longtemps. Préparé de cette manière, le lait se conserve, même en été, plus de 24 heures.

Les femmes qui n'ont pas assez de lait, ou dont le lait n'est pas assez crémeux, et qui, pour une cause quelconque, ne veulent pas mettre leur enfant en nourrice, pourront se servir du lait préparé avec le procédé de M. Liébig, contenant, comme le lait de femme, de 10 à 38 0/0 d'éléments physiques et respiratoires.

EAUX-DE-VIE ET LIQUEURS

Eaux-de-vie ordinaires. — C'est en distillant un liquide qui a subi la fermentation vineuse ou alcoolique, et plus particulièrement le vin de raisin que l'on obtient l'eau-de-vie. Ce liquide se nomme d'une manière différente, selon la substance de laquelle on l'extrait, et selon son degré de force alcoolique. Le degré inférieur s'appelle *Eau-de-vie*, le degré le plus élevé *Alcool* ou *Esprit de vin*, qui, à l'aréomètre, pèse ordinairement depuis 80 jusqu'à 100°, ce dernier degré se distinguant sous la dénomination d'*Alcool absolu*.

Le produit de la distillation de la mélasse de sucre de canne s'appelle *Rhum*; celui des débris de la canne à sucre *Tafia*; celui du riz *Rack*; celui que l'on extrait du lait de jument *Koumin*; celui de la fécule *Esprit de fécule*; celui de l'orge *Whisky d'Écosse*. On a aussi les *Alcools ou Esprits de sorgho*, de *betteraves*, etc., selon le nom de la plante, ou de la céréale, ou du fruit d'où on retire l'alcool.

Comme il ne saurait être question dans ce livre que de l'eau-de-vie de bon goût, c'est de celle de vin que nous entendons nous servir pour la préparation des liqueurs. Les résultats que l'on a obtenus par les récents procédés de désinfection des alcools de mauvais goût ne donnent pas à beaucoup près des liqueurs assez délicates pour tromper les palais exercés.

Eau-de-vie anisée, ou Eau blanche.

Eau-de-vie ordinaire à 54°	80 litres.
Anis bien lavé (graines).	2,000 grammes.
Badiane — (graines) ⎫ de chaque	1,650 —
Fenouil (graines) ⎭	
Coriandre (semences).	350 —
Cannelle de Ceylan	180 —

On distille, après vingt-quatre heures d'infusion, en ayant la précaution de ne pas mêler au produit le premier litre et le dernier, parce qu'ils sont d'un goût très âcre.

Si au produit distillé on ajoute 12 kilos de sucre dissous dans 9 litres d'eau, on obtiendra une espèce d'*Anisette* connue dans le centre de l'Italie sous la dénomination de *Rinfresco*.

Délayée dans beaucoup d'eau, cette liqueur est éminemment désaltérante.

A notre connaissance, ce n'est qu'à Lyon que cette eau-de-vie est appelée *Eau blanche*, probablement parce que, mêlée à l'eau, l'huile essentielle contenue dans les ingrédients, rend l'eau de couleur blanche, laiteuse à l'instar de la liqueur d'absinthe.

Eau-de-vie de Cognac artificielle, ou Cognac de Lyon.

Eau-de-vie ordinaire à 54°	60 litres.
Thé impérial	25 grammes.
Sirop de raisin bien réduit	6 litres.
Caramel	6 —
Infusion de noix ⎫	
— de coings ⎬ de chaque.	1 —
— de pruneaux ⎭	

Quand on veut la parfumer davantage, on ajoute quelques gouttes d'essences de cédrat et de Portugal.

Avant de joindre à l'eau-de-vie toutes ces substances, il faut les mêler entre elles en les délayant dans 5 ou 6 litres d'eau chaude. Après quelques instants on ajoutera l'eau-de-vie.

Clarifiez avec l'infusion de sureau, comme il est dit au chapitre *Eau-de-vie de Languedoc.*

Autre procédé :

Alcool à 63°.	50 litres.
Sucre	8,000 grammes.

Faites dissoudre dans une petite quantité d'eau et ajoutez :

Suc de coings . . . . 2 litres 1/2

et quantité suffisante d'eau-de-vie de marc.

L'eau-de-vie, obtenue en suivant cette formule, pèse de 52 à 54° à l'aréomètre.

Les eaux-de-vie empruntent un goût de terroir aux vins qui en ont un ; ainsi, les vins de Selluel en Dauphiné donnent une eau-de-vie qui a l'odeur et la saveur de l'iris de Florence. Ceux de St-Pierre-en-Vivarais donnent une eau-de-vie qui sent la violette. On trouve le goût de pierre à fusil dans les eaux-de-vie provenant des vins de la Côte-Rôtie, celui d'ardoise des vins de la Moselle, de succin des vins de Holstein, de muscat des vins de Frontignan et de Lunel, celui de marc dans certaines eaux-de-vie de Cognac et d'Armagnac, etc.

On a cherché à imiter ces divers arômes, au moins ceux qui plaisent : mais on n'y a réussi qu'imparfaitement. Le cognac de Lyon qui est une des plus heureuses imitations du genre, ne pourrait induire en erreur les palais même les moins experts.

Eau-de-vie de Languedoc artificielle.

Eau-de-vie ordinaire.	54 litres.
Caramel	1,500 grammes.
Sirop de raisin	240 —
Goudron	10 —
Infusion de coings — de noix — de pruneaux } de chaque.	90 —

On commence par mêler le caramel au sirop en ajoutant un demi-litre ou deux tiers de litre d'eau bouillante, et l'on remue. Ensuite on ajoute les parfums, et l'on remue constamment. Alors on verse le tout dans le vase contenant l'eau-de-vie, et après avoir bien agité et remué le mélange on le clarifie avec la décoction de fleurs de sureau préparée par l'ébullition de 300 grammes de fleurs de sureau dans un litre d'eau. Le liquide passé au tamis est ajouté au mélange précédent. On agite le tout, et on laisse en repos pendant quelques jours.

Rhum artificiel.

Esprit de vin à 86°.	100 litres.
Écorces fraîches de bois de chêne pilées .	500 grammes.
Cachou pilé .	16 —
Clous de girofle .	8 —
Goudron liquide .	8 —

On laisse infuser le tout pendant quinze jours; après on ajoute :

Eau.	40 litres.

et l'on colore au caramel.

On ajoute :

Rhum véritable.	10 —

et l'on filtre.

Eau-de-vie améliorée. — Pour donner le goût de la vieille eau-de-vie à une eau-de-vie nouvelle, il faut y ajouter quelque peu de bon rhum, avec du sucre bien cuit et bien filtré. On commence par mêler ces deux ingrédients avec un peu de l'eau-de-vie que l'on veut améliorer, et ensuite on réunit ce mélange à ce qui reste d'eau-de-vie.

Pour ôter son âpreté à une eau-de-vie, l'on n'a qu'à ajouter deux ou trois gouttes d'alcali volatil (ammoniaque) pour chaque litre, et un dixième de sirop de sucre.

L'eau-de-vie trouble se clarifie au moyen de la colle de poisson.

Le goût d'huile de marc disparaît en faisant infuser, dans 12 litres d'eau-de-vie, 30 grammes de baies de genièvre.

La chaux, ajoutée à certains vins, dans des proportions convenables avant de les distiller, développe le bouquet. L'eau-de-vie qui en provient est de meilleure qualité que celle qui est obtenue sans addition de chaux. Il ne faut pas complètement saturer de chaux les vins, car les eaux-de-vie qu'on obtiendrait par la distillation auraient alors le goût de chaux. On réserve cette saturation pour les vins tournés ou acides, quoique ces derniers ne donnent qu'une petite quantité d'eau-de-vie.

L'addition de la chaux aux vins que l'on veut distiller les préserve aussi du *goût d'airain*, que conservent les eaux-de-vie pendant longtemps, et qui est dû à la volatilisation de parcelles de cuivre pendant la distillation.

L'éther nitreux, à la dose de 25 grammes pour un hectolitre de vin à distiller, donne d'excellents résultats, l'eau-de-vie que l'on en retire ayant un goût infiniment plus agréable.

Le défaut des eaux-de-vie distillées à feu nu, et sans les précautions nécessaires, que l'on désigne sous le nom de *goût empyreumatique*, ou de *chaudière*, ne s'atténue que par des distillations successives, en rejetant le premier et le dernier produit.

Désinfection de l'alcool. — Les alcools de fécule, de garance, de sorgho, de betteraves, de grains, etc., se désinfectent dans une certaine mesure par le procédé qu'indique M. Breton. Ce procédé consiste à faire traverser une couche de pierre ponce en poudre par l'acool infecté. Cette pierre a la propriété d'absorber les huiles volatiles que l'on sait être la cause du mauvais goût de l'alcool. Lorsque cette poudre est saturée d'huile on l'expose à une haute température, pour faire volatiliser les huiles essentielles, et la rendre susceptible de servir de nouveau.

On désinfecte aussi l'alcool, ainsi que nous l'avons dit à propos de l'*Eau-de-vie de marc*, avec 2 grammes de chlorure de chaux et 10 grammes de charbon de bois pour un litre d'alcool, en le laissant en contact avec lesdites poudres pendant 36 heures. Par ce moyen, il s'améliore mais il ne se désinfecte pas complètement. On s'est servi du permanganate de potasse, mais avec un médiocre succès.

Si la quantité d'alcool que l'on veut désinfecter n'est pas bien considérable, on pourra se servir d'huile d'olive, qui, elle aussi, a la propriété de dissoudre les huiles essentielles. Il n'y a qu'à agiter l'alcool infecté avec un peu d'huile, et ensuite laisser le tout en repos. L'huile, chargée d'huile essentielle, viendra surnager, et il n'y aura plus qu'à la séparer de l'alcool au moyen de la décantation.

Rectification des alcools. — On sait qu'ordinairement on rectifie les alcools en les redistillant un certain nombre de fois. Il y a cependant un moyen chimique à l'aide duquel on peut obtenir le même résultat, et ce moyen consiste à mêler à l'eau-de-vie que l'on veut rectifier une solution de carbonate de potasse marquant de 40° à 60°, et à agiter pour laisser reposer ensuite. Le carbonate de potasse absorbera toute l'eau contenue dans l'alcool, qui s'en séparera en se portant à la surface. Il n'y a plus qu'à décanter. Le même carbonate peut servir indéfiniment, si chaque fois on a soin de concentrer au feu sa solution pour la ramener au même titre.

Eau-de-vie d'Andaye.

Sucre blanc	2,500 grammes.
Faites fondre à la chaleur dans l'eau	1,750 —

Ajoutez :

Alcool à 86° (3/6).	2 litres.
Essence de badiane	1 gramme.
Extrait de jasmin.	4 —
Essence de girofle.	5 gouttes.
— de cannelle.	2 —

Laissez en repos pendant un mois, ensuite filtrez.

Autre procédé.

Anis vert	375 grammes.
Coriandre	750 —
Amandes amères	750 —
Racine d'angélique	500 —
Cardamome majeur ⎫ de chaque . .	30 —
— mineur ⎭	
Zestes de citrons frais. . . .	10 citrons.
Alcool à 85°	38 litres.

Faites macérer, distiller, rectifier, pour obtenir 36 litres de produit, ensuite ajoutez :

Sucre très blanc	56 kilos.
Infusion d'iris	20 centilitres.

Moins de sucre et plus d'alcool donneront une eau-de-vie relativement plus spiritueuse.

Eau-de-vie de Dantzig.

Sucre blanc.	2,500 grammes.
Eau	1,750 —

Faites fondre à l'aide de la chaleur, ensuite ajoutez :

Alcool à 86° (3/6).	2 litres.
Essence de citrons	2 grammes.
— de macis.	5 gouttes.
— de cannelle.	2 —

Filtrez au papier et conservez en bouteille. On peut ajouter pour chaque litre une feuille d'or.

Eau-de-vie de Pêches.

Alcool à 86° (3/6)	2 litres.
Pêches belles et parfumées, mûres . .	quatre.

Faites-les infuser pendant un mois dans l'alcool après les avoir coupées en quartiers, et avec leurs noyaux. Alors ajoutez :

Sucre	1,500 grammes.
Eau	1,000 —

Sortez les noyaux; exprimez, filtrez.

Liqueur d'Absinthe, ou Absinthe.

Alcool à 65°	100 litres.
Eau	12 —
Grande absinthe	6,000 grammes.
Graines d'anis	6,000 —
— de badiane	3,000 —
— de fenouil.	3,000 —
— de coriandre	5,000 —

L'écorce de huit citrons.

Introduisez toutes ces substances dans la cucurbite d'un alambic, et laissez infuser pendant vingt-quatre heures. Distillez ensuite pour obtenir 100 litres de liqueur.

Pour donner à ce produit la couleur verte, on y fera infuser une légère quantité de petite absinthe pendant tout le temps nécessaire pour produire le degré de coloration voulue. Ensuite on filtre et l'on met en bouteilles.

Si le produit distillé n'était pas assez aromatisé d'absinthe, il faudrait employer une plus grande quantité de petite absinthe pour le colorer, car, outre sa faculté colorante, cette plante a encore une saveur intense qu'elle communique à la liqueur.

Eau-de-vie de Marc de raisin. — On appelle ainsi une eau-de-vie obtenue au moyen de la distillation du marc de raisin, dépouillé presque entièrement par le pressurage de tout le vin, et ayant fermenté depuis quelque temps. Pendant cette fermentation presqu'à sec il se produit une huile d'une saveur et d'une odeur particulières très désagréables si elle est abondante, mais qui, en petite quantité, est assez goûtée de certains palais.

On l'obtient par trois procédés. Le premier consiste à distiller le marc joint à une certaine quantité d'eau ; le second, à faire passer à travers le marc un courant de vapeur ; enfin, le troisième, à laver le marc à grande eau pour distiller ensuite ces mêmes eaux. Ce dernier procédé donne une eau-de-vie moins infecte que les deux autres.

L'huile volatile qui communique aux eaux-de-vie un goût détestable ne bout qu'à une température plus élevée que l'alcool. Par conséquent, en distillant à une température médiocre ces eaux-de-vie, on réussit à les améliorer, et plus encore si on les redistille. Un hectolitre d'eau-de-vie de marc contient 20 grammes environ de cette huile qui vient surnager dans l'eau qui n'est pas vaporisée.

Le charbon animal neutralise en partie ce mauvais goût, en donnant cependant à l'eau-de-vie un autre goût d'huile animale qui ne vaut pas beaucoup mieux.

On se sert aussi du chlorure de chaux à la dose de 60 grammes pour 170 litres d'eau-de-vie ; mais l'eau-de-vie distillée que l'on obtient conserve un arrière-goût de chlorure.

L'addition de l'acide sulfurique et le vinaigre fort ont été employés à la désinfection de l'eau-de-vie de marc, mais avec peu de succès.

Concentrée à 86° cette eau-de-vie sert dans les arts.

Le marc qui reste après la distillation de l'eau-de-vie sert à faire du fumier ou de la potasse, en le calcinant. Chaque hectolitre de vinasse donne 200 à 250 grammes de potasse pure, et de 250 à 300 grammes de tartrate de chaux, desquels on peut extraire 150 à 200 grammes d'acide tartrique. On voit quelle importance a le marc de raisin, ordinairement négligé par nos propriétaires de vignobles.

Eau-de-vie de Genièvre ou Genièvre (Gin des Anglais).

> Baies de genièvre sèches. . . 5,000 grammes.
> Houblon . . . . 500 —
> Alcool à 85° (3/6) . . . . . . 32 litres.

Ecrasez les baies dans un mortier et faites-les macérer avec le houblon dans l'alcool pendant vingt-quatre heures. Distillez ensuite au bain-marie avec 30 litres d'eau, pour retirer 30 litres de produit, auquel vous ajouterez :

> Alcool à 85° . . . . 28 litres.
> Eau commune . . . . 42 —

Vous obtiendrez 100 litres de produit pesant 49° à l'aréomètre.

Le *Ratafia de genièvre* se compose de la manière suivante :

> Baies de genièvre . . . . . . 60 grammes.
> Eau-de-vie à 56° . . . . . . 2 litres.

Laissez infuser pendant quelques jours, et après ajoutez :

> Cannelle. . . . . 16 grammes.
> Clous de girofle ⎫
> Anis vert   ⎬ de chaque . . 1 —
> Coriandre   ⎭
> Sucre fondu dans une faible
>   quantité d'eau . . . . 500 —

Laissez infuser six semaines, et ensuite filtrez.

Vous pourrez obtenir l'eau-de-vie de genièvre en ajoutant 100 grammes d'essence de genièvre à un mélange de 56 litres d'alcool à 85° et 44 litres d'eau.

Eau-de-vie des sept Graines.

Esprit d'aneth	1 litre	50	centilitres.
— d'angélique ..	2 —	50	—
— d'anis......	2 —		
— de céleri. ...	2 —		
— de chervis...	1 —	50	—
— de coriandre..	2 —	50	—
— de fenouil ...	2 —		
Alcool à 85° (3/6) ..	14 —		
Eau commune	55 —		
Sucre.........	25,000 grammes.		

Réunissez à l'alcool tous les esprits parfumés, ensuite ajoutez le sucre dissous dans l'eau. Colorez en jaune avec le caramel.

Si vous n'avez pas à votre disposition les esprits parfumés tout préparés, vous pourrez procéder en ajoutant à l'alcool toute la quantité de liquide alcoolique correspondant à la quantité d'esprit prescrite, et ensuite en faisant macérer les graines pendant quelque temps pour passer à la distillation et obtenir une quantité de produit équivalente à la quantité d'alcool employé.

Alkermès de Florence.

Cannelle.............	15	grammes.
Vanille.............	2	—
Clous de girofle.........	3	—
Noix muscade râpée.......	une.	
L'écorce d'un cédrat.		

Concassez toutes ces substances et laissez-les infuser dans :

Alcool à 86° (3/6)......	1,800	grammes.
Pour colorer ajoutez :		
Cochenille..........	6	—
Alun.............	1 gr. 1/4.	

Mêlez ensemble et arrosez avec quelque peu d'eau avant de les joindre à l'alcool.

On laisse macérer pendant six jours, en agitant le récipient de temps en temps.

Alors on fait dissoudre dans un vase à part :

Sucre	3,900 grammes.
Eau.	2,160 —

On mêle ce liquide sirupeux à la teinture alcoolique ci-dessus, après l'avoir passé par un linge. On ajoute ensuite :

Suc de pommes d'api récemment exprimé et clarifié	360 grammes.
Eau de fleurs d'oranger	180 —

On laisse le tout en repos pendant quelque temps, et ensuite on filtre au travers du sable lavé.

Liqueurs de Coings. — Eau de Coings. — Râpez une certaine quantité de coings et mettez la pulpe qui en résulte dans un vase où vous la laisserez pendant deux ou trois jours. Après ce temps exprimez, et au produit obtenu ajoutez le double de son poids de sucre. Ensuite ajoutez plus ou moins d'eau-de-vie, selon que vous voudrez la liqueur plus ou moins spiritueuse.

Opérez de même pour obtenir la *Liqueur de framboises*, de *merises*, de *cassis*, de *groseilles* et d'autres fruits pulpeux.

Le *Ratafia de coings* se prépare ainsi :

Suc exprimé de coings bien murs.	6 litres.
Esprit de girofle	50 centilitres.
Alcool à 85°	25 litres.
Sucre	12,500 grammes.
Eau commune	60 litres.

Si l'on n'a pas à sa disposition l'esprit de girofle, il suffira d'en mettre quelques clous à infuser dans l'alcool pendant quelques jours avant d'y ajouter le suc de coings et la solution de sucre.

La même formule pour le *Ratafia de groseilles*, de *fraises*, de *framboises*.

Le *Ratafia de cassis* se compose ainsi qu'il suit :

Feuilles de cassis.	125 grammes.
Baies de cassis bien mûres.	3,000 —
Clous de girofle.	2 —
Cannelle de Ceylan	4 —
Alcool à 56°	6 litres.
Sucre	2,000 grammes.
Eau commune	1 litre.

Après avoir écrasé les baies de cassis, on les met à macérer pendant quinze jours dans l'alcool, en y réunissant la cannelle et les clous de girofle. Au bout de ce temps, on presse et on ajoute au produit le sucre dissous dans l'eau, pour filtrer le tout.

Le *Ratafia de cassis de ménage*, ou *cassis*, se prépare de la manière suivante :

Baies de cassis légèrement écrasées.	2,000 grammes.

Laissez-les trois jours dans un endroit frais jusqu'à ce que la fermentation commence à se manifester. Alors vous ajoutez :

Framboises	500 grammes.

Vous mettez le tout dans :

Eau-de-vie vieille à 52°	4 litres.

Laissez macérer pendant 20 jours, filtrez en exprimant et ajoutez :

Sucre	500 grammes.

Agitez le mélange, et avant de le filtrer laissez reposer pendant deux jours.

La consommation abondante d'un article de commerce

engendre naturellement la concurrence, la concurrence le bon marché, et le bon marché les falsifications. La *Liqueur de cassis* dont l'usage s'est répandu depuis quelques années n'a pas échappé à la mauvaise pratique des fabricants d'en altérer la composition en y ajoutant des substances à meilleur marché que la liqueur même. Il y a plus d'un liquoriste qui, mettant à profit la confiance dont on les honore pour favoriser leur porte-monnaie, allongent le cassis avec du vin, et cette addition, qui, à vrai dire, n'est pas malfaisante, ôte cependant au ratafia une partie de son arome et de son fruité, en lui communiquant un arrière-goût d'amertume qui peut servir à déceler la présence du vin.

Ratafia de Grenoble.

Suc de merises	5 litres.
Sucre	1,000 grammes.

Dissolvez le sucre dans le suc.

D'autre part faites infuser dans 5 litres d'eau-de-vie :

Cannelle.	4	grammes.
Clous de girofle.	24	—
Feuilles de pêcher	240	—
Amandes de cerises pilées. .	250	—

Filtrez, mêlez les deux liqueurs et filtrez de nouveau.

Autre formule :

Cassis	15,000	grammes.
Framboises } de chaque . .	20,000	—
Cerises		
Merises.	10,000	—
Alcool à 86° (3/6)	36	litres.
Sucre raffiné blanc.	50,000	grammes.

Broyez le tout sans écraser les noyaux, et faites infuser dans l'alcool pendant un mois. Ajoutez ensuite le sucre fondu dans une quantité suffisante d'eau pour parfaire un hectolitre.

Ratafia de Merises. — Merises bien mûres, mondées de leurs queues et écrasées . . 100 kilogrammes.

Mettez-les dans une bassine de cuivre rouge et chauffez rapidement, en agitant toujours avec une spatule, jusqu'à épaississement du jus. A ce moment versez le tout dans un tonneau pour le laisser refroidir. Une fois froid vous ajoutez :

Eau-de-vie à 59° . . . . 55 litres.

Laissez infuser pendant six semaines en remuant de temps en temps, puis tirez au clair pour mettre dans un autre tonneau où la liqueur s'éclaircira d'elle-même.

Liqueur d'Angélique simple. — Prenez :

Alcool 3/6 . . . . 1 litre.
Graine concassée d'angélique . . 20 grammes.
Laissez infuser pendant huit jours : passez ou mieux filtrez et ajoutez sucre blanc . . 500 grammes.
dissous dans, eau . . . . . . 300 —

Filtrez de nouveau, et conservez en bouteilles bien bouchées.

Si l'on désire une liqueur moins spiritueuse ou plus sucrée, on pourra augmenter la quantité d'eau dans le premier cas, et la quantité de sucre dans le second cas.

Ce procédé peut servir de type pour préparer les *Liqueurs d'anis*, de *badiane*, de *cumin*, ou *Kummel*, etc., simples.

Liqueur d'Angélique composée.

Tiges fraîches d'angélique } de chaque. 125 grammes.
Amandes amères
Sucre . . . . 1,000 —
Eau-de-vie à 59° . . . . 5,500 —
Eau . . . . 6 litres.

Après avoir concassé les amandes et coupé l'angélique en petits fragments, on met l'une et l'autre infuser dans l'alcool et l'eau pendant quatre ou cinq jours. Alors on ajoute le sucre et on filtre.

Ambroisie (liqueur d'). — Voici la recette que donne M. Chevallier: faites infuser dans deux litres d'eau-de-vie 4 grammes de graines d'ambrette, 1 gramme 1/2 d'anis étoilé, d'anis vert, de fenouil, d'angélique, de baies de genièvre. 1 gramme de cochenille et 1 gramme d'alun. Concassez le tout avant de le mettre dans l'eau-de-vie. L'infusion doit durer deux jours. Après ce laps de temps on passe à travers un linge et on adoucit le produit par une solution de 750 grammes de sucre dans 850 grammes d'eau. Après trois jours, filtrez au papier gris.

Liqueur de Myrrhis. — Faites macérer des feuilles fraîches ou sèches de *Myrrhis odorata* dans l'alcool pendant une quinzaine de jours, ensuite filtrez. Cet alcoolé a un goût et un parfum particuliers, qui rappellent le goût et le parfum de la liqueur de la Grande-Chartreuse, ce qui ferait croire que cette plante figure parmi les ingrédients de cette liqueur. Adoucie avec son poids de sirop de sucre, cette liqueur est excellente. En la mêlant dans les proportions voulues avec le Vespetro, on a un liquide qui imite à s'y méprendre la Grande-Chartreuse.

Liqueur de Moldavie ou Moldavie. — Fleurs fraîches, mondées de leur calice, de Moldavie ou *Dracocephalum Moldavica*. . . . . 150 grammes.
Alcool à 59°. . . . . 1 litre.

Laissez infuser dans un vase fermé et au besoin exposé au soleil pendant un mois, ensuite filtrez et ajoutez :

Sucre. . . . . 500 grammes.

On préparera de même la *Liqueur de verveine* ou *Verveine*, en employant les sommités fleuries de la plante de ce nom.

Ces deux liqueurs de ménage jouissent auprès de beaucoup de personnes de la réputation d'être de souverains remèdes contre la colique et autres indispositions du tube intestinal. Aussi les envisage-t-on plutôt comme remèdes que comme liqueurs d'agrément.

Liqueur de prunelles. — Prenez :

Fruits de prunellier sauvage (ou *prunelles*) bien mûrs et autant que possible quand ils ont été exposés à une légère gelée . . . . 500 grammes.

Écrasez-les ainsi que leurs noyaux et introduisez-les dans une bouteille ou une cruche d'une dimension convenable. Ajoutez :

Eau-de-vie à 54° . . . . 1 litre 1/2.
Sucre blanc . . . . 150 grammes.

Laissez macérer pendant trois ou quatre semaines, ensuite décantez la liqueur pour la filtrer après et la mettre en bouteilles.

Pour le goût, cette liqueur rappelle un peu le ratafia de merises.

Liqueur de Miel. — La plupart des liqueurs au miel sont une combinaison d'hydromel concentré (*voyez ce mot*), et d'eau-de-vie de bonne qualité. Ainsi on connaît l'hydromel à la rose, à la vanille, etc., que l'on obtient en faisant macérer des feuilles de rose, des gousses de vanille, etc., dans de la bonne eau-de-vie que l'on mêle à de l'hydromel vineux.

Il y a des liquoristes qui, au lieu de sucre, emploient le miel pour leurs liqueurs, mais ces liqueurs n'acquièrent, par ce moyen, aucune qualité recommandable.

Ratafia blanc, pour faire toutes sortes de liqueurs sans distillation.

Eau-de-vie à 59°	1 litre.
Eau commune	200 grammes.
Sucre	350 —

Mêlez le sucre à l'eau, et après dissolution complète ajoutez l'alcool.

Autre formule :

Sucre en poudre	4,000 grammes.
Eau	2,700 —

Faites fondre et ajoutez :

Alcool à 85° (3/6)	5,500 grammes.

Cette seconde formule donne un produit plus alcoolique.

Au moyen de l'addition d'un parfum quelconque on obtiendra la liqueur correspondante. Nous allons donner quelques spécimens des parfums le plus généralement employés :

Persicot. — Essence d'amandes, 10 parties; essence de citrons, 8 parties. Mêlez et conservez en flacon bouché à l'émeri. Vingt gouttes de ce mélange suffisent pour aromatiser quatre litres de ratafia blanc.

Noyaux. — Essence de noyaux, 2 grammes pour 5 litres.

Roses. — 10 gouttes d'essence de roses pour 10 litres de ratafia blanc donnent l'*Huile de roses*.

Vanille. — 10 gouttes d'essence de vanille pour 10 litres de liqueur.

Rosolio. — 10 gouttes d'essence de menthe, 3 gouttes d'essence de roses, 250 grammes d'eau de fleurs d'oranger. Cette dose pour 10 litres.

Anisette. — 6 grammes d'essence d'anis et 8 gouttes d'essence de cannelle de Ceylan pour 10 litres de liqueur.

Curaçao. — 8 grammes d'essence de curaçao (essence d'écorce d'oranges amères), 6 gouttes d'essence de cannelle de Ceylan; le sucre et l'eau dans laquelle on a fait préalablement bouillir le jus et l'écorce de six oranges, pour 10 litres. La teinture de bois de Fernambouc communique à la liqueur la propriété de rougir au contact de l'air.

Autre formule :

Écorces d'oranges amères. . .	500 grammes.
Cannelle fine } de chaque. .	quelques grammes.
Clous de girofle	
Eau-de-vie vieille à 54°	10 litres.

Laissez infuser pendant quinze jours dans un vase bien bouché à l'action de la chaleur du soleil ou d'un poêle, en ayant soin d'agiter de temps en temps. Passez, et au produit vous ajoutez un sirop composé de :

Sucre.	2,500 grammes.
Eau.	1 litre.

Absinthe :

Esprit de vin à 85° (3/6).	4 litres.
Essence d'absinthe }	
— de fenouil } de chaque .	8 grammes.
— d'anis }	
Eau.	2 litres.

et la couleur verte.

Pour faire la liqueur d'absinthe on en ajoute à l'eau-de-vie à 59° une quantité suffisante.

Cédrat. — 8 grammes d'essence de cédrats pour 10 litres de ratafia blanc.

Portugal. — 8 grammes d'essence de Portugal pour 10 litres.

Girofle. — 2 grammes d'essence de girofle pour 10 litres.

Néroli. — 12 gouttes de teinture de myrrhe et 24 gouttes de néroli pour 10 litres.

Menthe. — 4 grammes d'essence de menthe et la couleur verte.

Violette. — 62 grammes de fleurs de violettes sèches. Faites-les bouillir avec le sucre et l'eau ; passez et ajoutez l'alcool.

Ces exemples suffiront pour mettre chacun à même de faire toutes sortes de liqueurs à l'aide des essences. Il est à remarquer cependant que toutes les liqueurs ainsi préparées n'ont pas le goût exquis de celles que l'on prépare par la voie de la distillation.

Ratafia de Cacao.

Cacao caraque torréfié	500 grammes.
— des îles —	250 —
Alcool à 75°	2 litres.
Sucre	4 kilogram.
Teinture de vanille	20 gouttes.

On fait macérer les cacaos dans l'alcool pendant quinze jours, après on passe et on ajoute le sucre dissous dans la moitié de son poids d'eau, et ensuite on ajoute la vanille.

Si au lieu de cacao on emploie le café torréfié et moulu à la dose de 500 grammes, on obtiendra le *Ratafia de café.*

Ratafia de fleurs d'oranger. — Fleurs d'oranger mondées

de leur calice	1,000 grammes.
Eau-de-vie vieille de 50 à 54°	4 litres.

Laissez macérer pendant quinze jours, et ajoutez :

Sucre	4,000 grammes.

Ensuite filtrez.

Vespetro.

Semences d'angélique	60	grammes.
— de coriandre	30	—
— d'anis	8	—
— de fenouil	8	—

Faites macérer pendant huit jours dans :

Eau-de-vie à 54°	2,000 grammes.

Passez ensuite et ajoutez :

Sucre	500 —
Eau	300 —

Laissez reposer et filtrez.

Ratafia à l'italienne. — Graines d'anis, de coriandre, de cannelle, d'ambrette, de chaque 20 grammes ; macis, 25 grammes ; clous de girofle, 1 gramme ; écorces de citrons et d'oranges, de chaque 100 grammes ; esprit de vin à 59°, 2 litres. Laissez infuser pendant 12 jours ; passez ensuite et édulcorez avec un sirop préparé avec 1 kilo de sucre et 750 grammes d'eau.

Eau de brou de Noix. — Noix vertes, morveuses, c'est-à-dire qui se laissent transpercer avec une épingle un cent. Pilez-les et ajoutez :

Clous de girofle	31 grammes.
Cannelle	62 —
Eau-de-vie à 59°	20 litres.

Après un mois d'infusion, on tire au clair et on ajoute :

Sirop simple	10 litres.

La *Liqueur de brou de noix* se compose à peu près comme la précédente.

Voici la formule :

Noix vertes comme ci-dessus	trente.

Écrasez-les et ajoutez :

Macis }	
Cannelle } de chaque	2 gr. 50 c.
Clous de girofle }	
Eau-de vie à 54°	1 litre.
Sucre	1,000 grammes.

Laissez macérer pendant un mois et filtrez.

Marasquin de Zara.

Framboises	3,000 grammes.
Cerises écrasées avec les noyaux	2,000 —
Fleurs d'oranger fraîches . . .	1,000 —
Alcool à 85° (3/6)	12 litres.
Eau	4 —

Distillez pour obtenir dix litres de produit, auquel vous ajouterez :

Eau	8 litres.
Sirop de sucre.	7,500 grammes.

Liqueur de Punch à la bourgeoise. — Introduisez dans une casserole l'écorce de deux citrons coupés en petits morceaux, ainsi que celle d'une belle orange; ajoutez au jus exprimé de ces fruits, 4 grammes de thé vert, 4 hectogrammes de sucre blanc et un demi-litre d'eau bouillante. Faites bouillir et au sortir du feu ajoutez un litre de bon rhum.

Peut-être la dose de rhum est-elle un peu forte, particulièrement pour les dames. Dans ce cas, on tiendra tout prêts de l'eau bouillante ou du thé bouillant pour l'allonger.

La *Liqueur de punch à l'anglaise* ou *Bischoff* ou *Bishop*, n'est autre chose que la précédente, à la différence près qu'au lieu d'un litre de rhum, il n'en entre qu'un demi-litre, et que l'on y ajoute un verre à table de rack ou eau-de-vie de riz.

Si au lieu de rhum on emploie un demi-litre de vin de Madère ou de tout autre vin blanc très alcoolique, en y ajoutant un verre de bonne eau-de-vie, ou de rhum, ou de kirschenwasser, on obtiendra le *Punch au vin*.

Le *Bischoff d'orange* se prépare en faisant bouillir une quantité voulue de lait convenablement sucré. On le retire du feu et encore chaud on ajoute un quart de kirsch, et pour chaque verre une tranche d'orange dépouillée d'écorce.

Le *Sirop de punch au rhum* se prépare de la manière suivante :

Sucre blanc	5,000 grammes.
Rhum de la Jamaïque	2 litres.
Alcool à 85°	1 —
Esprit de citrons concentré	10 centilitres.
Acide citrique	6 grammes.
Thé hyswen	25 —
Eau	400 —

Faites l'infusion de thé dans l'eau et ajoutez-la, après l'avoir filtrée, au sirop encore bouillant qui doit marquer 36° au pèse-sirop. Une partie de sirop et deux parties d'eau bouillante donnent un très agréable punch pour soirées.

On pourra remplacer l'alcool et le rhum par le kirsch ou par le cognac, et l'on aura le sirop de punch de chacun de ces noms.

En introduisant dans une bouteille 150 grammes de l'un de ces sirops et 50 grammes de bon rhum, et en remplissant avec la méthode ordinaire la bouteille d'eau gazeuse, on obtiendra un *Punch gazeux*, d'un nom ou d'un autre, qui devra se servir froid.

Liqueur de punch à la Cardinal. — Pour un verre à table de punch.

Suc de citron fraîchement exprimé	1 cuillerée à soupe.
Sucre blanc	2 — —
Rhum de la Jamaïque	3 — —

Remplissez le verre avec de l'infusion de thé bouillante.

En faisant dissoudre à chaud le sucre dans le jus de

citron, en passant ensuite à la chausse, et en y ajoutant le rhum, on obtiendra une liqueur de punch qui se conservera indéfiniment.

Élixir de Longue-Vie.

Eau-de-vie à 54°.	2 litres.
Aloès	45 grammes.
Poudre de gentiane \]	
— de zédoaire	
— de rhubarbe } de chaque 6 —	
— de cannelle	
Thériaque de Venise /	

Laissez infuser le tout dans l'eau-de-vie pendant huit jours, et ensuite filtrez au papier.

Élixir de Garus.
(Par distillation.)

Safran.	32 grammes.
Cannelle.	24 —
Muscade } de chaque.	12 —
Girofle	
Aloès	6 —
Myrrhe	6 —
Alcool à 84°.	6,000 —

Laissez macérer pendant quatre jours, et distillez au bain-marie pour en obtenir la moitié de l'alcool employé, soit 3,000 grammes.

D'autre part :

Capillaire du Canada	60 grammes.
Faites infuser dans eau bouillante.	4,000 —

Filtrez et ajoutez :

Eau distillée de fleurs d'oranger	500 grammes.
Dans ce liquide faites dissoudre à froid, sucre.	6,000 —

14.

Réunissez ensuite à l'alcoolat, et ajoutez suffisante quantité de teinture de safran pour lui communiquer une belle couleur citrine.

(Sans distillation.)

Alcool à 84°.	1 litre.
Teinture de safran	5 grammes.
— de myrrhe.	2 —
— d'aloès	10 gouttes.
Essence de cannelle } de chaque. — de girofle	2 —
Eau de fleurs d'oranger	130 grammes.
Sirop de sucre	780 —

Mêlez en agitant, et agitez de temps en temps pendant vingt-quatre heures, ensuite filtrez au papier ou à la chausse.

Pour rendre cette liqueur plus agréable, on prescrit de tenir les bouteilles qui la contiennent dans la glace.

Autre formule :

Aloès.	0	gramme	40
Cannelle de Ceylan.	1	—	25
Muscade.	1	—	»
Clous de girofle	0	—	75
Coriandre	1	—	50
Vanille triturée avec un peu de sucre	2	—	»

Concassez toutes ces substances et faites-les infuser dans :

Eau-de-vie vieille à 52 ou 54°. .	1 litre.
Ajoutez safran du Gâtinais . .	1 gramme.
Infusé dans eau	100 —
Eau de fleurs d'oranger } de chaque. — de rose	50 —
Crème.	150 —

Fouettez la crème avec l'infusion aqueuse du safran et les eaux aromatiques, ensuite mêlez le tout ensemble et ajoutez :

    Sucre concassé. . . . . 500 grammes.

Élixir de Cagliostro.

Clous de girofle </br> Cannelle </br> Muscade } de chaque.	8 grammes.
Safran </br> Gentiane </br> Tormentille } de chaque . .	2 —
Aloès succotrin </br> Thériaque fine } de chaque. .	24 —
Myrrhe	12 —
Musc	1 —
Alcool.	1,500 —

Laissez digérer pendant quinze jours ; filtrez ensuite et ajoutez :

    Sirop de fleurs d'oranger. . . 750 grammes.

Cet élixir, qui peut être remplacé par beaucoup d'autres liqueurs aussi agréables au goût que bienfaisantes à la santé, a joui, à l'époque du célèbre Cagliostro, de la réputation d'être éminemment stomachique. Il avait guéri la fille Salmon, qui, à force de faire de bons repas, avait l'estomac tellement dérangé qu'elle ne pouvait plus du tout digérer.

Élixir de la Grande-Chartreuse. — On appelle de ce nom un liquide alcoolique très aromatique et très chargé d'alcool, qui est comme la quintessence de trois liqueurs de la même provenance moins alcooliques, et conséquemment destinées à figurer parmi les liqueurs de dessert les plus recherchées. Comme la formule de l'élixir, et celles des liqueurs sont tenues secrètes, et que la grande quantité que l'on en vend a excité la concurrence, on a cherché à les imiter. On a réussi à obtenir des liqueurs, sinon absolument identiques à celles de la Grande-Chartreuse, du moins pouvant les remplacer, soit par leur goût exquis, soit par les propriétés stomachiques qu'on leur attribue.

Les recettes cependant que l'on rencontre dans les différents formulaires ne concordent pas absolument entre elles, ce qui tendrait à démontrer que ces liqueurs peuvent être imitées de différentes manières, pourvu que l'on s'en tienne au degré alcoolique et à la quantité de sucre voulue, — et cela l'analyse nous l'indique, — et que l'on emploie la plante dont le goût prédomine.

On a cru que ce goût prédominant était donné à la liqueur par l'angélique; d'autres ont pensé que c'était un goût d'ensemble de toutes les drogues qui entrent dans sa composition. Il y a tout lieu de croire que la plante, dont la saveur et le parfum dominent, n'est autre que la *Myrrhis odorata*, autrement appelée *Cheropyllum odoratum*, qui croît dans les régions alpines, et plus particulièrement aux alentours de la Grande-Chartreuse. Quoi qu'il en soit nous nous en tiendrons de préférence aux formules qui contiennent l'alcoolé de cette plante; bien entendu que nous ne sommes pas à même de garantir cette addition comme authentique et indiscutable. Nous ne prétendons nullement dévoiler un secret, d'autant plus que le secret existe même pour nous. Nous nous déclarons, par contre, très respectueux à l'égard du droit de propriété, en nous réservant cependant le nôtre, celui d'imiter. Empressons-nous donc de dire que nos formules ne sont pas authentiques, mais simplement imitatives, en ajoutant toutefois qu'elles donnent des produits qui peuvent rivaliser par leur goût et par leur efficacité hygiénique et au besoin curative, avec celles des liqueurs que la Grande-Chartreuse vend en si grande quantité en France et à l'étranger.

Voici les quantités d'alcool que chacune de ces liqueurs contient :

Liqueur verte, 70/100. — Eau, 22/100. — Sucre, 125 gr.
— blanche, 52/100. — Eau, 23/100. — Sucre, 375 —
— jaune, 38/100. — Eau, 46/100. — Sucre, 250 —

DOSES POUR DIX LITRES DE PRODUIT.

	Verte.	Blanche.	Jaune.
Hysope	300 gr. —	300 gr. —	300 gr.
Graines d'angélique.	300 —	300 —	300
Cannelle de Ceylan.	120 —	120 —	120
Macis	40 —	40 —	40
Safran	0 —	0 —	30
Alcoolé de myrrhis	2,000 —	1,500 —	1,000
Alcool à 56°	3,500 —	3,000 —	2,000
Sucre blanc	4,000 —	5,000 —	4,500
Eau	0 —	500 —	2,500
Eau de mélisse	250 —	200 —	100
— de menthe	250 —	200 —	100
— de fleur d'oranger	250 —	200 —	100

Faites infuser les plantes dans l'alcool et dans l'alcoolé de *myrrhis* pendant huit jours, ensuite ajoutez le sucre et les eaux aromatiques, puis filtrez quarante-huit heures après.

La couleur verte se donne au moyen du bleu et de l'infusion de safran ou de curcuma.

Voici une autre formule que nous empruntons à l'excellent *Traité des liqueurs* de M. Duplais. C'est de la Grande-Chartreuse jaune qu'il s'agit.

Pour dix litres de produit :

Mélisse citronnée	25 grammes.
Hysope fleurie (sommités fraîches)	12 —
Génépi des Alpes	13 —

Graines d'angélique.	12 grammes
Racines —	3 —
Fleurs d'arnica.	2 —.
Cannelle de Chine ⎫ de chaque .	2 —
Macis — ⎭	
Coriandre (graines).	150 —
Aloès succotrin.	3 —
Cardamome mineur	3 —
Clous de girofle.	1 — 1/2
Alcool à 85°	4 litres 200

Faites macérer pendant vingt-quatre heures, ensuite distillez pour obtenir le quantité d'alcool employé.

Ajoutez après :

Sucre . . . .   2,500 grammes.

Eau : quantité suffisante pour parfaire les dix litres.

En augmentant la quantité d'alcool, et diminuant la quantité d'eau, on obtiendra tous les degrés voulus de spirituosité jusqu'à celui de l'élixir qui est le plus considérable.

Liqueur de la Grande-Chartreuse. — Prenez 360 grammes d'alcool à 86° (3/6), et 1 kilogramme de dissolution de parties égales de sucre et eau, obtenue à l'aide de la chaleur. Parfumez ce mélange avec deux cuillerées d'alcool, contenant cinq gouttes d'essence d'absinthe, une goutte d'essence de cannelle, et une demi-goutte d'essence de roses. (Voir *Élixir de la Grande-Chartreuse*, page 207.)

Christofia des Russes. — On met dans un matras un litre et demi de bon vin, et on fait chauffer au bain-marie : on ajoute 16 grammes de cannelle, 8 grammes de clous de girofle et 60 grammes d'amandes amères. On laisse macérer pendant six jours, puis on ajoute 250 grammes de sucre et 500 grammes d'alcool. On agite jusqu'à mélange complet, et l'on filtre au papier.

Excellent tonique et stomachique.

Eau d'arquebusade. Vulnéraire suisse.

Basilic.	Sauge.		
Calament.	Serpolet.		
Hysope.	Thym.		
Marjolaine.	Absinthe.		
Mélisse.	Angélique (feuilles).	de chaque	100 grammes.
Menthe.	Rue.		
Origan.	Hypericum.		
Romarin.	Lavande.		
Sariette.	Verveine des Indes.		

Alcool à 56°. . . . . 16 litres.

Concassez, faites macérer pendant quinze jours, distillez ensuite pour en retirer 13 litres de produit, qui pèsera à l'aréomètre 75° environ.

Élixir du docteur Stoughton (stomachique).

Eau-de-vie à 54° . . . . 1 litre.
Sommités sèches d'absinthe romaine
— de germandrée
Racines de gentiane
Écorces d'oranges sèches
} de chaque 24 grammes.

Cascarille . . . . 4 —
Rhubarbe . . . . 16 —
Aloès succotrin. . . . . 4 —

Laissez infuser pendant quinze jours à l'aide d'une chaleur douce, ensuite filtrez au papier.

Cet élixir est d'autant meilleur qu'il est plus vieux.

Élixir de Pepsine.

— M. Corvisart propose la formule suivante pour administrer la pepsine, que l'on sait avoir une influence bienfaisante sur une digestion lente à s'effectuer :

Sirop de cerises. . . . . 60 grammes.
Alcoolat de Garus (élixir). . . . 45 —
Eau distillée . . . . 45 —
Pepsine acidifiée. . . . . 10 doses.

Mêlez et après vingt-quatre heures filtrez.

Cette quantité sert pour dix fois. On prescrit de la prendre pendant le repas.

Liqueur de Raspail (hygiénique).

Eau-de-vie à 54°	1 litre.
Sommités et racines d'angélique	30 grammes.
Roseau aromatique (*calamus aromaticus*)	4 —
Myrrhe.	2 —
Cannelle	2 —
Aloès ⎫	
Clous de girofle ⎬ de chaque. . .	1 —
Vanille ⎭	
Camphre	50 centigr.
Noix muscade	22 —
Safran	5 —

On met toutes ces substances à macérer dans l'alcool pendant une quinzaine de jours. La bouteille qui les contient devra être maintenue au soleil ou à la chaleur d'un poêle pendant tout ce temps, et devra être agitée au moins une fois par jour. On passe ensuite, on exprime et on ajoute au produit :

Sucre ⎫ de chaque	500 grammes.
Eau ⎭	

Faites fondre le sucre dans l'eau et ajoutez cette solution à l'eau-de-vie. Conservez dans des bouteilles bien bouchées.

Cette liqueur de dessert nous est recommandée par son inventeur comme éminemment stomachique et comme facilitant la digestion. Nous ne saurions ni contester ni confirmer cette assertion de M. Raspail, mais nous pouvons dire que cette liqueur, contenant moins d'alcool que ses analogues, doit nécessairement être moins préjudiciable à la santé.

Liqueur économique de ménage.

Orange bien mûre	Une.
Cannelle ⎫	
Clou de girofle ⎬ de chaque . . .	50 centigr.
Vanille ⎭	

Mettez l'orange entière et les trois autres substances triturées avec un peu de sucre dans :

Eau-de-vie vieille à 54° . . . . 1 litre.

Laissez infuser pendant quinze jours, et ensuite ajoutez :

Sucre blanc concassé . . . . . 200 grammes.

Avant de filtrer la liqueur on aura soin d'exprimer légèrement l'orange.

Crème de Vanille. — Cette liqueur, dont le goût approche du *Ratafia blanc vanillé*, que nous avons déjà décrit, se compose de la manière suivante :

Vanille givrée . . . . 10 grammes.

Coupez menu et triturez avec un peu de sucre. Faites infuser pendant huit jours à une température de 25 à 30° dans :

Eau-de-vie à 52°	1 litre.
Ajoutez sucre blanc concassé . . .	600 grammes.
Eau distillée de fleurs d'oranger .	30 —
Eau commune	100 —

Laissez en contact deux jours, puis filtrez.

Crème de Thé.

Thé vert de bonne qualité . . .	250 grammes.
Eau bouillante	500 —

Immédiatement après que l'eau sera refroidie, on ajoutera :

Eau-de-vie à 52°. . . . . 4 litres.

Après 24 heures on filtre et on ajoute au produit :
Sirop de sucre préparé avec eau, 3 litres, et sucre 1 kilo 1/2.

Crème de Noyaux.

Eau commune . . . . 1,750 grammes.
Sucre . . . . 2,500 —

Faites fondre à l'aide de la chaleur et ensuite réunissez le produit à :

Alcool à 84° (3/6). . . . . 2 litres.

Aromatisez le mélange avec :

Essence d'amandes amères . . . . 15 gouttes.
— de néroli . . . . 2 — 1/2.

Laissez reposer trois ou quatre semaines avant de filtrer au papier.

Si à la même dose de liquide sirupeux on ajoute 1 gr. d'essence de menthe, on obtiendra la liqueur connue sous la dénomination de *Crème de menthe.*

Si au lieu d'essence de menthe on emploie l'essence de néroli, on obtiendra la *Crème de fleurs d'oranger.* La dose du néroli est de 15 gouttes.

Si l'on se sert d'huile volatile d'anis, on aura la *Crème d'anis.* L'essence de roses donnera la *Crème ou Huile de roses.*

La *Liqueur,* autrement dite *Crème de roses,* se prépare encore en disposant couche par couche dans un bocal des pétales de roses fraîches et du sucre en poudre. Les doses sont : 1 kilogramme de sucre en poudre et 500 grammes de pétales. On place le bocal dans un endroit frais, et quand le sucre est entièrement fondu, on ajoute à ce mélange 2 litres d'eau-de-vie colorée d'avance avec 2 grammes de cochenille. Filtrez après trois ou quatre jours et embouteillez.

En se tenant à la première formule et aux proportions de sucre et d'alcool qu'elle prescrit, on pourra préparer toutes sortes de crèmes ou liqueurs très sucrées, en ajoutant l'essence dont on désire le parfum.

ALCOOLATS OU ESPRITS AROMATIQUES
ET
ALCOOLÉS OU TEINTURES ALCOOLIQUES

On donne la dénomination d'*Alcoolats* à tous produits liquides qui résultent de la distillation de l'alcool sur une ou plusieurs substances alcooliques végétales ou animales. Il y a donc des alcoolats simples comme il y en a de composés. Il y en a d'exclusivement employés comme médicaments, d'autres comme parfums, d'autres enfin qui forment la base des liqueurs simples.

On appelle *Alcoolé* toute préparation résultant de la digestion ou macération d'une substance quelconque dans l'alcool, qui se charge ainsi des principes particuliers à la substance même.

La méthode générale suivie pour la préparation des *Alcoolats* ou *Esprits aromatiques simples*, consiste à introduire dans un bain-marie l'alcool et la substance aromatique, et à laisser infuser pendant 24 heures ; à ajouter ensuite la moitié en volume d'eau, et à distiller pour en obtenir la quantité d'alcool employé pour produit, et redistiller ensuite en ajoutant encore la même quantité pour obtenir la même quantité de produit, si l'on reconnaît que celui-ci n'a pas le degré voulu de délicatesse au palais et à l'odorat.

Nous donnons dans le tableau suivant l'énumération des principaux alcoolats employés par le liquoriste et par le parfumeur, en indiquant la dose de la substance pour

25 litres d'alcool à 86° (3/6); bien entendu que le mode de préparation est le même pour tous.

Alcoolat, ou *Esprit*, ou *Eau spiritueuse* de :

Angélique	{ racines } { graines }	3 kilogr.
Aneth	⎫	
Fenouil	⎪	
Anis vert	⎪	
Anis étoilé ou badiane	⎪	
Carvi	⎪	
Chervi	⎬ graines sèches	3 kilogr.
Coriandre	⎪	
Céleri	⎪	
Cumin	⎪	
Daucus de Crète . . .	⎪	
Ambrette	⎭	
Cardamome { grand . { petit . .		
Fleurs de jasmin	fleurs fraîches	3 kilogr.
— d'oranger	fleurs fraîches ou pétales . .	6 —
— de tubéreuse . .	fleurs fraîches mondées de leur calice	6 —
— de roses	pétales frais	12 —
— de violettes . . .	pétales frais	3 —
— d'œillets	fleurs fraîches mondées . .	6 —
Absinthe { grande } { petite } . .	feuilles et sommités fleuries sèches	6 —
Cochléaria	plante fraîche	8 —
Génépi	feuilles et sommités fleuries sèches	3 —
Romarin	plante en fleurs sèches . . .	3 —
Hysope	sommités fleuries sèches . .	6 —
Lavande	plante en fleurs sèches . . .	3 —
Mélisse	plante sèche et mondée . .	6 —
Citronnelle	plante sèche	6 —
Menthe poivrée	plante en fleurs sèches . . .	6 —
Genièvre	baies	3 —
Roseau aromatique . .	racines	3 —
Sauchet long	racines	3 —
Galanga petit	racines	3 —
Gingembre	racines	3 —
Cascarille	écorce du bois	3 —
Bois de Rhodes	racines	1 k. 1/2
Santal	bois râpé	1 k. 1/2
Aloès	gomme résine	1 k. 1/2

Cachou	extrait sec	1 k. 1/2
Benjoin	baume en larmes	1 k. 1/2
Myrrhe	en larmes pulvérisées	1 k. 1/2
Tolu	baume de	1 k. 1/2
Cannelle de Ceylan	écorce pulvérisée	750 grammes.
— de Chine	écorce pulvérisée	1 k. 1/2
Girofle	clous	1 k. 1/2
Macis	brou	1 k. 1/2
Noix muscade	fruit	1 k. 1/2
Sassafras	bois râpé ou en copeaux	1 k. 1/2
Amandes amères	fruits	6 kilogr.
Abricots (noyaux)	amandes	6 —
Safran	pastilles	750 grammes.
Cédrats	zestes de	125 fruits.
Citrons	zestes de	160 —
Limettes	zestes de	200 —
Oranges	zestes de	200 —
Bergamote	zestes de	200 —

Toutes ces quantités peuvent être augmentées ou diminuées, selon que l'on désire que l'alcoolat ou l'esprit soit plus ou moins aromatisé. Au besoin on pourra cohober le produit obtenu de la première distillation.

ALCOOLÉS OU TEINTURES

Pour 1 litre d'alcool à 86° (3/6) bon goût.

Ambre gris		15 grammes.
Baume du Pérou	baume	125 —
Benjoin	baume en larmes	125 —
Iris florentin		500 —
Cachou	extrait	125 —
Musc		» —
Storax calamite	baume solide	125 —
Tolu	baume liquide	125 —
Myrrhe		125 —
Safran	pastilles	100 —
Gingembre	racines	125 —
Vanille	gousses	125 —

On préparera toutes ces teintures en faisant macérer la substance aromatique dans l'alcool à l'aide d'un peu de chaleur, dans des vases hermétiquement fermés, pendant un temps assez long pour que l'alcool s'empare des principes aromatiques. Après on filtre et on conserve en bouteilles bouchées à l'émeri.

ESPRITS OU ALCOOLATS COMPOSÉS

Lorsqu'on emploie plus d'une substance aromatique, le produit prend la qualification de composé. Les liquoristes préparent les suivants :

Esprit d'Absinthe composé.

Feuilles et sommités fleuries d'absinthe.	1,900 grammes.
Alcool à 85° (3/6).	3,000 —
Eau distillée d'absinthe	1,000 —

Faites macérer pendant quatre ou cinq jours et distillez ensuite pour obtenir 2,500 grammes de produit.

Esprit d'Anisette de Bordeaux.

Badiane	1,000 grammes.
Anis vert, Coriandre, Fenouil, Bois de sassafras, de chaque	250 —
Graines d'ambrette	60 —
Thé impérial	60 —
Alcool à 85° (3/6)	26 litres.

Après avoir concassé toutes ces drogues, laissez infuser dans l'alcool pendant quelques jours pour distiller ensuite et obtenir 25 litres de produit que vous pourrez rectifier pour l'avoir plus moelleux.

Si à cet esprit on ajoute du sucre dissous dans de l'eau, dans la proportion de 500 grammes de sucre et 350 grammes d'eau pour chaque litre, on obtiendra la liqueur connue sous la dénomination d'*Anisette de Bordeaux*.

En voulant imiter l'anisette de Bordeaux, les liquoristes de Paris et de Lyon ont composé des liqueurs analogues, non moins appréciées par les amateurs. Ainsi on connaît dans le commerce l'*Anisette de Lyon* et l'*Anisette de Paris*, dont la formule ne diffère pas essentiellement de celle que nous venons de donner pour l'anisette de Bordeaux, et que nous ne croyons pas utile de rapporter.

On obtient une excellente anisette, que l'on pourrait appeler *Anisette improvisée*, en suivant le procédé que voici :

Prenez :

Sucre blanc.	2 1/2 kilog.
Faites dissoudre dans eau de fontaine.	1 litre.

passez à travers un linge.

D'autre part prenez :

Esprit de vin à 40°.	15 grammes.
Essence de badiane	3 —
— de néroli	1/2 —
— de cannelle	1/2 —
— d'anis.	5 —
— de muscade	1 —
Teinture de vanille	1 —

Une fois toutes ces substances amalgamées, on ajoute :

Esprit de vin à 33° . . . . 1 1/2 litre,

et le sirop ci-dessus.

On filtre et on embouteille.

Esprit de Moka.

Café Martinique	légèrement torréfiés et moulus	1 kilog.
— Moka	grossièrement, de chaque. .	
Alcool à 85° (3/6)		12 litres.

Faites infuser pendant quelques jours, puis distillez, pour obtenir 10 litres de produit qu'on redistillera pour le rectifier.

Esprit de Thé.

Thé impérial.	1 kilo.
— pékao ⎫ de chaque . . .	200 grammes.
— hyswen ⎬	
Alcool à 85° (3/6)	26 litres.

Faites infuser les trois sortes de thés pendant deux heures dans six litres d'eau bouillante, ajoutez ensuite l'alcool, macérez, distillez et rectifiez pour obtenir 25 litres de produit.

Moyennant l'addition aux deux formules précédentes d'une quantité convenable de sucre dissous dans l'eau, on obtiendra la *Liqueur de Moka* ou celle de *thé*.

COLORATION DES LIQUEURS

C'est une habitude de donner à certaines liqueurs une couleur quelconque, sans que l'on puisse se rendre raison de la convenance de ce procédé. Nul doute qu'il vaudrait mieux s'en abstenir, car, outre que la couleur ne contribue nullement à améliorer la liqueur, le plus souvent elle lui porte préjudice. Cependant, pour nous conformer à l'usage reçu, nous donnerons ici les principales et les plus innocentes formules propres à colorer les liqueurs en rouge, en jaune, en bleu, en vert, en olive, en rose et en violet.

Couleur rouge. — Cette couleur s'obtient en faisant bouillir dans de l'eau de la cochenille en poudre, additionnée d'un peu d'alun et de crème de tartre.

Couleur olive. — On colore d'abord la liqueur avec du carmin d'indigo ou sulfate d'indigo, pour lui donner une teinte claire bleu-ciel, et ensuite on ajoute du caramel en quantité suffisante pour changer la couleur bleue en couleur olive.

Couleur bleue. — Sulfate d'indigo ou carmin d'indigo en quantité suffisante pour obtenir la nuance que l'on désire.

Couleur violette. — On colore d'abord en bleu clair au moyen du sulfate d'indigo, et ensuite on ajoute la solution de cochenille.

Couleur jaune. — Infusion de safran dans l'eau bouillante.

Couleur verte. — Le sulfate d'indigo et l'infusion du safran donnent la couleur verte, que l'on obtient encore en remplaçant l'infusion de safran par le caramel. Si on emploie l'infusion de safran, on aura les nuances vert pomme ou vert pré; si c'est le caramel, comme nous l'avons dit, on aura la couleur olive ou la couleur feuille morte.

A l'article *Liqueur d'absinthe* nous avons donné le procédé pour teindre en vert, en suggérant d'employer la petite absinthe; nous ajouterons maintenant que d'autres plantes donnent la même couleur, comme les épinards, l'ache des marais, etc., pourvu que la liqueur pèse de 60 à 65° centésimaux, pour dissoudre la chlorophyle. Mais ces dernières couleurs disparaissent à l'action de la lumière.

SUBSTANCES ALIMENTAIRES

ASSAISONNEMENTS ET CONSERVATION

Acide acétique ou Vinaigre. — Ainsi que son nom l'indique le vinaigre n'est que du vin qui a subi la fermentation acide. Néanmoins on obtient du vinaigre par la fermentation acide de différents autres liquides, tels que la bière, le cidre, ou par la distillation du bois et du verdet. Chacun de ces vinaigres porte une dénomination spéciale. Conséquemment il y a le *Vinaigre de bière*, le *Vinaigre de cidre*, le *Vinaigre de bois*, ou *Acide pyroligneux*; et finalement le *Vinaigre radical*, ou *Acide acétique concentré*; celui qui provient de la distillation de l'acétate de cuivre cristallisé ou verdet.

Le *Vinaigre de vin*, ainsi que nous l'avons déjà dit, se prépare dans les ménages au fur et à mesure de la consommation par le procédé suivant: on remplit à moitié un baril de bon vinaigre, et l'on expose ce baril à une température au-dessus de 20°; la température d'une cuisine est suffisante. Au fur et à mesure que l'on soutire du vinaigre on le remplace par autant de vin blanc ou rouge, limpide. Au contact du vinaigre le vin s'acidifie. On comprend aisément que si l'on n'oublie pas d'ajouter du vin, et si la consommation n'est pas hors de proportion avec la capacité du baril, on a là, dans ce petit appareil, une source perpétuelle de vinaigre. La bonde est fermée par une toile, qui, tout en empêchant l'entrée de la poussière, permet l'entrée de l'air qui est indispensable à l'acétification du vin.

Les *Vinaigres de bière et de cidre* ne s'obtiennent pas différemment, mais généralement ils ne valent pas le vinaigre de vin.

Au moyen du même procédé, pratiqué sur une grande échelle, on prépare dans plusieurs localités le vinaigre de vin, et plus particulièrement à Orléans, où cette industrie est montée sur de vastes proportions. Voici comment on procède pour obtenir le *Vinaigre d'Orléans*.

Dans un cellier maintenu régulièrement à une température de 20° centigrades, on dispose deux rangées de tonneaux en chêne cerclés en fer, et ayant une bonde un peu large. On les remplit au tiers de bon vinaigre, puis on ajoute un décalitre de vin. Après huit jours on ajoute encore dix litres de vin, et tous les huit jours on en fait autant jusqu'à ce que les tonneaux soient remplis. Lorsque le vinaigre est fait on soutire les deux tiers du contenu et on recommence l'addition de nouveau vin. L'acétification par ce procédé s'accomplit dans l'espace de 30 à 45 jours, selon le degré de température et la qualité des vins employés.

Les vins vieux s'acidifient plus vite et mieux que les nouveaux, et, quoiqu'un vin ne donne du vinaigre que s'il est alcoolique, les vins les plus spiritueux ne sont pas ceux que l'on doit préférer, car l'acétification se faisant lentement, ils conservent pendant assez longtemps encore de l'alcool, qui ne s'est pas transformé en acide acétique. Si les vins ont été soufrés ils se changent difficilement en vinaigre.

Les vins rouges sont préférables aux vins blancs, en ce qu'ils donnent un vinaigre plus riche en acide ; aussi les vinaigres rouges sont-ils plus recherchés ; en outre ils se prêtent moins à la falsification, tandis que les blancs la plupart du temps ne sont que du vinaigre de bois délayé dans de l'eau, et n'ont pas par conséquent l'arome des bons vinaigres de vin. Cependant si on a l'assurance que le vinaigre blanc provient réellement des vins blancs, on le préfère par la raison qu'il flatte les yeux par la limpidité.

La chaleur, l'alcool et l'oxygène étant les éléments d'une bonne acidification, on a songé à un procédé de nature à pouvoir fabriquer promptement le vinaigre, et on y est parvenu en pulvérisant, pour ainsi dire, le liquide à acidifier pour l'exposer ensuite à un courant d'air au milieu d'une température très élevée. A cet effet on a une chambre chauffée par un poêle, et dans cette chambre sont alignés des tonneaux placés debout. Ces tonneaux ont une construction particulière. Le fond d'en haut a deux ouvertures, l'une pour recevoir le liquide, l'autre pour donner issue à l'air. Immédiatement au-dessous de ce premier fond il y en a un second tout percé de petits trous, et de chaque trou pend une petite ficelle, dont un bout est fixé par un nœud au trou, l'autre retombe librement dans l'intérieur du tonneau. Le tonneau est plein de copeaux de hêtre ; à sa partie inférieure se trouve un robinet d'où sort le vinaigre ; enfin, latéralement un trou par où entre l'air. L'opération commence en versant dans chaque tonneau quelques litres de vinaigre bouillant, pour aiguiser les copeaux. Ensuite on laisse tomber petit à petit le vin ou le liquide que l'on veut acidifier, par la bonde à cet usage. Le liquide descend lentement tout le long de ces ficelles, tombe sur les copeaux, et de l'un à l'autre il arrive en bas, sort par le robinet, d'où on le recueille pour le verser de nouveau dans le tonneau, si l'on reconnait qu'il n'est pas assez acidifié. Ordinairement il faut trois passages à travers les copeaux pour que l'acidification soit complète. A l'aide d'un semblable appareil il est possible de produire du vinaigre dans l'espace de vingt-quatre heures.

On a bien cherché à tirer parti des petites eaux de bière qui contiennent encore un peu d'alcool, en les convertissant en vinaigre ; mais comme si on les employait en nature, elles ne donneraient qu'un mauvais exemple ou n'en donneraient point du tout, on est obligé de les distiller pour obtenir un produit alcoolique plus susceptible de s'acidifier plus convenablement. Le vinaigre obtenu de cette manière, avec les eaux de bière, est un bon vinaigre; il est excellent mêlé au vinaigre de vin, qui l'aromatise.

Le procédé que nous venons de décrire donne des produits irréprochables et les donne en peu de temps; mais aussi ces avantages sont neutralisés par un inconvénient qui n'admet malheureusement pas de correctif : nous voulons parler de l'évaporation acide qui s'établit et qui remplit la chambre d'émanations très intenses, au détriment du degré de force du vinaigre. Nous ne voyons pas trop comment on pourrait profiter de ces émanations si ce n'est en pendant au plafond des rognures de lames de cuivre, pour obtenir le verdet. Cela ne se pratique pas dans les vinaigreries que nous avons eu l'occasion de visiter.

On pourrait établir une série de baquets (20, 30 ou même davantage) échafaudés les uns au-dessus des autres, de manière à ce que le premier s'appuie sur le bord de celui qui vient au-dessous, tout juste ce qu'il faut pour tenir en place. Chaque baquet, rempli de copeaux de hêtre, déverserait dans le baquet inférieur son trop plein, au moyen de tuyaux de décharge. Supposons-les tous pleins de bon vinaigre et exposés à une température de 30°, et supposons aussi qu'au-dessus d'eux il y ait un réservoir contenant le liquide alcoolique qu'il s'agit d'acidifier. En laissant couler la quantité de liquide que les dimensions de l'appareil comportent, il est évident que, l'un après l'autre, les baquets donneront le surplus de leur contenu à leurs voisins. Il s'établira ainsi une circulation qui aboutira au baquet d'en bas, d'où le vinaigre sortira continuellement en parfait état de confection. C'est ce qu'on appelle *Acétification continue*.

L'*Acide pyroligneux*, ou *Acide pyro-acétique*, s'obtient par le moyen de la distillation des bois; à l'état d'impureté il contient, outre l'acide acétique, de l'esprit de bois, de l'huile, des huiles empyreumatiques, et des matières résineuses; on le purifie par une suite d'opérations très compliquées, à l'aide desquelles il acquiert un degré aréométrique très élevé.

Le *Vinaigre radical*, ou *Acide acétque concentré*, se prépare par la distillation, dans une cornue de grès, de l'acétate de cuivre cristallisé; on ne l'obtient pur qu'au moyen d'une seconde distillation. Le produit est d'autant plus riche en acide qu'il est recueilli plus près de la fin de l'opération.

Ces deux derniers acides ont une odeur très pénétrante et une saveur âcre caustique. Ils peuvent servir à former à l'instant même des vésicatoires.

Falsifications des Vinaigres. — Le vinaigre qui sert aux usages domestiques doit avoir un certain degré d'acidité que les aréomètres n'indiquent que d'une manière inexacte. On préfère se servir d'une dissolution alcaline de soude ou de potasse exactement titrée, dont une quantité donnée en sature, une autre d'acide acétique pur. C'est un comparatif d'une application pratique très facile.

Pour concentrer les vinaigres on les fait congeler : la partie aqueuse se convertit en glace. Ce qui reste contiendra naturellement plus d'acide.

On le soumet aussi à la distillation : les premiers produits qui passent ne contiennent que de l'eau légèrement acidulée ; on les rejette pour ne recueillir que ce qui passe après, très incolore, plus acide, mais ayant un goût empyreumatique.

On augmente l'acidité des vinaigres en y ajoutant du vinaigre de bois, ou acide pyroligneux, qui leur communique un goût beaucoup moins agréable. Si on laisse tomber sur la main quelques gouttes de vinaigre, soupçonné d'être falsifié par le vinaigre de bois, et que l'on frotte avec l'autre main, on y reconnaîtra une odeur plus piquante que celle du vinaigre pur.

Tous les mélanges dont nous parlons ne constituent pas à vrai dire des falsifications coupables, attendu qu'ils se résument, en dernière analyse, dans une addition d'acide acétique. Les vinaigres ainsi concentrés artificiellement ne sont pas préjudiciables à la santé, mais ils manquent de l'arome propre aux vinaigres de vin bien préparés.

Quelques fabricants ou détaillants d'une probité douteuse, augmentent le degré d'acidité du vinaigre par l'addition d'une certaine quantité d'acide sulfurique ou hydrochlorique. Heureusement que la chimie nous met à même de reconnaître cette coupable et très préjudiciable falsification au moyen de l'hydrochlorate de baryte, s'il s'agit d'acide sufurique, et du nitrate d'argent qui produit dans le liquide contenant de l'acide muriatique, un précipité caillebotté très blanc passant successivement au violet et ensuite au noir.

Parfois on nuit à la qualité du vinaigre par inadvertance, c'est-à-dire en se servant de robinets en cuivre jaune, ou en laissant séjourner le vinaigre dans des récipients en cuivre. Pour s'assurer qu'un vinaigre contient du cuivre, on n'a qu'à y plonger une lame de couteau bien décapée, sur laquelle le métal se déposera en changeant la couleur de la lame en une teinte rougeâtre.

Cornichons au vinaigre, ou confits. — On les saupoudre de sel de cuisine, et on les laisse ainsi pendant quarante-huit heures dans des vases en verre, ou en terre, vitrifiés intérieurement, et à large ouverture. On ajoute au bout de ce temps une quantité suffisante de vinaigre pour qu'il recouvre les cornichons. Après deux semaines on sort ce vinaigre, et on le remplace par d'autre vinaigre. On répète cette opération après une quinzaine de jours : les cornichons préparés de cette manière sont fermes, et d'une belle couleur verte.

Le vinaigre qui a servi à l'opération, aromatisé par les cornichons, peut être employé à assaisonner la salade.

Les cornichons doivent être choisis autant que possible d'égale grosseur, bien sains et bien verts, et ensuite il faut les essuyer légèrement à l'aide d'un linge rude pour en enlever le duvet épineux.

Autre procédé. — Après les avoir laissés exposés à l'action du sel, comme il est dit précédemment, on les trempe dans l'eau froide et on les laisse égoutter. Après on les introduits dans des pots en grès, ou en verre à large ouverture, et l'on ajoute en petite quantité les ingrédients suivants : estragon, clous de girofle, poivre long, noix muscade et petits ognons. On fait bouillir du bon vinaigre et on le verse encore tiède sur les cornichons jusqu'à ce qu'ils y puissent baigner. Au bout de vingt-quatre heures on décante le vinaigre et on le fait bouillir, pour le verser de nouveau sur les cornichons. On répète cette opération trois ou quatre fois selon le degré de concentration que l'on veut obtenir. Une fois le vinaigre refroidi, on couvre et l'on ferme les pots à l'aide de plaques de liège recouvertes avec du parchemin, ou de la vessie de cochon ; on ficelle solidement, et l'on conserve les pots à l'abri de l'humidité.

Il y en a qui proposent l'addition d'une petite quantité d'acide muriatique, qui communique aux cornichons plus de fermeté et une couleur verte. Cette addition appartient à la catégorie des procédés qu'il faut transcrire comme insalubres.

Pour communiquer aux légumes confits au vinaigre une belle couleur verte, des marchands d'une conscience fort accommodante ajoutent de l'acétate de cuivre, qui n'est rien moins qu'un poison. Pour constater la présence de ce sel, il suffit d'enfoncer dans le légume suspect la lame d'un canif, une pointe de Paris ou une aiguille à coudre, l'une ou l'autre chose bien décapée. S'il existe du cuivre, ces objets se recouvrent d'une couche d'oxyde de cuivre rouge ; dans le cas contraire il n'y a pas de changement de couleur.

On prépare de même les *haricots verts*, les *jeunes carottes jaunes* et d'autres légumes.

Oignons au vinaigre, ou confits. — On choisit de petits oignons de la grosseur intermédiaire entre une noisette et une petite noix. On enlève la première peau qui est sèche et friable. On les introduit dans un pot en grès ou en verre, et, après avoir ajouté les drogues comme dans le précédent procédé, on remplit le pot de bon vinaigre tiède. Au bout de quinze jours on décante et l'on renouvelle le vinaigre, que l'on met froid. Au bout d'une quinzaine ils sont bons à manger.

Poivrons ou Piments au vinaigre, ou confits. — On choisit les poivrons encore petits et verts; on les émonde de leur pédoncule, et on les laisse exposés à l'air pendant vingt-quatre heures, ensuite on les met dans un pot de verre ou de grès, et dans lequel on verse un mélange de bon vinaigre de vin; on ferme le pot, et on le laisse exposé pendant quelques jours au soleil.

L'addition du vin les rend moins poivrés, et conséquemment plus agréables au palais.

Un cordon bleu de notre connaissance a bien voulu nous communiquer son procédé pour préparer les piments qu'elle nous a fait goûter et que nous avons trouvés délicieux. On coupe les pédoncules et on pique les poivrons avec une épingle ; ensuite on les introduit dans un bocal qu'on remplit de bon vinaigre et qu'on aromatise au moyen d'un bouquet de thym et de laurier, de poivre en grains et de quelques petits oignons.

Raiforts sauvages au vinaigre. — Prenez, au mois de novembre ou de décembre, les racines de la plante, mondez-les de toute impureté, et, après les avoir lavées et essuyées, râpez-les et mettez-les dans des pots de verre ou de grès. Ensuite ajoutez une petite quantité de sucre et quantité suffisante de bon vinaigre pour qu'il dépasse la pulpe du raifort. Fermez exactement le pot, et conservez.

Cette espèce de moutarde est bonne à manger tout de suite. Elle ne se conserve pas longtemps, le goût ammoniacal disparaissant à la longue, pour ne laisser subsister que celui de vinaigre.

Câpres au vinaigre, ou confites. — Ce sont les jeunes boutons des fleurs de câprier que l'on connaît sous la dénomination de câpres. On les récolte avant leur épanouissement, et on les conserve par le procédé suivant.

On met dans un bocal du vinaigre blanc auquel on ajoute, si l'on veut, quelques tiges d'estragon, une petite quantité de fleurs de sureau, des clous de girofle et du poivre en grains. Au fur et à mesure que les boutons du câprier atteignent leur degré de maturité, on les cueille et on les immerge dans le vinaigre. Le bocal devra être maintenu au soleil tout le temps qu'il faudra pour le remplir de câpres. Après on le ferme exactement au moyen de liège et de parchemin.

Capucines au vinaigre, ou confites. — Si au lieu d'employer, comme il est dit précédemment, les boutons du câprier, on emploie des boutons de capucines, on obtiendra ce que l'on appelle *Câpres de capucines*, qui sans égaler la finesse de goût des véritables câpres, peuvent cependant servir aux mêmes usages. Le procédé est le même que le précédent.

Champignons. — La meilleure manière pour s'assurer de la qualité des champignons, est de les faire bouillir dans de l'eau avec la moitié d'un oignon blanc ordinaire, qui deviendra brun ou noir, ou bleuâtre, si parmi les champignons que l'on essaie il en est de vénéneux, et qui resteront blancs si les champignons sont d'une bonne espèce.

On peut soupçonner avoir affaire avec des champignons de mauvaise qualité s'ils présentent un chapeau couvert de verrues, ou autres fragments de membranes inhérentes à sa surface. Ils sont lourds aussi et émergent d'une espèce de bulbe. Ils croissent généralement par touffes. Lorsqu'on se trouve dans le doute on saupoudre d'un peu de sel la partie spongieuse du dessous, si elle devient jaune le champignon est vénéneux, si elle reste noire le champignon est comestible.

La queue du bon champignon est courte, solide, blanche, marquée — un peu sous le chapeau — d'un anneau proéminent. Le chapeau est blanc, régulièrement convexe, les bords sont légèrement repliés en dessous. La chair est ferme et blanche ; les feuillets du dessous, d'un rose rouge, sont écartés ; ils atteignent la tige de tous les côtés, mais ne la touchent pas. Quand le champignon avance en croissance, la forme du chapeau s'altère ; il devient brun, aplati, écailleux ; les feuillets du dessous prennent une couleur brune. Mieux vaut le consommer quand il est tout jeune.

Si on a affaire à des champignons qu'on ne connaît pas, la prudence exige de les faire macérer pendant une demi-heure dans de l'eau froide acidulée fortement de vinaigre (après les avoir coupé en petits morceaux), qui les noircira s'ils sont mauvais, et les blanchira s'ils sont bons. On les rince ensuite à l'eau froide et on les fait cuire en les assaisonnant comme d'ordinaire.

Il paraît positif que l'acide du vinaigre neutralise le principe vénéneux des champignons, qui est alcalin, et nous sommes portés à le croire, d'autant plus que nous avons connu un pharmacien qui se régalait souvent aussi bien des champignons bons, que des champignons reconnus comme, non seulement douteux, mais incontestablement mauvais.

On rend aussi comestibles les champignons de qualité vénéneuse en les faisant blanchir dans l'eau bouillante salée. C'est un moyen qu'on donne comme sûr pour rendre comestibles toutes sortes de champignons. Après on les lave dans l'eau fraîche pour les faire dégorger, et pour les assaisonner ensuite.

Ainsi affranchis de tout danger les champignons perdent un peu de leur arome, mais ce petit inconvénient est compensé largement par l'assurance que présente cette méthode de ne jamais avoir à se repentir d'avoir mangé des champignons.

Champignons vénéneux. — D'après M. Gérard, on rend comestibles les champignons vénéneux en les faisant bouillir dans de l'eau acidulée par le vinaigre, et en les lavant ensuite à grandes eaux. L'ébullition doit durer deux heures à peu près; après les avoir lavé on les fait bouillir de nouveau dans de l'eau pure pendant une demi-heure, et ensuite on les lave une autre fois dans l'eau. On les essuie après et on les apprête.

Champignons de couche. — Sur les couches, il ne peut pas venir de mauvais champignons; ainsi l'on peut manger en toute confiance les champignons cultivés. La méthode anglaise pour avoir tous les jours des champignons frais, consiste à faire provision de crottin de cheval, de mulet, et mieux encore, d'âne, sans aucun mélange de litière. On émiette ce crottin, et on le dispose en tas de 2 centimètres au plus d'épaisseur. Au bout de quelques jours on introduit dans cette couche modérément tassée à peu près à la moitié de son épaisseur, de bon blanc de champignons et ensuite on recouvre le tout avec une couverture mince de paille, qu'on soulève de temps en temps pour surveiller la croissance des champignons. On peut établir ces couches dans une cave, dans un cellier, dans une orangerie et même dans un grand tiroir de table de cuisine, ou dans une auge placée sous la table même. L'espèce qu'on cultive est l'*Agaric comestible*.

L'on ne saurait excéder en détails lorsqu'il s'agit de faire comprendre et adopter une chose utile. Nous croyons donc devoir ajouter à ce que nous avons dit, ce qui va suivre.

Pour obtenir une *Champignonière artificielle*, ou *Pépinière de champignons*, on commence par ramasser avec un pinceau humide les sporules attachées aux feuilles des champignons ordinaires, sporules qu'on étend sur une lame de verre mouillée. Ces sporules se développent et produisent un *mycélium* ou *blanc de champignons*; et quand ce mycélium a pris un développement convenable on le place dans du terreau.

On choisit le plus beau. On le transporte ainsi mêlé au terreau dans un sol de cave, qu'on recouvre d'une couche de crottin d'âne de 25 centimètres d'épaisseur, et sur laquelle on place une couche de plâtre de démolition. On arrose le tout avec de l'eau renfermant en dissolution quelques grammes de sel de nitre.

Au bout de cinq à six jours on obtient des champignons très volumineux groupés ensemble, et ne laissant rien à désirer en fait de goût exquis.

Champignons conservés. — Avant tout il faut s'assurer de la bonne qualité des champignons, quoique l'on ait dit que la dessiccation détruit le poison que les vénéneux renferment. Ce sont les *ceps*, les *morilles*, et les *mousserons* qui sont les plus sûrs, et qui se conservent le mieux.

Pour les conserver voici comme il faut s'y prendre :

On lave les champignons et on les pèle en enlevant une portion de la tige. On les coupe par fragments, s'ils sont un peu volumineux, et on les plonge pendant deux ou trois minutes dans l'eau bouillante pour les blanchir. On les égoutte et on les enfile dans une petite ficelle sans qu'ils se touchent, et on les fait sécher, soit à l'ombre dans un endroit aéré, soit à côté d'un poêle, soit dans un four modérément chauffé. Une fois secs, on les conservera dans des sacs à l'abri de l'humidité.

Voulant les employer, il suffira de les faire tremper dans l'eau pendant une demi-heure.

Si on les dessèche complètement, au point de pouvoir les réduire en poudre au moyen du mortier et du pilon, on obtiendra une poudre qui, mêlée aux sauces, communiquera une saveur aussi agréable que les champignons eux-mêmes.

Il faudra conserver cette poudre dans des bocaux hermétiquement fermés pour l'abriter contre l'humidité.

Salsifis conservés. — Ces racines se conservent dans des caves ou des celliers à l'abri de la gelée et de l'humidité. On les dispose les unes à côté des autres un peu penchées dans une rigole que l'on fait dans le sable.

Se conservent également bien, et par le même procédé, les *carottes, navets, choux pommés, de Milan.*

Le choux de Milan se conserve plusieurs semaines dans toute sa fraîcheur, si après en avoir coupé la tige à la longueur de six ou sept centimètres, on creuse cette tige en lui enlevant la moelle jusqu'à la profondeur de trois centimètres. On suspend alors le choux la tige en l'air et le creux devient un godet que l'on aura soin de remplir d'eau tous les matins.

Choux cabus conservés. — On les conserve dans des caves ou des celliers abrités de l'humidité et de la gelée. Il faut avant tout arracher de la terre le choux avec sa racine et planter cette même racine dans une couche de sable, de manière à ce que les choux se touchent, placés non pas droits, mais tant soit peu inclinés.

On peut les conserver aussi en creusant des sillons dans la terre à la profondeur de $1^m,60$ et les y plaçant les uns près des autres, et en les couvrant de la terre extraite du fossé ou d'une couche de paille. Il y en a qui proposent de mettre les choux dans ces fossés, la tête en bas et la racine et la tige sortant de terre.

Choux de Bruxelles conservés. — Même procédé que précédemment.

Il existe un procédé que l'on pourrait appeler *par dessiccation à air chaud*, qui consiste à exposer les légumes que l'on veut conserver à un courant d'air graduellement chauffé. Toute l'eau contenue dans les légumes s'évapore, et il ne reste plus que la carcasse du légume même. Trempés dans l'eau tiède pendant quelques heures, ils acquièrent leur dimension ordinaire qu'ils avaient perdue par l'effet de l'évaporation de leur eau. Le parfum n'en est amoindri qu'insensiblement.

Les fruits et légumes peuvent être conservés en les desséchant comme nous venons de le dire, à la température de 33°, en les soumettant ensuite à une pression considérable, et en les enfermant dans des feuilles d'étain. On les réduit ainsi à un très petit volume. Dans un mètre cube de capacité on peut faire tenir 25,000 rations.

Concombres conservés. — On cueille les concombres avant qu'ils ne jaunissent et on les coupe en tranches minces : on les dispose par couches saupoudrées de sel, dans un pot, et on remplit le pot d'eau. Avant de s'en servir on les débarrasse de leur saumure en les lavant à plusieurs eaux pour sortir l'excès du sel.

Choucroûte. — Ce sont les choux cabus blancs hachés que l'on conserve dans la saumure. C'est un aliment particulier aux Allemands et aux peuples septentrionaux, et dont on fait un commerce considérable. Avant de s'en servir on la fait tremper pendant deux heures dans l'eau tiède pour la dessaler; on la lave ensuite dans deux eaux fraîches, après quoi on la fait cuire avec du petit lard, du jambon ou des saucisses et du poivre en grains.

Citrons conservés. — Le procédé pour conserver les citrons consiste à les immerger dans du sable bien sec, de manière à ce qu'ils ne se touchent point, et qu'ils soient placés le pédoncule en bas. Les citrons devront être enveloppés d'un papier. On pourra se servir d'une caisse bien sèche et bien propre pour en mettre une certaine quantité en alternant les unes sur les autres des couches de sable et des couches de citrons, jusqu'à remplir la caisse. La couche supérieure devra être de sable.

Patates conservées. — Une couche de paille ou de mousse et une couche de patates, les unes sur les autres jusqu'à remplir des caisses que l'on fermera et que l'on déposera dans un lieu sec, et si c'est possible à une température constante entre 7 et 8° centigrades.

Un autre procédé consiste à ébouillanter pendant quelques minutes les pommes de terre dans l'eau bouillante, à les essuyer ensuite et à les faire sécher à une chaleur modérée pourvu que l'épiderme n'éclate pas. Elles se conserveront ainsi indéfiniment.

La dessiccation est aussi une manière de les conserver. Pour cela il faut leur faire subir quelques bouillons dans l'eau, autrement dit les faire blanchir; les couper ensuite par tranches et les exposer au-dessus d'un four de boulanger pour les sécher complètement. Lorsqu'on voudra les faire cuire, on les laissera tremper quelque temps dans l'eau tiède et ensuite on les maintiendra à un feu doux jusqu'à leur cuisson complète. Si l'on réduit en poudre ces tranches on aura une purée de pommes de terre qui pourra rivaliser avec celle de pommes de terre fraîches.

Un autre procédé de conservation récemment proposé est le suivant: dans une pièce au rez-de-chaussée on place sur le sol une couche de $0^m,10$ de paille de seigle, on superpose une couche de pommes de terre de la même épaisseur, et ensuite on saupoudre avec du plâtre. On fait une autre couche de paille, et une nouvelle couche de pommes de terre et on saupoudre avec du plâtre, ainsi de suite.

Disons que le *blanchiment des légumes* consiste à les faire bouillir dans de l'eau à laquelle on aura ajouté un peu de sel de cuisine pour en conserver la couleur.

Les pommes de terre se conserveront parfaitement bien dans une glacière, attendu que dans ce lieu la température n'est pas favorable à la germination. Elles se conserveront aussi si on les plonge dans de la terre ou du sable bien secs.

On les conservera également jusqu'à la fin de l'hiver dans des fosses, dans des caves, ou en monceaux couverts, en ayant soin avant de les enterrer, de les nettoyer, et de les laisser exposées à l'air pendant quelques jours. On devra ne pas trop les tasser, de crainte qu'elles ne fermentent.

De cette manière on pourra conserver les *raves*, les *poireaux*, les *salsifis*, les *tubercules* et autres *racines* comestibles.

Les patates gelées sont ramenées à leur état naturel en les plongeant, avant qu'elles n'aient commencé à dégeler, dans de l'eau froide de fontaine, de puits ou de ruisseau, placée à l'abord de la congélation, et les y laissant séjourner en changeant l'eau de temps en temps, jusqu'à ce qu'elles aient perdu leur dureté et repris leur consistance naturelle.

On peut immédiatement après cette opération manger la patate, ou bien la conserver en la faisant sécher, et la tenant dans un endroit sec et tempéré.

Ce procédé qui est à peu près le même qu'emploient les Russes pour sauver de la gangrène leurs nez et leurs oreilles gelés, est applicable aux *navets*, aux *raves*, aux *poireaux*, aux *potirons*, aux *pommes*, aux *poires*, et à *la viande*.

Petits pois conservés. — Remplissez une bouteille à large goulot de petits pois écossés, et tassez-les de manière à ne pas les briser. Bouchez exactement la bouteille et ficelez-la. Mettez la bouteille ainsi fermée dans un four, une heure après qu'on en a retiré le pain. On l'y laisse jusqu'à ce qu'elle soit refroidie. On la place ensuite en un lieu à température constante, ou à la cave, le goulot en bas.

On conserve aussi de cette manière les *cerises*, les *prunes*, les *mirabelles*.

On conserve aussi les *petits pois* de la manière suivante : après avoir écossé les petits pois, on les fait bouillir dans de l'eau légèrement salée. Ensuite on les égoutte.

D'autre part on pile dans un mortier les cosses, et en y ajoutant un peu d'eau, on en exprime le jus. On fait bouillir à nouveau les petits pois dans ce jus additionné d'une quantité d'eau salée légèrement suffisante à dépasser leur niveau, et cela pendant 10 minutes. On laisse ensuite refroidir le tout ensemble dans une cantine, et une fois refroidi on bouche exactement, et on conserve dans un lieu froid et sec.

Salades conservées. — Les différentes espèces de laitues et de chicorées se conservent par le même procédé que nous avons indiqué pour les choux, c'est-à-dire dans des caves à température uniformément constante, et immergées par la racine dans une couche de sable.

Pour que la salade soit bonne, ce n'est pas tout que de savoir la conserver, encore faut-il savoir l'assaisonner. Voici une formule qui donne une *Salade incomparable* et de facile digestion.

Mettez au fond d'un saladier un jaune d'œuf dur, moutarde, sel et poivre, huile, vinaigre, et une demi-cuillerée de liqueur d'absinthe. Rappelez-vous surtout que la salade doit être bien salée.

Peu de vinaigre et bien huilée.

Mélangez, ajoutez la salade, et fatiguez-vous à la remuer.

L'absinthe donne à la salade un léger parfum de chevreuil très agréable.

Tomates conservées. — Les tomates se conservent dans l'eau salée, et pour cela il n'y a qu'à les introduire entières, en bon état de maturité, dans un bocal à large ouverture, que l'on remplit de saumure de manière à ce que les fruits y soient totalement immergés. Au moyen d'une petite soucoupe on les empêche de surnager. On ferme le bocal par une plaque de liège après avoir couvert la surface du liquide de 4 ou 5 centimètres d'huile d'olives.

Autre procédé. — On coupe les tomates en quatre parties, et on les introduit dans un vase ayant une ouverture près du fond. On les y laisse pendant tout le temps qu'on verra découler du liquide, c'est-à-dire deux ou trois jours; ensuite on les exprime pour en obtenir toute la pulpe, et pour séparer celle-ci de la peau qu'on rejette. Après avoir ajouté à cette pulpe du sel de cuisine, on l'introduit dans des bouteilles que l'on ferme exactement. Si les tomates ont perdu toute leur eau, elles se conserveront sans fermenter; mais si c'était le contraire, la pulpe se séparerait à la longue et subirait une altération qui lui donnerait une mauvaise saveur.

Autre procédé. — Coupez les tomates en tranches, et

introduisez-les dans un pot où vous les maintiendrez pendant une quinzaine de jours, après les avoir bien salées et poivrées. Remuez tous les jours avec une cuillère en bois. Sortez-les au bout de ce temps et après les avoir enveloppées dans une serviette, pendez cette serviette, et laissez s'écouler tout le liquide. Ensuite mettez la pulpe sur un tamis, et à l'aide d'une cuillère, faites-la passer à travers le tamis. Après, ajoutez un peu de sel à la pulpe, empotez-la dans des vases qu'on puisse bien fermer. On pourra la maintenir couverte d'une couche d'huile.

Autre procédé. — La meilleure manière de conservation des tomates est celle que l'on connaît sous la dénomination de *Procédé Appert*. En voici le détail :

Mettez 750 grammes de tomates dans une casserole après les avoir divisées en plusieurs fragments, et en avoir enlevé la partie verte ; joignez-y un bouquet de persil, sel et poivre ; posez la casserole sur le feu, faites fondre en remuant, et laissez réduire jusqu'à ce que la purée soit assez consistante ; passez alors au tamis.

Introduisez cette purée dans des bouteilles très fortes, que vous remplirez jusqu'à six centimètres du bouchon ; bouchez la bouteille avec du liège de première qualité et ficelez le bouchon avec une forte ficelle placée en croix, ou mieux avec du fil d'archal. Cela fait, introduisez la bouteille dans un vase contenant assez d'eau froide pour que la bouteille y soit immergée jusqu'à la naissance du cou, posez le vase sur le feu et couvrez-le ; chauffez lentement jusqu'à l'ébullition que vous maintiendrez pendant une heure ; sortez le vase du feu, et ne retirez la bouteille du vase que lorsque l'eau sera refroidie.

Lorsqu'on fera passer au bain-marie plusieurs bouteilles, ce ne sera pas une précaution inutile que de les mettre dans une enveloppe de toile, afin d'éviter qu'elles ne se cassent les unes contre les autres. La chaudière du bain-marie doit avoir un fond plat, et il faut goudronner les bouteilles.

Pour s'assurer de la destruction de tout ferment que

peut contenir le liquide des bouteilles, on a proposé, et avec un véritable succès, deux moyens ayant pour but d'élever la température des substances que l'on veut conserver. M. Fastier ajoute à l'eau du bain-marie du sel et du sucre, parce que l'addition de ces substances permet d'élever la température du bain-marie à 110°, celle de la substance contenue dans la bouteille restant à 100°, c'est-à-dire à l'ébullition.

Quelques inconvénients inhérents à cette modification du procédé Appert ont suggéré à M. Chevalier-Appert l'idée de mettre les bouteilles dans une marmite de Papin ou autoclave. Cette marmite étant munie de sa soupape de sûreté ou d'un manomètre, on peut opérer sans crainte d'explosion, et maintenir à volonté le degré de chaleur voulu. Cette température doit varier selon le degré d'altérabilité de la substance que l'on veut conserver. Par exemple, le bœuf et les petits pois demandent une pression manométrique de 1/2 ou 1/4 d'atmosphère, tandis que la pression ordinaire suffit pour les haricots.

M. Runge, s'inspirant de la coutume de conserver la viande dans le vinaigre, a modifié ce procédé en remplaçant le vinaigre par la vapeur du vinaigre. Pour cela, au fond d'une terrine en grès, il met de 1 à 2 décilitres d'acide acétique à 7°; il place à quelques centimètres au-dessus un disque en bois percé de petits trous, et sur ce disque la viande crue qu'il veut conserver. Il ferme le vase avec un couvercle rodé et le lutte avec une double épaisseur de papier collé sur le joint. L'acide acétique se volatilise spontanément et remplit la terrine. Par ce moyen, on peut conserver la viande pendant dix à douze jours en été.

D'après bon nombre d'expériences assez concluantes M. Payen a pu constater que les spores microscopiques des champignons résistaient à une température de 100°, tandis qu'au-delà, surtout en présence de l'eau, leur vitalité pourrait être détruite. Il serait à désirer que cette loi fût vraie aussi pour les trichines du porc : nous ne connaissons aucune expérience décisive à cet égard.

Le procédé d'Appert et ses modifications s'appliquent à une infinité de substances alimentaires. On se sert également de bouteilles en verre fort et de boîtes en fer-blanc que l'on soude après les avoir remplies de la substance que l'on veut conserver.

Nous donnerons ici quelques spécimens de modes d'opération, selon la nature de la substance à conserver par ce procédé.

Lait frais. — On évapore aux 2/3. Deux heures après on le réduit encore à la moitié de son dernier volume, et pour chaque mesure de lait on ajoute un jaune d'œuf, puis on procède comme il est dit ci-dessus. Une heure dans l'eau bouillante. Il se conserve deux ans.

Il se conserve également bien, mais pendant 2 ou 3 mois seulement, en en remplissant une bouteille qu'on aura soin de cacheter et d'exposer au bain-marie bouillant pendant un quart d'heure.

On conserve aussi le lait pendant quelques jours, en plaçant sous le couvercle qui ferme le pot au lait un morceau de linge lessivé, et renouvelé toutes les vingt-quatre heures.

Petit lait. — Une heure d'eau bouillante : il se conserve trois ans.

Beurre. — On le lave dans l'eau et on remplit la bouteille jusqu'à 12 centimètres du rebord ; on met la bouteille dans le bain-marie froid, et on l'enlève aussitôt que l'eau bout. Le beurre préparé de cette manière se conserve frais pendant six mois.

Saindoux. — Comme ci-dessus.

Viande. — On peut l'accommoder à volonté : on la cuit à peu près au quart, et lorsqu'elle est refroidie on l'introduit dans les boîtes avec un peu de bouillon. Ces boîtes restent une heure dans l'eau bouillante. Il suffit d'une demi-heure pour tous les rôtis, que l'on fera rôtir préalablement aux trois quarts. La viande hachée, étouffée ou assaisonnée de tout autre manière, se tient une demi-heure dans l'eau bouillante.

Volaille. — Comme ci-dessus.

Bouillon. — Deux heures dans l'eau bouillante. Il se conserve d'autant mieux qu'il est plus chargé.

Le bouillon se conserve aussi en été en y plongeant deux gros morceaux de charbon végétal bien calciné.

Gelées. — Comme ci-dessus.

Groseilles. — Jusqu'à l'ébullition; on retire les bouteilles une demi-heure après. Il ne les faut pas trop mûres. Le jus de groseilles se conserve de même; s'il a beaucoup de consistance il suffit de le faire bouillir.

Se préparent de même les *framboises*, les *cerises*, les *mûres*, les *pêches*, les *abricots*, les *châtaignes*, les *poires*, les *prunes*, le *jus de citrons*, le *jus de verjus*, etc.

Légumes. — Il faut choisir le moment où les légumes sont faits, et n'ont subi ni l'action de la chaleur, ni celles de la siccité. On les nettoie et on les accommode suivant l'usage. On préfère les conserver frais ou simplement bouillis à l'eau pure. On abrège le bain-marie pour les légumes délicats.

Fraises. — On les prépare en gelée, avec la moitié de leur poids de sucre, ou l'on en exprime le jus que l'on sucre aussi. On les maintient dans le bain-marie jusqu'à l'ébullition.

Sauces. — Comme les légumes.

Asperges. — On les passe à l'eau bouillante, puis à l'eau froide; on les égoutte, on les dispose dans les bouteilles, et on ne les laisse qu'un instant au bain-marie.

Artichauts. — Idem. Entiers, une heure; coupés, une demi-heure dans le bain-marie.

Choux-fleurs. — Idem. Une demi-heure.

Petits pois

Haricots. — Ceux qui ont été cueillis par un temps frais et humide restent une heure et demie dans l'eau bouillante, et ceux qui l'ont été par un temps sec, deux. Il ne faut pas les cueillir trop tendres.

Truffes. — Une heure. On choisit les plus fraîches, et

celles non détériorées. Elles se conservent de deux à trois ans.

Un autre moyen pour conserver les truffes au delà d'un mois (durée de leur conservation naturelle) consiste à les plonger dans une dissolution légère de sel marin que l'on soumet ensuite pendant quelques instants à une température de 100°, en les gardant, après les avoir essuyées dans un bocal fermé hermétiquement.

Un autre procédé pour conserver les truffes pendant trois mois consiste à les laver, les vider et les égoutter jusqu'au soir; puis en les faisant cuire dans du beurre et les déposant ensuite dans des pots de grès avec des tranches d'oignon et de citron, et enfin en les couvrant d'une couche de vinaigre.

Champignons. — Idem.

Pommes de terre. — Après les avoir assaisonnées, les tenir dans le bain-marie jusqu'à l'ébullition. On peut aussi les laisser entières, alors on les tient dans le bain une demi-heure.

Riz. — Cuit et très épais, un quart d'heure.

Café. — On le pile aussitôt brûlé; on l'introduit dans la bouteille qu'on remplit d'eau, et on le laisse dans le bain-marie jusqu'à l'ébullition.

Moût cuit. — Une heure.

Thé. — Une once de thé avec laquelle on fait assez d'infusion pour remplir une bouteille. Six minutes dans l'eau bouillante. Une cuillerée à thé du liquide pour quatre tasses de thé.

En Écosse, on conserve la viande par un procédé qui n'est qu'une variante de celui d'Appert. On introduit la viande cuite dans des vases de fer-blanc, on en soude ensuite le couvercle à l'ouverture et on expose ce vase à une température qui dépasse 100°, pendant quelque temps. Après on perce le couvercle pour laisser sortir tout l'air contenu dans la boîte. Le trou est bouché en ressoudant, et la viande ainsi préparée se conserve sans altération.

Œufs conservés. — Pour conserver les œufs des volatiles, il faut les préserver des variations atmosphériques de la gelée, de l'influence de l'air et de l'humidité. Les moyens pour atteindre ce but sont nombreux ; nous n'en rapporterons que les principaux.

On peut les enduire de cire ou de gélatines fondues, ou d'une couche de vernis, ou simplement les graisser avec une substance grasse ou avec de l'huile. Ainsi préparés, on les entrepose dans un lieu à température basse constante, et mieux dans une glacière. On peut aussi les conserver en les entourant de substances propres à intercepter toute communication avec l'atmosphère, telles que la balle, le son, le sable fin, le charbon pulvérisé, la poudre de chaux, le sucre pulvérisé et les cendres tamisées.

On se sert aussi du lait de chaux peu épais, ou d'une dissolution de sel marin, ou de plâtre et d'argile délayés dans l'eau : on plonge les œufs dans l'une ou l'autre de ces dissolutions, en ayant soin de fermer le récipient et de le conserver dans un lieu sec et d'une température à peu près invariable.

M. Sarr, professeur à l'Université de Neuchâtel, préconisait l'emploi de la paraffine, substance qui ne doit agir ni mieux ni plus mal que la cire et la stéarine. Elle n'aurait d'autre avantage probablement que d'être plus chère.

En 1875 un M. Durand publia un procédé de conservation des œufs très rationnel, très pratique et très efficace. Ce procédé consiste dans l'emploi du *silicate de potasse* comme moyen d'en enduire les œufs. Pour opérer avec cette substance on procède de la manière suivante.

On délaye dans une terrine le silicate en y ajoutant son poids d'eau (la pratique apprendra plus exactement le degré de dissolution le plus utile). On plonge les œufs tous frais pondus, dans ce liquide, d'où on les retire avec une cuillère en bois, un instant après. Pour que l'enduit sèche sur la coquille on prend chaque œuf avec deux doigts, et après l'avoir légèrement secoué on le pose sur une table huilée ayant soin que les œufs ne se touchent pas entre eux. Le grand air fait sécher l'enduit. Si l'on remarque qu'à l'endroit où les œufs touchent la toile ou le papier, le silicate se soit aggloméré sous la forme d'un bourrelet, on reprend l'œuf entre deux doigts, et avec un doigt de l'autre main on étend l'enduit qui sera encore maléable. Enfin on les laisse sécher à l'air, et on les conserve dans un lieu sec.

Ils peuvent se conserver pendant assez longtemps encore, en les immergeant dans l'eau fraîche : ce procédé a cependant l'inconvénient de leur faire perdre leur saveur. Pour remédier à ce grave défaut, il faut les graisser avant que de les mettre dans l'eau.

Puisqu'il s'agit d'intercepter toute communication des agents extérieurs autant qu'il est possible pour empêcher un commencement de germination qui aboutit à la putréfaction, les Écossais ont pratiqué, de toute antiquité, un procédé de nature à boucher les porosités de la coque, et ce procédé consiste à plonger pendant deux minutes les œufs dans de l'eau bouillante. La chaleur coagule la couche d'albumine qui est adhérente à la coque, et qui dès lors s'oppose à l'entrée dans l'œuf, soit de l'eau, soit de la chaleur, soit de tout autre agent extérieur. De cette manière ils se conservent plusieurs mois si on les entrepose dans un lieu frais.

Les œufs transpirent en perdant une portion de leur eau. Aussi est-il convenable de changer de temps à autre les poudres au milieu desquelles on les conserve, car elles sont généralement très avides de l'humidité.

Pour s'assurer de la fraîcheur de l'œuf, nos ménagères ont l'habitude de les regarder à travers le jour; le plus ou moins de transparence leur indique le degré de perte aqueuse faite par l'œuf. Il y a cependant un moyen plus sûr pour déterminer si les œufs sont frais ou ne le sont pas, et de combien de jours ils datent. Ce moyen consiste à faire dissoudre 125 grammes de sel de cuisine dans un litre d'eau pure. On y plonge l'œuf qui se précipitera au fond s'il est du jour; il n'atteindra pas le fond s'il est de la veille, il flottera dans le liquide s'il a deux jours, et enfin il surnagera s'il a cinq jours. Plus il sera vieux, plus il laissera de coque à découvert.

Viandes conservées. — Outre le procédé d'Appert, que nous avons rapporté à l'article *Tomates conservées*, il existe de nombreux moyens employés pour conserver toute sorte de viande. Ces moyens sont la *salaison, l'aromatisation, la dessiccation, la fumigation, l'insolation*. Les viandes se conservent aussi par l'effet des substances dans lesquelles on les plonge en les y maintenant.

Une des causes qui activent le plus le développement de la putréfaction est sans contredit l'eau que les viandes contiennent. Aussi se conservent-elles d'autant moins que l'animal est plus jeune et sa chair plus aqueuse.

Salaisons. — On sale la viande au moyen de mélanges salino-aromatiques en poudre, ou dissous dans l'eau. Voici quatre recettes de *Saumures* :

1° Sel de cuisine	2,000	grammes.
Sucre fin	750	—
Salpêtre.	60	—
Eau	10,000	—
2° Sel.	32	parties.
Salpêtre.	2 —	1/2
3° Sel commun calciné . . .	32	parties.
Salpêtre.	1 —	1/2
Sucre.	1	—
4° Sel commun	32	parties.
Sel marin brut.	8	—
Salpêtre.	2	—
Genièvre en petite dose.		

On saupoudre la viande avec la poudre résultant d'une de ces formules, ou on l'arrose de temps en temps avec le liquide salé de la première, ou bien on alterne un mode de salaison avec l'autre. La viande sera d'autant plus vite mortifiée que l'on emploiera plus de mélange en poudre et qu'elle sera soumise à une compression plus forte. On est dans l'usage de frotter vivement la viande avec la poudre saline, et même de l'y plonger pendant six ou huit jours. Après l'avoir bien nettoyée on l'expose à la fumée qui achève de la débarrasser du surplus d'eau qu'elle peut encore contenir.

La viande se conserve aussi par l'action combinée du sel marin et des aromes, ou épices. Tous les saucissons en général sont conservés de cette manière, quelle que soit la viande que l'on emploie à leur confection.

On doit à M. Delignac un procédé de salaison de la viande, qui consiste à injecter sous pression, entre la chair et les os, une saumure dont le réservoir est placé à une hauteur d'une dizaine de mètres. C'est le procédé de M. Boucherie pour les bois appliqué à la conservation de la viande.

La *Dessiccation* est aussi un moyen conservateur de la viande; on peut dire qu'il est le plus économique, et de l'effet le plus durable. C'est à l'aide d'une chaleur de 55° à 60° que l'on parvient à la dessécher complètement en lui faisant perdre jusqu'à 70 pour 100 de son poids. A ce degré de chaleur, elle se dessèche en 72 heures. On prescrit de préparer la viande en la saupoudrant de sel pendant quelques jours. Le sel absorbe l'eau contenue dans la viande, qui, comprimée fortement, s'en débarrasse en même temps qu'elle se débarrasse du sel. Après cette préparation préalable, on passe à la dessiccation, qui s'opère en moins de temps et assure mieux la conservation de la viande.

La *Fumigation* s'emploie aussi pour dessécher la viande, car la fumée entraîne avec elle un certain degré de chaleur, outre qu'elle fixe sur la viande les principes conservateurs qu'elle renferme, tels que la créosote, les acides, les résines, les sels volatils. Dans ce cas, il sera prudent de soumettre la viande à une salaison temporaire préalable, et d'en supprimer l'eau à l'aide d'une forte compression.

La fumée doit être appliquée avec une certaine méthode ; il faut qu'elle soit faible d'abord pour augmenter graduellement. Les meilleurs bois, pour produire la fumée, sont les bois compactes et verts, tels que le hêtre, le chêne, et leurs feuilles. Le bois de pin, de sapin, et leurs branchages, communiquent à la viande un goût particulier. Le genièvre donne une fumée aromatique odorante. En Allemagne on se sert du tan.

On pourra employer le romarin, le laurier, l'encens, les fèves de café, le bois de réglisse, les pruneaux secs, les clous de girofle, etc., si l'on veut communiquer à la viande le parfum propre à chacune de ces substances.

L'*Insolation* est employée dans les pays chauds ; on coupe la viande maigre désossée en lanières minces, et on l'expose à l'action du soleil. On fait sécher ainsi dans plusieurs pays des moutons et des chèvres tout entiers.

Il a été donné un prix à Besch pour un procédé de conservation qui consiste à faire cuire la viande aux trois quarts avant de l'exposer au soleil. Le *Tasajo* du Mexique n'est que de la viande séchée au soleil. Pour s'en servir il faudra la laisser imerger quelque temps dans l'eau tiède, jusqu'à ce qu'elle se ramollisse.

L'*Enrobement* est aussi un moyen de conservation. Il consiste à envelopper des quartiers de viande crue d'une couche épaisse de gélatine, ou de tout autre substance capable d'intercepter l'action de l'air. Si une couche ne suffit pas il faudra, après avoir laissé sécher la première, en appliquer une seconde, Il serait à désirer cependant que l'on pût trouver une substance imperméable qui, par elle-même, ne fut pas sensible à l'action de l'humidité, comme l'est la gélatine, qui ne se conserve elle-même et conséquemment ne préserve la viande qu'un temps relativement très-court. Le blanc d'œuf desséché serait préférable pourvu que l'on conserve la viande ainsi enduite dans un lieu sec et à une température constamment modérée.

Il y a une méthode mixte pour conserver la viande, qui consiste à la dessécher d'abord pour l'enduire ensuite à l'aide de l'albumine.

Un procédé à peu près analogue consiste à couper la viande en tranches du poids de 70 à 100 grammes et à immerger ces tranches successivement pendant dix minutes dans l'eau en ébullition. Immédiatement après on les expose à la chaleur d'une étuve à 40°. On évapore l'eau qui a servi aux immersions jusqu'à consistance gélatineuse, pour y plonger les tranches de viande desséchées. Elles se recouvrent d'une couche imperméable à l'air. La viande ainsi préparée reprendra par la cuisson toutes ses propriétés.

Le *Charbon* végétal ou animal a une action préservatrice sur la viande crue, et s'emploie ordinairement pour transporter au loin le gibier, le poisson, et toutes les viandes en général. La viande enveloppée de charbon peut se conserver pendant un mois, même si la température est douce.

Le *Gaz sulfureux* a été employé par M. le professeur Lamy pour conserver la viande ou les fruits. Ce procédé n'a pas répondu à l'attente, car outre que le gaz sulfureux pénètre difficilement dans l'intérieur de la viande, et conséquemment qu'il ne la conserve qu'à la surface, il lui communique ainsi qu'aux fruits un goût fort désagréable. Pêches, prunes, abricots, traités par le gaz sulfureux, tout en conservant leur couleur extérieure, acquièrent une saveur, qui n'est certes pas leur saveur naturelle.

Les *Gelées végétales* conservent la viande crue. Si l'on monde la partie fibrineuse des muscles de toutes les aponévroses, et de tous les tendons, et qu'on la hache aussi menu que possible, en la mêlant ensuite avec son poids de gelée épaisse, à laquelle on aura ajouté une certaine quantité de sucre, et aussi quelque peu de bicarbonate de soude, on obtiendra une pâte qui, étendue sur des toiles de chanvre, et exposée à un courant d'air se desséchera assez pour se laisser découper en pastilles qu'il faudra conserver à l'abri de l'humidité. Ces pastilles très nourrissantes sont aussi très digestibles, et leur goût n'est aucunement désagréable.

La *Lie* est un liquide conservateur de la viande qui peut y rester immergée pendant longtemps, et acquérir même un goût très agréable.

La *Crème de lait* conserve la viande, pendant au moins une quinzaine de jours, pourvu qu'on la renouvelle tous les jours si la température est élevée, et tous les trois ou quatre jours s'il fait frais. Ce procédé est trop coûteux pour pouvoir être introduit dans la pratique habituelle.

Le *Sable et les Cendres* ont aussi une propriété conservatrice. On y enfouit la viande et on maintient le baquet contenant le tout dans un lieu frais. Si on mêle au sable ou aux cendres quelques poudres aromatiques, ou si on arrose sable et cendres avec un peu d'esprit de vin, la viande se conservera encore mieux.

L'*Huile* et les *Graisses* conservent la viande, si elle y est plongée. On peut se servir de beurre fondu ou de saindoux. Une légère addition de sel et d'aromates contribue à prolonger la durée de la viande qui pourra ainsi se conserver pendant des années entières, soit à la cave soit dans tout autre endroit constamment frais. La viande garde toute sa saveur, l'huile sa limpidité. Le veau coupé en tronçons, bouilli aux trois quarts et conservé dans l'huile donne un mets dont la saveur se rapproche de celle du thon.

Les *Volailles*, les *Oies* et autres volatiles se conservent assez bien, si, après les avoir rôtis presque entièrement, on les plonge dans le saindoux. Lorsqu'on veut les servir on les sort et on achève de les rôtir.

Le *Gibier*, frotté avec du sel et des épices, est mis dans un pot garni d'une bonne dose de sel. On couvre le pot au moyen d'un couvercle qui doit y être collé, et l'on expose à la chaleur d'un four pendant six à sept heures. On découvre ensuite le pot dans lequel on comprime le gibier, et on le remplit de beurre et de saindoux.

Désinfection de la viande. — Faites bouillir dans de l'eau la viande qui sent mauvais, et écumez pendant qu'elle bout. Plongez alors dans la marmite un charbon ardent bien compact et sans fumée, et laissez pendant deux ou trois minutes. La viande après n'aura plus aucune mauvaise odeur, et pourra aussi bien être cuite dans de la nouvelle eau pour avoir du bouilli, de même qu'elle pourra après avoir été essuyée, être apprêtée de toute autre manière. L'on traite de même le *poisson* qui commence à se gâter.

Poisson conservé. — Il est rare que dans les ménages on conserve le poisson autrement que dans un vivier. Cependant, comme il se peut que l'on ait à expédier du poisson au loin, il n'est pas inutile de faire connaître le moyen le plus convenable pour le conserver quoique mort. Ce moyen consiste à l'entourer de glace, grossièrement concassée, et à entourer la glace d'une couche épaisse de charbon en poudre. Cette disposition remplace la glacière. De cette manière on pourra le conserver frais pendant huit à dix jours.

On peut conserver le poisson vivant pendant quelques jours si on l'enveloppe au sortir de l'eau d'une couche épaisse de glaise molle, saturée de sel et d'eau. Il arrive vivant, même après un long voyage.

S'il s'agit de conserver le poisson mort pendant quelques jours seulement, on y parviendra en plongeant le poisson dans une solution de sel marin contenu dans un ustensile de cuisine en terre, et en suffisante quantité d'eau pour couvrir le poisson même. On expose ce vase au feu pour que l'eau se chauffe jusqu'à l'ébullition. Aussitôt qu'elle sera arrivée à cette température on retirera l'ustensile de dessus le feu, et on la laissera refroidir à l'office. Cette opération conserve le poisson pendant trois jours. Si on veut le conserver encore pour trois autres jours il faudra l'exposer une autre fois à une nouvelle ébullition momentanée comme la précédente. Au bout de trois autres jours en répétant l'ébullition on le préservera encore pour un même laps de temps, de manière à pouvoir le conserver ainsi 9 jours.

La chair des poissons d'eau douce, ou de mer, peut se conserver en la faisant dessécher, ou en la marinant, ou en la salant préalablement pour la dessécher ensuite, ou en la fumant, ou enfin en la maintenant immergée dans l'huile. Le procédé varie selon le pays, et selon la qualité du poisson. Le hareng se fume, ainsi que le saumon, à peu près comme la viande; les anguilles et quelques autres petits poissons se marinent; la morue se sale et est ensuite soumise à la dessiccation; le thon se fait bouillir préalablement dans l'huile, et ensuite se conserve dans l'huile fine d'olive.

Généralement on ne conserve que certaines parties des poissons : aussi prescrit-on de jeter la tête, la queue et la colonne vertébrale, comme réfractaires à toute espèce de conservation, et par conséquent nuisibles même à la conservation des autres parties de l'animal. Cependant le harang se conserve entier, et on n'élimine de la morue que la tête.

A Martigues, en Provence, on prépare la *Boutargue*. Ce sont des œufs de deux poissons de mer, conservés par le procédé suivant : on extrait les œufs du poisson, on en ôte toutes les veines et les fibres, et on les lave bien. Ensuite on les sale et on les presse entre deux planches sur lesquelles on fait peser des pierres. Au bout de vingt-quatre heures on les retire de la presse, on les fait sécher au soleil, puis on les encaque. On mange la boutargue froide, à l'huile et au vinaigre, ou au jus de citron.

Nous avons eu l'occasion de goûter de la boutargue préparée avec des œufs de poissons d'eau douce, qui nous a paru non moins exquise que la boutargue du commerce, ce qui nous fait penser que tous les œufs de poissons pourraient servir à la préparation de ce mets.

Le *Caviar* ou *Kaviar*, comestible national russe, se prépare avec les œufs de quelques poissons, et particulièrement de l'esturgeon, conservés et marinés. La Russie fait presque exclusivement le commerce du caviar sur le Volga et ses affluents.

On peut le préparer de la manière suivante :

On met dans l'eau les œufs de l'esturgeon récemment tué, et on les bat au moyen d'un fouet, aussi longtemps qu'il est nécessaire pour les débarrasser de leurs fibres ; on les laisse égoutter sur un tamis serré, puis on les lave encore à grandes eaux ; on les laisse de nouveau égoutter, et après les avoir assaisonnés de sel et de poivre, on mêle bien le tout que l'on dépose sur un linge lié en forme de nouet. Quand le caviar a égoutté pendant vingt-quatre heures on peut le servir sur des tranches de pain grillé et des échalottes hachées *(Dict. de la vie pratique)*.

Les *Sardines conservées* ou *Sardines à l'huile* se préparent de la manière suivante, que nous empruntons à l'excellent ouvrage de M. Payen :

Aussitôt que les produits de la pêche arrivent, on enlève les têtes et les intestins, puis, sans perdre de temps, on les saupoudre de sel (de 8 à 10 kilos pour 1,000 sardines, suivant la grosseur). Après un contact de douze heures avec le sel, on procède au lavage qui se fait de préférence avec l'eau de mer. Souvent, afin d'éviter toute altération, on sale les sardines aussitôt débarquées, et douze heures après on étête, on vide et on lave comme il est dit ci-dessus. Les sardines lavées sont aussitôt soumises au séchage, étendues sur des claies ou des grillages en fil de fer, soit à l'air libre, si le temps le permet, soit dans des étuves à courants d'air chaud activés par la ventilation. On soumet alors les sardines à la cuisson : les nouveaux moyens en usage consistent à les déposer debout sur des grils afin de les immerger simultanément dans l'huile chauffée à 250°, deux ou trois minutes, selon leur grosseur. Après on les pose immédiatement et horizontalement dans des boîtes de fer-blanc, et on les couvre d'huile ; on soude le couvercle et on plonge les boîtes dans un bain-marie chauffé à 100°, pendant une heure ou deux, selon le volume des boîtes.

Le *Thon mariné ou conservé à l'huile*, s'obtient en coupant le thon par tranches d'environ trois centimètres d'épaisseur, — de préférence les parties du corps comprises entre le ventre et la queue. — On fait subir à ces tranches deux bouillons dans l'huile d'olive, en ayant soin de ne pas chauffer trop fortement, et ensuite on ajoute une certaine quantité de sel. Lorsque le thon est entièrement refroidi, on le met dans de petits tonneaux ou dans des vases de verre contenant de l'huile d'olive très fine, que l'on bouche avec du liège et du parchemin.

L'*Anchois* se prépare en coupant la tête au poisson, en le vidant avec soin et sans laisser la vessie du fiel, puis en le disposant dans les barils de telle manière qu'il y ait une couche d'anchois et une couche de sel superposées ; à cette salaison on mêle une argile rougeâtre bien cuite, qui communique sa couleur à l'anchois.

L'*Anguille marinée ou conservée*, que l'on prépare plus particulièrement à Comacchio, sur l'Adriatique, se prépare en faisant griller ou rôtir dans l'huile bouillante les petites anguilles, et en les salant ensuite pour les encaquer dans des barils et les livrer au commerce.

Les *Harengs blancs* sont salés aussitôt pêchés, sur le bâtiment même de pêche, et ensuite transportés à terre ; on les dispose dans des barils, par lits ou couches pressées et sans saumure.

Les *Harengs saurs* ne diffèrent des harengs blancs qu'en ce qu'ils sont fortement fumés après avoir été salés, ce qui s'opère dans des magasins où des feux peu brillants sont allumés de distance en distance, et où les fenêtres sont tenues ouvertes ou fermées selon la direction du vent. Le hareng est suspendu à des baguettes, et reste exposé à la fumée une quinzaine de jours, pour être encaqué aussitôt qu'on lui voit prendre une teinte cuivrée.

Beurre conservé. — Le froid conserve très bien le beurre. Aussi dans une glacière il peut être conservé toute l'année. A défaut de glacière on peut le conserver frais par le procédé suivant.

On introduit le beurre dans un pot d'argile, au-dessus duquel est établi un autre pot de terre poreuse que l'on maintient rempli d'eau. L'eau filtre au travers de la terre poreuse, coule le long du pot à beurre en s'évaporant peu à peu et en produisant du froid. C'est à l'aide de cette température artificielle, que l'on conserve le beurre.

Tous les corps non conducteurs de la chaleur peuvent être employés à cette même fin.

Autre procédé. — On fait fondre le beurre à un feu modéré, et ensuite on le passe à travers un linge, pour le serrer après dans un vase quelconque imperméable et qui puisse fermer hermétiquement. On entoure ensuite le vase de balle ou de sciure de bois, et on l'expose dans un lieu frais.

Autre procédé. — On fait fondre le beurre lentement, à un feu doux, et on l'y maintient tant que l'on voit surnager l'écume qu'il faut enlever au fur et à mesure de sa formation. On le passe ensuite à travers un linge de tissu serré, et on le verse, encore liquide, dans un pot de grès ou dans un vase de bois que l'on dépose dans un lieu frais. Cette méthode, adoptée à peu près dans tous les ménages, donne un meilleur résultat que la salaison. Pour rendre au beurre ainsi purifié son goût naturel, on le pétrit avec un peu de crème fraîche.

Autre procédé. — L'eau bouillie puis refroidie, ne contenant pas d'air, conserve le beurre si on la renouvelle tous les jours. L'eau bouillie, saturée de bicarbonate de soude, le conserve encore mieux. Si on mêle au beurre, en le pétrissant, 62 grammes de sel de cuisine pour chaque kilo de beurre, on aura le *Beurre salé*.

Autre procédé. — On prône le procédé suivant comme l'un des meilleurs.

Préparez un mélange avec :

Sucre.	100 grammes.
Sel fin.	200 —
Salpêtre.	100 —

Cette saumure s'emploie à la dose de 60 grammes par kilo de beurre. Avant de pétrir cette poudre avec le beurre, il est important de le presser pour en faire sortir tout le petit lait. On assure que le beurre ainsi préparé se conserve plusieurs années, et résiste parfaitement aux voyages de long cours.

Autre procédé. — Il consiste à réduire le beurre en boulettes et à le mettre ensuite dans du sirop de sucre, de raisin, de miel, etc. On le lave avant de s'en servir.

Fromages conservés. — La putréfaction et les vers gâtent les fromages. Pour les conserver il faut nécessairement éviter la première de ces causes et prévenir l'éclosion de la seconde. On satisfait à la première indication en conservant les fromages dans des lieux non humides, bien aérés, frais et peu éclairés, pour que les mouches ne viennent pas y déposer leurs œufs. On pourra même les garantir en les couvrant simplement d'un linge.

Le houblon chasse les mouches et communique un goût agréable au fromage; on peut donc s'en servir avec avantage.

Dans les fruitières on porte les fromages aussitôt faits dans des locaux réunissant toutes les conditions que nous venons de signaler, puis, quand ils sont suffisamment secs, on les transporte dans des caves fraîches mais sans humidité.

Fromage de Roquefort artificiel. — On a essayé d'imiter toutes sortes de fromages, ou tout au moins tous ceux qui sont plus appréciés par le public. Il faut dire cependant que les imitateurs, ne tenant aucun compte des influences locales des endroits où se font les fromages qu'ils ont pris pour types, ni des qualités des fourrages dont s'alimentent les vaches, les chèvres et les brebis qui fournissent le lait, ni d'autres circonstances accessoires qui influent dans la fabrication et conservation de cet aliment, n'ont réussi à faire que de la mauvaise besogne.

Ces réflexions n'ont pas traversé l'esprit des imitateurs qui ont cru qu'il n'y avait qu'à se procurer du lait pour confectionner toutes sortes de fromages. La spécificité caractéristique des produits naturels et leurs dérivés artificiels n'admettent pas de synonymes. En voulant l'imiter, on peut réussir à faire meilleur, ou moins bon, mais on n'atteindra jamais à l'identité. Trop d'éléments interviennent dans la formation de cette caractéristique pour qu'on puisse se flatter de pouvoir opérer de manière à n'en oublier aucun. On pourra imiter les liqueurs, au point de se méprendre, pourvu qu'on se serve des mêmes doses, des mêmes ingrédients et de la même manière d'opérer, mais on n'imitera certes pas jusqu'à s'y tromper ni l'eau-de-vie de Languedoc, d'Armagnac ou de Cognac. L'imitation ne comporte que des équivalents approximatifs.

A ce propos nous pourrons citer un imitateur de fromage de Roquefort qui, croyant que tous les mérites de ce fromage consiste dans la présence d'une moisissure qui végète au milieu de sa pâte, s'est imaginé de percer les formes de fromage de son pays d'une grande quantité de trous pour donner accès à l'air et, d'après ce qu'il paraît, à toutes les spores de cryptogames que les panspermistes disent s'y tenir toujours prêtes à se faufiler partout à la recherche d'un gîte convenable pour pouvoir y végéter. Mais ces spores ou ces germes n'ont pas trouvé dans la pâte du fromage de notre inventeur un terrain propice comme elles le trouvent à Roquefort. Aussi, quoiqu'elles se soient empressées de s'infiltrer dans les trous qu'on leur offre, n'y mènent-elles qu'une existence souffreteuse qui les empêche de parfumer le fromage et ne donnent-elles d'autre signe de vie, que de salir la pâte de taches de couleur verdâtre gris ; ce qui fait que ce Roquefort imité ressemble au naturel à peu près comme un vieux et sec recors ressemble à une jolie femme.

Huiles comestibles et combustibles conservées. — *Huile d'olive.*
— Cette huile, la plus comestible de toutes, s'obtient en écrasant sous des meules de champ les olives convenablement récoltées et choisies, et en les exprimant ensuite au moyen d'un pressoir, après les avoir enfermées dans des sacs. Préparée ainsi, elle porte le nom d'*Huile vierge* pour la distinguer de celle que l'on obtient en soumettant le résidu à l'action de l'eau bouillante, pour le presser ensuite une ou deux fois.

Si l'on opère sur des olives récoltées non encore tout à fait mûres, on obtient l'*Huile d'olive verte*. C'est une huile de première qualité, mais ayant un goût un peu âcre, qu'elle perd cependant par la suite en se clarifiant.

L'huile d'olive se conserve assez bien dans des vases fermés hermétiquement, et placés dans un endroit frais. Les grands réservoirs de Gênes sont en marbre.

Si elle devient rance, on remédiera à ce défaut en la fouettant avec de l'eau, de la lessive de soude ou bien de l'esprit de vin.

L'huile d'olive comestible, qui est la plus chère de toutes, est mêlée avec des huiles meilleur marché, et particulièrement avec l'huile d'œillette. Cette falsification se découvrira facilement, d'abord au moyen de la dégustation, ensuite en la secouant fortement dans un flacon quelconque : l'huile d'olive ne fait point de mousse, tandis que celle d'œillette fournit un chapelet de bulles persistantes.

Cette addition peut encore se constater par la différence des températures auxquelles ces deux sortes d'huiles se coagulent. L'huile d'olive se solidifie à $2°$ au-dessous de zéro, tandis que l'huile d'œillette ou de pavot ne se solidifie qu'à $15°$. Pour faire l'essai, on pourra se servir d'un tube d'un centimètre de diamètre et dix centimètres de longueur, qui, rempli d'huile suspecte et plongé dans un mélange de sel marin et de glace, fera immédiatement figer l'huile d'olive et non celle d'œillette.

Si on mêle le nitrate acide de mercure avec une huile d'olive quelconque, dans la proportion de 1 à 12, et si on agite de temps en temps, au bout de quelques heures l'huile, si elle est pure, se prendra en une masse jaunâtre, qui ne tarde pas à devenir solide. Si l'huile n'est pas pure, cette masse ne se solidifiera qu'imparfaitement, et toujours d'autant moins qu'elle contiendra davantage d'huile étrangère.

Les *Huiles d'œillette ou de pavot*, l'*Huile de noix vierge*, *d'aveline, de noisette, de faîne, d'amande, de sésame, d'arachide*, sont toutes comestibles et peuvent remplacer, dans une certaine mesure l'huile d'olive. Mais, pour ce qui est de l'huile de noix, elle n'est comestible qu'exprimée à froid, et encore ne se conserve-t-elle pas longtemps sans s'oxyder. Exprimée à chaud, elle contracte un goût âcre. Si l'on veut se servir de l'huile d'œillette, il faut la choisir blanche ; elle ne se conserve pas aussi bien que l'huile d'olive, mais elle ne lui est pas inférieure au point de vue de la salubrité. A l'exception de l'*Huile de faîne*, qui se récolte en grande quantité et à très bas prix, dans le voisinage des bois de hêtres, les autres huiles se récoltent en trop petite quantité pour pouvoir être d'une grande consommation.

Toutes les huiles comestibles sont sujettes à rancir, c'est-à-dire à s'oxyder. Cette oxydation leur communique une odeur désagréable et une saveur nauséabonde. Il y a des moyens pour préserver les huiles pendant plus ou moins longtemps, comme il y en a pour corriger les résultats de l'oxydation. On les préserve en triturant une très faible quantité de sucre blanc avec quelques cuillerées d'huile, et en ajoutant ensuite ce mélange à l'huile par petites portions. Cent grammes de sucre trituré avec 60 grammes d'huile suffisent pour prévenir la rancidité de 25 litres d'huile à manger.

On préserve l'huile d'œillette en la faisant bouillir pendant quelques minutes avec du vinaigre de vin, dans la proportion de 15 grammes pour un litre l'huile. Il se forme une écume qu'il faudra enlever. Pendant l'ébullition, le vinaigre s'évapore en grande partie, et une autre partie tombe au fond du vase. On passe l'huile à moitié refroidie.

Un léger degré de rancidité se corrige en ajoutant à chaque litre d'huile 120 grammes de charbon grossièrement pulvérisé, qu'on laisse dans le liquide pendant trois jours, en ayant soin d'agiter fortement de temps en temps ; on pourra se servir d'acide sulfurique à la dose de 15 grammes pour 150 grammes d'eau à mêler à un litre d'huile. On agite vivement et on laisse ensuite reposer pendant huit jours : on décante l'huile, qui sera devenue sapide.

Huiles à brûler. — Toutes les huiles des graines des plantes crucifères sont bonnes pour l'éclairage. Celle de *Colza*, cependant, lorsqu'elle est épurée, éclaire mieux que ses congénères : *Navette, Cameline, Chenevis* ou *Chanvre*, ainsi que celles de *Lin* et d'*OEillette rousse*. Aussi, à cause du prix, falsifie-t-on le colza à l'aide des autres qualités d'huile que nous venons de nommer. La densité servira à déceler ces falsifications ; l'huile de colza pèse 0,915, tandis que celle d'œillette rousse pèse 933, celle de chanvre 936, celle de cameline 931, celle de lin 935.

Par conséquent, une huile qui pèserait plus de 915 serait certainement mélangée. L'huile de colza se solidifie à la glacière, tandis que les autres restent liquides.

Cette huile, lorsqu'elle est récente, a une couleur ordinairement jaune, qu'elle perd en restant exposée à l'air ; elle exhale une odeur forte, caractéristique, désagréable. On est obligé de l'épurer pour augmenter sa puissance d'éclairage et empêcher qu'elle ne fume. C'est avec l'acide sulfurique que l'épuration se fait, en procédant comme nous venons de dire à propos de l'huile d'olive rance.

On brûle encore les *Huiles de navette*, de *Rabette*, de *Moutarde*, qui ont la plus grande analogie avec l'huile de colza. Celle de *Cameline* brûle avec une flamme roussâtre. Ne se figeant qu'à 15°, on la mêlait à l'huile des réverbères pour en empêcher la congélation ; mais la flamme n'en est pas aussi brillante. L'*Huile de lin* ne se congèle qu'à 27°

au-dessous de zéro ; elle rancit promptement parce qu'elle est l'huile la plus siccative, et elle ne peut servir à l'éclairage, parce qu'elle donne seulement une flamme fumeuse et roussâtre. Les *Huiles d'amande*, *d'aveline*, *de noisette* et de *noix* se ressemblent toutes, ayant cependant chacune la saveur du fruit d'où on les extrait. Leur densité varie de 920 à 925º ; elles ne se congèlent qu'à 15 ou 20º au-dessous de zéro et sont très siccatives.

L'*Huile de pépins de raisins* se prépare en lavant à grande eau le marc du raisin après que l'on a soutiré le vin. A l'aide d'un tamis on parvient très facilement à séparer ces pépins, qui tombent au fond du vase. On les laisse sécher et ensuite on en extrait l'huile en opérant comme pour les autres huiles de graines oléagineuses. Cette huile est limpide, d'un jaune verdâtre, et fluide à 8º de température. Elle brûle avec une belle flamme, sans répandre d'odeur désagréable : on la dit préférable à celle de colza.

Il est inutile de prévenir le lecteur que si l'on brûle à la chaudière le marc de raisin pour en extraire l'alcool, les pépins ne donnent plus d'huile.

FRUITS CONSERVÉS

Les fruits, récoltés lorsqu'ils ne sont pas encore bien mûrs, sont exposés dans un endroit chaud pendant quelques jours, afin de leur faire perdre un peu de l'eau qu'ils contiennent. Ensuite on les introduit dans des caisses ou des tonneaux par couches alternées avec des couches de son bien sec ou de farine. Il faut poser les fruits de manière à ce qu'ils ne se touchent pas ; il faut en outre choisir exclusivement ceux qui ne sont pas piqués, et cacheter le bout de la queue avec de la cire ou du goudron. Si ce sont des raisins il faudra, lorsqu'on voudra les manger, couper le bout de la queue et l'immerger dans du vin blanc chaud.

Autre procédé. — Après avoir déposé les fruits dans une étuve pendant quatre ou cinq jours, on les trempe dans de la cire blanche fondue et mêlée à un peu de suif: il faut l'employer peu chaude. Les fruits se couvrent d'une couche de cire qui intercepte toute communication avec l'air. Refroidis on les enveloppe dans du papier et on les enterre dans du son.

Pourvu que l'on ait soin de ne pas perdre la cire, elle peut être utilisée à nouveau pendant bien longtemps.

Autre procédé. — Le procédé que nous venons de décrire a été modifié par Mène, en remplaçant la cire par la *gutta-percha purifiée*. Lorsqu'on dissout la gutta-percha dans le sulfure de carbone, le liquide se sépare en trois couches : on décante avec précaution pour n'avoir que la couche du milieu, la seule parfaitement limpide. C'est à l'aide d'un siphon que l'on peut le plus facilement parvenir à cette couche, celle qui doit servir à envelopper et conserver les fruits verts.

Les fruits cueillis un peu avant la maturité complète sont séchés, brossés, et plongés dans l'esprit de vin. Puis on les trempe à plusieurs reprises dans la gutta-percha limpide. On laisse sécher et après on les dépose dans des caisses maintenues en un lieu dont la température ne s'élève pas à plus de 10° centigrades.

Quand on veut manger les fruits on les pèle, on lave la surface avec un peu d'alcool, et l'on trouve le fruit aussi bon que s'il venait d'être cueilli.

Les *Pommes*, les *Poires* et les *Raisins* peuvent être conservés pendant plusieurs mois dans des fruitiers spéciaux à température à peu près invariable.

Le *Raisin* se conserve aussi dans des sacs de papier percés de petits trous d'épingle, ou mieux dans des sacs en crin. Si le raisin est mûr il faut étrangler la queue de la grappe avec le fil qui sert à fermer le sac. On peut conserver le raisin en le cueillant avec une portion du sarment qui le porte, et en cachetant le bout supérieur de ce sarment, le bout inférieur restant plongé dans une petite fiole remplie d'eau, à laquelle on a ajouté 5 grammes de charbon pulvérisé, dans le but de prévenir la putréfaction du sarment. On bouche ensuite chaque fiole avec de la cire, et on les place sur des rayons et dans une pièce à température à peu près fixe. Le seul soin à avoir consiste à enlever de temps en temps les graines qui commencent à pourrir, et à veiller à ce que la température du fruitier ne descende pas au-dessous de zéro.

Fruits secs. — On fait sécher pour les livrer au commerce, ou pour la consommation particulière, les *Pommes, Poires, Pêches, Prunes, Raisins, Dattes, Figues, Jujubes, Abricots*, etc. Les moyens de séchage sont la chaleur du soleil, ou celle d'un four, ou successivement celle-ci à la suite de la première. La seule précaution à prendre consiste à ne pas trop faire durcir les fruits, en leur laissant un certain degré de mollesse. On fend les gros fruits en quartiers ou par moitié; aux pêches et aux abricots on enlève les noyaux; aux poires et aux pommes le centre et les pépins. Les dattes, les figues, les jujubes et les prunes sont mises à sécher telles qu'on les cueille.

Fruits confits. — *Au sucre*. Avant de confire les fruits il est nécessaire de les blanchir. Voici en quoi consiste le *Blanchiment des fruits*. On les essuie d'abord avec un linge ou un blaireau, puis on pique les abricots, les pêches et les prunes avec une épingle jusqu'au noyau; on les jette dans un baquet rempli de l'eau la plus froide possible. On les sort après une courte immersion et on les laisse égoutter un instant sur un tamis. Après on les introduit dans une bassine contenant assez d'eau pour qu'ils y trempent sans être entassés. On place alors sur un feu vif la bassine qui est poussée à l'ébullition. Il faut avoir soin de remuer pour que les fruits ne s'attachent pas au fond. Lorsqu'ils sont suffisamment ramollis, on ôte la bassine du feu, et on sort promptement les fruits que l'on plonge aussitôt dans l'eau froide pour en raffermir la chair.

Pour conserver leur couleur, — la couleur verte aux

prunes reine-claude, — on ajoute à l'eau de la bassine un petit verre de vinaigre et une pincée de sel. Pour maintenir la couleur tendre des abricots et des pêches, on ajoutera 25 à 30 centigrammes d'alun en poudre pour chaque décalitre d'eau.

Si l'on veut blanchir les tiges d'angélique il faudra choisir les tiges d'invention égale, soit petites, soit grosses, pour que leur ramollissement dans l'eau soit égal pour toutes. Ordinairement on les expose au feu deux fois pour leur enlever les fils après une première cuisson, et ensuite pour les faire cuire dans une seconde eau jusqu'au degré de ramollissement voulu. On les lave ensuite à plusieurs eaux froides, et de cette façon elles sont prêtes à confire.

Le blanchiment des marrons consiste à leur ôter la peau, et ensuite à les faire cuire dans l'eau en ayant soin de ne pas les briser.

Pour confire au sucre ces fruits ou ces tiges d'angélique, on fait un sirop qui doit peser 36°. Après quelques minutes, et quand il est encore très chaud, on le verse doucement sur les fruits qui sont rangés dans un vase quelconque, en ayant toutefois la précaution de les disposer de manière à ce qu'ils soient isolés les uns des autres. On couvre ensuite avec un linge humide, et on place le récipient dans une étuve à 40°, où on le laisse pendant cinq à six heures. Après on laisse égoutter le sirop et l'on fait sécher les fruits.

Il y en a qui proposent de répéter cette opération un certain nombre de fois, en commençant par un sirop à très bas titre, et en augmentant jusqu'à employer du sirop à 36°. On prétend que, de cette manière les fruits se saturent davantage de sucre.

Se confisent au moyen de ce procédé :

Les *Pêches;* les *Abricots;* les *Prunes;* l'*Angélique;* les *Oranges;* les *Citrons* (écorces); les *Marrons;* etc.

Au miel. Après avoir blanchi les fruits, comme il est dit ci-dessus, on les plonge dans du miel de première qualité, liquéfié à l'aide d'une douce chaleur. Quand ils sont refroidis, on ferme le vase avec du parchemin ou de la vessie et l'on dépose le récipient dans un endroit frais et sec.

Pour faire usage de ces fruits on les met à tremper quelque temps dans l'eau fraîche.

A la saumure. Les fruits tels que les *Olives entières*, les *Cédrats coupés en morceaux*, les *Oranges dites Chinois*, les *Cerneaux de noix*, les *Amandes* et les *Avelines* fraîchement séparées du brou et de l'enveloppe ligneuse, après avoir été blanchis se conservent assez bien dans une saumure préparée avec du sel et un peu de sucre, comme il a été dit à l'article *Viandes conservées*,

Au sirop de vinaigre. Prenez du vinaigre blanc de bonne qualité, ajoutez du sucre en quantité suffisante pour que l'acide ne domine pas trop. Après avoir blanchi les fruits vous les plongez dans ce sirop. Au bout de quelques semaines les fruits en auront été pénétrés, et auront acquis un goût fort agréable.

On prépare de cette manière plus particulièrement :

Les *Cerises*; les *Groseilles*; les *Abricots*; les *Poires*; les *Brugnons* (pêches lisses).

A l'eau-de-vie. Généralement l'eau-de-vie qui doit servir à la conservation des fruits doit être à un degré d'autant plus élevé que les fruits seront plus gros et plus juteux. La moyenne est de 50° à 54° centigrades.

Après avoir lavé et bien préparé les fruits dans l'eau fraîche, on les laisse égoutter et on les expose à l'air libre ou au soleil pendant quelque temps avant de les mettre dans l'eau-de-vie. On ajoute du sucre, quelque peu de cannelle, et quelques clous de girofle. On ferme le vase avec du parchemin, et on le conserve dans un lieu plutôt frais.

S'il s'agit d'abricots, de pêches ou de prunes, il faudra les faire blanchir préalablement, et ensuite les jeter dans l'eau froide. On les laisse égoutter, on les pique avec une épingle et on les dispose dans le bocal où ils doivent rester. Par dessus on verse un mélange de sirop de sucre et d'eau-de-vie à 54°, et on recouvre le bocal avec du parchemin.

Par ce procédé se conservent :

Les *Cerises*; les *Griottes*; les *Prunes*; les *Pêches*; les *Abricots*; les *Raisins*; les *Chinois*; les *noix*, etc.

Si ce sont des prunes Reine-Claude que l'on veut confire à l'eau-de-vie, pour leur conserver la couleur verte, on ajoutera à l'eau du blanchiment quelque peu de jus de citron, et une poignée d'épinards. Les poires demandent à être pelées lorsqu'elles ont été blanchies. Les abricots et les pêches se conservent avec leur peau. Les chinois ou petites oranges vertes, se font confire au sucre, avant de les mettre dans l'eau-de-vie; il en est de même des noix.

Pour les cerises et les griottes il est d'usage de leur couper le pédoncule à moitié avant de les mettre dans l'eau-de-vie.

Olives confites. — On cueille les olives avant que la couleur verte soit remplacée par la couleur violette. On les laisse infuser à froid pendant plusieurs jours dans une eau alcaline, ou dans une lessive de potasse ou de soude dont on augmente l'alcalinité par l'addition d'une certaine quantité de chaux. On les sort de la lessive lorsqu'elles ont perdu toute leur âcreté, et on les plonge dans l'eau pure que l'on renouvelle deux fois par jour. Après on les conserve dans une forte saumure.

On peut ajouter à la saumure des graines de coriandre, de cumin, de menthe, ou d'autres aromates pour rendre les olives d'un goût plus agréable, et leur donner des propriétés plus stimulantes.

Fruits confits au raisiné. — **Raisiné.** — Le raisiné n'est autre chose que le moût de raisin dégagé d'acide et concentré par la chaleur. Voici la préparation :

On cueille le raisin parfaitement mûr, et on en exprime le jus qui se met dans une marmite de terre que l'on remplit à moitié seulement. On la place sur le feu et au fur et à mesure que par l'ébullition le moût écume, on enlève cette écume. Au bout d'un certain temps, il a cessé d'écumer, et c'est alors qu'on ajoute deux cuillerées de craie en poudre. On laisse tomber l'effervescence et l'on ajoute de la nouvelle craie, et cela autant de fois que l'effervescence reparaîtra. Dès que la craie ne trouve plus d'acide qui la décompose, l'effervescence n'a plus lieu, alors on retire la marmite du feu et on laisse en repos pendant vingt-quatre heures. On décante le liquide qui sera très clair et entièrement désacidifié. Le moût ainsi préparé sert pour faire le raisiné en le mettant à évaporer dans une bassine à feu nu jusqu'à ce qu'une goutte qu'on laisse tomber sur une assiette ait la consistance d'une gelée.

Pour y faire confire les fruits, voici comment on procède. On coupe les fruits en quatre, on les pèle et on les fait cuire à part dans un chaudron couvert, avec un litre de moût. Selon le degré de cuisson, on obtiendra une marmelade, ou bien des morceaux de fruits restés entiers, ce qui est plus recherché. La meilleure manière pour conserver leur forme consiste à leur faire subir un bouillon dans l'eau pour les plonger immédiatement dans l'eau froide. On leur fait subir ensuite deux ou trois bouillons dans du moût, et on les plonge dans le raisiné presque cuit à point. Les poires, les coings, les pommes, les prunes, le potiron, les côtes de melon qui n'ont pas mûri, les racines potagères telles que les carottes, le panais sec, sont employés de préférence à la préparation du *Raisiné composé*.

Si le raisin est bien mûr et très doux, on pourra se passer de l'opération tendant à dégager l'acide et se contenter d'en enlever l'écume et de le filtrer à travers une toile serrée avant de le concentrer par l'évaporation.

Le cidre et le poiré doux tirés au clair quarante-huit heures après le pressurage, peuvent remplacer le moût de raisin. Lorsque par l'évaporation ces liquides se seront réduits d'un quart, on y ajoutera les fruits et on continuera la cuisson jusqu'à consistance convenable.

Compote verte de Chambéry. — Prenez des haricots verts, de petits poivrons, de petits cornichons, des écorces de melon bien nettoyées et coupées en petits morceaux de la longueur et de la grosseur du petit doigt. Après avoir blanchi le tout, mettez-le dans une chaudière, et faites-lui subir deux ou trois bouillons dans de bon vinaigre. Laissez ensuite refroidir les fruits avec le vinaigre dans un pot de terre pendant quarante-huit heures.

Préparez dans un autre vase du sirop clair. Faites égoutter les fruits et faites-les cuire dans ce sirop (deux ou trois bouillons). Les fruits sortis du sirop, concentrez celui-ci jusqu'à consistance voulue, et alors plongez-y les fruits.

Si, à cause de l'eau contenue dans les fruits, le sirop au bout de quelques jours devenait un peu trop clair, il faudrait le faire évaporer de nouveau.

On pourra y ajouter quelques clous de girofle et quelques morceaux de cannelle.

Si l'on ajoute une certaine quantité de farine de moutarde on obtiendra la *Compote* ou *Moutarde de Crémone*, si recherchée par les gastronomes.

Compote d'Angurie. — L'angurie est le fruit d'une espèce de plante voisine de la *Pastèque*. Les botanistes ont donné à la plante que produit l'angurie le nom de *Cucumis Anguria*, tandis que la *Pastèque* s'appelle *Cucumis Citrullus*. Le fruit de l'angurie est vert intérieurement, strié de lignes jaunâtres; sa pulpe a une saveur douceâtre. Il n'a d'autre emploi que de servir à faire des compotes. Nous recommandons la formule suivante:

Pelez et nettoyez ce fruit, coupez-le en tranches en ôtant les pépins et la chair molle qui les entoure. Placez ces tranches dans un vase de terre assez profond pour qu'elles puissent baigner dans une saumure préparée de 500 grammes de sel de cuisine dissous dans un litre d'eau. Laissez le tout en repos pendant un mois, et après ce temps lavez à grande eau ces tranches pour les dessaler. Elles doivent devenir fades au palais, ce qui indiquera de suspendre les lavages. Faites-les alors bouillir dans l'eau et égouttez-les.

D'autre part préparez un sirop avec 2/3 de sucre et 1/3 d'eau. Faites un petit sachet de cannelle, de clous de girofle (15 grammes de chaque). Lorsque le sirop est écumé, plongez-y le fruit afin qu'il cuise un peu, avant d'y ajouter un litre de vinaigre blanc. Alors faites bouillir le tout ensemble quelques instants, et après avoir laissé refroidir, conservez dans des récipients quelconques.

Les doses sont :

Fruit d'angurie mondé . . .	2,500 grammes.
Sirop	1,500 —
Vinaigre blanc	1 litre

Cette compote se conserve pendant plusieurs années et n'est bonne qu'au bout de quelques mois.

CONFITURES.

Il y en a de huit sortes : 1° les *confitures liquides*; 2° les *marmelades*; 3° les *gelées*; 4° les *pâtes*; 5° les *confitures sèches*; 6° les *conserves*; 7° les *fruits candis*; 8° les *dragées*. Nous avons déjà parlé de quelques-unes, nous allons compléter de notre mieux cet article de gastronomie.

Confitures de ménage. — On réunit les fruits que l'on a sous la main : groseilles, cerises, prunes, abricots, pêches et mêmes poires et pommes, si on en a des années précédentes ou si elles sont déjà mûres. On égrène les premières et on pèle et coupe en morceaux les dernières. Tous ces fruits, introduits ensemble dans un pot, sont saupoudrés d'une plus ou moins grande quantité de cassonade, ou bien arrosés de sirop de miel. On place le pot dans un four lorsqu'on vient d'en sortir le pain, ou dans un chaudron d'eau bouillante ; on l'y laisse jusqu'à ce que les fruits soient cuits, On couvre alors le pot et on le conserve.

Confitures de quatre fruits rouges. — Ces fruits sont les *cerises*, les *groseilles*, les *framboises*, et les *fraises*.

Pour faire la confiture ou gelée on peut aussi bien la préparer avec un seul de ces fruits qu'avec toutes les espèces ensemble. On monde les cerises de leurs queues et de leurs noyaux, on en exprime le jus ainsi que celui des autres fruits, après les avoir pesés. Pour 500 grammes de fruits on emploie 375 grammes de sucre. On se sert d'une bassine non étamée ; on fait cuire à petit feu jusqu'à consistance voulue, ce dont on s'assurera en laissant tomber une goutte sur une assiette et en la laissant refroidir. Les ménagères manquent rarement leur coup de main ; elles arrêtent le feu lorsque le sirop fait la nappe.

Dans certains ménages on emploie parties égales de sucre et de jus.

Confiture ou Gelée de pommes. — On coupe en morceaux et on pèle dix belles pommes reinettes et on les fait blanchir ou plutôt cuire jusqu'à ce qu'elles tombent en marmelade. On les sort de l'eau et on en exprime le jus au moyen d'une serviette mouillée dans l'eau froide.

D'autre part on râpe une orange jusqu'à la deuxième écorce, et on la fait cuire tout entière et à petit bouillon dans l'eau pendant une heure. Devenue molle, on la plonge dans l'eau froide pour la faire refroidir, et on la coupe en tranches.

On met ensuite dans une casserole 500 grammes de sucre en poudre, et on ajoute le jus des pommes. On fait bouillir, en enlevant l'écume au fur et à mesure qu'elle se forme ; alors on passe au travers d'un linge mouillé. On met le produit dans une casserole avec les tranches d'orange, et on laisse cuire ainsi jusqu'à ce que le sirop fasse la nappe. A ce moment on introduit le tout dans des vases à gelée, en ayant soin de mettre une tranche d'orange pour chaque.

On peut préparer cette gelée sans tranches d'oranges; alors on prend gros comme une noix d'écorce rapée que l'on met dans le sirop lorsqu'il a déjà écumé, et est à moitié cuit.

Si au lieu d'écorce d'oranges on met de la vanille, on parfumera à cet aromate.

Au lieu d'orange on pourra également se servir de citron. On procèdera comme ci-dessus.

La *Marmelade d'épine-vinette* se prépare de la même façon.

Confiture de prunes. — Prenez un cent de prunes, faites-les blanchir, et quand elles seront devenues molles sortez-les de l'eau chaude pour les plonger dans l'eau froide. L'eau chaude acidulée avec un peu de vinaigre ou de jus de citron conservera la couleur des prunes si elles sont vertes.

Introduisez ces prunes une à une dans un vase, pour qu'elles ne s'écrasent pas.

D'autre part prenez 2 kilos 1/2 de sucre que vous clarifierez, et versez le sirop sur les prunes. Pendant quatre ou cinq jours, soir et matin, on laissera égoutter les prunes sur un tamis, et on concentrera le sirop de plus en plus. A chaque fois on le versera sur les prunes encore tiède. Lorsque la concentration sera parvenue au degré convenable, on versera le sirop bouillant sur les prunes.

De cette manière et avec le même procédé on obtiendra la *Confiture d'abricots* et la *Confiture de poires*.

Confiture ou Gelée de coings. — On procède comme il a été dit ci-dessus à l'article *Confiture de pommes*. Comme il s'agit cependant d'un fruit parfumé par lui-même, on n'ajoute ni citrons, ni oranges, ni vanille.

Si on veut profiter de la pulpe du fruit après en avoir exprimé le jus, on obtiendra la *Marmelade de coings*, en pétrissant cette pulpe dans un mortier avec son poids de sucre, et en réduisant par le feu à la consistance voulue.

Si on aplatit cette marmelade au moyen d'un rouleau, et si on la coupe en ronds ou en croissants, en faisant sécher à l'étuve on obtiendra la *Pâte de coings*.

Marmelade de prunes. — Les prunes, dont on a enlevé les noyaux, sont blanchies jusqu'à ce qu'elles tombent en marmelade : passez cette marmelade au tamis et remettez-la sur le feu pour l'épaissir. D'autre part, prenez le même poids de sucre que vous ferez fondre dans de l'eau ; faites cuire le sucre et écumez ; ajoutez ce sucre fondu à la marmelade et mêlez exactement. Quand le mélange sera froid, mettez-le dans des pots et saupoudrez avec un peu de sucre pulvérisé.

On prépare par le même procédé la *Marmelade d'abricots*, avec la différence que lorsque celle-ci est cuite on ajoute les amandes des noyaux.

La *Marmelade de pommes* se prépare de la même manière, seulement on a la précaution, une fois les pommes blanchies, d'enlever la peau du fruit et de n'en garder que la pulpe.

De même pour la *Marmelade de poires* et la *Marmelade de pêches*.

Marmelade de verjus. — On cueille le raisin (le plus gros est le meilleur), et on l'égrène ; on jette ces graines dans de l'eau prête à bouillir et on pousse le feu jusqu'à l'ébullition ; alors on les retire du feu et on les couvre pour les faire reverdir, ce qui arrivera en les laissant dans la même eau jusqu'à refroidissement complet.

On écrase ces graines sur un tamis en les pressant fortement avec une cuillère : le produit obtenu devra être épaissi par l'action du feu jusqu'à consistance convenable, Ajoutez-y alors son poids de sucre cuit à la grande plume, et mêlez exactement ; remettez le tout sur le feu, toujours en remuant, et lorsque l'ébullition commence à se faire, versez dans les pots.

Si on n'écrase pas les graines blanchies, qu'au moyen

d'un cure-dent on enlève les pépins, et qu'on opère comme pour la confiture de prunes, on obtiendra la *Confiture de verjus.*

Gelée d'oranges. — On exprime une certaine quantité d'oranges et on rape l'écorce de deux ou trois aussi fin que possible. On mêle le zeste râpé au jus et on filtre à la chausse, puis on ajoute 125 grammes de sucre clarifié pour un verre de jus; enfin on y incorpore 50 grammes de colle de poisson clarifiée, et on laisse la gelée se prendre dans un vase quelconque.

Marmelade de fleurs d'oranger. — Faites un sirop avec 725 grammes de sucre et 1/4 de litre d'eau, écumez et faites réduire à un feu convenable jusqu'à ce que, soufflant contre les trous de l'écumoire, on voie sortir comme des étincelles de sucre.

D'autre part, prenez 250 grammes de fleurs d'oranger épluchées, que vous ferez bouillir 7 à 8 minutes dans de l'eau. Retirez du feu et ajoutez une pincée d'alun.

Mettez de la nouvelle eau sur le feu et ajoutez-y le jus d'un citron; mettez les fleurs égouttées de la première eau dans cette seconde, et faites bouillir jusqu'à ce que les fleurs soient devenues molles. Sortez-les alors et pilez-les dans un mortier, en marmelade. Sur cette marmelade versez petit à petit le sirop, sans faire bouillir. Mettez le tout dans les pots, après avoir saupoudré de sucre pulvérisé.

Dans le cas, où on veuille la servir à un dîner, comme gâteau, on la versera encore tiède dans un moule mouillé intérieurement d'eau fraîche, et une fois refroidie pour la détacher, il n'y aura qu'à plonger le moule dans l'eau chaude pendant quelques instants, pour la faire tomber ensuite sens dessus dessous sur une assiette en cristal, ou mieux sur une serviette non déployée.

Compotes pour dessert. — On prépare en compote :
Les *Abricots*, les *Coings*, les *Marrons*, les *Oranges*, les

Citrons, les *Pêches*, les *Poires*, les *Pommes*, les *Prunes fraîches*, les *Bergamotes*, les *Pruneaux*, les *Fraises*, les *Framboises*, les *Cerises*, les *Chinois*, les *Groseilles*, le *Verjus*.

Les compotes se préparent au moyen de fruits cuits dans du sucre. Ce sont des confitures moins cuites que les confitures proprement dites. Aussi ne peuvent-elles se conserver longtemps.

S'il s'agit de fruits charnus, on les fera cuire tels qu'ils sont dans du sucre et de l'eau, jusqu'à ce que le fruit tombe en marmelade. Il est bien entendu qu'il faudra les nettoyer et les peler avant de les faire cuire.

Si le fruit est mou comme la cerise, la fraise, la framboise ou la groseille, on le mettra à cuire également dans le sirop, mais moins longtemps que pour la confiture. On enlèvera la queue et le noyau des cerises.

On pourra aromatiser les compotes qui ne le sont pas assez, soit avec du citron, de la vanille ou de la cannelle, soit avec du rhum ou du kirsch, en ne mettant cependant ces liqueurs que l'opération achevée, et en en mettant plus ou moins, selon le goût des personnes qui doivent s'en servir.

Les citrons, les oranges, les bergamotes, les chinois demandent à être coupés en morceaux et blanchis avant de les faire cuire dans le sirop.

On peut servir les compotes à chaud ou à froid.

Les compotes pour assaisonnement ont été décrites aux articles *Compote verte de Chambéry, de Crémone et d'Angurie* (V. ces noms).

Purées végétales. Il y a des purées préparées par les cuisiniers dont nous ne parlerons pas pour ne pas empiéter sur le domaine des cordons bleus en général, ni sur celui de M. le baron Brisse, de Brillat-Savarin, ou d'un Vatel quelconque en particulier.

Appartiennent aux purées sèches les *Farines de marrons, de pois, de haricots, de petits pois de lentilles* et d'autres graines farineuses. Le commerce nous fournit toutes ces farines, avec lesquelles on peut faire une purée en les mettant à cuire dans de l'eau et en les assaisonnant selon les règles culinaires. Les purées s'obtiennent aussi en faisant cuire en marmelade les légumes secs et en les passant à travers un tamis de crin. Elles se préparent toutes de la même manière.

Purée de riz cuite. — Faites bouillir le riz dans une petite quantité d'eau jusqu'à ce qu'il soit réduit en pâte, laissez ensuite égoutter et étendez sur des feuilles de papier; laissez sécher au soleil, pilez ensuite dans un mortier, et passez par un tamis.

Cette farine, qui est déjà cuite, sert pour faire des potages au bouillon ou au lait, que l'on obtiendra à l'instant en la délayant dans un de ces deux liquides bouillants. Si l'on se sert de lait il faudra le sucrer. (Voir *Purées végétales*.)

Racahout des Arabes. — Parmi toutes les formules proposées pour préparer cette farine alimentaire, la meilleure nous a paru être la suivante :

Poudre de glands préparée . .	30 grammes.
Fécule de glands	240 —
Poudre de riz	210 —
Cacao torréfié en poudre . . .	8 —

Sucre pulvérisé en quantité convenable. — Mêlez et conservez dans des flacons en cristal.

Autre procédé :

Glands torréfiés	100 grammes.
Cacao torréfié	500 —
Fécule de pommes de terre .	400 —
Salep	50 —
Farine de riz	150 —
Sucre légèrement vanillé . . .	800 —

Ces formules se prêtent à des modifications à l'infini, soit dans les doses, soit dans les ingrédients eux-mêmes. Comme il s'agit d'un mélange de fécules et de farines toutes à peu près également alimentaires, on peut dire qu'il n'y a que l'embarras du choix. Impossible cependant d'être de l'avis des exploiteurs de cette poudre, en lui reconnaissant des propriétés éminemment nutritives qu'elle ne possède pas. A défaut de ces propriétés, elle a celles qu'elle emprunte aux réclames, à la forme particulière de ses flacons, et aussi à son prix exagéré.

Sabayon ou Sapajean. — Versez dans une casserole une demi-bouteille de vin blanc de bonne qualité, et ajoutez 3 jaunes d'œufs et 120 grammes de sucre, avec le jus d'un citron ; exposez la casserole ou la cafetière au feu, en remuant toujours, comme pour le chocolat. Lorsqu'il sera près de l'ébullition, versez-le dans des tasses à thé, et servez presque bouillant. Au lieu de jus de citron on n'y pourra mettre que le zeste d'un demi-citron, quelque peu de cannelle et de vanille.

Palamoud des turcs ou Potage à la sultane. — Cette préparation ne diffère que légèrement de la précédente, dont elle n'est qu'une modification sans valeur.

On a ajouté la farine de maïs en supprimant le cacao, peut-être parce qu'on juge cette farine excellente, cuite dans le bouillon. Ses propriétés, dit M. Payen, qui l'a étudiée, diffèrent peu de celles du Racahout.

Ervalenta Warton. — Malgré son nom ou à cause de son nom, cette poudre n'est que la farine des graines de la plante connue en botanique sous la dénomination d'*Ervum lens*, d'où on a tiré sans beaucoup de peine le mot *Ervalenta*. Ce n'est donc autre chose que de la farine de lentilles décortiquées. Elle ne vaut pas mieux que la purée de lentilles celle-ci conservant d'ailleurs l'arome qui réside dans ses pellicules, et une certaine action rafraîchissante que la décortication lui enlève.

Revalescière du Barry. — Le docteur Barry, que les lauriers de Warton, ou peut-être les bénéfices réalisés par cet industriel, ne laissaient pas dormir, a proposé, lui aussi, une farine analogue, qu'il avait eu soin d'abord d'appeler d'un nom similaire à celui de la farine Warton. Sur les poursuites intentées par ce dernier, il a modifié le nom de *Revalenta* en *Revalescière*, sans rien changer d'ailleurs à sa drogue primitive.

Cette farine, analysée, a paru n'avoir pour base, comme la précédente, que la farine de lentilles décortiquées; cependant on y rencontre de plus, en proportions variables, de la farine de pois, de maïs, de sorgho, et cela à cause sans doute de leur prix commercial qui est moindre.

Le docteur anglais Du Barry exploite maintenant une invention facile en réalisant de beaux bénéfices, que la crédulité du public s'empresse de lui apporter; ce même public ne voulant pas savoir qu'il ne s'agit ici que de *Farine de lentilles*.

Fécule de pomme de terre. — Cette fécule, que l'on prépare en grand pour les besoins de l'industrie, est une substance alimentaire de premier ordre, et comme telle il peut être utile de connaître le meilleur procédé d'extraction pour l'avoir fraîche et non falsifiée.

Voici comment on peut se la procurer dans les ménages.

On choisit les pommes de terre qui commencent à s'altérer et que l'on ne saurait conserver pour plus tard. On les lave à plusieurs eaux et on les brosse avec une brosse de chiendent, afin de leur ôter leurs pellicules extérieures. On les râpe, en laissant tomber la râpure dans un tamis de crin posé sur une terrine. On verse lentement de l'eau dessus, et à l'aide d'une cuillère on presse la fécule en la remuant jusqu'à ce que l'eau coule limpide. Par le repos, toute la fécule sera précipitée. Alors on décante l'eau et on recueille la fécule que l'on étend sur des feuilles de papier pour la faire dessécher, soit à l'air, soit dans une étuve à 70°. Enfin on la pulvérise, on la tamise et on la conserve dans des boîtes à l'abri de l'humidité.

Se prépare de la même manière la *Fécule de Topinambour*.

Fécule d'Igname. — Même procédé que pour la précédente.

Cette fécule a servi de prête-nom à une autre fécule plus commune, et par conséquent moins coûteuse, c'est la fécule de pommes de terre. L'inventeur de cette farine merveilleuse, saisi peut-être de la crainte de commettre un faux, a voulu par un synonyme transparent faire voir de quoi il s'agit au fond de son affaire. Il l'a appelée *Solante*, qui réveille l'idée de *Solanum*, quoique le genre auquel appartient l'igname s'appelle *Dioscoræ*, dont il aurait pu se servir pour construire un nom bien plus étrange.

Du reste, comme l'igname commence à être cultivée chez nous, il est à espérer que sous peu l'industrie pourra abondamment nous approvisionner de fécule, et de cette manière les inventeurs seront dispensés de faire servir un nom pour un autre, et de mettre leur conscience dans une fausse situation.

Fécule de Marrons d'Inde. — Aussitôt cueillis, les marrons sont décortiqués et écrasés. On remplit de leur pulpe des sacs que l'on soumet à la presse pour en exprimer toute l'eau, que l'on jette. On délaye le marc dans une nouvelle eau fraîche, et à l'aide des mains on la triture avec soin. Alors on passe à travers un tamis très serré placé au-dessus d'un vase contenant de l'eau fraîche. On verse encore de la nouvelle eau pour bien débarrasser le marc de toute la fécule jusqu'à ce que l'eau sorte limpide du tamis.

On laisse alors reposer, et comme il a été dit précédemment on procède à la décantation, et on n'a plus qu'à renfermer la fécule dans des sacs ou des boîtes.

Fécule de Glands. — Même procédé que le précédent. Seulement pour ôter leur âcreté il faudra maintenir pendant quelques jours les glands décortiqués dans l'eau fraîche, et, s'il est nécessaire, leur faire subir une légère torréfaction.

Avec les glands plus torréfiés on prépare une poudre que l'on connait dans le commerce sous la dénomination de *Café de glands*. On se sert pour cela plus particulièrement de la variété dite *Glands doux*.

Fécule de l'Arrow-root, ou Arrow-root. — Le commerce, sous cette dénomination, nous fournit une fécule que l'on prépare en râpant les racines de la *Maranta drundinacca*, ou les tubercules de betteraves, ou la racine du manioc. On tamise la pulpe comme il a été dit pour la fécule de marrons.

Fécule Tapioca, ou Tapioca. — Le *Manhriot utilissima* a une racine tuberculeuse qui, en outre de la fécule, contient aussi de l'acide hydrocyanique, duquel il est important de la débarrasser : pour cela on fait torréfier légèrement les tubercules pour que la chaleur volatilise le poison, et du reste on opère comme il a été dit pour les fécules des autres tubercules.

Si après avoir lavé et tamisé la pulpe, on dessèche celle-ci promptement en l'étendant sur des plaques chauffées un peu au delà de 100°, on obtiendra la volatilisation de l'acide, et on aura ainsi un tourteau que l'on triture et qu'on livre à la consommation sous le nom de *Cassave*. Aliment très nutritif.

Fécule Sagou, ou Sagou. — La moelle du *Cycas circinalis*, espèce de palmier, fournit une fécule que l'on connaît sous le nom de Sagou. Elle se compose de grains sphéroïdes ou de petites boules; on l'obtient en opérant comme pour toute autre fécule.

Fécule Salep, ou Salep de Perse. — Cette substance alimentaire n'est pas, à proprement parler, une fécule, quoiqu'elle en ait les propriétés. Ce ne sont que les tubercules d'une plante connue parmi nous, et appelée par les botanistes *Orchis mascula*, épluchés, lavés à l'eau bouillante, et desséchés. Tels que le commerce nous les donne, ils se présentent sous une forme arrondie ellipsoïdale, un peu déprimée, souvent bifurquée : ils sont durs, un peu translucides, blanchâtres ou jaunâtres, d'une odeur fort peu sensible mais agréable.

Pour s'en servir on les triturera, et on les tamisera plus ou moins fin selon qu'on voudra une poudre granuleuse plus ou moins grossière, On se sert plus particulièrement du salep pour épaissir les potages au bouillon car il les rend mucilagineux. On peut s'en servir aussi sans mélange, en se rappelant toutefois qu'il gonfle beaucoup, et conséquemment qu'une petite quantité suffit pour donner le volume d'un potage.

Pour ce qui est des propriétés analeptiques vantées à grands renforts d'annonces, nous croyons ne pas nous tromper en disant que toutes ces fécules exotiques peuvent être remplacées par les fécules indigènes, et plus particulièrement par la plus connue de toutes, celle de pommes de terre.

Il ne vaudrait presque pas la peine de relever les quelques falsifications de ces fécules exotiques par la fécule de pommes de terre, si l'on ne tenait compte que de leurs propriétés nutritives et analeptiques. Cependant, comme chacune d'elles a un petit goût particulier qui peut la faire préférer, nous croyons devoir résumer les quelques observations faites à ce sujet par M. Payen, et que nous exposerons sous la rubrique suivante :

Falsifications des fécules exotiques. — Le Sagou s'imite assez bien pour donner le change en procédant de la manière qui suit. Lorsque la fécule de pommes de terre est encore humide, c'est-à-dire qu'elle contient 50 % d'eau, on la force à passer au travers d'une passoire à l'aide d'un tampon en bois. Elle sort sous la forme de cylindres très courts, que l'on met avec précaution dans un vase que l'on fait tourner lentement pendant cinq ou six minutes. Ces petits cylindres s'arrondissent par mouvement de rotation ; alors on les place sur un tamis que l'on chauffe pendant une minute à 100° en le tenant sur de la vapeur d'eau, et ensuite on les porte aussitôt dans une étuve à courant d'air, où ils se dessèchent. Selon le degré de chaleur de l'étuve ces grains restent blancs ou jaunes, et forment le *Sagou jaune* ou le *Sagou blanc*.

On mêle la fécule de pommes de terre en proportions variables avec toutes les fécules exotiques, et cette industrie a fait des progrès au point que l'on fabrique en France du *Tapioca*, de l'*Arrow-root*, du *Sagou*, et du *Salep français* ou *indigène* qui, à part un peu moins de délicatesse dans le goût valent certainement les exotiques.

Le salep véritable se distingue de toutes les autres fécules, par une réaction toute particulière. Si vous mêlez une partie de salep en poudre délayé dans 500 parties d'eau à une partie de magnésie calcinée et si vous la faites chauffer en remuant jusqu'à l'ébullition vous obtiendrez une manière translucide, qui par le refroidissement et le repos au bout de deux ou trois heures se prendra en une gelée opaline consistante. Les autres fécules ne présentent rien de semblable.

Si l'on avait quelques soupçons de la présence de l'oxyde de cuivre provenant du manque de propreté des plaques en cuivre dont on se sert pour le séchage des fécules, il faudrait délayer la fécule suspecte dans du vinaigre étendu de son volume d'eau. On laisse ce mélange en repos à froid une heure, puis on le laisse égoutter sur une toile. Le liquide que l'on obtiendra se colorera en bleu indigo par l'addition de l'ammoniaque en léger excès.

Gruaux. — Le véritable gruau est celui d'orge. Cependant on prépare aussi le *Gruau d'avoine* et le *Gruau de blé*, autrement dit *Semoule*. *L'Orge en paille* dépouillée du son qui la recouvre prend la dénomination d'*Orge mondé*, et, arrondie par la meule, celle d'*Orge perlé*. Le gruau en général est une farine grossière débarrassée du son et de la farine folle. Il sert à faire la *Farine de Gruau* avec laquelle on fabrique le pain de luxe, si ce gruau est celui de blé à l'état de semoule; on le mange sous forme de potage au gras et au maigre. Les gruaux d'orge et d'avoine sont employés plus particulièrement en médecine sous forme de tisane.

En Afrique on prépare une semoule ou gruau de blé que les Arabes appellent *Couscous* ou *Couscoussou* en s'y prenant de la manière suivante. Après l'avoir mouillé on dispose le blé en tas au soleil et on le recouvre d'une étoffe humide. Au bout de deux ou trois heures il se gonfle : alors on l'étend en couches minces au soleil. En séchant il éprouve un moment de retrait et la pellicule devient moins adhérente. Ce blé est placé sous des meules assez écartées pour le réduire en morceaux, on obtient un mélange de son, de gruau et de farine ; au moyen d'un tamis fin on sépare toute la farine fine, et avec un tamis plus gros on enlève le son. Ce gruau se conserve mieux que la farine, et contient tous les principes alimentaires du blé.

Tout le monde connaît les usages de la semoule, qui sont aussi ceux du couscous. On peut également l'employer à la confection du pain de gruau.

Amidon ou fécule de blé. — L'amidon se prépare en exposant à des lavages répétés la pâte faite avec la farine de blé : on l'obtient encore en soumettant à la même opération l'orge, l'avoine, et toute céréale avariée.

Nourrissant comme tout autre fécule il n'a cependant pas d'usages culinaires très étendus. Dans les ménages on ne s'en sert guère que pour faire la *Colle de pâte* et l'*Empois*. L'une se prépare en délayant dans l'eau froide l'amidon, pour en faire une bouillie claire que l'on épaissit à l'aide de la chaleur. L'empois se prépare de la même manière en procédant comme il suit :

Empois bouillant	1 litre.
Stéarine ou cire végétale	30 grammes.

Faites fondre au feu, en agitant avec une cuillère ou une spatule.

Pour donner aux objets qu'on empèse plus de consistance et même de la raideur, on ajoute à un litre d'empois bouillant la solution d'une feuille d'ichtiocolle dans un peu d'eau bouillante avec l'addition de 15 à 20 grammes de borax en poudre.

Gluten. — Le gluten se prépare en malaxant la pâte de farine de blé sous un filet d'eau jusqu'à ce qu'elle sorte laiteuse. Ce qui reste à la main est le gluten.

En le faisant sécher rapidement après l'avoir disposé en petites lanières et en le triturant, on en fait une *Semoule de gluten* qui est très nourrissante. Des industriels livrent au commerce du *Gluten granulé*, qui n'est autre chose que cette semoule, et du *Pain de gluten* que l'on prépare avec la farine obtenue par une plus minutieuse trituration des granules de gluten : 66 % d'eau.

A cause de leurs propriétés éminemment réparatrices, et aussi parce qu'elles ne se transforment pas en matière sucrée, les préparations de gluten forment la base du traitement du diabète.

Le gluten par sa viscosité a été appelé *Colle végétale*. Fraîchement préparé on en étend une légère couche sur une cassure de faïence ou de porcelaine et on rapproche les deux fragments brisés que l'on veut faire adhérer.

Moutarde simple. — Délayez la farine de graine de moutarde noire ou *sénevé* dans de l'eau chaude, du vin blanc, ou du vinaigre : ajoutez quelque peu de sel et laissez reposer quelques jours.

Un second procédé consiste à laisser infuser pendant quelque temps la graine de moutarde dans du vinaigre en ayant soin d'agiter le vase plusieurs fois dans la journée. On retire ensuite la graine, on la pile dans un mortier, et on y ajoute une quantité de vinaigre suffisante pour faire une bouillie que l'on n'a plus qu'à mettre dans les pots.

Moutarde à l'estragon. — Le même procédé que le précédent. Au lieu de vinaigre simple on emploiera le vinaigre à l'estragon.

Moutarde aromatique. — Prenez :

Graine de moutarde.....	12 litres.	
Persil		
Cerfeuil	de chaque...	1 botte 1/2.
Ciboules		
Céleri		
Têtes d'ail............	3	
Sel en poudre........	250	grammes.
Huile d'olive fine......	125	—
Épices fines	60	—
Essence de thym	40	gouttes.
— de cannelle.....	30	—
— d'estragon	3	—

Après avoir haché les plantes et les racines on les fait infuser dans une quantité suffisante de bon vinaigre blanc pendant deux semaines; au bout de ce temps on retire toutes ces substances pour les piler et l'on ajoute à la matière broyée la moutarde également pilée très fin. Le vinaigre qui a servi pour la macération des plantes, est alors employé à former, avec les divers ingrédients indiqués plus haut, une pâte homogène ou plutôt une bouillie que l'on met, une fois parvenue à la consistance désirée, dans des vases de faïence en ayant soin de les boucher et de les goudronner. La graine de moutarde décortiquée donne une moutarde d'un goût plus délicat.

Moutarde à la minute. — Prenez une certaine quantité de farine de graine de moutarde et délayez-la dans du bon vinaigre blanc, en remuant pour obtenir une pâte d'une consistance ferme et homogène. Il faut ajouter, avant cette manipulation, un peu de sel et de poivre. On délaye cette pâte avec de l'huile d'olive fine en quantité suffisante pour obtenir une bouillie claire que l'on pourra servir immédiatement. Inutile de dire que l'on peut se servir de vinaigre à l'estragon, si l'on aime à avoir une moutarde aromatisée au parfum de cette plante.

On pourra même y ajouter quelques câpres confites au vinaigre, mais seulement lorsque la moutarde est toute prête.

Les véritables amateurs prétendent que la moutarde préparée à l'aide de l'eau chaude et ne contenant point de vinaigre est la meilleure.

Moutarde des Jésuites. — Pilez dans un mortier de marbre douze anchois et 200 grammes de câpres confits au vinaigre ; délayez avec du bon vinaigre blanc bouillant; passez à travers une étamine en exprimant ; alors ajoutez au liquide 500 grammes de farine de moutarde pour obtenir une bouillie de la consistance voulue. Conservez dans des pots soigneusement fermés.

Moutarde au Kari. — Sous la dénomination de kari on prépare aux colonies une poudre qui sert à faire une moutarde beaucoup plus forte que celles obtenues avec la moutarde ordinaire, et qui se compose de la manière suivante. Prenez :

Piment enragé.	125 grammes.
Racine de Curcuma.	92 —

Pilez ces substances séparément, réunissez-les après et ajoutez :

Poivre fin	15 grammes.
Clous de girofle.	2 —
Noix muscade en poudre. . . .	4 —

Mêlez également. Lorsqu'on veut se servir de cette poudre

on l'incorpore dans de bon vinaigre blanc comme s'il s'agissait de la farine de moutarde, ou bien on en ajoute aux sauces. La poudre devra être conservée dans des flacons bouchés à l'émeri.

Moutarde au raisiné. — On l'obtient en mêlant en parties égales la moutarde simple avec le raisiné. Comme on peut désirer un mélange plus ou moins doux, nous avons vu servir sur certaines tables la moutarde et le raisiné dans deux pots séparés, afin que chaque convive pût en opérer le mélange sur son assiette dans la proportion qui lui convenait.

Epices. — Le mélange désigné sous la dénomination des *quatre épices* se compose de :

Cannelle de Ceylan
Clous de girofle
Noix muscade
Poivre de la Jamaïque.
} de chaque, parties égales.

Pilez fin séparément, et mêlez soigneusement ; conservez dans des boîtes ou des flacons fermés.

Bouillon de Poissons. — On enduit de beurre le fond d'une casserolle et on le garnit de tranches d'oignons coupés en anneaux. Sur ces oignons on étend diverses sortes de poissons, tels que petites anguilles, tanches, carpes, brochets ou autres que l'on coupe en tronçons. On ajoute trois ou quatre carottes, trois oignons, un bouquet de blanc de poireaux et de jaune de céleri avec assez d'eau pour que le poisson baigne dedans. On expose la casserole à un feu ardent afin que la réduction s'opère promptement. On couvre alors de cendres le fourneau ; on ajoute un peu de sel, de poivre, et quelques clous de girofle. Après deux heures d'ébullition on passe au tamis de soie.

Ce bouillon peut servir pour tremper des tranches de pain, et alors il constitue le potage que l'on connaît sous le nom de *Bouillabaisse*.

Marmelade de viande de Reveil. — Prenez :

Filet de bœuf cru . . . . 100 grammes.

Enlevez avec soin les aponévroses et la graisse : hâchez menu ; pilez dans un mortier en bois et ajoutez :

Sucre pulvérisé . . . . 20 gr.
Chlorure de sodium . . . . 1 — 50
— de potassium . . . . . . 0 — 50
Poivre noir pulvérisé . . . . 0 — 20

Mêlez exactement.

On la prend par cuillerées à café dans la journée. Cette préparation appartient à la nombreuse catégorie des formules qui ont été proposées pour administrer la viande crue.

Jus de viande crue. — Après avoir enlevé les parties musculaires du filet de bœuf, on hache menu le restant et on le pile dans un mortier de bois. Après on presse cette viande à la serviette pour en extraire tout le jus. On ajoute du sucre, et l'on aromatise avec quelques gouttes de kirsch ou de cognac.

Excellente préparation pour les estomacs qui se refusent à toute autre sorte de nourriture. Très digestible et très nourrissante.

Gelée de viande de Reveil. — Prenez :

Muscles de bœuf (parties maigres) . . 500 gr.
Eau . . . . 1,000 —
Sel marin . . . . 3 —
Chlorure de potassium . . . . 1 —
Carottes, navets, de chaque . . . . . 30 —

Faites bouillir à petit feu, en ayant soin d'écumer. Réduisez à moitié. Laissez refroidir et filtrez.

Faites dissoudre 50 grammes de gélatine pure dans ce bouillon, et laissez refroidir.

On prend la gelée, ainsi préparée, par petites cuillerées dans la journée. Elle est très nourrissante.

Bouillon végétal de Petroz. — Prenez :

Carottes	750 grammes.
Persil Feuilles de céleri } de chaque. .	60 —
Panais Navets } de chaque.	250 —
Oignons frais	60 —
— brûlés	120 —
Clous de girofle	6

Faites cuire au bain-marie en ajoutant l'eau nécessaire pour couvrir toutes ces substances concassées préalablement. Quand les légumes seront cuits passez en exprimant. Ajoutez alors un mélange d'une partie de chlorure de potassium et de deux parties de sel de cuisine.

Bouillon de Liébig.

Viande de bœuf, de veau, ou de poulet hachée menu	250 grammes
Eau commune	id.
Acide hydrochlorique de 1 à	4 gouttes.
Sel marin	1 gramme.

Faites macérer une heure, et passez à travers un tamis de crin.

Sur le produit versez 250 grammes d'eau et passez de nouveau après une heure. Il faut opérer à froid et même pour empêcher l'altération de la viande il conviendrait de se servir d'eau glacée.

Tablettes de bouillon ou Bouillon sec. — Prenez :

Tendons de pieds de veau .	650 grammes.
Viande de mouton.	1,650 —
Viande de porc	300 —

Faites cuire toutes ces viandes dans une quantité d'eau

suffisante et convenablement salée. Écumez au fur et à mesure. Alors ajoutez :

Carottes	deux
Céleri	id.
Oignon pas trop volumineux	un

Quelques clous de girofle vers la fin de l'ébullition. Aussitôt la viande cuite, exprimez-la et faites évaporer le produit ou bain-marie jusqu'à consistance de miel. La gelée refroidie, étendez-la sur une pierre bien lisse, et quand elle sera parfaitement prise, découpez-la en tablettes que vous ferez sécher à l'étuve.

15 grammes de ces tablettes donnent une bonne tasse de bouillon par l'addition de la quantité voulue d'eau bouillante.

Bouillon consommé de Liébig.

Chair musculaire de bœuf hachée	16 kilog.
Eau froide	id.

Portez lentement à l'ébullition ; assaisonnez avec du sel, poivre, oignons brûlés, carottes, navets, poireaux, etc; maintenez l'ébullition lente. Passez et faites concentrer. Vous obtiendrez 500 grammes d'un extrait qui renferme 80 pour 100 de parties solubles dans l'alcool.

Bouillon américain. — Ce n'est autre chose que le jus qui sort de la chair musculaire hachée menu, lorsqu'on la fait cuire au bain-marie.

Bouillon de vipère. — Coupez la tête et la queue de la vipère. Ecorchez le reste et videz les entrailles. Conservez la chair, le sang, le cœur et le foie. Coupez le tout en petits morceaux. Supposons que le tout pèse 120 grammes. Dans ce cas, ajoutez 360 grammes d'eau, et faites cuire dans un vase fermé et au bain-marie pendant deux heures. Ensuite passez.

On pourra aromatiser ce bouillon avec quelques légumes et un peu de sel.

On prépare de même les *Bouillons d'Ecrevisses*, de *Lézards*, de *Grenouilles*, de *Tortues*. On les a prescrits jadis dans les maladies de la peau, et plus particulièrement dans les affections dartreuses.

Musculine. — On a donné ce nom à la substance musculaire de la viande débarrassée de toutes les parties aponévrotiques graisseuses et tendineuses, hachée le plus menu possible, additionnée d'une gelée végétale de sucre et séchée dans l'intervention de la chaleur. On la découpe en losanges, en les saupoudrant d'un peu de sucre qui se cristallise bientôt à la chaleur. On obtient ainsi un agréable bonbon de viande crue, très nutritif et très actif dans le cas d'épuisement des forces. La Musculine, brevetée au bénéfice de M. Guichon, est exploitée avec beaucoup de succès par cet habile pharmacien.

CHOCOLAT

On prépare le chocolat par le procédé suivant.
Prenez :

Cacao caraque	1,000 grammes.
— des îles	500 —

Torréfiez légèrement le mélange de ces deux cacaos dans un brûloir à café ; retirez-le et écrasez un peu les grains pour briser la coque. Une fois refroidi, séparez au moyen d'un crible les écorces et vannez pour bien nettoyer le tout. En outre, étendez ce mélange sur une table pour enlever les germes et toutes les impuretés qui peuvent y rester : il faut pour cela le trier grain à grain. Exposez le cacao au feu dans une marmite de fer, en remuant continuellement pour l'empêcher de brûler ; vannez-le de nouveau pour lui sortir toutes ses fèves ; mettez le cacao ainsi mondé dans un mortier de fer préalablement chauffé avec de la braise ardente et ajoutez :

Sucre en poudre . . . . 2,000 grammes

Pilez pour obtenir une pâte homogène, et ensuite broyez cette pâte à l'aide d'un rouleau, sur une pierre chauffée par une terrine chargée de braises couvertes par des cendres. On moud la pâte petit à petit, et à mesure qu'elle est broyée on l'entrepose dans une marmite chauffée ; on met ensuite ce chocolat dans des moules de ferblanc, où on le laisse refroidir.

Un bon chocolat doit présenter une cassure bien unie et point granuleuse, sans cavités ; cuit dans l'eau ou dans le lait il ne prend qu'une consistance médiocre. Sa saveur doit être franche et délicate.

Falsifications du chocolat. — Comme il s'agit d'une substance assez chère, les fraudeurs ont dû nécessairement songer à introduire dans sa fabrication des poudres ou des autres substances à bon marché. On y a mêlé diverses farines, entre autres celles de pois et de lentilles. Le chocolat, dans ce cas, exhale en cuisant une odeur de colle. Si, par contre, c'est l'odeur de fromage qui prévaut, cela indique la présence de graisses animales. La rancidité indique l'addition de graines émulsives. Enfin, une saveur amère, un goût de moisi ou de mariné, dénote que le cacao était trop vert, trop grillé ou trop avarié.

Vu l'énorme consommation qui se fait du chocolat et les nombreuses falsifications auxquelles on le soumet, il serait à désirer que dans les ménages où l'on use beaucoup de cette substance alimentaire on la préparât à la maison : il y aurait une sensible économie, et l'on serait sûr de la pureté du produit. Un mortier, une poêle ou un grilloir, un rouleau de fer ou de bois, une pierre en marbre, une marmite en fer et des formes en fer blanc voilà tous les instruments pour le préparer. Les cylindres chauffés et mus par la vapeur présentent sans doute une économie de main-d'œuvre et donnent, si l'on veut, un produit mieux manipulé; mais ces machines, qui conviennent lorsqu'on fabrique le chocolat en grand, sont inutiles pour les petites quantités : il n'y a pas d'économie absolue de main-d'œuvre, mais on peut toujours obtenir un produit suffisamment bon; au surplus, il ne faut pas s'arrêter à cette question de main-d'œuvre, si l'on veut tenir compte que le produit sera irréprochable, et qu'on économisera le bénéfice du fabricant.

Voici un spécimen des frais nécessités par la fabrication du chocolat, tel que nous le trouvons dans le *Dictionnaire de la vie pratique*, etc.

	fr.	c
15 kilos de cacao pur caraque à 4 fr. .	60	»
7 kilos 1/2 de sucre à 1 fr. 80.	13	50
Charbon.	1	»
Papier pour enveloppes	1	»
Main-d'œuvre à raison de 80 c. le kilo.	16	»
TOTAL.	91	50

On obtiendra 20 kilos de chocolat qui reviendront au prix de 4 fr. 57 le kilo, ou 2 fr. 30 environ la livre. Ce chocolat est de la meilleure qualité possible. Si on emploie moitié *caraque* et moitié *maragnan*, le total de la dépense ne se monte qu'à 84 fr., c'est-à-dire 2 fr. 10 la livre; et enfin si l'on ne se sert que de *maragnan*, ce chiffre ne s'élève plus qu'à 76 fr. 50, ce qui met le chocolat à 1 fr. 90 la livre.

Voici les caractères de ces deux qualités de cacao :

Caraque. — Grains bien mûrs, d'un ovale régulier, ou figurant un triangle allongé à angles arrondis; bien nourri, pellicules un peu épaisses, couvertes d'une terre adhérente, écailleuse et micacée; légère odeur de musc dans quelques fèves quand on les brise; pâte d'une belle couleur; saveur d'un arome particulier, caractéristique pour les gourmets. Quelquefois cependant les plus beaux caraques renferment des grains plus maigres, imparfaitements mûrs, dont la chair, presque blanche, a une saveur acide désagréable.

Maragnan. — Grains assez allongés, légèrement aplatis, arrondis du côté du germe et pointus de l'autre; pellicule grise, rougeâtre ou d'un rouge mêlé de noir, peu adhérente; chair d'un brun clair dans les grains mûrs, violette ou vert foncé dans ceux qui ne le sont pas; saveur douce dans les grains mûrs, acerbe et herbacée dans ceux qui ne le sont pas tout à fait.

Les pelures grillées des cacaos peuvent être employées en guise de café au lait, et voici comment : il faut d'abord les réduire en poudre fine, faire bouillir cette poudre dans sa quantité d'eau pendant 20 ou 25 minutes, ensuite passer et mêler le produit à du lait. Les proportions sont : un verre de poudre, un verre d'eau et un litre de lait.

Les falsificateurs mêlent cette poudre au cacao dans la fabrication du chocolat, pour pouvoir livrer au commerce leurs produits à meilleur marché que les autres fabricants.

Chocolat aux fécules. — Les fécules que l'on mêle le plus ordinairement aux chocolats, pour obtenir des chocolats analeptiques sont : l'*Arrow-root*, le *Tapioca*, le *Sagou*, le *Salep*. On commence par faire ramollir au feu 1,000 grammes de chocolat, on y incorpore à chaud 30 grammes d'une desdites fécules, ensuite on met en moules.

On prépare encore un chocolat particulièrement destiné à la médecine en mêlant 1,000 grammes de *Glands de chêne* torréfiés et pulvérisés, 580 grammes de cacao caraque également torréfié et préparé comme pour le chocolat, et 512 grammes de sucre en poudre.

Le chocolat sert d'excipient à un grand nombre de substances médicamenteuses, que l'on y incorpore tantôt pour en démasquer la saveur et tantôt pour lui communiquer des propriétés particulières. Ainsi on y mêle le sulfate de quinine et on fait du *Chocolat anti-périodique;* des graines de semences froides et on obtient un *Chocolat tempérant;* de la magnésie ou du calomélas, de la racine de jalap ou de scamonée et l'on a le *Chocolat purgatif*. Il n'y a pas jusqu'au lait d'ânesse qui n'ait été employé à faire un *Chocolat analeptique*, comme s'il n'était pas plus facile d'administrer le chocolat directement, en le coupant avec du lait d'ânesse récemment tiré.

Je remarque dans le livre du docteur Lunel la formule d'un chocolat blanc qui se compose de :

Sucre	3,000	grammes.
Farine de riz	860	—
Fécule	250	—
Alcoolé de vanille (esprit)	15	—
Beurre de cacao	250	—
Gomme arabique	125	—

Au moyen d'une quantité suffisante d'eau chaude on fait une pâte que l'on met à refroidir dans des moules.

En ajoutant au chocolat, vers la fin de la manipulation, de la poudre très fine de cannelle ou de vanille, on obtient le *Chocolat à la cannelle* ou le *Chocolat à la vanille*. Quatre grammes de poudre suffisent pour trois kilogrammes de pâte à chocolat.

Le Chocolat praliné à la crème n'est qu'une petite boule de crème préparée avec du sucre et enveloppée de chocolat. Comme il s'agit d'un bonbon dont la préparation demande beaucoup d'adresse, ce chocolat est du ressort exclusif du confiseur, à qui il vaut mieux s'adresser que de le préparer soi-même, au risque d'être obligé d'y recourir encore après une non réussite.

Le *Beurre de cacao* s'obtient très facilement, en faisant bouillir dans de l'eau pure du cacao broyé. L'huile ou beurre vient nager à la surface, et en le laissant refroidir il est facile de le recueillir. On le fait fondre de nouveau au bain-marie pour le couler dans les moules.

Pour préparer soigneusement le chocolat destiné à la boisson, on commence par en ramollir une tablette avec deux ou trois cuillerées d'eau ou de lait, en le délayant à l'aide d'un moussoir ; ensuite, on ajoute petit à petit et toujours en remuant la quantité d'eau ou de lait que l'on veut y mettre, selon qu'on le désire plus ou moins liquide. On fait bouillir, et lorsqu'à force de rouler le moussoir entre les mains, le chocolat est devenu mousseux, on le verse bouillant dans la tasse.

SUCRE.

Les deux qualités de sucre qui alimentent la consommation sont extraits de la *Canne à sucre* et de la *betterave*.

Beaucoup d'autres végétaux en fournissent, mais non en quantité suffisante pour qu'il y ait convenance industrielle à s'en occuper.

Le sucre cristallisable est toujours identiquement le même, quel que soit le végétal qui le fournit. Cependant le sucre de canne est le plus doux et le plus agréable : il donne de plus beaux cristaux et se prête mieux que les autres à l'épuration.

Le sucre de bonne qualité doit être brillant, sonore lorsqu'on le frappe du revers du doigt, se casser net, sans produire de miettes, se dissoudre parfaitement dans l'eau sans en altérer la transparence et avoir un goût franc, exempt de toute saveur étrangère. Le *sucre royal de Hollande* possède toutes ces qualités ; aussi est-il préféré pour les préparations délicates.

Dans les ménages où l'on fait des provisions de sucre en gros, il est prudent de ne pas en acheter plus qu'il ne faut pour la consommation d'une année, car au bout de ce temps il ne se conserve pas dans toute son intégrité. Il est nécessaire de le tenir toujours bien enveloppé d'un papier épais et dans un lieu à l'abri de l'humidité et de toute odeur étrangère, qu'il absorbe très facilement.

Tout le monde connaît les usages du sucre, mais peut-être, parmi les dames qui consulteront ce livre, il en est qui seront bien aise qu'on leur indique les différentes cuissons que l'on peut faire subir au sucre, selon l'emploi auquel on le destine. Les voici.

Prenez :

    Sucre concassé en morceaux.   500 grammes.
    Eau. . . . .   1 demi-verre.

Laissez fondre et faites cuire :

A la nappe. C'est-à-dire jusqu'à ce que le sirop s'étende le long de l'écumoire plongée dans le liquide et retirée ensuite ;

Au petit lissé. C'est-à-dire jusqu'au moment où en trempant l'index dans le sirop on en emporte une petite fraction, qui s'attache aux doigts, et forme entre le pouce et l'index rapprochés puis écartés un petit filet qui se rompt très vite ;

Au grand lissé. Le léger filet se tend beaucoup avant de se briser ;

Au perlé. Ce filet tient des deux côtés aux deux doigts sans se rompre ;

Au grand perlé. En faisant cuire encore davantage le sirop, le bouillon forme des espèces de perles rondes et élevées au-dessus de la surface du liquide ;

Au petit boulé ou *au soufflé.* En laissant encore cuire le sirop, et en y plongeant l'écumoire, qu'on retire tout de suite pour souffler à travers les trous, tantôt d'un côté, tantôt de l'autre, on verra se former des globules dans la direction du souffle ;

A la plume. On continue la cuisson. On trempe encore l'écumoire et on la secoue d'un revers de main en soufflant dessus. S'il s'en échappe de gros globules qui, se tenant entre eux, forment une grande filasse volante, on aura obtenu le sucre à la plume, ou au *grand boulé.*

Au petit cassé. Si, après quelques bouillons de plus, le sucre se casse en produisant un petit bruit, quoique s'attachant aux dents.

Au grand cassé. Il se casse sous la dent sans y adhérer.

Au caramel. En trempant le bout du doigt dans le sirop

et le plongeant vivement dans l'eau, le sucre doit craquer sous la dent, sans s'y attacher. C'est le dernier degré de cuisson du sucre. Après quoi il se décompose.

Le *Caramel des liquoristes* ou *sucre brûlé*, se prépare en faisant fondre le sucre dans une petite quantité d'eau, et en poussant la cuisson jusqu'à ce qu'on ait obtenu une masse de couleur plus ou moins brune. Alors on y ajoute un peu d'eau pour le réduire par l'ébullition à la consistance de sirop.

Les *Caramels des confiseurs*. Ce bonbon se prépare de la manière suivante. Quand le sucre est cuit au boulé (*Voir* ci-dessus), on y ajoute quelques gouttes d'acide acétique, et on laisse cuire jusqu'à consistance de sucre au caramel (*Voir* ce mot ci-dessus), alors on étend la pâte de sucre sur une plaque ou un marbre bien lisse et légèrement huilé, pour la couper en losanges avant qu'elle soit refroidie.

Le *Sucre candi*. Le sirop de sucre un peu épais (au boulé), placé dans une terrine maintenue dans un lieu frais, laisse déposer les cristaux qui ne sont autre chose que du sucre candi. On favorise la formation de ces cristaux en plongeant dans le sirop des fils de cordes, ou de petites baguettes sur lesquels le sucre vient se cristalliser, et après il est apte à donner de nouveaux cristaux.

On aromatise le sucre, ou bien on lui communique le goût acide de quelques fruits, et l'on prépare ainsi des poudres qui, dissoutes dans l'eau, constituent d'agréables boissons. Voici comment on s'y prend.

Sucre à l'orange. — Placez dans le bain-marie d'un alambic le zeste de 20 oranges avec 500 grammes d'alcool; distillez pour obtenir 575 grammes. D'autre part, faites dissoudre 64 grammes d'acide tartrique ou citrique dans 96 grammes d'eau distillée. Ajoutez à ce second produit 96 grammes du premier. Prenez un pain de sucre de 5 kilogs; renversez-le la pointe en bas, et versez sur sa base le mélange susdit par petites fractions. Lorsque le pain de sucre sera tout imbibé de ce liquide, retournez-le, la pointe en haut, et placez-le à l'étuve jusqu'à dessiccation complète. Enfin, pulvérisez le pain de sucre.

Sucre de citron. — Idem.

Sucre à la framboise. — Sur un pain de sucre de 5 kilogs, placé comme nous avons dit précédemment, versez petit à petit 375 grammes de suc de framboise, additionné de 30 grammes d'acide tartrique : laissez sécher et répétez l'opération avec 375 grammes de suc de framboise, pulvérisez, mais cette fois sans aucune addition. Laissez sécher et pulvérisez.

Sucre aux fraises.
Sucre aux groseilles. } Idem.
Sucre aux cerises, etc.

Sucre à la menthe. — Arrosez le pain de sucre avec 150 grammes d'alcool 3/6, additionnés de 8 grammes d'essence de menthe.

Sucre à l'eau de fleurs d'oranger, et

Sucre au thé.
Sucre au café. } On arrose le sucre avec l'infusion de thé ou de café,
Sucre à l'orgeat. ou avec de l'orgeat, ou avec
Sucre à la gomme. une solution de gomme.

Sucre à la vanille. — On pile dans un mortier deux bâtons de vanille. Ensuite on ajoute 125 grammes de sucre, et on pile de nouveau le mélange jusqu'à ce que les deux ingrédients soient intimement unis. On conserve ces divers mélanges dans un flacon à deux couvercles superposés. Le couvercle extérieur est imperméable, l'autre est percé de petits trous. Lorsqu'on veut se servir de la poudre de sucre on sort le premier couvercle, puis on fait tomber à travers les trous du second la quantité de poudre dont on a besoin, et on rebouche immédiatement après. C'est la meilleure méthode pour conserver le parfum.

De toutes ces poudres saccharines aromatisées, les unes sont précieuses en tant qu'elles servent à préparer à l'instant même des limonades, des eaux gazeuses, etc., rien que par leur solution dans l'eau, et celles de vanille et de menthe qui ne s'emploient pas au même usage servent très bien pour aromatiser quoi que ce soit.

Sucre pilé. Nous dirons sur ce point que l'expérience a démontré que le sucre pilé perd de sa douceur. A quoi cela tient-il ? nous ne le savons pas, et, certes ce n'est pas la seule chose que nous ignorions.

Sucre de pommes. Prenez :

Sucre de pommes filtré	250 grammes.
Sucre	750 —

Faites cuire jusqu'au grand cassé (*Voir* ce mot un peu avant), toujours en mêlant avec un petit bâton pour que le sirop ne s'attache pas au poêlon, et ensuite procédez comme pour les caramels.

On prépare de même le *Sucre d'orge* en employant une décoction d'orge assez concentrée.

Ordinairement, lorsque les tablettes sont coupées, on les roule encore chaudes, en forme de torsades. On est obligé de travailler préalablement la pâte de sucre en la manipulant entre les mains pour lui donner une apparence filamenteuse.

On pourra aromatiser ces bonbons à la vanille ou à d'autres parfums, en ajoutant ces parfums vers la fin de l'opération.

Il y a dans le commerce six qualités de sucre, dont voici l'énumération :

1° *Sucre royal, sucre Raguenet,* ou *Raffinade;*
2° *Quatre cassons ;*
3° *Lumps ;*
4° *Bâtardes ;*
5° *Vergeoise ;*
6° *Sucre brut, Moscovade,* ou *Cassonnade ;*

Le premier, le plus beau, est en pains de 4 à 10 kilogrammes à grains fins, serrés et brillants, très blanc, très dur, sonore, souvent tronqué au sommet.

Le deuxième, en pains de 5 à 10 kilogrammes, moins

brillant, moins serré, moins blanc, emprunte son nom à ce que les épiciers divisent ordinairement ces sortes de pains en quatre fragments, formant autant de sections de cône.

Le troisième est en pains de 10 à 12 kilogrammes, tronqués, avec ou sans taches, d'une texture moins ferme et à gros grains.

Le quatrième, en pains comme les précédents, mais toujours tachés et humides.

Le cinquième, en poudre jaune-brunâtre, ayant une saveur de mélasse.

Le sixième est en vrague, et généralement de couleur blonde, qui peut varier cependant du paille au marron.

Falsification du sucre. Si le sucre contient de l'amidon ou de la farine, l'eau dissoudra le sucre et non les deux autres poudres qui tomberont au fond du vase. Quelques gouttes de teintures d'iode produiront une couleur bleue, décelant la présence d'une substance amylacée. En outre, si on lave encore ce dépôt, et qu'on l'expose à la chaleur avec un peu d'eau, on obtiendra de la colle de pâte, ou de l'empois.

Si le sucre a été falsifié par du sucre de fécule, (glucose), on en acquerra la certitude en faisant dissoudre deux grammes de sucre suspect dans 30 grammes d'eau distillée, et en y ajoutant 20 centigrammes de potasse à l'alcool, et 10 centigrammes de deuto-sulfate de cuivre. Dans la fiole contenant le mélange suspect, il se formera un dépôt rouge d'oxyde de cuivre, si on l'agite fortement, et si le sucre contient de la glucose.

La présence de la fécule se constate par la non dissolubilité complète du sucre, cette substance se comportant avec l'eau comme la farine et l'amidon.

Le sucre pourrait contenir du sucre de lait. Dans le cas où l'on soupçonnerait cette fraude, M. Payen apprend à la découvrir en opérant de la manière suivante :

On verse sur le sucre suspect deux fois et demie son volume d'eau-de-vie ordinaire ; on agite la fiole où est contenu le mélange, et si le sucre est pur la dissolution est complète. Mais si tout n'est pas dissous on laisse déposer le liquide, on le décante et on traite le précipité avec son volume à peu près de nouvelle eau-de-vie, et on laisse déposer une seconde fois. En traitant le dépôt avec trois fois son volume d'eau, et en agitant la fiole, la dissolution ne sera pas complète, dans le cas de la présence de sucre de lait.

En général, tout sucre qui ne se dissout pas entièrement dans l'eau ou dans l'eau-de-vie, laisse suspecter sa pureté.

Miel. — Les miels sont plus ou moins estimés, selon la nature des fleurs sur lesquelles les abeilles vont exercer leur industrie. Les meilleurs miels de France sont le *Miel de Narbonne* et le *Miel du Gâtinais*. Le premier a une saveur plus parfumée et une couleur jaune plus ou moins prononcée. Le second est blanc, grenu et légèrement aromatisé.

On distingue dans le commerce deux sortes de miel : le *Miel vierge* qui s'obtient en laissant couler le miel des rayons, et le *Miel par expression*, celui que l'on obtient en pressant les rayons. Celui-ci est ordinairement impur, puisqu'il contient les produits liquides des couvains ou des insectes restés dans les cellules de cire.

Falsification du miel. Si, en délayant du miel dans l'eau froide celle-ci se colore en blanc, on soupçonnera l'addition de la farine qui, du reste, tombe au fond du vase et se transforme en colle quand elle est soumise à l'ébullition. Au moyen de ce procédé, on parviendra à découvrir la présence dans le miel des substances insolubles dans l'eau telles que le sable, la fécule, le blanc d'Espagne qui opèrent toutes un précipité dans la dissolution de miel.

L'addition d'eau se découvrira par ce fait que 7 décilitres de miel pèsent 1 kilogramme. Par conséquent s'il y a de l'eau ajoutée, le même volume de miel pèsera d'autant moins qu'il en contiendra davantage.

La falsification la plus difficile à constater est celle qui consiste à ajouter au miel du sirop de fécule, préparé à l'aide de la diastase. Il n'y a que le goût qui puisse déceler cette altération, le miel ainsi falsifié n'ayant pas l'arome et la saveur du miel pur. Il faut dire cependant que cette falsification ne présente pas de graves inconvénients.

Blanchiment du miel. En exposant le miel à la gelée dans un vase qui ne soit pas conducteur de la chaleur, et cela pendant trois semaines consécutives, à l'abri du soleil et de la neige, il blanchit et durcit.

Le *Sucre de miel* s'obtient en cristaux, d'après M. Seigle, en étalant le miel sur des briques poreuses. Au bout de deux ou trois jours les briques sont couvertes d'aiguilles cristallines. On recueille ce produit à l'aide d'un blaireau, on le dissout au bain-marie dans huit fois son volume d'alcool, et on le filtre à chaud. En refroidissant, le sucre se sépare en cristaux groupés sous forme de choux-fleurs. Si la solution alcoolique est colorée on la décolore au charbon. Le miel ordinaire en fournit environ 25 0/0.

Le *Sirop de miel.* Prenez :

Miel.	15 kilogrammes.
Eau	30 —

Faites dissoudre et chauffez jusqu'à ébullition.
Ajoutez à cette liqueur qui est trouble :

Gélatine (colle de poisson)..	12 gr.
Dissoute dans eau.	250 —
Et ensuite une dissolution de tanin. .	4 —
Dans eau.	125 —
Ou bien décoction de 8 noix de galle concassées.	125 —

Après avoir agité, entretenez la chaleur encore pendant une heure. Toutes les impuretés se précipitent au fond. Filtrez à la chausse.

On conserve ce sirop dans des bouteilles bien bouchées et en lieu sec.

Par précaution, au bout de quatre à cinq mois, il faudra le faire bouillir de nouveau.

Purifié de cette manière, le sirop de miel peut remplacer le sucre dans la fabrication des confitures sèches ou liquides, des ratafias et autres liqueurs.

Le *miel se conserve* dans de petits tonneaux neufs et bien fermés.

Pain au lait. — Ce pain que l'on fabrique avec la plus belle farine blanche de première qualité ne diffère des autres pains que par l'emploi de lait étendu de trois fois son volume d'eau, dans la confection de la pâte. La pâte cependant exige plus de levure et plus de travail que le pain ordinaire. Ces pains sont plus ou moins délicats selon la dose du lait, qui, quelquefois, ne figure que pour mémoire dans leur fabrication habituelle.

Pain de dextrine. — On ajoute à l'eau qui doit servir au pétrissage 5 ou 6 pour 100 de sirop de fécule préparé à la diastase, ou bien 2 ou 3 parties de sucre ordinaire.

Pain sans levain. — D'après M. le docteur Danglish, la fermentation du pain à l'aide de la levure amène une perte d'environ 10 % de matière nutritive. Pour obvier à ce déchet, voici ce que ce médecin anglais propose.

On place la pâte dans un pétrin exactement clos, dans lequel on introduit de l'acide carbonique émanant d'un réservoir capable de fournir une pression de plusieurs atmosphères. En continuant le pétrissage mécanique de la pâte le gaz se mêle et se dissout dans l'eau de la pâte même, et une portion y reste emprisonnée, en donnant à la pâte un volume de cinq à six fois supérieur à son volume primitif. En cet état on le façonne vite en pains que l'on met au four.

Ce pain est tout aussi spongieux que le pain ordinaire sinon plus, il est plus digestible, et le procédé pour l'obtenir a déjà reçu la sanction de l'expérience en Angleterre.

Pain anglais. — On fait entrer les pommes de terre dans la préparation de ce pain à la dose de 30 kilogrammes pour

210 kilogrammes de pain. Voici d'après M. Payen en quoi consiste cette préparation :

Faites cuire les 30 kilogr. de pommes de terre dans de l'eau, ou même à la vapeur. Une fois cuites écrasez-les et délayez-les dans 50 ou 60 litres d'eau, de manière à en faire une bouillie que vous passerez à travers un tamis ou une passoire. Ajoutez quatre ou cinq kilos de farine et un demi kilo de levure préalablement dissoute dans un litre d'eau froide. Mettez ce mélange dans un tonneau défoncé d'un côté et laissez-le en repos à la température de 25° pendant six heures. Alors ajoutez 40 kilogrammes de farine que vous délayerez avec soin dans l'eau. Vous laisserez la fermentation reprendre de l'activité pendant une heure, et après avoir ajouté 500 grammes de sel vous vous servez de ce mélange pour délayer et pétrir 112 kilogrammes de nouvelle farine. Pétrissez-les ensuite comme la pâte ordinaire, et, comme celle-ci, laissez-la fermenter un quart d'heure environ, après quoi, mettez-la au four.

Pain d'anis. — Prenez :

Sucre tamisé	750 grammes.
Anis	15 —

Battez ensuite 7 blancs d'œuf et incorporez-y le sucre et l'anis.

Ajoutez :

Farine	500 grammes.

Façonnez au moule et faites cuire sur des plaques graissées.

Pain d'épices. — Prenez :

Miel	500 grammes.

Faites cuire sur le feu et écumez.

Ajoutez la quantité de farine jugée nécessaire pour faire une pâte avec le miel. Laissez en repos cette pâte pendant un quart d'heure afin qu'elle se refroidisse un peu.

D'autre part vous aurez soin de faire tremper pendant

une nuit 15 grammes de carbonate de potasse blanc dans un demi verre de lait. Cette dernière liqueur une fois passée est ajoutée à la pâte qui est pétrie vigoureusement. Donnez-lui alors la forme voulue et faites-la cuire dans un four modérément chaud.

Pour glacer le pain d'épice on se sert d'une solution de colle de poisson dans de la bière, au moment de sa sortie du four.

Si l'on veut rendre ce pain plus agréable on mêle à la pâte 12 grammes d'anis, 4 grammes de coriandre, autant de cannelle et de girofle, le tout pulvérisé, des zestes de citrons et des écorces d'oranges confites et hachés menu.

Mixture Falconi. — Ce mélange, destiné par son inventeur à conserver les cadavres, pour préserver l'homme d'une inhumation précipitée, et conséquemment d'un retour à la vie dans des circonstances épouvantables, peut encore conserver les viandes comestibles. Voici sa composition, et nous croyons pouvoir la rendre publique par l'expiration du brevet de l'inventeur.

Prenez : Sciure de bois bien sèche, quantité suffisante pour pouvoir envelopper le corps que l'on voudra conserver. Supposons un cadavre : alors prenez un demi hectolitre de sciure de bois et mêlez-y trois kilos de sulfate de fer en poudre et autant de sulfate de zinc également pulvérisé. Mêlez exactement.

On enveloppe le corps nu avec cette poudre en laissant toutefois la face à découvert. Par ce moyen on peut attendre le seul signe de la mort réelle, la putréfaction, sans aucune crainte de nuire à la santé d'autrui.

Si l'on veut conserver de la viande, on n'aura qu'à l'immerger dans cette poudre, et elle se conservera longtemps.

Nous ne conseillerons pas cependant cette application, car les sels dont on se sert ne sont pas d'une innocuité bien constatée.

Mais pour ce qui est des cadavres, nous ne saurions pas trop en recommander l'usage, car tout le monde y est intéressé.

CIRAGES, APPRÊTS, VERNIS DÉGRAISSAGE, etc.

Cirage pour chaussure.

1. Noir d'ivoire	60 grammes.
Miel de Narbonne	60 —
Huile de vitriol (acide sulfurique)	30 —
Le jus d'un citron.	
Vinaigre blanc	une cuillerée.
Huile d'olive	autant

Délayer le tout dans du vinaigre rouge en quantité suffisante pour que le produit ait la consistance d'une pommade.

2. Noir d'ivoire	750 grammes.
Huile d'olive	500 —
Bleu de Prusse	30 —
Acide muriatique	250 —
Laque de l'Inde	30 —
Mélasse	1,000 —
Gomme arabique	125 —
Eau en quantité suffisante.	

Opérez le mélange de l'huile d'olive et du noir d'ivoire; ajoutez le bleu de Prusse, ensuite la laque, l'acide muriatique et la mélasse. Remuez bien, puis ajoutez la gomme arabique et l'eau, si vous désirez un cirage liquide.

3. Le *Cirage anglais* a beaucoup d'analogie avec le cirage n° 1, seulement le miel y est remplacé par la mélasse, et ne renferme pas de jus de citron.

4. Le *Cirage Jacquand* se prépare en mêlant :

Noir d'os en poudre	750 grammes.
Huile d'olive	500 —

Et en ajoutant à ce mélange :

Acide muriatique	250 —
Bleu de Prusse	30 —
Laque de l'Inde	30 —
Mélasse	1,000 —
Gomme arabique dissoute dans l'eau	125 —

La consistance de ce cirage est celle d'une pommade. Pour le rendre liquide on le délaye dans une quantité suffisante de vin ou de bière.

5. Mélasse	300 grammes.
Noir d'ivoire	100 —
Gomme en poudre	30 —

Mêlez exactement ces trois substances, ensuite ajoutez :

Noix de galle	10 grammes.
Indigo	5 —
Sulfate de fer (couperose verte)	10 —

Quand le mélange sera fait, vous ajouterez par petites fractions :

Acide sulfurique	} de chaque.	30 grammes
Acide hydrochlorique		

Délayez le tout dans :

Vinaigre	150 —

6. Le *Cirage italien* se compose de la manière suivante :

Caoutchouc	2 grammes.
Benzine	30 —

Laissez macérer et à la chaleur d'un bain-marie opérez la solution complète de la gomme élastique. Ajoutez :

Huile de lin	10 grammes.

A l'aide de la chaleur du même bain-marie mélangez exactement, toujours en remuant.

D'autre part, dans la moindre quantité possible d'huile de lin faites dissoudre :

Cire jaune	2 grammes.
Savon blanc	2 —

Ajoutez cette solution à la précédente.
Prenez, d'autre part :

Bière	120 grammes.
Gomme arabique	5 —
Jus de réglisse sec	5 —

A ce dernier mélange, ajoutez :

Mélasse	60 —
Noir d'ivoire en poudre très fine	60 —
Bleu de Prusse	7 —

Mêlez le tout, de manière à obtenir une pâte homogène et ensuite ajoutez :

Acide sulfurique	30 grammes.
Ammoniaque liquide	8 —

Laissez le tout en repos pendant 24 heures, et après ajoutez un demi-verre de bière ou de vin.

Cette formule assez compliquée donne un cirage très brillant et même imperméable à l'eau. Il conserve la chaussure parce qu'il ne contient que fort peu d'acide, cette faible quantité étant d'ailleurs neutralisée par le noir d'ivoire.

7. Un *Cirage imperméable* s'obtient en faisant fondre ensemble :

Suif	120 grammes.
Axonge	60 —
Térébenthine	30 —
Cire jaune	30 —
Huile d'olive	30 —

Ce cirage sert à merveille pour la chaussure en cuir verni.

8. *Autre procédé.*

Huile d'œillette	1 litre.
Suif de mouton	250 grammes.
Cire jaune	180 —
Résine	32 —

L'on fait fondre le tout dans une casserolle, toujours en remuant.

9. Le *Cirage pour les harnais* se prépare en ajoutant à 90 parties de cire :

Bleu de Prusse	10 parties.
Essence de térébenthine	900 —
Indigo	5 —
Noir d'ivoire	50 —

Mêlez le tout exactement.

10. Ce cirage se prépare aussi en réunissant ensemble :

Mélasse	150 parties.
Noir d'ivoire	126 —
Huile d'olive	16 —
Vinaigre	125 —
Acide sulfurique	60 —
Eau quantité suffisante.	

On *conserve les harnais* en les frottant une ou deux fois par mois avec un chiffon de laine, imbibé d'un mélange de parties égales d'huile de ricin et de suif.

11. Le *Cirage pour les revers de bottes* et autres peaux de couleur s'obtient en mélangeant :

Lait aigre	1,000 parties.
Crème de tartre	50 —
Acide oxalique	25 —
Alun en poudre	25 —

Ou bien avec :

Eau	1 litre.
Acide oxalique	25 grammes.
Potée d'étain	25 —
Os de sèche en poudre très fine	25 —

Enduit imperméable pour la chaussure. — Faites fondre 60 grammes de gomme élastique dans un litre d'huile de lin, à un feu très lent, en ayant soin de couper la gomme en minces copeaux, et ajoutez quelque peu de cire. Excellente préparation pour la chaussure des chasseurs appelés à se tenir sur des terrains mous, et dans la boue et dans l'eau des marais. Quelques heures avant de se chausser, enduire la chaussure avec cette préparation à chaud, et la laisser refroidir.

Encollage des planchers carrelés. — Prenez :

Colle de peau	4,000 grammes.
Rouge de Prusse (Colcotar)	2,000 —

Faites fondre la colle, et ajoutez le rouge en remuant pour obtenir un liquide homogène d'une consistance convenable pour être étendue au pinceau.

Après avoir passé une première couche on laisse sécher, et ensuite on en donne une seconde préparée avec la même quantité de colle et de rouge, mais cette fois d'une qualité supérieure.

Avant de passer les carreaux à la couleur il faudra les laver soigneusement à la lessive et laisser sécher pour mieux assurer l'adhérence de la couleur.

On pourra se servir de colle forte que l'on fera dissoudre dans de l'eau à l'aide de la chaleur.

Encaustique pour planchers carrelés ou Savon de cire.

Eau	1,500 grammes.
Rouge de Venise	120 —
Savon noir	120 —
Cire jaune	150 —

Lorsque l'eau bout ajoutez le savon, la cire et un peu de sel de tartre. La cire et le savon fondront; remuez bien et ajoutez le rouge. Le carrelage étant bien sec, étendez l'encaustique, encore chaud, à l'aide d'un pinceau ou d'un vieux balai de crin. Le lendemain, lorsqu'il sera sec, on le rendra brillant au moyen de la brosse.

On pourra donner aux planchers carrelés d'autres couleurs, si on le désire; cependant la couleur rouge est celle qui est généralement adoptée. *(V. Vernis à parquets.)*

Encaustique pour planchers parquetés. — On fait fondre :

Cire jaune	1,250 grammes.
Savon blanc	165 —
Carbonate de potasse	125 —
Eau chaude	4,000 —
Rocou, quantité suffisante.	

Remuez toujours, jusqu'à ce que le mélange soit entièrement refroidi.

On l'applique comme le précédent.

Encaustique pour meubles. — Faites fondre dans un vase de cuivre :

Cire jaune	250 grammes.

Au moment où elle est bouillante ajoutez peu à peu :

Essence de térébenthine	500 grammes.

Remuez jusqu'à refroidissement complet.

Autre formule.

Cire jaune.	1,000 grammes.

Faites fondre et ajoutez :

Litharge en poudre.	120 —

Agitez et laissez refroidir.

Le lendemain prenez de cette

Cire	500 —

Dissolvez à l'aide de la chaleur dans

Essence de térébenthine	1,000 —

Une méthode assez bonne pour donner du brillant aux meubles, consiste à faire fondre dans du pétrole ou de la térébenthine la cire blanche à la dose d'une partie de cire et de huit parties de liquide, et à passer une couche de cette solution sur le meuble que l'on veut vernir. Les huiles se volatilisent et il ne reste plus sur le bois qu'une légère couche de cire qui, frottée avec un tampon ou un morceau de drap sec, deviendra très brillante. C'est ce qu'on nomme *Cire liquide* ou *Vernis pour statues.*

Encaustique sur bois.

Cire jaune.	30 grammes.
Carbonate de potasse.	30 —
Sang dragon.	5 —
Eau	500 —

Faites bouillir pendant dix minutes et agitez le mélange avant de l'appliquer.

Le bois conserve un beau vernis.

Encaustique pour cuirs. — *Cire à giberne.* — Prenez :

Colophane. Essence de térébenthine. } de chaque.	100 grammes.
Cire jaune.	400 —
Noir animal	150 —

Faites fondre la cire et petit à petit ajoutez la colophane dissoute dans l'essence et ensuite le noir animal. Remuez jusqu'à refroidissement total.

Sciure de bois agglomérée. — L'on fait une pâte avec de la sciure de bois très fine et du sang de bœuf frais. On presse cette pâte à la presse hydraulique, et on laisse sécher. Au moyen de moules on peut obtenir toutes les formes que l'on désire. Le bois imité de cette manière est plus dur et plus pesant que tout autre bois naturel. L'industrie qui s'est emparée de ce procédé, dû à M. Ladry, est parvenue à faire des ouvrages très remarquables.

Bois minéralisé. — Il y a deux procédés, pour imprégner le bois de substances salines : l'un est dû au Dr Boucherie et consiste à coucher les pièces à conserver sur le sol, et à fixer à l'une des extrémités un réservoir en forme de poche que l'on fixe à la pièce de manière à pouvoir contenir le liquide qu'elle reçoit d'un réservoir placé à 4 ou 5 mètres de hauteur au moyen d'un tube en caoutchouc. Ce liquide préservateur se compose de sulfate de fer, ou de cuivre ou de pyrolignite de fer dissous dans l'eau à la dose de 6 kilos de sel par mètre cube de bois. L'autre procédé est dû à M. Margary et consiste tout simplement à mettre les pièces à conserver dans des auges, ou des fosses imperméables remplies d'une solution saturée de sulfate de cuivre, ou de sublimé corrosif. Huit jours d'immersion suffisent pour minéraliser les pièces d'une moyenne grosseur. La minéralisation par la méthode du Dr Boucherie est accomplie lorsque toute l'eau du réservoir est épuisée.

Carbonisation des bois. — Les échalas et les pièces de bois destinées à être enterrées en tout ou en partie sont carbonisés à la profondeur d'un demi-centimètre, et ensuite enduits de trois ou quatre couches de goudron bouillant.

Bois incombustibles. — L'on rend incombustibles les bois en les enduisant d'un mélange de lessive caustique et de sable siliceux, d'une consistance convenable pour pouvoir l'étendre au pinceau ou à la brosse.

Bois enrobé. — On enrobe les bois blancs tendres qui sont destinés à rester exposés aux intempéries atmosphériques, en leur appliquant une couche de vernis à l'huile, que l'on saupoudre, avant qu'il soit sec, de sablon, ou de grès pilé passé au tamis. Après on applique une autre couche du même vernis en ayant soin d'appuyer fortement la brosse. La surface ainsi enduite acquiert une consistance pouvant résister au soleil, à l'air, à la pluie et à l'humidité.

Bois teint. — *En rouge.* Décoction de fernambouc et d'alun, réduite par l'ébullition au quart de l'eau employée et ensuite additionnée de potasse purifiée (carbonate de potasse). Pour un demi-litre d'eau 1 décagramme de bois de couleur, trois décagrammes d'alun et quatre grammes de potasse. Trois ou quatre couches; ou bien on y plonge la pièce à teindre. — *En rouge-orange.* Décoction de la pâte de rocou dans l'eau, pendant trois ou quatre minutes. On passe sur le bois une couche d'eau alunée, et ensuite la décoction de rocou. — *En bleu.* Décoction du campêche additionné de vert-de-gris, ou bien avec la dissolution d'indigo dans l'acide sulfurique délayé dans l'eau bouillante. — *En jaune* par la gaude, le bois jaune, le fustet, la quercitron, la graine d'Avignon, et le curcuma. Ces substances s'emploient en décoction. — *En noir.* Décoction de campêche, ou de noix de galle additionnée de sulfate de fer (encre). L'on aura une jolie couleur noire en donnant au bois une couche de décoction de campêche alunée, et après une autre couche d'une infusion de limaille de fer dans le vinaigre, obtenue à l'aide de la chaleur. On ajoute à l'infusion une pincée de sel de cuisine.

Bois imité. — *L'Acajou imité.* L'infusion de bois de Brésil passé à chaud sur le sycomore et l'érable donne une couleur d'acajou à reflet doré. Si au lieu de ces deux bois on veut teindre le noyer blanc, on obtiendra une couleur acajou rouge clair. Si l'on veut se servir de bois de campêche sur le sycomore et l'érable on aura une couleur acajou-fauve. On obtiendra sur le peuplier et sur l'acacia une couleur acajou-foncé en employant une décoction de Brésil et de garance, et sur le châtaignier vieux au moyen d'une solution de gomme-gutte. Le *Bois de citronnier imité* s'obtient sur le sycomore par la gomme-gutte dissoute dans l'huile de térébenthine.

CIRE

Lorsqu'on a enlevé tout le miel contenu dans les rayons, ce qui reste n'est que de la cire plus ou moins pure, qu'il faut ensuite purifier et blanchir pour avoir la *Cire vierge*.

Pour purifier la cire on commence par la faire fondre, enfermée dans des sacs de forte toile, dans l'eau bouillante. La cire passe à travers la toile et vient surnager à la surface de l'eau. Refroidie, elle se prend à gâteaux que l'on nomme *Cire jaune*.

Pour blanchir la cire on fait fondre la cire jaune avec de la crème de tartre et on l'expose plus ou moins longtemps au soleil et à la rosée.

Le chlorure de chaux et l'acide chromique blanchissent également la cire, si on la fait fondre avec l'un ou l'autre de ces récréatifs. C'est dans cet état qu'elle est livrée au commerce, sous la dénomination de *Cire blanche* ou *Cire vierge*.

Les fabricants y ajoutent un peu de suif pour qu'elle soit moins cassante.

Différents arbres fournissent une substance qui a beaucoup d'analogie avec la cire que l'on désigne sous le nom de *Cire végétale*, mais elle est plus cassante que la cire d'abeilles. Elle est d'une couleur blanche un peu jaunâtre et a une odeur légèrement rance. Elle pourrait servir à faire des bougies si l'on parvenait à la décolorer complètement. Le *Cirier d'Amérique* qui la fournit plus particulièrement, dit-on, peut se cultiver parfaitement en Europe.

Cire à cacheter ou Cire d'Espagne. — *Rouge*. Faites chauffer.

Térébenthine de Venise......	100 parties.
Résine laque..........	250 —
Colophane...........	500 —

Agitez sans cesse jusqu'à liquéfaction complète, ensuite ajoutez :

Vermillon............	125 parties.

Remuez et au moment de retirer du feu ajoutez encore :

Alcool rectifié.........	60 parties.

Quand la masse est refroidie à consistance de pâte, on la roule en bâtons sur une plaque de marbre ou de cuivre bien polie et légèrement chauffée, ou bien on la coule dans des moules.

Pour donner le brillant aux bâtons ainsi obtenus on les fait passer rapidement sur la flamme de l'alcool où on les expose à un feu modéré sur un réchaud.

Autre formule.

Gomme laque..........		16 parties.
Térébenthine } de chaque...		10 —
Colophane		
Cinabre } de chaque		5 —
Minium ou mine orange		

On procède comme ci-dessus.

Verte. On remplace les substances colorantes par le sulfate de cuivre.

Bleue. Prenez :

Résine laque		100 parties.
Poix de Bourgogne	de chaque .	50 —
Térébenthine		
Outremer.		150 —

Procédez comme ci-dessus.

Jaune. Employez une poudre jaune impalpable comme matière colorante.

Vous pourrez employer aussi de la poudre d'or mussif, du noir d'ivoire, du talc, du mica, etc., selon la couleur que vous voudrez obtenir.

La *Cire à sceller* se prépare comme nous l'avons dit pour la cire d'Espagne ; seulement au lieu de laque on emploie de la cire blanche.

Cire à goudronner les bouteilles ou Goudron à bouteilles.

Poix résine	1,000 grammes.
— de Bourgogne	500 —
Cire jaune	250 —
Mastic rouge	125 —

Faites fondre dans un vase en fonte ou en terre.

Autre formule.

Galipot	1,000 grammes.
Résine	500 —
Cire jaune	125 —

Cette quantité suffit pour goudronner 300 bouteilles.
On colore ces goudrons :
En *rouge* avec du minium ou de l'ocre rouge.
En *noir* avec du noir d'ivoire.
En *jaune* avec de l'orpin.
En *bleu* avec du bleu de Prusse.
En *vert* avec de l'orpin et du bleu de Prusse réunis.

Cire à greffer. — Prenez :

Poix noire.	28 parties.
— de Bourgogne	28 —
Cire jaune	16 —
Suif	14 —
Cendres tamisées ou ocre	14 —

Mélangez à l'aide d'une spatule et de la chaleur. Employez-la un peu chaude.

Autre formule.

Poix noire.	30 parties.
Résine	30 —
Cire jaune	28 —
Suif	12 —
Cendres ou briques pulvérisées	8 —

On fait fondre, et, lorsqu'on l'applique, la main doit pouvoir supporter sa température.

Cire à modeler.

Cire jaune	500 grammes.
Poix de Bourgogne	125 —
Axonge	60 —
Essence de térébenthine	250 —

Faites bouillir, en écumant. (*V. Cire à cacheter à froid.*)

COLLES.

Sous ce nom on désigne des substances ayant la propriété d'adhérer plus ou moins solidement aux différents corps sur lesquels elles se dessèchent, et de faire adhérer entre elles deux surfaces qui en sont enduites et qu'on maintient en contact. On tire les colles des trois règnes de la nature; aussi connaît-on la colle animale, la colle végétale et la colle minérale. Les deux premières présentent des caractères différents selon le procédé de fabrication et les substances d'où on les extrait. Sans toucher aux différents procédés de fabrication employés dans les diverses usines qui fournissent les colles au commerce, nous dirons ce qu'il est nécessaire de connaître pour les emplois auxquels on les destine dans les ménages.

Colle forte ou Colle de Flandre. — On obtient cette colle en faisant bouillir dans l'eau les rognures de peaux de bœufs, vaches, moutons, de parchemins, et de beaucoup d'autres substances contenant de la gélatine.

Pour s'assurer si la colle est de bonne qualité, on en fait tremper un morceau pendant dix ou douze heures dans un vase plein d'eau. Si la colle fond c'est qu'elle n'est pas bonne; si au contraire elle gonfle et augmente de poids, elle est d'autant meilleure qu'elle sort plus pesante de l'eau. Exposée à l'air elle doit reprendre son état primitif.

Colle de poisson. — **Ichthyocole.** — Cette colle s'obtient en faisant dissoudre dans l'eau par une longue ébullition les vessies aériennes des gros et petits poissons. Ces vessies bien lavées, et l'opération de l'ébullition et du séchage parfaitement réussie, on arrive à avoir des feuilles de colle aussi blanches et aussi transparentes que le verre. Elle existe dans le commerce sous différentes formes; la plus chère et la plus estimée est la *Colle de poisson en lyre*; la moins estimée est la *Colle de poisson en livre*. Elle est d'autant plus appréciable que la dissolution qu'on en obtient est plus transparente et plus gluante.

Colle de farine. — Tout le monde sait que cette colle se prépare avec farine et eau ou amidon et eau, et que de toutes les farines la meilleure est celle de seigle. On commence par faire à froid une bouillie très claire que l'on expose au feu, toujours en remuant, et en ajoutant au besoin un filet de vinaigre. Elle est cuite aussitôt qu'elle sera coagulée.

La *Colle de riz* se prépare en remplaçant la farine ordinaire par la farine de riz. On la dit plus forte que la colle ordinaire.

Colle minérale. — Cette colle n'est autre chose que la dissolution dans l'eau bouillante du *Verre soluble* ou *Liquide de Fuschs*, ou *Silicate de potasse*, anciennement connu sous la dénomination de *Liqueur de cailloux*, que l'on prépare en faisant bouillir dans la potasse caustique liquide du sable pur, ou des cailloux brisés. En faisant évaporer à consistance voulue, cette liqueur se prend par le refroidissement en une masse saline demi-transparente, qui se redissout à volonté dans l'eau bouillante.

Cette solution concentrée et chaude, additionnée d'un peu d'ichthyocolle, donne une colle d'une tenacité à toute épreuve. Des planches jointes par ce moyen, soumises à des tiraillements de tout genre tendant à les disjoindre se sont cassées à côté de la jointure, sans que celle-ci ait bronché.

Le Verre soluble de Fuchs se prépare en fondant dans un creuset réfractaire un mélange de dix parties de potasse du commerce, purifiée et filtrée, quinze parties de quartz finement pulvérisé, et une partie de charbon, et en laissant le mélange au feu jusqu'à ce que le verre soit parfaitement fondu. On coule alors le verre obtenu, on le pulvérise et on le traite par quatre ou cinq fois son poids d'eau bouillante, et on l'applique avec un pinceau.

La liqueur de cailloux sert d'enduit pour badigeonner les monuments et les maisons en général, produisant sur les parties mouillées une incrustation de silicate de chaux, espèce de verre insoluble, et conséquemment inattaquable par la pluie. Il y a échange de base lorsque la chaux est mise au contact du silicate de soude ou de potasse.

Le silicate de potasse liquide a été employé dans l'apprétage des étoffes par M. Kulmann. Son *Apprêt siliceux*, ainsi qu'il l'appelle, doit avoir une certaine densité pour qu'il communique à l'étoffe un degré de consistance convenable. Mais comme les étoffes ainsi apprêtées n'ont pas l'élasticité voulue, on peut y ajouter un peu d'amidon. Cet apprêt donne un degré d'incombustibilité aux étoffes.

Colle pour faïence et porcelaine. — A l'article *Gluten* nous avons parlé de l'application de cette substance à coller les bris de porcelaine et de faïence, sous la dénomination de *Colle végétale*. (Voir *Gluten*.) Maintenant nous allons donner d'autres formules.

1º Pour coller deux morceaux de porcelaine cassée, on enduit les deux surfaces que l'on veut rejoindre avec une pâte que l'on obtient en écrasant soigneusement une tête d'ail. On les serre fortement l'une contre l'autre, au besoin à l'aide d'un fil de fer. Après on expose cette pièce dans du lait que l'on maintient à l'ébullition pendant une demi-heure. La porcelaine se trouvera ainsi solidement recollée. Cette colle pourrait s'appeler *Colle à l'ail*, ou *Mastic à l'ail*.

2º Pour coller les cristaux, le verre, la faïence, M. Chevallier donne la formule suivante :

On fait dissoudre dans l'esprit de vin de la colle de poisson, on y met un tiers de son poids de gomme ammoniaque, et l'on fait dissoudre le tout au bain-marie. Lorsque prenant une goutte de cette solution, et la laissant tomber elle devient solide en se refroidissant, la préparation sera ce qu'elle doit être. On chauffe les morceaux à coller dans l'eau chaude, et on étend la colle sur les deux surface à recoller. On les adapte l'un à l'autre en les tenant bien serrés, et on les trempe dans l'eau froide.

Cette colle se conserve en bouteille, mais il est nécessaire de la chauffer lorsque l'on veut s'en servir.

3º La *Colle de Vancouver* est une poudre anglaise que l'on prépare de la manière suivante :

On prend du fromage mou, on le triture, et on le lave à l'eau chaude. Débarrassé de toutes les parties solubles, on l'exprime au moyen d'une toile pour enlever toutes les parties liquides. Après on laisse sécher. Quand on veut s'en servir on l'emploie en le mêlant à la chaux, dans la proportion de dix pour un, et au moyen d'une petite quantité d'eau l'on fait une pâte visqueuse qu'il faut appliquer aussitôt et à froid. Elle sèche très rapidement, et une fois sèche elle ne se dissout plus. Nous distinguerons cette colle en l'appelant *Colle au caseum et à la chaux*, ou *Mastic à la chaux*, ou au *caseum*, car c'est bien du caseum pur que l'on obtient en éliminant du fromage toutes le parties solubles.

Colle liquide. — Par l'addition à la colle forte fondue d'un volume égal de vinaigre et d'un quart d'alcool, et d'un peu d'alun, la colle reste liquide et ne s'altère point. On l'emploie à froid.

Autre procédé. — Prenez : Colle forte bonne un kilo : faites la dissoudre dans 1 litre d'eau au moyen de la chaleur. Ajoutez après 200 grammes environ d'acide azotique. Remuez avec un agitateur le mélange toujours exposé au feu jusqu'à extinction totale des vapeurs vitreuses qui s'en dégagent, ayant soin d'ajouter de l'eau, au fur et à mesure qu'elle s'évapore.

Colle à bouche. — On emploie une des meilleures colles fortes n'ayant pas de mauvaise odeur; on la fait fondre en y ajoutant un peu de sucre, un peu de gomme adragante ; on laisse bouillir jusqu'à consistance voulue, et lorsqu'elle commence à se refroidir on y verse quelques gouttes d'essence de citron, ou autre.

On sait qu'on l'emploie en la mouillant avec la salive.

Colle à la Gomme. — Cette colle n'est que la solution de la gomme arabique, ou du Sénégal, convenablement consistante, à laquelle on a ajouté un peu d'alcool. On peut l'obtenir directement en faisant dissoudre la gomme dans de l'eau-de-vie. L'addition d'un peu de sucre la rend moins cassante. Cette colle n'est pas sujette à moisir : aussi peut-on la conserver pour la faire servir à coller des papiers, des étiquettes d'histoire naturelle, etc., pourvu qu'elle soit renfermée dans un bocal bien bouché pour éviter l'évaporation.

On augmente considérablement la puissance adhésive de la solution de gomme en y ajoutant une petite quantité de sulfate d'alumine. Deux grammes de ce sel cristallisé ajoutés à 250 grammes de solution gommeuse concentrée de gomme arabique donnent à cette colle la faculté de coller du bois sur du bois, du papier sur du métal.

Cette colle peut également servir à raccommoder la porcelaine, le verre et la faïence.

Colle à la dextrine. — Faites dissoudre dans l'eau bouillante autant de dextrine grise (*amidon grillé* ou *leïocom*) que l'eau peut en dissoudre, et ajoutez 1/5 à peu près d'alcool à 36°, ou même de l'eau de Cologne pour le parfumer.

Colle excellente pour bureaux.

Colle à étiquettes. — C'est une colle faite avec de la farine et de l'eau, à laquelle on ajoute quelque peu de sublimé corrosif, et un peu d'absinthe et de tanaisie, pour éloigner et détruire au besoin les mites.

Colle à clarifier les boissons. — Faites gonfler dans un verre d'eau 62 grammes d'ichthyocolle, pétrissez-la au bout de 24 ou 36 heures, et délayez-la dans 6 litres de vin blanc pour que la masse prenne la consistance d'une gelée de viande. Un demi-litre d'eau pour une barrique.

Plus communément, pour clarifier le vin, le cidre, la bière, on se sert de blancs d'œufs battus, à la dose de six blancs pour un tonneau de 210 litres.

Si l'on évapore ces blancs d'œufs, comme on le fait à Annonay et qu'on les laisse sécher jusqu'à pouvoir être pulvérisés, aura une *Poudre d'albumine*, qui remplacera avantageusement les blancs d'œufs en nature. Il n'y a qu'à la dissoudre dans un peu d'eau ou de vin lorsqu'on veut s'en servir. Chaque blanc d'œuf contient 4 grammes d'albumine sèche.

Le blanc d'œuf ou albumine, n'a pas une action clarifiante aussi puissante que la gélatine. Des expériences faites à ce sujet ont démontré que 500 grammes de gélatine produisent autant d'effet que 150 œufs.

Voulant se servir de gélatine pour clarifier les boissons, il faudra choisir celle qui n'a ni odeur ni saveur, et surtout celle qui n'est point ammoniacale.

M. Batilliat propose une colle qui a donné des résultats excellents, et qui ne revient pas trop cher. Pour la préparer on prend un demi-kilogramme de rognures de peau blanche lavées à plusieurs reprises, et on les laisse tremper. Après on les fera bouillir avec cinq ou six litres d'eau dans un vase couvert jusqu'à ce que tout soit presque dissous. Ensuite on passe par un tamis pour écarter ce qui n'est pas dissous, ainsi que toutes les impuretés.

Cette dissolution gélatineuse doit être employée encore tiède : 500 grammes de rognures donnent 380 grammes de bonne gélatine, et représentent 100 œufs. Cette quantité peut suffire pour coller de 6 à 12 hectolitres de vin rouge.

Le *Sang de bœuf* contenant du sérum qui n'est que de l'albumine est employé aussi pour clarifier les boissons ; la fibrine ne contribue en rien, de sorte que, à la rigueur, l'on pourrait se servir exclusivement du liquide dans lequel nage le caillot. Quelques poudres clarifiantes ne sont que du sang de bœuf séché et pulvérisé.

Le *Lait* aussi par sa partie caseuse qui se coagule au moyen de l'acide, entraîne, en se précipitant, les particules que la boisson contient, et qui la rendent trouble.

M. Hoff conseille de remplacer dans la *Clarification des vins* la gélatine par le kaolin *(argile siliceuse)* qu'on emploie dans la fabrication de la porcelaine. Cette substance entraîne au fond du tonneau les substances albumineuses et une partie de la matière colorante, sans altérer la saveur du vin et sans précipiter les sels principaux qu'ils contiennent ; la dose est de 1/2 0/0 du poids du vin, et dans l'espace de 48 heures on en aura des résultats satisfaisants. Le dépôt formé par le kaolin est compacte, ce qui permet de transvaser le vin sans difficulté. Si les vins sont en fermentation, les globules du gaz acide carbonique n'ont pas assez de force pour faire remonter les molécules sédimentaires.

La *Gomme* a été employée, mais sans résultats.

Colle pour fleurs artificielles. — Nous commençons par dire que toute colle est plus ou moins propre à cet usage, et particulièrement celle à la gomme où à la farine, ou pour étiquettes. Cependant nous empruntons au docteur Lunel la formule suivante qu'il destine à cette industrie.

Farine	} de chaque. . . .	2 parties
Gomme		
Sucre.		1 —

Eau, quantité suffisante. Faites chauffer pour obtenir une colle de consistance un peu épaisse et homogène.

Colle de peau de gants. — En faisant bouillir longtemps dans l'eau de vieux gants, ou des rognures de peau dont on se sert pour faire les gants, on obtient une colle tremblante qui sert aux peintres, aux colleurs, et surtout aux marchands de couleurs. Comme la *Colle au baquet*, qui n'est autre chose qu'une forte colle prise en gelée, elle se décompose assez facilement, et plus encore quand la température est élevée. *(V. Colle à clarifier les boissons.)*

Colle d'os ou Ostéocolle. — Cette colle s'obtient en faisant bouillir dans une marmite les os des animaux réduits en petits morceaux. A une température très élevée il y a désagrégation de la substance organisée des os et des parties terreuses qu'elle renferme. Cette substance, qui n'est autre chose que de la gélatine, se dissout dans l'eau ; au moyen de la concentration cette gélatine acquiert la consistance d'une colle liquide qui se solidifie par le refroidissement.

Cette colle est moins tenace que les autres colles fortes, et même il y a des os, comme ceux du cheval, qui n'en donnent que de la mauvaise, inapplicable aux usages auxquels on destine la colle. Cela fait que les fractures des os des chevaux sont si longues à se consolider.

Quelle que soit l'espèce de colle dont on veuille se servir (je parle des colles animales), on commence par concasser la colle en morceaux, on la met dans un bain-marie, on la recouvre d'eau, ou on la laisse tremper cinq ou six heures à froid. Ensuite on fait bouillir l'eau du bain-marie, et on remue pour faciliter la dissolution de la colle. Dès qu'elle est fondue elle est bonne à employer. Une ébullition à feu nu, et par trop prolongée altère la colle et la rend impropre aux usages auxquels elle doit servir.

APPRÊTS

On donne ce nom à certaines préparations que l'on applique sur tous les genres de tissus, en vue de leur communiquer plus de fermeté. Ces apprêts diffèrent de composition selon le genre d'étoffe sur lequel ils doivent être appliqués. La branche industrielle des apprêts est de la plus grande importance, et plusieurs chimistes très distingués n'ont pas dédaigné de s'en occuper. L'on peut dire cependant que généralement chaque apprêteur a sa méthode particulière d'apprêter, et ses formules spéciales dont il fait le plus souvent un secret le plus absolu. Ces apprêts, dont la plupart ont été inventés par des industriels, pour ainsi dire empiriques, n'offrent pas, à l'égard de leur composition toute la rigueur théorique suffisante à satisfaire un chimiste. Ce ne sont, généralement parlant, que des mélanges presque combinés au hasard, quoique tous ou presque tous remplissent les indications que leur inventeur s'est proposé. Il y en a de simples et de composés. Nous donnerons quelques formules des uns et des autres.

Apprêt des gazes. — Après avoir rincé les gazes on les étend sur un châssis, et on les humecte, à l'aide d'une éponge, d'une solution de gomme qui doit être plus ou moins épaisse selon le degré de fermeté que l'on veut donner à l'étoffe.

Apprêt des crêpes. — On les trempe dans un empois d'amidon très concentré, et ensuite on les fait sécher et on les passe au rouleau ou à la calandre.

Apprêt des tulles. — On étend les tulles sur un châssis, et on les imbibe d'une solution d'amidon, et on laisse sécher.

Apprêt des dentelles. — On fait dissoudre dans l'eau bouillante 40 grammes de borax et 200 grammes de gomme laque pour un litre d'eau. Il ne faudra mettre la gomme qu'après solution complète du borax. On maintient le mélange à l'ébullition et on agite pour faciliter la solution. On mouille les dentelles et les blondes soit avec la main, soit au moyen d'une éponge trempée dans cette solution et on les tend pour les faire sécher. Si l'on veut que ces dentelles ou ces blondes aient plus de fermeté, on ajoute à la solution, pendant qu'elle est encore bouillante, une certaine quantité d'amidon ou de gélatine que l'on aura dissous préalablement dans un peu d'eau.

On apprête ces colofichets le plus souvent à l'eau de gomme, ou à la dissolution d'amidon, ou à l'eau de riz.

Apprêt des étoffes de laine. — On mouille légèrement l'étoffe avec une éponge imbibée d'une dissolution de colle de poisson, ou de gomme adragante. L'étoffe doit être étendue sur un châssis; on doit l'y étendre aussitôt qu'elle sera mouillée pour la faire sécher le plus promptement possible.

Apprêt des étoffes de soie. — Selon la nature de l'étoffe, le genre d'apprêt varie. Généralement ce sont les dissolutions de colle forte, de gomme Sénégal, ou de gomme adragante dont on se sert. On les mouille, on les sèche immédiatement après, et on les calandre, la compression étant le meilleur moyen pour assouplir l'étoffe et la rendre brillante.

Apprêt des satins. — Généralement on les apprête à la colle ; on peut cependant obtenir un bon résultat en employant les formules suivantes :

Faites fondre à part :

15 grammes de bonne colle forte dans 200 grammes d'eau.
10 grammes de savon dans . . . . 200 grammes d'eau.
8 grammes d'alun dans . . . . . . 100 grammes d'eau.

Ces dissolutions doivent être faites à chaud. Mêlez la seconde dissolution à la première : mêlez et faites bouillir toujours en agitant. Ensuite ajoutez la solution d'alun, toujours en remuant. Quelques impuretés viendront surnager ; on les enlève avec une écumoire. Le liquide devient blanc, on le laisse refroidir et ensuite on l'applique sur l'envers de l'étoffe tendue, à l'aide d'un sparadrapier. Au fur et à mesure que l'étoffe est mouillée, elle passe au-dessus d'une terrine pleine de braise allumée, se sèche et va s'enrouler sur un cylindre. Après on la manipule pour rompre l'apprêt, et on la calandre.

Autre formule.

Sirop de fécule . . . . 1 litre.
Colle de Flandre dissoute dans un peu d'eau . . 60 grammes.
Carbonate de potasse . . . . 30 —
Mêlez et appliquez comme ci-dessus.

Apprêt à la cire — Prenez :

Cire vierge . . . . 30 grammes.
Eau ordinaire . . . . 1 litre.

Faites chauffer jusqu'à ce que la cire soit fondue. Il ne faut pas que le liquide arrive à l'ébullition. Ajoutez :

Amidon blanc . . . . 60 grammes.

Délayez dans la plus petite quantité d'eau. Mêlez, remuez et poussez la chaleur jusqu'à l'ébullition.

Au lieu d'amidon on pourra employer la même quantité de colle forte fondue préalablement dans une petite quantité d'eau.

Apprêt imperméable ou savon hydrofuge.

Gélatine . . . . 500 grammes
Savon blanc. 500   —

Faites dissoudre dans 17 litres d'eau bouillante.
Ajoutez ensuite par petites parties à la fois :

Alun exempt de fer . . . . . 900 grammes.

On prolonge l'ébullition pendant un quart d'heure; puis en faisant évaporer au bain-marie, on obtient une pâte qui, dissoute dans l'eau, peut s'appliquer comme le liquide même d'où on la tire.

Cet apprêt sert pour toutes sortes d'étoffes. On les plonge dans le liquide aussitôt que la température est descendue à 50°. On les retire, on les laisse égoutter et on les fait sécher. On les lave alors avec soin, on les sèche de nouveau et on les passe à la calandre. Cet apprêt ne ferme pas les pores de l'étoffe, et conséquemment il n'intercepte ni l'air, ni la transpiration. Il ne faudrait pas croire cependant que l'imperméabilité des étoffes résultant de cet apprêt puisse se maintenir contre une pluie battante. Si l'on s'y fiait on courrait le risque de se tremper jusqu'aux os. Pour que l'eau ne passe pas à travers l'étoffe, il faut qu'elle tombe sans être projetée par une impulsion quelconque.

En comparant la composition de ce liquide avec celle des apprêts pour le satin, on n'y trouvera d'autre différence que celle qui se rattache à la dose des ingrédients, ceux-ci étant les mêmes pour les deux.

Autre procédé :

Alun.	1 kilo.
Eau	32 litres.

D'autre part.

Acétate de plomb	1 kilo.
Eau	32 litres.

Faites les deux solutions séparément, et réunissez-les ensuite. Laissez déposer; décantez et filtrez.

On trempe les étoffes dans ce liquide jusqu'à bien les imprégner, on les exprime légèrement, et on les laisse sécher à l'air.

Apprêt pour papiers peints en relief. — Faites dissoudre de la gutta-percha blanchie au chlore dans l'essence de térébenthine ou dans le sulfure de carbone, appliquez-la sur le papier, ou même sur une étoffe quelconque. Aussitôt après, saupoudrez avec des tontisses de laine, qui n'adhéreront qu'aux endroits enduits de la solution. C'est de cette manière qu'on veloute les papiers et les étoffes, qui, même doublées en quelque sorte, ne manquent pas de souplesse, et sont imperméables à l'eau.

Apprêt au tannate de gélatine. — Après avoir imprégné les étoffes à chaud d'une dissolution plus ou moins concentrée de gélatine, on les laisse sécher complètement. Ensuite on les trempe dans une dissolution de noix de galle, ou de toute autre manière tannante, pour les calandrer après, même sans les rincer.

VERNIS

On a donné ce nom à des solutions préparées avec l'esprit de vin, l'essence de térébenthine, les huiles essentielles, l'éther, et saturées plus ou moins de résines sèches, transparentes, et à peine colorées. Elles sont destinées à être appliquées à la surface des corps que l'on veut abriter du contact de l'air, et rendre brillants.

Vernis imperméable pour toiles. Prenez :

Huile de lin cuite.	1 litre.
Résine élastique	125 grammes.

Faites bouillir doucement pendant deux heures, après ajoutez :

Huile de lin cuite.	3 litres.
Litharge.	500 grammes.

Faites encore bouillir jusqu'à ce que le mélange se soit effectué d'une manière homogène.

On l'applique chaud à l'aide d'un pinceau.

Vernis blanc.

Premier procédé.

Prenez :

Sandaraque.	50 grammes.
Alcool.	100 —

Introduisez ces deux substances dans une fiole que vous chauffez au bain-marie. Lorsque la dissolution sera accomplie, ajoutez :

Térébenthine	9 grammes.

Deuxième procédé.

Prenez :

Sandaraque		250 grammes.
Mastic en larmes } Térébenthine }	de chaque .	64 —
Résine élémi		32 —
Alcool à 86 (3/6)		1 litre.

Agissez comme ci-dessus pour toutes les gommes résines. Une fois leur mélange dissous dans l'alcool ajoutez la térébenthine.

Vernis au copal.
Prenez :

Copal dur } de chaque 500 grammes	
Essence de térébenthine }	
Huile de lin siccative . . . . . 350 —	

On fond le copal, et après avoir chauffé l'huile de lin presque jusqu'à l'ébullition on l'ajoute peu à peu toujours en remuant.

On ajoute aussi l'essence de térébenthine, mais celle-ci avec beaucoup de précaution.

Vernis pour meubles.
Prenez :

Sandaraque . . . . 60 grammes.
Eau-de-vie quantité suffisante pour la dissoudre.
Gomme arabique. . . . . 60 grammes.
Eau, même quantité que l'alcool.

On mêle les deux solutions (l'alcoolique doit être chaude) et on y ajoute du sucre candi et un blanc d'œuf. Battez bien le tout ensemble et appliquez le mélange sur les meubles à l'aide d'un pinceau. *(Voir Vernis siccatifs pour meubles.)*

Vernis des ébénistes.

Gomme laque blonde . . . . . 85 grammes.
Alcool à 84 (3/6). . . . . 1 litre

Opérez la solution à froid en agitant et remuant souvent la bouteille. On peut l'employer sans filtrer. On l'applique au tampon, aussi l'appelle-t-on encore *Vernis au tampon.*

Vernis à tableaux.

Mastic. . . . . 375 grammes.
Térébenthine. . . . . 45 —
Camphre. . . . . 15 —
Essence de térébenthine . . . 750 —
Verre pilé . . . . 160 —

On opère la dissolution des substances solides dans l'essence à l'aide de la chaleur d'un bain-marie.

Lorsqu'on veut vernir un tableau, il faut s'assurer qu'il est bien sec. On le pose à plat sur une table, on le nettoie avec beaucoup de soin à l'aide d'une éponge très douce imbibée d'eau savonneuse. On le laisse sécher, et c'est alors qu'on étend une couche de vernis.

Vernis pour fer et acier. — Prenez :

Alcool à 84 (3/6.	1/2 litre.
Sandaraque	60 grammes.
Camphre	2 —
Térébenthine de Venise	1/2 verre.

Faites dissoudre le tout dans l'alcool à l'aide de la chaleur d'un bain-marie. Lorsque la dissolution sera opérée ajouter du noir de fumée en quantité suffisante.

On donne d'abord deux couches en les laissant sécher, puis une troisième, mais cette fois sans noir de fumée.

Vernis de Chine.

Mastic	6 grammes.
Sandaraque	6 —
Alcool à 86° (3/6)	50 —

Faites dissoudre au bain-marie.

Vernis pour parquets.

Résine laque	1500 grammes.
Alcool rectifié	9000 —

Faites dissoudre ; et d'autre part prenez :

Résine élémi	250 grammes.
Essence de térébenthine . .	2000 —

Faites dissoudre, et mêlez les deux solutions.

Cette préparation sert aussi bien pour les planchers carrelés que pour les planchers parquetés

Nous trouvons dans l'officine de M. Dorvault la formule du *Siccatif Mannoury et Raphanel*, et nous allons la transcrire.

Prenez :

Huile de lin chauffée	2000	grammes.
Copal.	1500	—
Galipot.	4000	—
Sandaraque.	2000	—
Laque blanche.	6000	—
Mastic , ...	1000	—

Faites fondre à chaud et ensuite ajoutez :

Alcool	20	litres.

Passez et colorez le vernis selon la couleur que vous voulez donner au parquet,

Vernis siccatif pour meubles.
Prenez :

Sandaraque.	180	grammes.
Mastic	90	—
Copal tendre	90	—
Térébenthine	75	—
Verre pilé	100	—
Alcool	1000	—

Faites fondre au bain-marie.

Vernis d'or. — Prenez :

Laque en grains.	190	grammes.
Succin.	60	—
Extrait de santal rouge . . .	2	—
Sang-dragon.	4	—
Safran.	2	—
Alcool, ...	125	—

Faites dissoudre.

Autre procédé :
Prenez :

Résine laque en grains
Sang-dragon en roseaux } de chaque 125 grammes.
Gomme-gutte
Safran

Laissez macérer toutes ces substances pendant huit jours.

Dans alcool . . . . . 500 grammes.

Filtrez après au papier.
Ce vernis s'applique aussi bien sur le bois que sur les métaux et sur le cuir.

Autre procédé :

Laque en grains. . . . . 190 grammes.
Garancine. . . . . 60 —
Alcool très rectifié . . . . 180 —

Faites macérer vingt-quatre heures, passez et ajoutez :

Gomme laque orangée . . . . 100 grammes.

Faites fondre. Ce vernis donne au laiton l'aspect de l'or.

Vernis d'or sans or. — Prenez un jaune d'œuf, 60 grammes de mercure et 30 grammes de sel ammoniac. Incorporez bien le tout, et introduisez le mélange dans un matras bouché exposé pendant trois semaines à la chaleur modérée d'une étuve. Après on pourra l'appliquer.

Vernis siccatif.

Alcool à 84° (3/6). . . . . . 2 litres.
Gomme laque . . . . 313 grammes.
Sandaraque . . . . 250 —
Sang-dragon . . . . 93 —

Faites fondre au bain-marie, et lorsque le tout sera bien dissous et reposé, décantez et mettez en bouteilles.

Vernis des sabotiers.

Galipot	25 grammes.
Dissous dans térébenthine . .	100 —

On ajoute si l'on veut du noir de fumée.

Vernis de forgeron.

Huile de goudron	200 grammes.
Asphalte ⎱ de chaque . . . Colophane ⎰	25 —

Appliquer à chaud : éviter que la flamme ne s'y mette. Le *Goudron de houille* peut le remplacer.

Vernis noir de Brunswick.

Asphalte	4 parties.
Huile de lin siccative	2 —
Essence de térébenthine	7 —

Faites fondre.

Autre procédé
Prenez :

Essence de lavande	90 grammes.
— de térébenthine . . .	250 —
Camphre	60 —

Faites dissoudre.

On s'en sert pour vernir les grillages en fer, les toiles métalliques, le fer et même le bois. Dans la seconde formule il faudra ajouter un peu de noir de fumée.

Vernis du Japon.

Huile de lin siccative	370 grammes.
Asphalte	9 —
Terre d'ombre brûlée	25 —

Faites bouillir; après ajoutez :

Essence de térébenthine. .   quantité suffisante.

Autre procédé :

Essence de térébenthine . . .	60 grammes.
Laque.	30 —
Alcool.	125 —
Noir de fumée	15 —

Faites dissoudre la laque dans l'essence et l'alcool, et après incorporez-y le noir de fumée.

Ce vernis étant employé plus particulièrement par les corroyeurs, s'appelle encore *Vernis des corroyeurs.*

Vernis à l'écaille.

Huile grasse	1,500 grammes.
Copal	750 —
Essence de térébenthine .	} de chaque autant.
Térébenthine fine.	

Ce vernis est long à sécher, il se polit avec la pierre-ponce.

Vernis bronze.

Alcool à 86° (3/6).	1 litre.
Orpin en poudre.	500 grammes.
Plomb mine noire en poudre.	500 —

Agitez, appliquez et frottez ensuite le fer ou la fonte à bronzer.

Vernis pour reliures. — Prenez :

Sandaraque	250 grammes.
Mastic en larmes	250 —
Gomme laque en tablettes	} de chaque 150 —
Térébenthine de Venise	
Alcool.	3 litres.

Vernis au galipot.

Essence de térébenthine . . .	500 grammes.
Galipot	125 —
Noir de fumée, si l'on veut.	

C'est le *Vernis des sabotiers*.

Vernis hollandais.

Sandaraque ⎫	
Mastic ⎬ de chaque .	12 parties.
Térébenthine fine ⎭	
Succin	15 —
Huile de lin	25 —
Essence de térébenthine . . .	250 —

Exposez le mélange au soleil pendant quinze jours, en agitant de temps à autre ; filtrez ensuite.

Cette préparation sert pour donner aux lithographies coloriées l'aspect de peintures à l'huile.

Vernis hydrofuge ou Mastic hydrofuge. — Thenard et d'Arcet, pour préserver les murs de l'humidité, et conséquemment prévenir la détérioration des peintures à fresques, ont proposé un mélange de :

Cire jaune	1 partie.
Huile de lin lithargirée	3 —
ou résine	2 —
Huile de lin lithargirée	1 —

On fait pénétrer ce vernis à l'aide d'une chaleur très intense dans les pores des pierres.

Vernis pour gravures. — 1. *Sur cuivre.*

Cire jaune	46 grammes.
Mastic	30 —
Asphalte	15 —

L'on fait fondre le tout à l'aide de la chaleur et on l'applique chaud.

2. *Sur verre*.

Mastic.	15 grammes.
Térébenthine.	7 —
Huile d'aspic.	4 —

Comme précédemment.

Vernis photographique. — *Pour les épreuves négatives*

Résine blanche de benjoin . .	62 grammes.
Alcool.	47 gr. 12.
Sandaraque.	65 centigr.

Pour les épreuves positives et négatives :

Gomme laque en grain. . . .	10 grammes.
Alcool à 95°	80 —
Elémi	3 —

De transport :

Gomme laque blanche	31 —
Borax	2 gr. 6 cent.
Eau	155 grammes.

Vernis pour le fer.

Sandaraque.	150 grammes.
Colophane	120 —
Gomme laque.	60 —
Essence de térébenthine . . .	120 —
Alcool.	180 —

Faites dissoudre à l'aide de la chaleur, dans une fiole maintenue au bain-marie.

Étant hydrofuge, ce vernis préserve de la rouille les objets en fer.

Vernis pour le zinc.

Azotate de cuivre	2 grammes.
Chlorure de cuivre cristallisé.	3 —
Eau distillée	64 —
Acide chlorhydrique (1,10) . .	8 —

On *décape le zinc* avec du sable très fin, on lave à l'eau, et ensuite, une fois sec, on le vernit.

On vernit plus communément le zinc qui doit rester exposé aux influences météréologiques avec la composition suivante, que l'on applique à chaud.

Prenez :

Succin chauffé.	30 grammes.
Acétate de plomb ⎫	
Bleu de Prusse ⎬ de chaque 15 —	
Noir d'ivoire ou charbon ⎭	
Sulfate de zinc ⎫ de chaque. . .	18 —
Vert de gris ⎭	
Huile de lin lithargirée.	8 litres,

Mêlez exactement.

Vernis pour grillages de fer.

Essence de lavande	9 grammes.
— de térébenthine	25 —
Camphre	6 —

Faites dissoudre et appliquez.

Vernis omnicolore.

Vernis blanc, coloré en :

Bleu saphir, par l'oxyde de cobalt ;
Bleu ciel, par le bioxyde de cuivre ;
Vert émeraude, par l'oxyde de chrome ;
Vert bouteille, par l'oxyde de fer des battitures des forgerons.
Rouge pourpre, par le protoxyde de cuivre, ou cuivre métallique ;
Jaune à reflets verdâtres, par le peroxyde d'uranium ;
Jaune orangé, par le chlorure d'argent ;
Jaune commun, par le verre d'antimoine ;
Violet, par le bioxyde de manganèse ;
Rose et rouge, par l'or.

Vernis pour bois.

Laque	30 grammes.
Sang-dragon	8 —
Alcool	500 —

Faites dissoudre et ajoutez :

Carbonate de soude	6 —
Camphre	16 —

On passe deux ou trois couches de ce vernis pour obtenir un beau brillant.

Vernis insecticide.

Alcool rectifié (3/6)	1 litre.
Coloquinte	16 grammes
Aloès	6 —
Mastic	40 —
Sandaraque } de chaque	40 —
Huile de pétrole }	
Térébenthine de Venise	10 —

Laissez macérer pendant quinze jours, en remuant de temps en temps, ensuite filtrez au papier, et conservez dans des bouteilles bien bouchées.

Avant d'appliquer ce vernis, que l'on emploie plus ordinairement pour préserver les livres des insectes, il faut passer sur le dos du livre et sur les cartons, avant que le livre soit plié, une couche de la préparation suivante :

Eau	500 grammes.
Staphysaigre	62 —

Faites bouillir et filtrez à travers un linge, et ensuite faites fondre dans cette décoction de la colle forte et un peu d'alun, en quantité suffisante pour que le liquide qui en résulte ne soit pas trop épais.

Huile de lin siccative.

Huile de lin	2 litres.

Litharge d'or		
Limaille de plomb	de chaque	62 grammes.

Ces deux substances renfermées dans un nouet.

Deux ou trois gousses d'ail.

Un morceau de croûte de pain bien grillé.

Faites cuire au feu pendant cinq ou six heures, et laissez reposer pour tirer au clair ensuite. Conservez-la dans une bouteille.

On procède de même par l'*Huile d'œillette* et l'*Huile de noix*.

Couleurs siccatives à l'huile. — *Blanc*. — Le blanc de plomb, le blanc de céruse, le blanc en écaille, le blanc de Krems, le sulfate de baryte, sont les substances le plus ordinairement employées pour obtenir le blanc. On les broie avec l'huile siccative, et on en met dans la proportion convenable pour obtenir un mélange que l'on puisse étendre au pinceau.

Il en est de même des autres couleurs que nous allons indiquer.

Jaune. — Les plus belles nuances s'obtiennent avec les chromates de plomb. On emploie aussi le jaune minéral, qui n'est qu'un oxichlorure de plomb, le jaune de Naples, et les ocres jaunes, qui sont des hydrates d'oxyde de fer. On obtient encore de beaux jaunes avec l'orpiment (sulfure d'arsenic.)

Jaune orange. — Le minium et la mine orange sont les couleurs préférées ; mais une belle couleur jaune s'obtient par la gomme-gutte et les laques jaunes.

Rouge. — Les ocres rouges (oxydes de fer calciné), le colcotar (sulfate de fer calciné), le cinabre (sulfure de mercure), le vermillon, qui est la même chose que le cinabre, mais réduit à l'état de poudre impalpable, et le bioduré de mercure, sont les substances minérales employées de préférence. Parmi les substances organiques on pourrait cependant se servir du carmin de cochenille, de la laque du bois du Brésil, de la laque de garance, de la lac-dye, et du lac-lake; mais leur prix est trop élevé pour servir à la peinture des appartements.

Violet. — Le peroxyde de fer, la pourpre de Cassius (stannate d'or), donnent de jolies couleurs violettes, que les peintres obtiennent par un mélange de rouge et de bleu.

Bleu. — Le bleu de cobalt et l'outremer artificiel et naturel sont les deux substances qui donnent le plus joli bleu. On emploie aussi les cendres bleues formées du bioxyde de cuivre uni à l'acide carbonique. Le bleu de Prusse, qui donne une assez belle couleur, ne résiste malheureusement pas longtemps à la lumière.

Noir. — Le noir d'ivoire, le noir d'os, le noir végétal ou charbon de bois, le noir de fumée, le noir de lampe donnent de jolies teintes noires.

Brun. — La terre d'ombre, les terres brunes de Cassel et de Cologne, l'asphalte (bitume de Judée), le brun du bleu de Prusse (bleu de Prusse torréfié), donnent des teintes assez solides.

Inutile de prévenir le lecteur que par le mélange de deux couleurs différentes il parviendra facilement à se procurer toutes les nuances qu'il désire, et dont la description nous mènerait trop loin.

Carmin d'indigo ou Sulfindigotate de soude. — Prenez :

Indigo en poudre très fine . . . . 5 kilogr.
Acide sulfurique . . . . 30 —

Faites fondre dans un vase de plomb exposé à un très petit feu en remuant constamment avec un agitateur de verre.

Sel de soude . . . . 35 kilogr.
Eau . . . . 100 —

Ajoutez peu à peu la solution de sel à la solution d'indigo afin que la mousse ne déborde pas. Assurez-vous à la fin de l'addition que la neutralisation est complète, car, dans le cas contraire, il faudrait ajouter de la nouvelle solution de cristaux de soude.

Laissez reposer; le carmin tombera au fond du vase et vous sortirez les eaux mères qui surnagent; placez aussitôt le dépôt sur un filtre et lavez-le avec de l'eau pure jusqu'à ce que l'eau sorte verte du filtre. Laissez égoutter.

Ce carmin doit présenter à la lumière un reflet cuivré. On pourra le faire sécher, le façonner en boules pour obtenir le *Bleu anglais*, dont les repasseuses se servent pour azurer le linge.

Carmin de safranum, ou Carthamite. — Prenez :

Fleurs de safranum sèches. . . . . 100 kil.

Faites-les infuser dans de l'eau froide que vous changerez de temps en temps, jusqu'à ce que toute la partie jaune de la fleur ait disparu.

Après faites dissoudre :

Potasse du commerce . . . . . 9 kilogr.
Dans eau. . . . . 150 —

La solution doit peser 6° à l'aréomètre.

Mettez le safranum dans cette solution et laissez-le pendant une demi-heure. Pressez, et au liquide que vous obtiendrez ajoutez :

Jus de citron ou acide sulfurique, en quantité suffisante pour neutraliser l'alcali. Lorsque vous verrez la liqueur virer un peu au brun rouge, l'opération est achevée. Il ne reste plus qu'à laisser déposer et décanter. Le dépôt est le carmin qui demande à être lavé avec de l'eau fraîche aiguisée légèrement d'un acide quelconque (citrique, tartrique, ou sulfurique) pour se débarrasser de tout le jaune. On le conserve en bouteille, et on le livre ainsi au commerce.

Si on le fait sécher sur des assiettes à l'ombre, il prend une teinte dorée, et se façonne en petits fragments que l'on appelle *Paillettes de safranum*.

Carmin de cochenille ou Carmine. — On fait macérer la cochenille en poudre dans l'éther qui lui enlève toute la partie grasse qu'elle contient. Ensuite on la traite par l'alcool bouillant à diverses reprises. Si l'on abandonne à une évaporation spontanée la liqueur, le dépôt continue de se former, prenant un aspect cristallin. C'est le carmin presque pur, que l'on peut encore purifier par un mélange d'alcool à 40° et d'éther sulfurique.

Autre procédé. L'on pourra obtenir cette substance en traitant la décoction aqueuse de cochenille par la crème de tartre ou l'alun. Par ce procédé on obtient plutôt une *Laque carminée* que la véritable carmine.

Cochenille ammoniacale. — Après avoir réduit la cochenille en poudre très fine, à l'aide d'un moulin à café, on la fait macérer dans l'ammoniaque jusqu'à ce qu'on obtienne une pâte homogène que l'on étend sur des planches, l'on coupe en losanges et on laisse sécher. Lorsqu'on veut s'en servir on la fait dissoudre dans l'eau bouillante, et on vire la couleur par la crème de tartre ou l'alun.

Dissolution d'indigo ou Bleu de Saxe, ou Sulfate d'indigo. — Ce n'est autre chose que la dissolution de l'indigo dans l'acide sulfurique. *(V. Carmin d'indigo.)*

Carmin de lac-dye. — Ayez une dissolution de carbonate de soude dans l'eau qui pèse 3° à l'aréomètre.

Lac-dye en poudre très fine   10 kilogrammes.
Eau alcaline ci-dessus. . .   100 litres.

Laissez infuser à froid pendant vingt-quatre heures. Ensuite décantez et filtrez. Epuisez le marc par une nouvelle quantité d'eau alcaline chaude, filtrez et ajoutez le produit au premier. Saturez l'alcali par la quantité voulue d'acide sulfurique étendu d'eau : filtrez et le carmin restera sur le filtre. Il n'y a plus qu'à l'exposer au soleil ou dans une chambre chaude, et ensuite à le réduire en poudre très fine.

Lo-kao ou Vert de lumière. — *(Voyez Encre verte.)* Sans pouvoir affirmer d'une manière positive que le lo-kao des Chinois ne soit autre chose que le précipité que l'on obtient en traitant la décoction d'écorces de nerprun par une petite quantité de potasse ou de soude, toujours est-il que le chimiste lyonnais, qui a obtenu le prix de la Chambre de commerce pour avoir donné la même couleur que la couleur chinoise, ne s'est servi d'autre procédé pour préparer le précipité qui est le fond de sa découverte. Il faut avoir la précaution de faire bouillir l'eau pendant dix minutes; avant d'y mettre à décocter l'écorce.

Si cette couleur se rehausse à l'action de la lumière d'une lampe, elle n'est pas du tout jolie à celle du jour.

Si l'on fait une décoction assez concentrée de café moulu cru (l'avarié est le meilleur), qu'on la passe après et que l'on y ajoute de la soude ou de la potasse autant qu'il en faut pour obtenir tout ce qui peut être précipité, on obtiendra une pâte que l'on fera sécher sur une plaque de marbre, en remuant de temps en temps pour que la couleur soit toute également au contact de l'atmosphère. Cette couleur, comme celle du lo-kao, n'est pas impressionnable à l'influence des acides, ni à celle de la lumière. Elle est donc solide.

Blanchiment ou Eau régale, ou Acide hydrochlorazotique. — Prenez :

Acide nitrique . . . . 1 partie.
— hydrochlorique . . . . . . 2 —

Mêlez petit à petit. Le mélange à la température ordinaire doit peser 37° pour le commerce.

Dissolution d'étain, Nitro-Muriate d'étain. — Dans une quantité quelconque de l'eau régale ci-dessus faites dissoudre de l'étain fin en limaille, en quantité suffisante pour que le liquide pèse au pèse-acide 27°, le commerce l'exigeant ainsi.

Cette préparation est souvent employée par le teinturier, l'étain et le principe colorant (par exemple) de la lac-dye, ou de la cochenille, formant une laque qui se fixe sur l'étoffe ou la matière textile, et qui la teint depuis la nuance rouge clair jusqu'à celle de l'écarlate et du ponceau. Pour obtenir cependant le plus bel écarlate l'on se sert de la dissolution d'étain préparée de la manière suivante :

Acide nitrique	10,000	grammes.
Sel de cuisine	1,320	—
Eau commune	12,000	—
Étain	1,320	—

Faites dissoudre le sel de cuisine dans l'eau, et puis ajoutez-y l'acide nitrique et ensuite petit à petit l'étain et laissez reposer pendant vingt-quatre heures.

Acétate d'alumine. — Ce mordant sert de base à maintes couleurs, soit pour la teinture, soit pour l'impression. Il se prépare de la manière suivante :

Alun	1,000	grammes.
Acétate de plomb	700	—
Sel ammoniaque	44	—
Eau	1,000	—

Faites dissoudre l'alun dans l'eau, ensuite ajoutez l'acétate de plomb et le sel ammoniaque.

Carmin de cochenille liquide.

Cochenille
Crème de tartre
Sel de tartre
Alun
} de chaque . . 30 gramm.

Eau 1/4 de litre soit . . . . . . 250 gramm.

Faites bouillir la cochenille et le sel de tartre dans l'eau; après ajoutez la crème et l'alun. Passez.

Il est évident qu'avec l'addition d'une quantité convenable de gomme arabique l'on pourra préparer une encre rouge splendide.

Laque de Florence.

Eau de pluie	3 litres.
Cochenille en poudre	64 grammes.
Crème de tartre pure	32 —

Faites bouillir; ensuite faites précipiter par le muriate d'étain et lavez le précipité.

D'autre part, prenez une dissolution d'alun contenant 1,000 gr. de ce sel, et précipitez l'alumine par la potasse, pour obtenir l'hydrate d'alumine que vous laverez jusqu'à ce qu'il soit pur, et ensuite réunissez les deux précipités pour faire un tout homogène que vous mettrez sur un filtre et vous ferez sécher.

On obtient généralement les laques de différentes couleurs en précipitant la matière colorante dissoute dans l'eau au moyen de l'alun, ou de la dissolution d'étain, et ajoutant ensuite une quantité suffisante de solution de sous-carbonate de soude ou de potasse.

Blanchiment du coton, chanvre, lin. — Après avoir lavé à grandes eaux les objets que l'on veut blanchir pour les débarrasser de toutes les impuretés qui sont solubles dans l'eau, on les fera bouillir pendant une heure dans une solution de chaux vive dans l'eau (6 grammes par litre,) ou de carbonate de soude. Après, soutirez la lessive et remplacez-la par de la nouvelle eau aiguisée d'acide chlorhydrique dans la proportion de 3 grammes par litre. Faites bouillir encore pendant une bonne heure. Ensuite sortez la toile ou le fil, et plongez-les dans une solution de chlorure de chaux contenant 5 grammes de sel par litre d'eau. Laissez immerger pendant une heure et même plus, selon le degré de blancheur que vous voudrez atteindre. Ensuite lavez la toile à chaud dans de l'eau aiguisée de 2 grammes par litre d'acide sulfurique. Il ne reste plus qu'à rincer la toile ou le fil à la rivière, ou à grandes eaux pour les débarrasser de tout l'acide sulfurique, qui détériorerait infailliblement la substance blanchie.

Blanchiment de la soie. — Pour blanchir la soie il faut la dépouiller de son gré, ou autrement il faut la décreuser. On obtient le décreusage de la soie en la faisant bouillir dans de l'eau qui contient à peu près le quart du poids de la soie de savon. Pendant cette opération la soie perd de 20 à 25 0/0 de son poids.

Après on la passe au soufre, c'est-à-dire on l'expose encore mouillée à la vapeur du soufre en combustion, et ensuite on la rince, et on la fait sécher.

Blanchiment des étoffes de soie. — Le procédé indiqué par M. Persoz se résume à alterner l'action d'un bain alcalin à l'action de l'acide sulfureux (vapeur de soufre) en répétant ces opérations deux ou trois fois, ayant soin toutefois de dégorger les pièces à l'eau chaude, soit quand elles sortent du bain alcalin, soit lorsqu'on les retire du soufroir. Les bains alcalins doivent avoir la température de 60 à 65°, et se composent en partie de savon, et en partie de cristaux de soude.

Faites-les passer après dans un *Bain d'azur*, qui se prépare en faisant dissoudre du bleu anglais dans de l'eau chaude, ou bien avec le plus beau oxyde de cobalt du commerce.

Dessuintage de la laine. — La laine blanchit en même temps qu'on la dessuinte, et voici le procédé que l'on suit généralement.

Introduisez dans une chaudière une quantité d'eau suffisante pour la quantité de laine que l'on veut dégraisser, en y ajoutant le quart d'une solution alcaline très légère de carbonate de soude, ou mieux d'urine putréfiée, qui saponifiant le suint le rend soluble dans l'eau. Il ne faut pas que la température de l'eau dépasse les 70°, car avec la chaleur l'action de la lessive deviendrait plus intense, et pourrait nuire à la laine. On la remue à l'aide d'un bâton, et ensuite on l'introduit dans des paniers que l'on tient plongés dans le courant d'une eau vive. On l'aidera à se débarrasser du suint en la foulant jusqu'à ce que l'eau ne soit plus laiteuse. On la laisse égoutter et sécher.

Blanchiment de la laine. — Pour avoir la laine d'un beau blanc il est nécessaire de l'exposer aux vapeurs du soufre, comme il a été dit à propos du *Blanchiment de la soie*. Il faut l'y tenir pendant douze heures. Souvent on est obligé de la dégorger de nouveau et de lui faire subir l'action d'une autre légère lessive pour la soufrer une seconde fois.

Le soufrage par immersion dans une solution aqueuse d'acide sulfureux donne un blanc moins pur aux étoffes. Après chaque soufrage il est indispensable de bien dégorger à grandes eaux les tissus blanchis pour les débarrasser de tout l'acide sulfurique.

Blanchiment des dentelles. — Après avoir débâti les dentelles et les avoir légèrement repassées, on les plie, et on les met dans un petit sac de toile blanche et fine, dont on coud l'ouverture. On fait tremper le sac et son contenu dans de l'huile d'olive pure pendant 24 heures. On retire alors le sac pour le plonger dans une forte solution de savon bouillante, où on les laisse à peu près un quart d'heure, pour les rincer après dans l'eau tiède, et enfin les passer dans une légère solution d'amidon. Cela fait, on retire les dentelles du sac, et on les étend jusqu'à leur complet dessèchement.

Le *Blanchiment des blondes* et *des tulles* est en tout conforme à ce que nous venons d'indiquer.

Blanchiment de l'ivoire. — Faites bouillir les pièces d'ivoire que vous voudrez blanchir dans une solution très concentrée d'alun, pendant une heure. Ensuite frottez-les avec une brosse pour sortir toute la crasse. On les essuie ensuite et on les met dans du son pour les empêcher de se fendre.

Blanchiment des os. — Faites bouillir les os dans une solution de chaux vive de son et dans suffisante quantité d'eau jusqu'à ce qu'ils soient parfaitement dégraissés.

Blanchiment du laiton. — On fait fondre, au moyen de l'ébullition, 30 grammes de crème de tartre dans 750 grammes d'eau, et dans cette solution on fait fondre de l'étain de Malacca laminé ou en rubans. On met dans ce bain les pièces de laiton fraîchement décapées à l'eau seconde, et essuyées, et on les y laisse jusqu'à ce qu'elles soient convenablement blanchies. Il faut maintenir la marmite sur le feu pendant le temps de l'immersion des pièces à blanchir, et il faut remplacer l'eau qui s'évapore avec de la nouvelle eau additionnée de crème de tartre.

Dégraissage. — Ce mot qui paraîtrait signifier l'enlèvement de la graisse d'un corps quelconque, est admis aujourd'hui dans la technologie pour exprimer l'art ou l'action de faire disparaître toutes sortes de taches, en empiétant ainsi sur la signification du mot nettoyage, qui serait peut-être plus propre, si l'usage ne le voulait autrement.

Boîte de dégraissage. Agents de dégraissage simples et composés. — *Ammoniaque liquide* (Alcali volatil).
Benzine (Huile rectifiée de goudron de gaz).
Essence de lavande (Huile essentielle de lavande ou romarin.
Essence de térébenthine (Huile essentielle de térébenthine).

Fiel de bœuf.
Alcool à 86° (3/6.)
Ether.
Craie.
Chaux éteinte à l'air.

Talc.
Diverses terres glaises.
Papier brouillard.
Jaune d'œuf.
Eau de javelle

Carbonate de soude.   Acide oxalique.
— de potasse.   Acide sulfurique.
Cendres gravelées.   Sel d'oseille.
Acide chlorhydrique.   Eau de Cologne (V. ce
Acide nitrique.   mot).

Esprit de lavande. (122 grammes d'essence, et 2 litres d'alcool).

Essence à détacher de M. Thillaye. (734 gr. essence de térébenthine ; 1,500 gr. d'essence de lavande ou de romarin ; 2,000 d'alcool à 36°.)

Essence de savon. (V. ce mot.)

Essence de savon d'Italie. (Savon blanc de soude, 10 ; alcool, 24 ; eau distillée, 24. Faites digérer à une douce chaleur, et filtrez.)

Essence de savon de Prusse, Hanovre, Saxe. (Savon d'Espagne râpé, alcool rectifié et eau de roses.)

Essence de savon de Bavière. (Savon blanc 1 ; alcool à 18°,4.)

Essence de savon de Vienne. (Savon de Venise, 92 gr. ; sous-carbonate de potasse, 4 ; alcool rectifié, 551 ; eau distillée de lavande, 584.)

Essence de savon de Russie. (Savon d'Espagne 122 gr. ; cendres gravelées purifiées, 61 ; eau, 500 ; faites bouillir jusqu'à consistance d'extrait, et faites digérer avec 500 gr. d'esprit de lavande, et au bout de quatre jours filtrez.)

Essence de savon de M. Robinet. (Savon blanc sec, 1 ; alcool rectifié, 3 ; eau, 1 ; on aromatise à volonté.)

Essence de savon de M. Thillaye. (Savon blanc neutre, 5 gr. ; alcool rectifié, 10 : essence de térébenthine, 10 ; essence de lavande ou de romarin, 4. Dissolvez à petit feu le savon dans l'alcool et ajoutez-y après les essences.)

Fiel de bœuf préparé. — Ajoutez trois décagrammes d'alun en poudre et autant de sel de cuisine, à un litre de fiel de bœuf, et faites bouillir deux ou trois minutes, en ayant soin d'enlever l'écume. On laisse refroidir, et on le conserve dans des bouteilles bien bouchées. A la longue il se forme un dépôt, ainsi il faudra décanter la partie liquide, qui est celle dont on se sert.

Savon de fiel de bœuf. — L'on fait fondre à un feu doux parties égales de savon blanc et de fiel de bœuf; on laisse évaporer, puis on coule en moule et on laisse sécher.

Boules à détacher.

 Savon blanc . . . . 64 grammes.
 Alcool . . . . 32 —

Faites dissoudre, et broyez cette solution avec :

 Jaune d'œufs . . . . 2 grammes.
 Essence de térébenthine . . . 16 —

Magnésie ou terre à foulon, quantité suffisante pour donner au mélange la consistance d'une pâte, que l'on pétrit en boules. On laisse sécher.

Après avoir humecté la tache avec de l'eau froide ou chaude, on la frotte avec cette boule, et, à l'aide d'une petite brosse, on étend le savon et on tâche de l'incorporer à l'étoffe. Après on lave.

L'on préconise cette préparation comme destructrice de toutes sortes de taches, exceptées celles qui contiennent des oxydes de fer, tels que l'encre et la rouille.

M. Belèze, à qui nous empruntons cette formule, en donne une autre destinée à enlever les taches de goudron, de cire, d'huile et de couleurs à l'huile. La voici :

 Savon blanc. . . . . 64 grammes.
 Potasse du commerce. . . . 12 —
 Huile essentielle de genièvre . 6 —

Mêlez, pétrissez, et faites-en des boules, que vous emploierez comme il a été dit ci-dessus.

Enlevage des taches. — *De résines.* — L'esprit de vin les dissout d'autant plus facilement qu'il est rectifié.

D'encre. (Sur étoffes.) — Si les taches sont récentes, on

lave l'étoffe à l'eau et on la savonne, en touchant ensuite la tache avec de l'acide sulfurique ou chlorhydrique très-étendu d'eau. Si la tache est ancienne, il faudra une partie d'acide et dix d'eau. Le sel d'oseille et l'acide oxalique détruisant eux aussi l'oxyde de fer, ces deux substances sont préférables pour les étoffes blanches de coton ou de lin. Les taches qui résistent à ces deux réactifs sont enlevées si, après les avoir frottées avec le sel d'oseille, on ajoute le chlorure d'étain, et on les frotte de nouveau.

(Sur les papiers.) V. *Encrivore*.

De graisse. — Ammoniaque délayé dans de l'eau ; alcalis caustiques, sel alcalins, fiel de bœuf ou de mouton, jaunes d'œuf, terres absorbantes, comme la craie et l'argile.

Les *taches de graisse sur draps* s'enlèvent en mouillant d'eau la tache même, et y frottant après un morceau de magnésie mouillé aussi d'eau. On laisse sécher, et en frictionnant le drap, on fait tomber la magnésie.

D'huile. — *Idem, idem*. — Essence de savon, ou savon de fiel de bœuf, essence de térébenthine rectifiée, benzine, alcool camphré, et l'éther camphré.

Les *taches d'huile sur les tentures de soie et tapis de laine* s'enlèvent en les couvrant de plâtre sec finement pulvérisé, et en renouvelant le plâtre 8 ou 10 fois selon l'intensité de la tache.

Au bout de 2 ou 3 semaines on secouera et on battra fortement l'objet taché, que l'on trouvera remis à son état de propreté primitif.

De sucs végétaux (non acides.) — Si la tache est récente, l'eau l'enlèvera, mais si elle est sèche, acide sulfureux (vapeurs de soufre) liquide ou gazeux, le chlore à l'état de gaz ou de chlorure, l'eau de javelle (acides), ammoniaque liquide.

De rouille. — Fer à l'état d'oxyde noir. — Acide sulfurique ou hydrocholorique, étendus dans douze parties d'eau ; crème de tartre.

Fer à l'état d'oxyde rouge. — Acide oxalique ; sel d'oseille.

De fumée. — Savonnage d'abord ; essence de térébenthine et sel d'oseille après.

De boue. — Lorsqu'on ne parvient pas à les enlever complètement on emploiera un jaune d'œuf, ou la crème de tartre. Si la couleur a été endommagée, on la fera revenir avec un acide, si c'est un alcali qui en est la cause avec un alcali contraire.

De café. — Lavage à l'eau, et savonnage; un jaune d'œuf cru délayé dans un peu d'eau, et additionné de 8 à 10 gouttes d'esprit de vin.

Les taches de café, et de café au lait sur les étoffes de soie et de laine s'enlèvent très facilement en frottant la tache avec de la glycérine, et les lavant après avec de l'eau tiède. Cela fait, à l'aide d'un fer à repasser chaud on repasse l'étoffe à l'envers jusqu'à ce qu'on l'ait séchée complètement. Moyen excellent.

De cambouis. — Essence de térébenthine et on couvre aussitôt avec de la cendre tamisée ou de la terre de pipe. On laisse en contact pendant 15 minutes, et ensuite on fait tomber la poudre au moyen d'une brosse. Dans le cas où elle résisterait, mélange d'un jaune d'œuf et d'huile de térébenthine, et même acide chlorhydrique ou acide oxalique, si la tache contient un oxyde de fer.

De chocolat. — V. plus haut : *De café.*

De cire. — Alcool rectifié qui dissout la cire, et mieux eau de Cologne. Le froid rendant la cire friable, l'eau froide suffit à la détacher et à la faire tomber.

De stéarine. — *Idem.* — Si après que la goutte de stéarine est enlevée, il restait encore une tache de graisse, voir plus haut l'alinéa *(De graisse).*

De vin. — V. plus haut l'alinéa *(De sucs végétaux).*

De goudron.
De couleurs à l'huile. } *V. Boules à détacher.*

De sauce. — D'abord avec de l'essence de térébenthine, l'acide oxalique après, et un peu d'ammoniaque, et enfin l'éther pour rétablir les nuances et lustrer l'étoffe.

Mercurielles. — Lessive caustique, composée de 50 parties d'eau, 1 de sous-carbonate de soude et 1/2 de chaux vive. Quand le linge a bouilli dans cette lessive et que la tache est dissoute, on enlève ce qui reste avec du chlore liquide, on lave à l'eau pure, et ensuite à l'eau de savon, ou à la place, aux chlorures de soude et de chaux.

De liqueurs. — On rafraîchit la tache avec de la nouvelle liqueur qui l'a produite, on l'imbibe d'eau fraîche et on frotte légèrement. Selon l'étoffe et la couleur, on procède différemment. Sur les tissus blancs, ces taches disparaissent en les rinçant avec de l'eau de savon, et ensuite en les soumettant à la vapeur de soufre. S'il s'agit d'étoffes colorées à couleur solide, on lave avec de l'alcool ou avec de l'eau aiguisée d'acide hydrochlorique ou nitrique.

De suie. — Essence de térébenthine : ensuite mélange de cette essence et de jaune d'œuf. On frotte légèrement après chaque opération et on continue jusqu'à ce qu'on ait obtenu le résultat voulu. S'il reste encore quelques nuances noirâtres sur les étoffes blanches, crème de tartre, et sur les étoffes de couleurs, acide chlorhydrique étendu d'eau.

De suif. — V. plus haut. — *De graisse.*

Sur la soie. — Il arrive aux tisserands, comme il peut arriver à tout autre de laisser tomber des gouttes d'huile ou de graisses sur les étoffes confectionnées ou non. Le moyen le plus sûr pour enlever ces tâches, est celui d'étendre l'étoffe sur la planche à repasser, la couvrir de talc en poudre, lui superposer du papier de soie, et de passer un fer chaud sur le papier. Faites tomber la poudre après, et frottez le tissu avec de la mie de pain. En cas d'insuccès ou d'un succès incomplet, répétez l'opération.

De vernis. — V. plus haut. — *De graisse.*

Sur étoffes épaisses. — Il faut opérer à la fois sur les deux faces de l'étoffe par l'application des réactifs convenables.

Ravivage des couleurs. — Bien des causes et bien des corps influent chimiquement à changer les nuances tinctoriales sur les tissus, et même à détruire entièrement la matière colorante. Certaines couleurs peu solides, telles que celle de safranum et celle d'aniline, pâlissent à l'impression d'un premier rayon de soleil qui les frappe, et, petit à petit, si le soleil continue à agir sur elles, elles s'effacent presque complètement. La même action chimique déployée par la lumière solaire sur les toiles, et sur la cire, se manifeste aussi plus ou moins sur toute sorte de couleur, en en changeant plus ou moins sensiblement la nuance, et même en en détruisant complètement quelques-unes.

Mais ce qui fait transformer plus promptement une couleur en une autre, ce sont les réactifs chimiques, qui, se combinant avec la matière qui forme la base de la teinte, change celle-ci du tout au tout, tantôt d'une manière passagère, et tantôt définitivement. Tandis que les acides végétaux, les sels acides, les alcalis caustiques et les sels alcalins réagissent sur les couleurs chacun à sa manière, en les faisant passer d'une nuance à une autre, les acides minéraux, le chlore et les chlorures, en détruisent une bonne partie, ou les changent sans retour.

Les exhalaisons cutanées, et les liquides excrémenticls, selon qu'ils sont acides ou alcalins produisent aussi de notables changements dans les couleurs de nos habillements, pour peu que ces couleurs soient assez délicates et fugitives pour ne pas résister aux moindres degrés d'une action alcaline ou acide.

Les acides, généralement, rétablissent les couleurs, ou les ravivent ; — mais la préparation qui réussit le mieux est sans contredit la *dissolution d'étain* (nitro-muriate d'étain), délayée dans de l'eau. Cette préparation neutralise promptement et complètement les taches que la sueur des aisselles produit sur les vêtements.

En général, l'on peut établir que les altérations de nuance produites par les alcalis sont neutralisées ou corrigées par les liquides légèrement acides, et *vice versâ*. L'ammoniaque mérite la préférence parmi les alcalis ; le jus de citron et le vinaigre parmi les substances acides.

Il est un soin cependant, que le dégraisseur doit avoir dans l'application de ces réactifs, celui d'éviter autant qu'il est possible de ne pas les appliquer au delà de la tache, car souvent il se forme un cercle ou auréole de couleur altérée par la substance même dont on s'est servi pour enlever la tache.

Falsification des étoffes. — Pour s'assurer de la nature des matières filamenteuses qui entrent dans la composition d'une étoffe, on a les moyens suivants. La soie se décompose entièrement dans une solution de chlorure de zinc à 60°. L'oxyde de cuivre ammoniacal décompose le chanvre, le lin, le coton, en général la cellulose; et la soude ou la potasse caustique à 5° ou 10° décomposent la laine.

M. Wagner propose de s'y prendre de la manière suivante :

Faites dissoudre un décigramme de tissu suspect de contenir de la laine dans dix centimètres cubes de lessive de potasse en y ajoutant assez d'eau distillée pour parfaire le volume de 100 centimètres cubes. Prenez un centimètre cube de cette solution et versez-y quelques gouttes de nitroprussiate de sodium. Si le liquide ne prend pas une couleur violette, le tissu ne contiendra pas la moindre quantité de laine, et pour s'en assurer on n'aura qu'à ajouter quelques gouttes de dissolution de laine, et ce faisant, on verra apparaitre tout de suite la couleur violacée.

Un moyen pour essayer la qualité d'une étoffe de soie riche telle que la moire, la faille, etc., consiste à la plier dans le sens de sa largeur, et ensuite à chercher à l'étendre dans le sens de sa longueur. Si le pli ne s'efface pas complètement, l'étoffe laisse à désirer.

Pour constater la présence du coton dans les tissus on pourra s'y prendre de la manière suivante :

Traitez l'étoffe à essayer par deux lavages à l'eau bouillante pour ôter l'apprêt, et laissez-la sécher ensuite. Après, plongez-la dans l'acide sulfurique pendant une demi-minute et jusqu'à deux minutes, selon le degré d'épaisseur de l'étoffe ; jettez l'étoffe immédiatement dans l'eau où le coton transformé en matière gommeuse sera détruit. Si l'étoffe est en laine, elle se colorera en jaune sous l'action de l'acide carbonique susdit : les fils de lin se dissolvant en partie, le coton l'est entièrement.

Si l'étoffe est en soie, il suffira de la tremper dans l'eau de javelle, qui n'attaquera ni le lin, ni le coton, mais qui changeant la soie en gomme, mettra la fraude à nu.

Nettoyage des étoffes de laine — Les cachemires, mérinos, poils de chèvre, flanelles et autres étoffes se remettent à neuf en les lavant rapidement dans un bain d'eau froide contenant deux cuillerées d'essence de savon, et une cuillerée de fiel de bœuf. Ce bain se répète s'il est nécessaire. Après on rince à l'eau additionnée d'une petite quantité d'alun, qui raffermira les couleurs.

Nettoyage des étoffes de soie. — Faites un mélange d'une partie de savon blanc, deux parties de miel blanc et quatre parties d'eau-de-vie. Faites chauffer doucement le tout jusqu'à ce que le mélange soit bouillant. On en frotte à l'aide d'une brosse très douce les parties de l'étoffe que l'on veut nettoyer, et ensuite on plonge l'étoffe dans de l'eau froide, et autant de fois qu'il est nécessaire pour que l'eau ne devienne pas trouble par les immersions de l'étoffe qu'on ne doit ni tordre ni frotter. On met cette étoffe entre deux linges propres pendant une heure, et ensuite on la repasse encore humide avec un fer chaud.

On propose aussi un mélange de deux parties d'essence de savon et d'une partie de miel blanc, en l'appliquant comme nous venons d'indiquer. Il y a encore une autre recette qui, d'après M. Chevalier, serait excellente pour les étoffes de laine ainsi que pour les étoffes de soie ; la voici : prenez, six litres d'eau ; 122 grammes de soude ; deux fiels de bœuf purifiés ; 64 grammes de savon noir et le jus d'un citron. On peut l'employer à froid et à chaud.

Un procédé pour rendre aux étoffes de soie le brillant de la nouveauté consiste à les étendre sur une planche de bois un peu voûtée, et de les éponger avec une solution de mastic en larmes et d'alcool (1 de mastic, 12 d'alcool). et de les repasser après avec un fer à repasser modérément chaud. La soie traitée de la sorte ne craint plus les taches d'eau.

Nettoyage des velours. — Un velours qui, ayant été mouillé, a son poil racorni, peut reprendre son aspect primitif si on le mouille à l'envers, et si après l'avoir mouillé on présente cette surface à la chaleur, l'eau se vaporise et passe à travers les fibres de la soie qu'elle désagrège.

Nettoyage des couvertures de laine. — Laissez-les tremper dans un bain très léger de savon et de carbonate de soude; frottez-les et battez-les avec un bâton; ensuite rincez-les à l'eau claire, tordez-les et ensuite passez-les au soufre encore mouillées. Après le soufrage on les plonge et on les lave dans un bain composé de 100 litres d'eau, 3 kilos de savon et 500 grammes d'ammoniaque; après, peignez-les encore mouillées avec un chardon pour rétablir le poil.

Nettoyage des flanelles. — La meilleure manière de nettoyage de cette étoffe consiste à employer le borax — une cuillerée dans un litre d'eau. — On met un peu de cette solution dans l'eau chaude qui doit servir pour laver la flanelle, on n'en nettoie jamais qu'une pièce à la fois; on se sert de savon s'il est besoin. De temps en temps on rajoute à l'eau un peu de la solution de borax. On rince chaque pièce dans l'eau chaude plusieurs fois, en mettant un peu de sel dans l'eau au dernier rinçage. Après on secoue bien la flanelle et on l'étend dans un lieu sec.

La flanelle ainsi traitée ne rétrécira pas et restera blanche. Comme il est très utile de la sécher promptement il faudra opérer des jours où l'air est sec.

Autre procédé. — Au lieu de mettre les flanelles à la lessive, faites-les tremper dans un bain maintenu tiède devant un feu doux : ce bain sera composé d'autant de fois 3 litres d'eau qu'il y aura de flanelle à nettoyer. Dans ces trois litres d'eau on ajoutera 30 grammes d'ammoniaque. Savonnez dans cette eau alcaline, partie par partie, de manière à toucher tous les points de l'étoffe, à l'endroit et à l'envers.

Rincez ensuite dans l'eau pure tiède pour enlever toute trace d'eau et de savon. Exprimez et suspendez ensuite à l'ombre pour faire sécher. Après repassez-les pour leur enlever toute humidité.

Autre procédé. — Eau chaude coupée d'infusion de verveine. Rincées ensuite et séchées, elles conservent une odeur délicieuse.

Nettoyage des tapis. — Après avoir battu le tapis avec des vergettes pour en faire sortir toute la poussière, on cherche à déterminer la nature des taches que l'on pourrait y rencontrer. Celles d'encre seront enlevées par le jus de citron ou d'oseille (voir *Enlevage des taches d'encre*); celle de graisse ou d'huile (voir *Enlevage des taches de graisse ou d'huile*). En un mot, si le tapis est taché il faudra le dégraisser à l'aide des procédés indiqués à l'article *Enlevage des taches*. Faites sécher, et puis vous le frotterez avec de la mie de pain de seigle tout chaud. On peut aussi les nettoyer au moyen d'une brosse trempée dans le fiel de bœuf, mais ce procédé entraîne à un lavage ou tout au moins à un enlevage du fiel employé.

Nettoyage des broderies en métal. — On frotte légèrement avec de la mie de pain rassis séchée dans un poêlon ; après on bat l'étoffe à l'envers pour faire tomber toute la mie.

Nettoyage des broderies en soie. — Le même procédé que pour le *nettoyage des étoffes de soie*.

Nettoyage des broderies en laine. — Le même procédé que pour le *nettoyage des étoffes de laine*.

Nettoyage des chapeaux de feutre. — On commence par dégarnir le chapeau de la coiffe et des rubans qui l'enjolivent.

et on le remplit de chiffons ou de brisures de papier pour lui conserver sa forme. Ensuite on le place à plat sur une planche, et on le frotte pendant cinq ou six minutes à l'aide d'une brosse douce trempée dans un demi-litre d'eau commune additionnée d'une cuillerée d'ammoniaque. Immédiatement après on le rince dans l'eau pure et on le fait sécher.

Nettoyage des buffleteries. — Après les avoir lavées, essuyées et séchées, on les enduit avec une légère couche de blanc d'Espagne délayé dans de l'eau gommée, ou bien de terre de pipe légèrement azurée, et cela à l'aide d'une petite éponge.

Nettoyage des boiseries vernies. — On trempe une éponge dans un mélange d'eau et de cendres de bois tamisées; et on enduit de cette pâte liquide les boiseries. Immédiatement après on les lave à l'eau.

On peut se servir aussi d'eau chlorurée.

Nettoyage des éponges. — Les tenir immergées pendant 24 heures dans une eau tiède acidulée d'acide citrique; les rincer après dans l'eau chaude et ensuite dans l'eau froide, enfin les presser et les faire sécher à l'air.

Nettoyage des carafes. — Le papier brouillard en petits morceaux sert admirablement pour nettoyer les carafes On en introduit une certaine quantité dans la carafe avec un peu d'eau. On agite jusqu'à ce que le cristal soit devenu brillant. Il ne reste plus qu'à rincer la carafe avec de l'eau. Pour conserver au cristal tout son brillant, il faudra introduire dans la carafe un peu de coton cardé qui a la propriété d'absorber les vapeurs d'eau. Les coquilles d'œufs rayent le cristal; aussi les bonnes ménagères ne s'en servent-elles pas.

Rinçage des bouteilles. — Règle générale, il ne faut jamais mettre le vin dans des bouteilles qui viennent seulement d'être rincées, car la quantité d'eau qui tapisse leurs parois, s'ajoute au vin et l'affaiblit. Par contre, si le vin est faible, il faudra rincer les bouteilles à l'esprit de vin et les remplir avant que celui-ci s'évapore, et, si l'on veut donner au vin rouge un goût délicat, il conviendra de rincer les bouteilles avec de l'eau de cerises. On pourra varier les substances, selon le goût que l'on voudra communiquer au vin. (Voir *Nettoyage des bouteilles.*)

Nettoyage des bouteilles. — Ce qu'il y a à faire avant tout, c'est de fleurer les bouteilles les unes après les autres, pour mettre de côté celles qui fleurent mauvais pour les nettoyer ensuite. Si les bouteilles ont contenu du cidre ou de la bière il faudra les laver à la lessive très chaude, les rincer ensuite à plusieurs eaux et les laisser égoutter. Si l'on n'a pas l'habitude de rincer les bouteilles à mesure qu'on les boit, il est prudent de les rincer toutes indistinctement dans la lessive chaude, au moment de les remplir. Si les parois sont chargées de tartre et de matière colorante il faudra employer des moyens mécaniques tels que le sable, les coquilles d'œufs grossièrement triturées, la grainaille de fonte, une chaînette, ou au moyen d'un écouvillon fait de crins très résistants. Si les bouteilles ont contenu des huiles essentielles, elles se nettoient assez bien avec de la farine de moutarde ordinaire délayée dans une petite quantité d'eau froide ou tiède, et les lavant ensuite à grandes eaux.

Il ne faut jamais se servir de grainaille de plomb, elle n'est pas toujours exempte d'inconvénients, et nous avons eu l'occasion de constater de véritables empoisonnements occasionnés par son emploi.

L'eau chaude, mélangée avec de la sciure de bois nettoie parfaitement les bouteilles. Le charbon animal en grains sera préférable à la sciure, à cause de la propriété qu'il possède d'absorber toutes les émanations infectantes.

Nettoyage des tonneaux. — La fermentation qui s'établit dans un tonneau qui contient une dilution convenable d'une substance fermentescible, suffit pour enlever toute mauvaise odeur. Ainsi on peut employer la farine et le son délayés dans de l'eau avec addition d'un peu de levain. Ce qui reste peut servir de nourriture aux cochons, ou à d'autres animaux. Le gaz sulfureux neutralise aussi les mauvaises odeurs, si après en avoir rempli un tonneau au moyen de la combustion d'une mèche soufrée on le rince après à l'eau chaude, et ensuite à l'eau froide.

Si le tonneau sent le *moisi*, l'acide sulfurique délayé dans de l'eau et les rinçages répétés suffiront pour y remédier. De même que le *goût de bois*, l'*odeur d'aigre*, se neutralise par la chaux éteinte dans dix parties d'eau, ensuite avec des lavages à grandes eaux, et enfin par le soufrage au moyen d'une mèche soufrée.

Les chlorures alcalins, tels que celui de chaux, de potasse ou de soude, délayés dans une quantité suffisante d'eau, corrigent, eux aussi, le goût de moisi. (*V. Rinçage des bouteilles.*)

Nettoyage des cuivreries. — La crème de tartre délayée dans de l'eau nettoie assez bien les objets de cuivre, ainsi que l'acide nitrique dissous dans une eau alunée ; mais la meilleure préparation que l'on puisse employer avec sûreté parce qu'elle n'est ni acide ni alcaline, est la suivante que nous empruntons à M. Belèze :

Après avoir délayé dans un vase quelconque 30 grammes de savon noir avec 250 grammes d'eau, on ajoute 50 grammes de terre pourrie pulvérisée, 30 grammes d'esprit de vin, 50 grammes d'essence de térébenthine et 15 grammes d'huile blanche. Aussitôt le mélange fait, on l'introduit dans une bouteille que l'on tiendra fermée. Lorsqu'on veut s'en servir on agite la bouteille et l'on verse une petite quantité de la composition sur un morceau de tissu de laine et on en frotte l'objet que l'on veut nettoyer.

L'on pourra aussi se servir d'une solution d'acide oxalique ou de sel d'oseille dans de l'eau, avec addition de terre pourrie.

Si le cuivre est oxydé, les chaudronniers le soumettent au *Décapage*, qui s'opère à l'aide d'un acide minéral ou de l'acide oxalique, laissé au contact du cuivre quelque temps et enlevé par un frottement vigoureux. Après, on rince à l'eau et on essuye, ou on laisse sécher.

Le chlorure double de zinc et d'ammoniaque décape très bien le cuivre.

Nettoyage des cuivreries dorées. — On frotte les objets à nettoyer à l'aide d'une brosse douce et de l'eau de savon. Après on enlève, toujours à l'aide de la brosse trempée dans l'eau chaude, tout le savon, ainsi que les petites taches que l'on n'aurait pas réussi à faire disparaître. On les laisse ensuite exposés à l'air sans les essuyer. Une fois secs on les frotte avec un linge à demi-usé ou avec une peau de daim ou de gant, mais seulement dans les parties brunies.

Si les objets que l'on veut nettoyer sont fixés, on sera obligé de s'y prendre d'une autre manière. On préparera d'abord un mélange de 125 grammes d'eau, 50 grammes d'alcool, 3 grammes de carbonate de soude et 15 grammes de blanc d'Espagne en poudre très fine. Ensuite on appliquera, au moyen d'un tampon de liège, une légère couche de ce mélange sur l'objet à nettoyer, et quand il sera sec, on frottera avec un chiffon les parties saillantes, et avec une brosse douce les parties creuses.

Nettoyage du laiton. — Les mêmes moyens que pour le *nettoyage des cuivreries.*

Nettoyage de l'argenterie. — L'argent se salissant fort peu par le contact de l'air, se ternit cependant à la longue, et noircit même au contact des œufs et des émanations d'hydrogène sulfuré.

Dans le premier cas on se sert de blanc d'Espagne finement pulvérisé et délayé dans un peu d'alcool. Après l'avoir frotté, l'argent reprend son brillant primitif.

Dans le second cas, on nettoie parfaitement l'argenterie en la frottant avec de la suie mouillée avec du vinaigre.

On donne la formule d'une poudre pour cet usage, qui se compose de :

Blanc d'Espagne. ⎫ de chaque. 20 parties.
Crème de tartre. ⎭
Alun . . . . 10 —

Pulvérisez et tamisez; mouillez avec un peu d'eau lorsque vous voudrez vous en servir.

L'eau dans laquelle on a fait cuire les pommes de terre est excellente pour nettoyer l'argenterie et n'a pas l'inconvénient qu'ont les poudres de remplir les creux de la gravure d'une matière noire. L'immersion et le frottage de l'eau susdite suffisent aussi à faire disparaître les teintes sulfureuses que donnent les œufs aux plats, aux cuillères et aux fourchettes en argent.

Nettoyage de l'or. — On nettoie les objets d'or au moyen du *Colcotar*, qui n'est autre chose que le sulfate de fer, que l'on fait passer au rouge en l'exposant dans une poêle en fer à l'action du feu. Pour les usages de l'orfèvrerie, on le réduit en poudre impalpable. Il est aussi connu dans le commerce sous les dénominations de *Rouge de Prusse* ou *Rouge anglais*. Le *Décapage de l'or* s'obtient en saupoudrant de borax l'objet à décaper et en l'exposant au feu. Le borax en fondant entraîne tous les oxydes métalliques fixés sur l'or.

Nettoyage du fer. — L'acide sulfurique étendu d'eau et l'acide oxalique, nettoient le fer de la rouille.

Pour le *Décapage du fer*, on trempe l'objet à décaper dans une solution d'acide chlorhydrique.

Dérouillement du fer. — Au moyen de l'immersion de l'objet rouillé, en fer ou acier, dans l'huile de tartre (carbonate de potasse liquide). Après quelques heures l'on frotte vigoureusement pour empêcher toute rouille.

Pour empêcher le fer de se rouiller, l'on pourra se servir du procédé que nous empruntons au docteur Lunel, et qui consiste à chauffer assez fortement l'objet que l'on veut préserver de la rouille, à le plonger ensuite dans un bain de suif fondu, et lorsqu'il est refroidi, à le frotter avec de l'huile siccative de lin. Il n'y a plus qu'à l'essuyer. On obtiendra le même résultat en trempant ou en lavant à l'eau de chaux les objets que l'on veut préserver de la rouille.

Une fois bien décapé et bien essuyé on l'expose à l'action du feu, et on ne le retire que lorsqu'il est assez chaud pour ne pouvoir pas y tenir la main. Alors on le frotte avec de la cire blanche, et on laisse presque refroidir. Frotté ensuite avec du drap et bien séché il devient blanc et ne craint plus de se rouiller.

Nettoyages du fer-blanc. — On nettoie le fer-blanc au moyen d'une pâte liquide, formée de cendres de bois délayées dans une huile quelconque.

Nettoyage de la fonte. — Après avoir enlevé toutes les impuretés et même la rouille existant sur une plaque ou un objet quelconque en fonte, et cela à l'aide d'une forte brosse, on frottera lesdits objets avec de la mine de plomb délayée dans du vinaigre, et on laissera sécher. Ensuite en les frottant de nouveau avec la brosse, on les obtiendra brillantes.

Nettoyage des glaces. — Le meilleur procédé consiste à tremper un petit tampon de linge dans une eau légèrement chlorurée, à frotter la glace et à l'essuyer aussitôt avec une peau blanche et douce.

On a proposé aussi différentes poudres très fines, telles que l'indigo, la terre à foulon, le blanc d'Espagne, etc.; mais à la longue l'usage de ces poudres nuit au poli des glaces, en les rayant plus ou moins sensiblement.

Les grandes glaces demandent à être nettoyées par parties, en commençant par le haut et descendant graduellement.

On nettoie de même les *vitraux*.

Nettoyage des lunettes. — En éponger les verres avec une éponge fine ou une toile de batiste trempée dans l'alcool et les essuyer avec une toile également fine ou une peau chamoisée. Toucher le moins qu'on peut la monture.

Nettoyage des marbres. — Frotter avec du talc en poudre, ou les laver à l'eau de savon, puis à l'eau pure. Après on essuye avec un morceau de peau sèche, et ensuite, s'il le faut, on les passe à l'*Encaustique pour marbre*, qui se compose d'un mélange de cire blanche fondue et d'essence de térébenthine. *(Voir Encaustique pour meubles.)*

Le *Blanchiment des marbres* s'obtient en lavant le marbre avec une eau fortement savonnée, en le couvrant d'un linge usé et l'exposant au soleil, ayant soin de l'arroser sept ou huit fois par jour avec de l'eau légèrement additionnée de crème de tartre. En cinq ou six semaines le marbre blanchit complètement.

Le *Blanchiment des statues, des bustes*, etc. ; c'est avec un lavage à la lessive de savonniers que l'on obtient le dégraissage des objets de marbre, s'ils sont salis par des huiles ou des substances grasses.

Au bout de deux heures on lave à l'eau pure ; si un lavage ne suffit pas il faudra en faire un deuxième. En employant le chlorure de chaux ou de soude au lieu de lessive, on obtiendra un blanc plus parfait.

Nettoyage des cadrans de pendule. — Frottez-les avec un pinceau trempé dans un mélange pâteux d'eau et de crème de tartre en poudre ; lavez ensuite à l'eau pure et essuyez avec un linge bien fin.

Si le cadran est doré il faudra employer le colcotar le plus fin, comme il a été dit pour le *nettoyage de l'or*.

Tous les *Emaux* se nettoient comme les glaces ; n'étant en réalité que du verre ou du cristal.

Nettoyage des tableaux. — Les peintures à l'huile se nettoient ordinairement avec de l'eau-de-vie ;

Avec la dissolution de sel de tartre dans l'eau ;

Avec la dissolution de borax ;

Avec de l'eau de chaux pure ;

Avec de la mousse de savon à laquelle on ajoute un peu de sel de cuisine, ou avec l'*Eau à nettoyer*, qui se compose d'une partie de térébenthine ou d'huile d'aspic, et de deux parties d'alcool.

Si les tableaux n'ont pas de vernis on peut les nettoyer avec de l'eau-de-vie ou du vinaigre, ou du levain dissous dans de l'eau pure, ou de la farine délayée dans de l'eau de chaux.

Si ces tableaux ont été vernis au blanc d'œuf il faudrait enlever ce vernis en l'imbibant d'huile de lin pendant douze heures, et ensuite, au moyen de l'alcool, on enlève du même coup l'huile et le blanc d'œuf.

Dans le cas où le vernis d'un tableau serait dans un mauvais état et qu'on désirerait l'enlever, on y réussira, soit en le frottant légèrement avec le doigt et de la poudre de colophane, soit en humectant la peinture avec de l'eau-de-vie, sans frotter, pour laver après avec de l'eau, et essuyer au moyen d'un linge fin et sec.

Nettoyage des gravures. — Les taches d'encre s'enlèvent avec l'eau acidulée de quelques gouttes d'acide sulfurique, ou avec la solution de sel d'oseille.

Les salissures de mouches s'enlèvent doucement avec une éponge fine à peine mouillée.

Si le papier est sali de graisse, on applique sur la tache un sachet de mousseline très claire contenant des cendres de bois bien tamisées. On place un autre sachet pareil à l'autre page de la gravure, de manière à ce que la tache se trouve entre deux. On comprime fortement les deux sachets l'un contre l'autre au moyen d'un fer à friser légèrement chauffé, et on répète cette opération autant de fois qu'il est nécessaire pour faire disparaître la tache.

L'on peut aussi plonger la gravure dans une solution de chlore ou de chlorure, et en ne la laissant que le temps qu'il faut pour l'immerger pour la passer tout de suite dans l'eau froide. On répète ces immersions alternées jusqu'à résultat satisfaisant. L'on peut encore étendre la gravure sur un gazon fraîchement fauché, comme s'il s'agissait de blanchir de la toile, en ayant soin de l'éponger d'eau au fur et à mesure qu'elle sèche au contact de l'air. L'action de la lumière blanchit le papier à neuf.

Nettoyage de l'ivoire. — Il faut le brosser avec de la pierre ponce en poudre très fine et délayée dans de l'eau ; ensuite on l'oppose à l'action du soleil sous une cloche de verre.

Nettoyage des bougies. — Les salissures des mouches s'enlèvent en frottant légèrement la bougie avec un linge très doux. Si ce moyen ne réussit pas on lave les bougies dans une eau de savon, les essuyant après avec un linge blanc et sec. Tout cela se fait à froid.

Nettoyage des cadres dorés. — On enlève la poussière avec un plumeau ; après lavage à l'eau de savon, et à l'aide d'une douce éponge. La composition suivante donne de bons résultats. Deux ou trois blancs d'œufs battus et 20 grammes d'eau de javelle. Il faut toujours frotter légèrement.

Nettoyage de la paille ou Blanchiment de la paille. — Les objets en paille, tels que les chapeaux, s'ils sont tiquetés par l'humidité, on les fera tremper pendant deux ou trois heures dans de l'eau acidulée avec l'acide oxalique ou le sel d'oseille, ou encore avec une légère solution d'eau de javelle ou de jus de citron. Après on les passe au savon, et ensuite au soufre. Le soufrage terminé, on les mouille uniformément avec une éponge trempée dans un mélange tiède de gélatine, de savon et d'alun, pour leur donner l'apprêt. *(Voir Apprêt imperméable.)* Repassez-les avec un fer chaud, en ayant la précaution d'interposer entre le fer et la paille une feuille de papier.

Liquide argentifère. — 1° Mêlez :

Chaux caustique.	2 parties
Miel, ou sucre de raisin.	5 —
Acide gallique.	2 —
Eau distillée.	650 —

On filtre et on conserve dans une bouteille bien pleine et bien bouchée.

2° D'autre part, prenez :

Nitrate d'argent.	20	parties
Dissous dans l'ammoniaque . . .	20	—
Etendu d'eau distillée.	650	—

Lorsqu'on veut opérer, on mêle ces deux solutions en quantités égales, et on filtre.

Argenture des matières textiles. — On les lave d'abord avec soin, puis on les immerge un instant dans une solution saturée d'acide gallique, et ensuite dans une solution de 20 parties de nitrate d'argent dans 100 parties d'eau. On répète ces immersions alternées jusqu'à ce que la matière ait une légère nuance d'argent. Alors on l'immerge dans le mélange des deux solutions (voir l'article qui précède), jusqu'à ce qu'elle soit complètement argentée. Après il n'y a plus qu'à la faire bouillir dans une solution aqueuse de sel de tartre, pour consolider l'argenture. On la lave ensuite et on la fait sécher.

On argente ainsi la *soie*, la *laine*, les *cheveux*, le *lin*, le *chanvre*, les *étoffes*.

Argentures diverses. — Pour les *os*, la *corne*, le *cuir*, le *papier*, l'*ivoire*, on peut remplacer les immersions par des applications au pinceau.

Pour le *verre*, le *cristal*, la *porcelaine*, on lave soigneusement la pièce que l'on veut argenter avec de l'eau distillée ou de l'alcool, et on les traite ensuite par les *liquides argentifères* mêlés (voir cet article). C'est dans une cuvette plate en verre ou en terre que l'on verse le liquide, et c'est dans ce liquide qu'on laisse séjourner la pièce à argenter quelques heures ; on lave ensuite dans de l'eau distillée, et une fois sèche on la vernit au vernis blanc.

Argenture des métaux. — On commence par les décaper à l'acide nitrique ; ensuite on les frotte avec un mélange de cyanure de potassium et de poudre d'argent. On lave ensuite dans l'eau distillée, et on les plonge alternativement dans les deux solutions de *liquides argentifères* jusqu'à ce qu'ils soient convenablement argentés.

Le fer a besoin d'être préalablement plongé dans une solution de sulfate de cuivre.

L'argenture par la galvanoplastie ou *électro-chimique*, a remplacé avantageusement tout autre mode d'argenter les métaux. Elle consiste à réduire l'argent par un courant électrique que l'on se procure à l'aide d'une pile quelconque, soit celle de Daniel, soit celle de Bunsen. On met dans un baquet une dissolution de nitrate d'argent (10 grammes d'argent par litre), et l'on y tient plongée la pièce que l'on veut argenter. Le pôle négatif de la pile est en communication avec la pièce, le pôle positif avec le liquide. Au lieu de nitrate d'argent on pourra se servir de dissolutions alcalines d'argent, comme le cyanure d'argent dans le cyanoferrure de potassium, ou dans le cyanure simple de potassium et de sodium, ou dans l'hyposulfite de soude. Au fur et à mesure que l'argent se fixe sur la pièce, le bain s'épuise, il faut donc le renforcer par de nouvelles additions de préparations d'argent.

On peut argenter de cette manière le platine, le bronze, l'étain, le cuivre, le fer, l'acier, le laiton.

Argenture au pinceau. — Prenez :

Nitrate d'argent . . . .   10 grammes
Dissolvez dans eau distillée . .   50   —

D'autre part :

Cyanure de potassium   35   —
Eau distillée.   50   —

Faites dissoudre et mêlez à la première solution.
Enfin prenez :

Blanc d'Espagne tamisé. . . .   100 grammes
Crème de tartre   10   —
Mercure   1   —

Mêlez exactement.

Lorsqu'on veut s'en servir on fait une bouillie assez épaisse pour pouvoir être étendue au pinceau, en délayant dans la quantité que l'on veut du liquide, la quantité convenable de poudre. On l'applique et, après quelque temps, on lave l'objet ainsi argenté, en le nettoyant avec une brosse grossière, et l'opération est terminée.

Autre méthode. — Prenez 3 parties de chlorure d'argent, 20 parties de crème de tartre, 15 parties de sel marin. Mélangez avec quantité suffisante d'eau pour faire une pâte plutôt liquide.

Enduisez-en l'objet que vous voulez argenter, et ensuite laissez-le sécher. Une fois sec, frottez-le au moyen d'un linge imbibé de poudre de craie précipitée. Ensuite rincez-le dans l'eau claire et polissez-le avec un linge sec.

Dorure sur acier, fer et cuivre. — Les objets de fer et d'acier bien décapés et propres, plongés dans une solution de deutosulfate de cuivre dans l'eau, acquièrent, selon le docteur Lunel, une couleur d'or.

Voici cependant un autre procédé qui me semble devoir donner un résultat plus sûr et plus complet. On frotte légèrement le fer, l'acier ou le cuivre avec la pierre ponce; on le met à chauffer jusqu'à ce que la chaleur leur ait donné une teinte légèrement bleuâtre, on applique alors l'or en feuilles en l'étendant à l'aide du brunissoir, et comprimant légèrement. On remet la pièce au feu et l'on réapplique une autre feuille d'or; on répète cette opération trois ou quatre fois selon la dorure que l'on veut obtenir. L'on ne brunira la pièce qu'après son complet refroidissement.

Dorure sur plomb. — Prendre :

Résine . . . . 1000 grammes
Huile volatile de térébenthine. 125 —

Faire fondre à feu doux, et passer une couche qui servira de mordant aux feuilles d'or que l'on appliquera sur le plomb.

Par le même procédé l'on obtient la *Dorure sur étain* et la *Dorure sur le fer-blanc,* la *Dorure sur le bois.*

Dorure sur aluminium. — Ch. Tissier indique le procédé suivant :

Faites dissoudre huit grammes d'eau dans l'eau régale, étendez la solution avec de l'eau, et laissez-la digérer pendant vingt-quatre heures, avec un léger excès de chaux ; le précipité est bien lavé, et est traité à une douce chaleur par une dissolution de 20 grammes d'hyposulfate de soude dans un litre d'eau. On filtre ensuite la liqueur. L'aluminium bien décapé par l'action successive de la potasse, de l'acide nitrique et de l'eau pure, est plongé dans le liquide, d'où on le retire doré.

Dorure des médailles.

Verdet	250 grammes.
Tuthie	125 —
Borax ⎫ Nitre ⎭ de chaque	30 —
Sublimé corrosif	8 —

Mêlez. On frotte au pouce avec cette poudre les médailles qui se coloreront en jaune d'or *(aurum sophisticum).*

Dorure sur marbre. — On dore le marbre en y appliquant des feuille d'or que l'on tient adhérentes au moyen d'une couche de mordant dont on recouvre le marbre préalablement. Ce mordant se prépare ainsi :

Bol d'Arménie broyé avec de l'huile de lin siccative. Il ne faut appliquer les feuilles d'or que lorsque le mordant commence à sécher.

Dorure sur plâtre. — Le mordant employé pour le plâtre est préparé avec de l'amidon et de la colle de Flandre. Du reste on procède comme ci-dessus.

Dorure sur verre. — On peut appliquer sur le verre les

feuilles d'or, en humectant le verre avec l'humidité qui s'y fixe en l'exposant à l'haleine, ou bien en passant avec un pinceau sur le verre un peu d'urine qui est un meilleur mordant. Il faut le laisser sécher avant d'y mettre l'or. Après, on brunit avec un léger tampon de soie. L'on peut faire ainsi des dessins, car la feuille n'adhère qu'aux parties touchées par le mordant.

Je pense que l'on peut aussi dorer le verre comme on l'argente, en employant de l'or au lieu d'argent. (Voyez *Argentures diverses*.)

Éther aurifère. — Versez dans une dissolution d'or dans l'eau régale (acide hydrochloronitrique) le double d'éther sulfurique, en prenant la précaution de ne faire ce mélange que petit à petit. Laissez reposer, l'éther viendra surnager et avec lui l'or. Décantez, ce qui est très facile, car les deux liquides se séparent complètement, et l'acide, plus lourd, occupe la partie la plus inférieure du vase. Cet éther se conserve dans des fioles bien bouchées.

Les métaux que l'on veut dorer doivent être soigneusement décapés et secs. C'est alors qu'à l'aide d'une brosse ou d'un pinceau, on étend le liquide sur le métal. L'éther s'évaporise aussitôt, et l'or s'attache fortement au métal.

On peut tracer à la plume ou au pinceau toutes sortes de dessins. Il ne reste plus qu'à brunir, ce que l'on fait en chauffant la pièce et la passant au brunissoir.

Amalgame aurifère. — On obtient cet amalgame en broyant des feuilles d'or dans du mercure. Cet amalgame a la propriété de dorer le fer partout où il aura été touché par une dissolution de deutosulfate de cuivre. L'on pourra ainsi, en se servant d'une plume ou d'un pinceau, faire sur le fer et l'acier toutes sortes de dessins et d'écritures dorés.

L'on peut se servir de cet amalgame encore d'une autre manière. Décapez le métal dans l'eau seconde ou avec du sable, et trempez-le dans une dissolution de mercure dans l'acide nitrique (nitrate de mercure). Ensuite on frotte la pièce avec l'amalgame. La chaleur d'un feu très intense, pendant quelques minutes, fait volatiliser le mercure, et l'or reste fixé au métal. Il n'y a plus qu'à brunir à la pierre sanguine.

Mordant des doreurs.

Vernis blancs ou noirs au carabé	1 partie.
Huile grasse.	2 —

Mêlez.

On l'applique au pinceau sur les parties ou sur le tout l'objet que l'on veut dorer, et on essuie légèrement avec du velours. On laisse un peu sécher pour qu'il ne soit ni trop ni trop peu aglutinatif. Ensuite on applique les feuilles d'or, et on y passe dessus une autre fois le velours afin de faire tomber les parcelles de feuilles qui voltigent, et rendre la dorure unie. Après il n'y a plus qu'à attendre que l'or soit sec pour y passer une couche de vernis gras qui l'abrite du frottement, et lui permet d'être lavé.

Dorure galvanoplastique. — Pour ce qui est de l'appareil, voyez *Argenture galvanoplastique*.

Bains. — Sulfure d'or dissous dans le sulfate de potassium neutre.

L'oxyde d'or dissous dans la potasse ou la soude.

Chlorure d'or dissous dans le cyanure rouge.

Chlorure double d'or et de sodium dissous dans la soude.

Ces trois dernières préparations permettent de souder non seulement l'argent, le cuivre, le laiton, le platine, mais encore tous les métaux.

De même que l'on peut argenter au pinceau, ainsi que nous l'avons indiqué à l'article *Argenture au pinceau*, l'on peut dorer par le même procédé. Voici la formule de la préparation. Mélangez dans une capsule 10 grammes d'or laminé, 20 grammes d'acide muriatique et 10 grammes d'acide nitrique. On fait évaporer en plaçant la capsule sur un feu modéré en remuant avec un tube de verre jusqu'à ce que l'or soit passé à l'état de chlorure. On laisse ensuite refroidir, puis on dissout dans 20 grammes d'eau distillée.

D'autre part, préparez une dissolution de 60 grammes de cyanure de potassium dans 80 grammes d'eau distillée ; mélangez ce liquide avec le précédent, et remuez pendant une vingtaine de minutes. On filtre ensuite le mélange.

Enfin on mêle 100 grammes de blanc d'Espagne sec et tamisé avec 5 grammes de crème de tartre pulvérisée.

Quand on veut l'appliquer sur les objets argentés à la galvanoplastie, on délaye une certaine quantité de poudre avec le liquide en quantité suffisante pour faire une bouillie de consistance voulue pour pouvoir l'étendre au pinceau.

L'or se fixe presque immédiatement.

Par ce procédé, on peut faire des dessins sur des objets argentés ou sur l'argent, de même que l'on peut en faire sur la dorure galvanoplastique ou sur l'or, moyennant l'*Argenture au pinceau*.

Lustrage de l'or. — Les objets d'or ternis par la vétusté acquièrent de nouveau leur brillant primitif en les faisant bouillir dans une dissolution de sel ammoniac dans l'urine, ou en les faisant tremper dans une dissolution de 60 grammes de tartre, 50 grammes de soufre, et 120 grammes de sel de cuisine dans un mélange d'eau et d'urine (parties égales) après l'avoir fait bouillir.

Lustrage de l'argenterie. — Dissolvez de l'alun dans l'eau faites bouillir et écumez ; dissolvez dans ce menstrue du savon. Les pièces en argent lavées avec ce liquide à l'aide d'un chiffon deviennent très brillantes.

Bronzage. — *Pour les peintres.* — On se sert de l'or mussif ou sulfure stannique, qui se compose ainsi qu'il suit :

Etain.	12	parties.
Soufre	7	—
Mercure	6	—
Sel ammoniaque.	6	—

Amalgamez les deux métaux et ensuite broyez l'amalgame avec le soufre et le sel ammoniaque, dans un matras placé dans un bain de sable jusqu'à ce qu'il y ait dégagement d'hydrogène sulfuré. Brisez le matras, et conservez la partie supérieure du mélange : la partie inférieure est du proto-sulfure d'étain. Il se présente sous la forme d'écailles jaunes micacées.

Ce produit sert pour frotter les coussins des machines électriques, et pour bronzer les peintures. De là, sa dénomination de *bronze des peintres*. L'on peut se servir aussi du précipité de cuivre métallique.

Des canons de fusils — Après avoir nettoyé à l'émeri le canon jusqu'à ce qu'il soit blanc, on le chauffe un peu, et ensuite on le frotte avec un mélange de beurre d'antimoine et d'huile d'olive. Laissez sécher, et brossez-le avec une brosse très dure. Passez une seconde et troisième couche s'il est besoin. On frotte ensuite à la cire, et même on le vernit à la gomme laque.

De la fonte du fer et de l'acier. — On immerge les pièces décapées et bien propres dans un bain à cuivre, additionné de stannate de soude, ou de dissolution de bichlorure d'étain, traitée préalablement par une quantité suffisante de soude. Le fer se bronze aussi par la teinture d'iode.

Du laiton. — Ce bronzage s'obtient au moyen du nitrate, de l'acétate et du chlorure de cuivre.

Du cuivre. — On le décape soigneusement, on le lave et on le sèche, et l'on applique à sa surface une pâte faite avec de l'alcool et un mélange de plombagine, d'hématite ou de sanguine broyée à l'eau.

Bronze antique des statues en plâtre. — L'on se sert du *Savon de cuivre*, qui se prépare en décomposant une solution de savon par une dissolution de sulfate de cuivre. Le précipité est soluble dans l'essence de térébenthine et dans les huiles grasses.

Si au lieu de sulfate de cuivre l'on emploie le sulfate de fer, l'on obtiendra le *Savon de fer* dont on se sert pour le *Bronzage florentin des statues en plâtre*, se dissolvant aussi dans l'huile de térébenthine et dans les huiles grasses.

Des médailles en cuivre. — Faites dissoudre deux parties de verdet et une partie de sel ammoniaque dans du vinaigre; on fait bouillir, on passe et on dilue avec de l'eau jusqu'à saveur métallique et à précipité blanc. On fait bouillir le liquide, on y immerge les médailles bien nettoyées, et l'on tient le liquide en ébullition jusqu'à bronzage complet.

L'on peut encore bronzer les objets de cuivre en employant 1 litre de vinaigre fort, 15 grammes d'alun, 8 grammes d'arsenic; on mêle le tout et on l'applique à l'aide d'une petite brosse. Quand le bronze a bien pris partout, on passe les pièces à l'eau froide, et on les fait sécher dans de la sciure de bois.

Potée d'étain. — Mélange de 0,77 d'oxyde de plomb et de 0,23 d'oxyde d'étain, si c'est du n° 1. Le n° 2 se compose de 0,82 du premier oxyde et de 0,18 du second. Cette préparation sert pour la composition des émaux.

Émail dur. — Prenez potée d'étain n° 1 ci-dessus 0,45; minimum 0,02; sable quartzeux lavé 0,45; sel marin 0,05; soude d'Alicante 0,03. Faites fondre dans un creuset.

Émail tendre. — Potée d'étain n° 2 ci-dessus 0,45; sable quartzeux 0,45; sel marin 0,07; soude d'Alicante 0,03. Mêlez et faites fondre dans un creuset.

Émaillage du fer. — Mêlez 56 grammes de terre de pipe; 448 de sable pur et 21 de salpêtre. Au moyen de l'eau de gomme faites une pâte d'une consistance convenable pour pouvoir être étendue sur l'objet à émailler, et ensuite exposez au feu l'objet ainsi enduit pour faire prendre l'émail qui adhérera fortement au fer.

Lunel donne encore, d'après Stomer, une autre formule que voici : Prenez verre blanc, 198 grammes; sable pur, 112; oxyde d'étain, 208; borax, 168; soude, 42; salpêtre, 84;

argile blanche, 35; magnésie, 28; craie blanche, 7; écailles d'huîtres, 3. Pulvérisez toutes ces substances séparément, unissez-les ensuite pour avoir une poudre homogène, et faites une pâte comme nous avons dit précédemment, pour l'appliquer ainsi que nous l'avons expliqué.

Ces deux émaux peuvent s'appliquer aussi bien sur le fer que sur d'autres métaux, et on peut les obtenir de la couleur que l'on veut en y incorporant les substances colorantes appropriées. Ils résistent aux chocs et à la chaleur, et ne se détériorent nullement par l'eau bouillante.

Bronzes et Alliages. L'alliage du cuivre à l'étain, connu depuis un temps immémorial, servait aux anciens pour fabriquer une multitude d'instruments, dont une bonne partie se fait maintenant avec le fer. Cet alliage admet différentes proportions des deux métaux, et aussi l'addition d'autres métaux. Toutes ces proportions et toutes ces additions produisent des alliages divers que l'on connaît sous des dénominations différentes. Nous allons indiquer les principales :

BRONZE	Cuivre	Nickel	Zinc	Etain	Fer	Plomb	Antimoine	Bismuth
Des statues	90,10	—	—	9,80	—	—	—	—
Des médailles	88 à 92	—	—	12 à 8	—	—	—	—
Des canons	90 à 91	—	—	9 à 10	—	—	—	—
Des cloches	78	—	—	22	—	—	—	—
Des cymbales	80	—	—	20	—	—	—	—
Des timbres de pendules	71	—	—	27	—	—	—	—
Des miroirs pour télescope	67,7	—	—	33,3	—	—	—	—
Laiton de Belgique	61	—	36	0,5	—	2,5	—	—
Chrysocale	92	—	6	2	—	—	—	—
Pakfoung chinois	55	23	17	2	3	—	—	—
Maillechort pour couvert	50	25	25	—	—	—	—	—
— pour laminer	60	20	20	—	—	—	—	—
Métal pour théières anglaises	—	—	—	73,36	—	8,88	8,88	8,88
Argentin de Paris	—	—	—	85,44	—	0,06	14,50	—
D'Alger	—	—	—	60	—	34,6	5,4	—
Alliage fusible	—	—	—	3	—	5	—	8
Alliage des dentistes	—	—	—	3	—	5	—	8

Plus un neuvième de ce total de mercure. Cet alliage est fusible à 53°. Il sert pour plomber les dents cariées, et pour les injections anatomiques.

Alliage d'aluminium.

Aluminium et argent. 100 parties du premier et 5 du second.
Aluminium et cuivre. 20 — — 100 —
Bronze d'aluminium. 10 parties d'aluminium, 90 parties de cuivre.

Les couverts préparés avec l'alliage de la seconde ormule simulent à s'y méprendre les couverts en vermeil.

La troisième formule donne un métal qui se laisse forger à chaud, et qui est d'une inaltérabilité très grande.

L'association de l'argent à l'aluminium a, sur l'aluminium seul, l'avantage d'être plus dur et de prendre un beau poli.

Plombage des armes, du fer et de l'acier. — Cette opération a pour but de préserver le fer et l'acier de la rouille, et consiste à frotter l'objet que l'on veut garder de l'oxydation avec de l'huile d'olive dans laquelle ait séjourné pendant une dizaine de jours de la limaille de plomb.

Cuivrage de la fonte. — La fonte étant préalablement décapée à l'acide hydrochlydrique on l'immerge dans un bain préparé de la manière suivante :

Oxyde de cuivre	25 parties.
Acide chlorhydrique du commerce	170 —

Additionné de :

Eau.	500 —
Alcool.	375 —

Faites dissoudre.

Autre procédé pour faire le bain :

Carbonate de cuivre	1 —
Crème de tartre pulvérisée	12 —
Eau distillée	24 —

On chauffe à 72° et on neutralise avec craie, 3,5.

On peut ainsi obtenir le *Cuivrage du fer* et de l'*acier*, après avoir décapé les pièces que l'on veut cuivrer.

Laitonnage des métaux. — Le bain se compose de :

Sulfate de cuivre . . . . 1 partie.
— de zinc . . . . 2 —

Dissolvez dans suffisante quantité d'eau pour obtenir une solution saturée et ajoutez :

Solution de cyanure de potassium en quantité suffisante pour redissoudre le précipité formé, et 1/5 ou 1/10 d'ammoniaque de manière à marquer 8° à l'aréomètre. — Plongez le métal dans ce bain.

Moirage du fer-blanc. — On fait chauffer la plaque de fer-blanc que l'on veut moirer sur des charbons ardents et en même temps on la mouille avec un mélange d'acide chlorhydrique et d'eau dans la proportion d'un et demi, à l'aide d'un tampon de linge. On voit aussitôt la surface de la plaque s'irriser de reflets argentés. A ce moment on plonge la plaque dans l'eau, on la lave et on applique une ou deux couches de vernis à la laque et à l'esprit de vin blanc ou coloré. On varie les nuances en employant parties égales d'acide sulfurique et d'acide nitrique.

Étamage des métaux. — M. Weil étame le cuivre en le plongeant à contact du zinc dans une dissolution alcaline concentrée avec potasse ou soude caustique de bichlorure d'étain, portée à la température de 50 à 100°. De cette manière on étame aussi le fer, la fonte et l'acier,

La manière la plus usuelle pour étamer les métaux consiste à les plonger dans un bain d'étain fondu, additionné d'un peu de résine qui en empêche l'oxydation. Pour que l'opération réussisse convenablement il faut décaper les métaux en les frottant avec un tampon trempé dans le sel ammoniac. Lorsqu'ils sont devenus brillants on étale sur leurs surfaces l'étain fondu ou on les plonge dans le bain.

Étamage polychrome. — Il consiste dans un alliage de 6 parties d'étain et d'une partie de fer. Cet étamage, dû à berel, est plus résistant, plus salubre et plus durable, et même plus économique. Il dure, dit-on, sept fois autant que l'étamage ordinaire.

Étamage des glaces. — L'étamage consiste dans un amalgame d'étain et de mercure préparé à l'instant même où on veut mettre la glace au *tain*.

On commence par couvrir une surface de la glace d'une feuille très mince d'étain et y appliquer du mercure.

L'*Amalgame d'étain* se compose de 3 parties d'étain et une partie de mercure. On fait fondre l'étain pour y ajouter après le mercure. Si l'on fait fondre 2 parties de zinc et qu'on les mêle avec 5 parties de mercure, l'on obtiendra un mélange dont on se sert pour les machines électriques. Cette préparation s'appelle *Amalgame de zinc*.

On sait avec quelle facilité les glaces s'altèrent lorsqu'elles sont exposées à l'humidité. On a donc pensé à obvier à cet inconvénient, et l'on propose la préparation suivante connue sous la dénomination d'*Encaustique pour glaces*.

Prenez :

Vernis blanc à l'esprit-de-vin .	250 grammes.
Blanc de céruse broyé à l'huile blanche	125 —
Vert de gris broyé à l'huile de lin.	92 —
Essence	31 —

Après huit jours que la glace est étamée on la place horizontalement, le tain en haut. On frotte la surface étamée très légèrement avec une flanelle douce. On répand avec une houppe de la poudre à poudrer sur toute la surface, et ensuite on donne deux couches de vernis à 48 heures d'intervalle à l'aide d'un blaireau. En sept ou huit jours le vernis sera complètement sec.

Étamage galvanoplastique du plomb. — Le procédé électrique a déjà été décrit à l'article *Argenture des métaux*. Nous n'y reviendrons pas.

Le bain se compose d'un stannate alcalin ou de cyanure de potassium et d'étain chauffé à 55°.

Le *Zingage galvanoplastique* du fer s'obtient à l'aide d'un bain composé de 100 parties d'eau, 1 partie d'oxyde de zinc et 10 parties d'alun.

L'on peut *zinguer le cuivre* ou les *métaux cuivrés* en présence du zinc métallique dans un bain formé par la dissolution d'un sel de zinc dans une lessive concentrée de potasse ou de soude chauffée à 100 degrés.

Mastic des fontainiers. — Prenez :

Brai sec (Arcanson) . . . . .   100 grammes.

Faites fondre dans un vase et ajoutez :

Ciment de briques en poudre .   200   —

Incorporez petit à petit. On l'applique encore chaud pour faire le joint des tuyaux, des canaux, des pierres et pour boucher les fuites des fontaines filtrantes.

Le *Ciment de brique* dont il est question dans cette formule, se compose de parties égales de chaux éteinte, de cendres tamisées et de briques pilées. On mélange le tout et, si l'on veut s'en servir comme mortier, on le gâche avec la quantité d'eau nécessaire.

Mastic des vitriers ou Mastic ordinaire. — Prenez :

Blanc d'Espagne . . . .   500 grammes.
Céruse pulvérisée.   125   —

Huile de lin siccative, quantité suffisante pour faire une pâte que l'on conservera dans l'eau, ou dans une vessie mouillée ; ou bien prenez : parties égales de vernis de graveur et de blanc d'Espagne pulvérisé ou de litharge. Ce mastic sèche en quelques heures et est très tenace.

Autre formule :

Poix commune . . . .   2 parties.
Gutta-percha.   2   —

Faites fondre. Excellent mastic qui n'est pas attaqué

par l'eau et qui est susceptible d'une grande quantité d'applications.

Mastic des bijoutiers, ou ciment Turc, ou Arménien, ou Chinois. — On fait ramollir dans l'eau de la colle de poisson, pour la faire dissoudre dans la moindre quantité possible d'alcool. Dans ce soluté l'on fait dissoudre :

Gomme ammoniaque.	50 centigr.
Mastic dissous dans 12 parties d'alcool	2 grammes.

On le conserve en flacons bien bouchés.

Pour s'en servir on le fait ramollir au bain-marie. Il sert pour fixer les pierres fines. Ce mastic que l'on emploie même pour recoller la porcelaine et le verre, s'appelle aussi *Mastic diamant*.

Ciment universel. — Ce ciment, qui ne diffère presque pas de la *Colle au caséum et à la chaux* dont nous avons donné la formule, se prépare de la manière suivante :

Recueillez le caillot de lait caillé, exprimez-le ; faites-le sécher, et réduisez-le en poudre.

Poudre caséique	300 parties.
Chaux vive en poudre	30 —
Camphre.	3 —

Mêlez et conservez dans des flacons bien bouchés.

Lorsque l'on veut s'en servir, on fait une pâte au moyen d'eau, et on l'applique.

Il résiste aussi bien à la chaleur intense qu'à l'eau.

On obtient un ciment analogue, en mêlant avec des blancs d'œufs de la chaux vive. On le prépare chaque fois que l'on en a besoin.

Ciment algérien. — Prenez :

Cendres de bois.	2 parties.
Chaux.	3 —
Sable	1 —

Mêlez, battez avec eau et huile.

Ciment de Chenot. — Mélange pâteux de fer métallique divisé et de matières inertes, telles que sable, argile, etc., comprimé dans des moules. Il acquiert une dureté considérable.

Mastic commun. — Prenez :

Sable de rivière............	20 parties.
Litharge.................	2 —
Chaux vive..............	1 —

Huile de lin, quantité suffisante pour faire une pâte homogène.

Les chauffeurs de machines à vapeur se servent de ce mastic pour faire les joints des tuyaux et des ouvertures des chaudières qu'il faut fermer hermétiquement. On en enduit de longues mèches de chanvre que l'on place entre les deux parties que l'on fait rejoindre et que l'on serre l'une contre l'autre au moyen de vis ou de boulons.

On s'en sert aussi pour les interstices des pierres.

Mastic de fonte ou de fer. — Prenez :

Limaille de fonte non oxydée.	25 à 30 parties.
Sel ammoniac pulvérisé ..	1/2 à 1 —

Mêlez avec de l'eau ou de l'urine, et faites une pâte homogène.

On l'emploie tantôt à froid et en pâte molle dans les ajustages des tuyaux et des chaudières, tantôt à sec et chaud dans les cylindres, les bouilleurs et tiroirs des chaudières.

On peut obtenir un bon mastic pour les mêmes usages en prenant quantité suffisante d'eau salée et

Limaille de fer	4 parties.
Terre glaise............	2 —
Poudre de tessons de grès....	1 —

Pour le même usage, on pourra se servir aussi du *Ciment Hamelin*, qui se compose ainsi qu'il suit :

Sable.................	84 parties.

Pierre de Portland.	166 parties.
Litharge	18 —
Verre pulvérisé	0,90 —
Minium.	0,45 —
Oxyde gris de plomb.	0,90 —

Le tout broyé avec de l'huile.
Il sert principalement pour relier le fer et la fonte.

Mastic de minium.

Céruse	2 parties.
Minium.	1 —

Broyez à l'huile.
Il peut remplacer les précédents.

Mastic de plombagine ou graphite.

Plombagine	272 parties.
Craie.	136 —
Sulfate de baryte	362 —
Huile de lin cuite	300 —

Broyez, et faites une pâte.
Les mêmes usages que les précédents.

Ciment de Botany-Bay. — Prenez : parties égales de résine de Botany-Bay et de brique en poudre. Mêlez par fusion.
Pour coller les objets de terre.

Mastic au caoutchouc de Maissiat. — Faites fondre à la température de 220 degrés le caoutchouc très divisé en y ajoutant un peu de suif ou de cire et en ayant soin de conduire le feu lentement, et remuant toujours. Lorsque la fusion est complète, on ajoute par petites portions une partie de chaux délitée et tamisée pour deux parties de caoutchouc. Quand le mastic a acquis une consistance convenable, on le retire du feu.

Ce mastic ne se dessèche pas : il reste mou et ductile pendant longtemps. Si on le voulait siccatif, il faudrait ajouter du sel de plomb, ou une partie de minium.

Il sert plus particulièrement aux chimistes pour le lutage des appareils.

Mastic pour les arbres. — Ce mastic se compose de charbon en poudre fine empâté avec du goudron, on l'applique dans les crevasses et les plaies des arbres.

Mastic bitume.

Bitume de Seyssel	4	kilogrammes.
Huile de lin	2	—
Huile grasse ⎱ de chaque	1	—
Litharge ⎰		

Mélangez et ajoutez :

Essence de térébenthine. .	1	—

Il sert pour les constructions.

Pour remplir les joints que laissent entre elles les pierres exposées à la pluie comme les pierres de terrasse, l'on connaît et l'on fait usage du *Mastic de Corbel*, qui se compose de :

Ciment fin.	8	kilogrammes.
Céruse	1	—
Litharge	1 1/2	—
Huile.	1 1/2	—

Huile de lin, quantité suffisante pour faire une pâte.

Mastic argileux.

Argile épaisse.	2	parties.
Huile de lin pure.	1	—

Mêlez, et chauffez cinq minutes.

Au lieu d'huile de lin, on peut employer la térébenthine à la même dose.

Ce mastic sert pour souder des métaux au verre et à la porcelaine, en ayant soin de tenir en contact les objets mastiqués pendant deux ou trois jours.

Mastic de Sorel pour moulage. — Ce mastic peut servir comme mastic proprement dit, et pour moulage. Il se prépare en délayant de l'oxyde de zinc dans du chlorure de zinc liquide, marquant 50 à 60°. Selon l'usage auquel il doit servir, on y ajoute des matières siliceuses, calcaires, métalliques, en quantité suffisante pour faire une pâte. Lorsqu'on veut en enduire un mur, un plafond, un lambris, on commence par mettre une couche d'oxyde de zinc mêlé de colle que l'on recouvre d'une autre couche de chlorure de zinc. L'oxyde et le chlorure se combinent et forment une espèce de mastic poli comme le verre, qui peut servir de couleur, d'enduit pour les métaux, la porcelaine, le verre, et aussi comme moyen obturateur des dents creuses.

Mastic des dentistes. — On a donné le nom de *Plombage des dents* à l'opération qui consiste à boucher le trou d'une dent cariée, parce qu'autrefois on remplissait ce trou d'une feuille très mince de plomb. Mais comme ce métal s'oxyde très promptement, et que ces oxydes sont malfaisants, on l'a remplacé par des feuilles d'argent, d'or, de platine, comme métaux moins oxydables. D'après ce qu'il paraît, ces métaux mêmes ne remplissent pas convenablement le but, puisqu'on a proposé différentes préparations pour les remplacer. On a d'abord préconisé un alliage fusible que l'on applique dans le creux de la dent, après l'avoir soigneusement nettoyée; et que l'on fait fondre par le contact d'un fer à peine chaud, afin que le métal se distribue partout. (Voir *Alliage des dentistes*.)

On a proposé d'autres moyens; en voici quelques-uns que nous empruntons à l'officine de M. Dorvault:

Mastic d'Ostermaier pour les dents. — On mêle ensemble treize parties de chaux vive finement pulvérisée et douze parties d'acide phosphorique anhydre; puis on introduit la quantité voulue de ce mélange dans la dent, et il ne tarde pas à se consolider.

Mastic de Feichtinger pour les dents. — Verre pulvérisé une partie, oxyde de zinc pur trois parties. Mêlez exactement et délayez avec une dissolution, composée de cinquante parties de chlorure de zinc (densité 1,5 à 1,6) et d'une partie de borax. Ce ciment durcit vite, et doit être appliqué avec promptitude. — Voir plus haut : *Mastic pour moulage de Sorel.*

Pâte alumineuse acétique.

Alun.	10 parties.
Gomme arabique.	autant
Ether acétique.	2 parties.

Eau en quantité suffisante pour faire une pâte, avec laquelle on enduit la cavité de la dent cariée, son collet et l'intervalle qui sépare les dents voisines.

Mastic de Bernoth pour les dents.

Mastic pulvérisé.	90 parties.
Ether sulfurique.	40 grammes

Faites dissoudre, passez et ajoutez :

Alun de plume en poudre fine, quantité suffisante pour obtenir un mastic plastique que l'on enfermera dans de petits flacons de la capacité de 8 grammes, dans chacun desquels on aura préalablement versé deux grammes d'alcool camphré et une goutte d'essence de girofle.

Ce mastic, introduit dans la dent, après avoir bien nettoyé et séché celle-ci avec du coton à plusieurs reprises, acquiert en peu de temps une grande solidité.

Ciment obturateur des dents. — Prenez :

Gutta-percha ramollie dans l'eau chaude		4 grammes.
Poudre de cachou Tannin	de chaque	2 —
Essence de girofle		1 goutte

On mélange, on fait doucement chauffer et on l'introduit dans le creux de la dent qu'on remplit.

Autre procédé :

Mastic pulvérisé	1 gramme.
Collodion	2 —

Trempez une boulette de coton dans ce mélange et introduisez-la dans la dent.

Mastic de Dhil. — Brique pilée finement, ou :

Argile bien cuite.	9 parties,
Litharge	1 —

Mêlez exactement, et pétrissez avec de l'huile de lin.

Il convient surtout pour le rejointement des dalles et pierres de taille.

Mastic au blanc d'œuf, ou Lut au blanc d'œuf. — Il se compose d'albumine et de chaux réduite en poudre. Il résiste à l'humidité et sert à recoller le marbre, et encore à recoller des bandes de papier autour des vases à distillation.

Mastic pour pipes en écume. — Saupoudrez les deux surfaces que vous voudrez faire adhérer avec de la laque très finement pulvérisée, et appliquez-y assez de chaleur pour faire fondre la laque. Alors rapprochez les deux morceaux que vous voulez souder ensemble, et pressez-les pendant quelque temps.

Ciment-mastic. — Prenez :

Sable fin	20 parties.
Carbonate de chaux en poudre. .	10 —

Mêlez avec l'huile siccative de lin. Il peut être employé comme le ciment romain pour certaines constructions hydrauliques.

Le *Ciment romain* est simplement le produit de certains calcaires très argileux. Au contact de l'eau il durcit en quelques heures. Un bon ciment romain s'obtient en calcinant un calcaire qui contient 30 0/0 d'argile. On trouve cette combinaison minérale dans plusieurs endroits de France, et on le fait artificiellement sous la dénomination de *Chaux hydraulique artificielle* en délayant dans de l'eau un mélange d'une partie d'argile et de quatre parties de craie. On laisse en repos, après avoir broyé à l'aide d'un meuleton, et ensuite on ramasse le résidu que l'on fait calciner modérément. (Voir *Mortier*.)

Mastic pour luter. — 1° Un mélange de pâtes d'amandes et de colle.

2° De la limaille de fer, de l'argile et de la gomme arabique.

3° Un mélange d'argile grasse, de chaux et de blanc d'œuf.

4° Un mélange de plâtre et d'amidon.

5° Un mélange de farine, d'argile et de caoutchouc fondu ; ce lut résiste aux acides.

6° De la farine de graine de lin détrempée dans de l'eau.

Tous ces mastics servent pour luter les appareils de chimie, et peuvent servir pour les distillateurs même d'eau-de-vie, qui distillent avec l'appareil à la Baumé.

Lut argileux.

Argile réfractaire délayée. . .	20 grammes.
Crottins hachés de cheval. . .	10 —
Sable.	40 —

Mêlez et appliquez.

Lut blanc.

Craie.	30 grammes.
Farine de froment \} de chaque	10 —
Sel	
Eau	77 gr. 50 c.

Mêlez, pétrissez et appliquez.

Un autre lut dans le même genre et peut-être plus solide, se compose de :

Craie.	10 grammes.
Farine de seigle.	20 —

Blanc d'œuf, quantité suffisante pour faire une pâte liquide.

Un autre lut s'obtient en mêlant ensemble du sang de bœuf et des cendres de bois neuf.

Lut au plâtre.

Céruse ou blanc de plomb à l'huile de lin
Plâtre
} de chaque, parties égales.

On délaye ce mélange avec une quantité suffisante d'eau pour former une pâte assez consistante.

Mortiers. — Il y a trois qualités de mortiers. 1° Le *mortier ordinaire*, qui se compose de trois parties de gros sable et une partie de chaux éteinte. 2° Le *mortier fin*, dans lequel le sable pour la même quantité de chaux n'entre que pour deux parties. 3° Le *mortier hydraulique*, qui se prépare avec une partie de sable fin, une partie de brique pilée et une partie de chaux éteinte. Tout le monde sait comment on pétrit et on corroie le mortier pour le rendre d'une composition homogène dans toutes ses parties, en y ajoutant petit à petit la quantité d'eau nécessaire pour avoir la consistance voulue.

Nous ferons remarquer que dans le mortier hydraulique l'addition de la brique pilée représente l'argile, et jusqu'à un certain point correspond à la *chaux hydraulique*. C'est à l'addition de l'argile qu'est due l'hydraulicité du mortier, dont le plus haut degré demande 20 à 30 0/0 d'argile. Si la pierre calcaire renferme de 30 à 40 0/0 d'argile par la cuisson, il en résulte ce qu'on appelle un *Plâtre ciment*. Si on le pulvérise et on le gâche avec de l'eau, il durcit presque instantanément soit à l'air, soit sous l'eau.

La *Pouzzolane* est une matière volcanique que l'on trouve aux environs de Pozzuoli, près de Naples ; elle est très énergique et donne le meilleur mortier hydraulique si on la mêle avec la moitié de son volume de chaux éteinte.

La *Pouzzolane artificielle* se prépare au moyen de la

cuisson d'une pierre calcaire qui contient depuis 70 0/0 d'argile, et plus.

Ainsi la pouzzolane, même artificielle, est le degré le plus énergique de la chaux hydraulique, car elle contient plus d'argile que n'en contiennent les pierres calcaires argileuses. L'hydraulicité des mortiers commence à se manifester lorsque la chaux contient au moins 10 0/0 d'argile, et est nulle si la chaux n'en contient pas. Aussi le mortier ordinaire est-il long à sécher dans l'intérieur des gros murs.

Ciments naturels. — Le *Ciment romain* ou de *Parker*, qui est un *Ciment plâtre*, se rencontre dans différents endroits, soit en France, soit en Angleterre, soit ailleurs. Comme ces ciments ont une proportion différente d'argile et de chaux, ils sont plus ou moins hydrauliques, mais ils le sont tous. La *pierre à ciment* se rencontre à Boulogne-sur-mer, à Pouilly en Bourgogne, à Molène en Dauphiné, à Grenoble; dans l'Ardèche, où l'on ne compte pas moins de vingt-six fours pour la cuire. Celle de Pouilly paraît surpasser les meilleures qualités de ciments anglais.

On ne peut pas reproduire artificiellement ces ciments malgré la connaissance que l'on a de leur composition, car, comme l'observe M. Payen, leurs qualités, si elles tiennent de la proportion des substances qu'ils renferment, tiennent aussi à l'agrégation serrée de leurs molécules.

Béton. — Le béton est une agglomération composée de mortier ordinaire, de gravier ou d'autres recoupes de pierre et de cailloux, ou de scories de houille (mâchefer), auquel on ajoute de la chaux hydraulique ou pouzzolane, s'il doit être placé sous l'eau. Voici la formule d'un excellent béton. Disposez en bordure circulaire de la brique pilée, ou de la chaux hydraulique, ou de la pouzzolane, supposons douze parties; couvrez la surface que laisse intérieurement cette bordure d'une couche de sable bien grené et non terreux, six parties; remplissez le bassin avec neuf parties de chaux vive récemment sortie du four. Dès que la chaux est éteinte, on y mêle la bordure, après quoi on ajoute les pierres ou autres corps que l'on y veut agglomérer, mais qu'ils ne présentent un volume pas plus grand qu'un œuf. On remue en tous sens pendant une heure. S'il doit servir dans l'eau, on le laisse tomber dans les endroits qu'il doit occuper. S'il doit servir à faire des murs, on le pose dans des moules qui représentent l'épaisseur que l'on veut donner au mur même, et, à chaque couche qu'on étend, on le bat et on le foule avec des maillets de fer. Préparé de cette manière il sèche assez vite, ce qui n'a pas lieu si on le prépare avec le mortier ordinaire.

L'on construit dans le Lyonnais des murs avec une espèce de terre argileuse que l'on bat dans des moules faits de quatre planches mobiles représentant le mur même, et que l'on superpose l'une à l'autre au fur et à mesure que l'autre est déjà remplie et tassée. L'on fait ainsi des maisons en *Pisé* qui sont d'une durée considérable, si l'on a le soin d'abriter les murs avec un enduit de bon mortier et un recrépissage contre la pluie qui ne manquerait pas de les détériorer en peu de temps. Les deux inondations les plus fortes qui ont affligé Lyon, en 1840 et 1856, n'ont produit autant de ravages que parce qu'une bonne partie des maisons des faubourgs, bâties en pisé, ont été trempées à leur base par l'eau qui, désagrégeant le pisé, les faisaient s'affaisser sur elles-mêmes, et s'écrouler.

Enduit Hydrofuge. — Prenez :

Huile de lin siccative. . . .	1000 grammes.
Cire jaune	300 —
Blanc de plomb en poudre. .	1000 —

Faites fondre la cire dans l'huile pendant cinq minutes et ajoutez le blanc de plomb, toujours en remuant, et laissez bouillir encore cinq minutes.

Cet enduit s'applique aussi bien à l'intérieur qu'à l'extérieur des maisons; sur le bois, la pierre et la brique, indistinctement. On donne ordinairement deux couches, à un jour d'intervalle l'un de l'autre.

L'on peut obtenir aussi un bon enduit en faisant une pâte avec de la brique pilée, de l'huile de lin, et une partie de litharge. La brique figure dans la proportion de treize parties.

Un autre enduit se compose de la manière suivante :
Prenez :

 Résine blanche, ou brai sec . . . 10 parties

Faites fondre à petit feu, et lorsque la matière cesse d'augmenter de volume et qu'elle devient transparente, ajoutez peu à peu et en remuant :

 Huile d'olive . . . . . . 18 ou 20 parties.

On passe en travers un tamis de crin.

Carton-pierre. — Mélange de gélatine, de craie, d'argile et pâte de carton. Les doses de ces ingrédients varient selon la dureté que l'on désire donner au carton.

Carton pour toiture ou Carton bitumé. — L'on trempe les feuilles de carton dans le goudron de houille, et on les saupoudre ensuite, avant qu'elles ne refroidissent, avec du sable fin. Il est indispensable que ces feuilles soient fixées sur des planches dans toute leur superficie pour éviter leur prompte détérioration. Un mètre carré de cette toile revient à un franc environ.

Toiles goudronnées. — De même que l'on enduit le carton, on goudronne les toiles, en se servant cependant d'un pinceau, et en ne les goudronnant que sur une seule surface. Mais plus généralement on les enduit avec la préparation suivante : on fait fondre 10 parties de résine en y ajoutant 15 parties d'huile de poisson, de navette ou de colza. Elle s'applique chaude sur les toiles à l'aide d'un pinceau. Il en est de même des *Cordes goudronnées*.

Enduit imperméable. — Pour préserver de l'humidité les cuirs bruts et la chaussure, on fait fondre à un petit feu 10 parties de résine blanche ou de brai sec, en y ajoutant ensuite et toujours en remuant, 18 ou 20 0/0 d'huile d'olive. On passe ce mélange encore chaud à travers un tamis de crin, et on l'applique chaud à plusieurs couches. (*V. Mastic* et *Vernis*.)

Enduit pour toiles et cordes.

    Résine . . . . 10 parties.
    Huile de potiron . . . . 15 —

Passez à travers une grosse toile. — Il s'applique chaud.

Enduit pour Toiles à tableaux. — Prenez :

    Terre de pipe . . . . 1 partie.
    Baryte \
    Oxyde de zinc } de chaque. . . . . 1 —
    Céruse /
    Craie. . . . . 2 —
    Glu. . . . . 1 —
    Térébenthine de Venise ou autre
      résine. . . . . 1 —
    Caoutchouc dissous. . . . . . . 4 —
    Huiles grasses. . . . . 2 —
    Huiles végétales ou essentielles . . 4 —
    Huiles minérales. . . . . 3 —
    Huiles animales . . . . 1 —

Faites fondre le tout ensemble, pour en avoir une composition que l'on appliquera à l'aide d'un blaireau. Si une couche ne couvre pas bien on en donnera une seconde à un jour de distance.

Enduit pour pieux. — Les pieux, les tuteurs, et même les échalas, s'ils ne sont pas enduits d'une préparation hydrofuge, pourrissent très promptement. Aussi il convient de les abriter de l'humidité de la terre, ce à quoi on satisfait complètement au moyen de la composition suivante :

    Résine . . . . 50 parties
    Craie lavée et en poudre . . . . 40 —

Sable blanc.	300 parties
Huile de lin.	4 —
Oxyde rouge de cuivre.	1 —
Acide sulfurique.	1 —

On chauffe ensemble la craie, la résine, le sable et l'huile de lin, on y ajoute ensuite l'oxyde de cuivre et l'acide sulfurique. On agite le tout, et on applique chaud avec un pinceau en crin grossier. Si l'enduit est trop épais on le délaye avec de l'huile de lin. On s'en sert pour tous les bois exposés à l'humidité de la terre.

Enduit pour navires ou Glu marine. — Les proportions des ingrédients pour préparer cet enduit sont les suivantes :

Caoutchouc naturel. . . .	3 ou 4 parties
Huile essentielle de goudron.	34 —
Gomme laque	62 ou 64 —

On découpe le caoutchouc en lanières très minces et on le laisse immerger dans l'huile jusqu'à dissolution complète. On ajoute alors la laque et on expose le mélange au feu dans un vase de fer. Remuez jusqu'à consistance homogène du mélange et ensuite versez sur une surface métallique ou de marbre pour la refroidir et la solidifier, sous forme de plaqués. Pour s'en servir on la fait chauffer dans un vase de fer, à 120°. Une fois liquide on l'applique à plusieurs couches sur les surfaces des parties à réunir (si l'on s'en sert pour colle) ou les parois du bâtiment, (si on l'emploie comme enduit) aussitôt placées l'une sur l'autre les deux surfaces que l'on veut coller, il faudra les plonger dans l'eau froide.

On se sert de cette composition si remarquablement agglutinative pour coller les bois dans les constructions navales et aussi pour coller la pierre et le marbre. Une fois ses tronçons adhérents, le joint ne se brise plus.

Pour vernir les navires on se sert plus communément d'un mélange de poix et de goudron végétal.

Encre noire ordinaire.

Noix de galle concassées.	1 kil.	500 gr.
Vitriol vert (sulfate de fer). .	0	750 —
Bois d'Inde.	0	500 —
Eau de fontaine	15	»

Laissez infuser à froid, et remuez tous les jours pendant quinze jours. On ajoute alors :

Gomme arabique en poudre, fondue dans un demi-verre de vinaigre, 30 grammes pour chaque litre d'encre. On la conserve dans des bouteilles soigneusement bouchées. On pourra l'aromatiser avec 3 grammes d'huile essentielle de clous de girofle ou de lavande.

Un autre procédé pour obtenir une bonne encre économique est le suivant :

Prenez :

Eau de fontaine	8 litres
Noix de galle concassées . . .	500 grammes
Gomme arabique.	210 —
Sulfate de fer	200 —
Vinaigre de vin	1/4 de litre

Faites infuser pendant 48 heures la noix de galle dans l'eau à froid. Ensuite faites dissoudre en même temps la gomme arabique dans le vinaigre, à cette solution ajoutez le sulfate de fer, laissant tout en repos pendant 8 jours en remuant soir et matin.

On mêle le tout en le faisant bouillir pendant un instant On tamise ensuite et on embouteille.

Encre noire double. — Cette encre s'obtient en ajoutant aux substances de la formule précédente :

Indigo	50 grammes
Vinaigre.	3 litres

Et faisant bouillir pendant deux heures, au bout duquel temps l'on filtre au papier sans colle.

Il faudra la conserver dans des bouteilles bien bouchées.

Encre noire économique.
    Bois de campêche . . . . 500 grammes.
    Eau . . . . 5 litres.

Faites bouillir jusqu'à obtenir 4 litres de décoction. Passez et ajoutez :
    Chromate jaune de potasse . . . 50 grammes.

Cette encre n'oxyde pas les plumes métalliques.

Encre pour copier à la presse ou à décalquer.
    Noix de galle . . . . 500 grammes.
    Gomme arabique . . . . 180 —
    Vitriol vert (sulfate de fer) . . . 180 —
    Bois d'Inde pilé . . . . 180 —

L'on concasse les noix de galle et l'on pulvérise la gomme. Ensuite faites macérer toutes ces substances à l'exception du vitriol dans 5 litres d'eau, à une légère chaleur, pendant vingt-quatre heures, en ayant soin de remuer de temps à autre. Après ajoutez le vitriol toujours en remuant.

Si au lieu d'eau, l'on emploie du vin blanc, un peu d'eau-de-vie et 180 grammes de sucre candi, on rendra l'encre brillante, mais moins belle.

Si la couleur de l'écriture n'est pas assez noire on y ajoutera 60 ou 100 grammes de vitriol; si elle jaunit on y remédiera en ajoutant 120 à 150 grammes de noix de galle ; enfin, si elle emboit le papier on ajoutera de la gomme ou du sucre candi.

L'on obtient encore cette encre en faisant dissoudre dans l'encre ordinaire du sucre candi, dans les proportions de deux à un.

En humectant légèrement la feuille sur laquelle l'on veut transporter ce que l'on a écrit sur une autre feuille, et comprimant ces deux feuilles l'une sur l'autre au moyen d'une presse, l'on obtient une copie.

Encre indélébile. — Mélangez parties égales de garance et d'indigo, et délayez le mélange dans une quantité suffisante d'eau. Que l'on fasse bouillir jusqu'à ce que le liquide soit devenu rouge. Ajoutez alors un huitième du poids du liquide d'acide sulfurique.

Cette encre, en sortant de la plume, ne laisse pas des caractères bien noirs, mais ils le deviennent à l'action de la chaleur.

Encre inoxydante pour plumes métalliques.

Bière } de chaque . . . 1 kil. 500 grammes.
Eau }

Bois de campêche en poudre   160

Faites bouillir pendant une demi-heure.
Décantez encore chaud, et au liquide obtenu ajoutez :

Alun de roche }
Sucre candi } de chaque . . . 24 grammes.
Gomme arabique }

Mêlez, agitez ; ensuite laissez en repos pendant deux jours. Décantez de nouveau sans passer. Conserver le produit dans des bouteilles bien bouchées.

Encre incomparable.

Noix de galle concassées . . .   500 grammes
Vitriol vert (sulfate de fer). . .   300   —
Vitriol bleu (sulfate de cuivre).   40   —
Bois de campêche en copeaux .   300   —
Gomme arabique   225   —
Sucre candi.   180   —
Vinaigre . . . . 1 kil. 250   —
Eau de fontaine . . .   10 — »   —

Laissez digérer pendant un mois, en remuant de temps à autre : ensuite passez pour la débarrasser de la noix de galle et du campêche. Aromatisez avec de l'essence de clous de girofle, et conservez en bouteilles bouchées.

Encre orientale.

Gomme arabique en poudre . .   64 grammes
Noix de galle en poudre très fine   32   —

Sulfate de fer (vitriol vert). . .　16 grammes
Noir de fumée . . . .　16　—

Mélangez toutes ces substances en les triturant, et en ajoutant de l'eau en quantité suffisante pour obtenir la consistance voulue.

Encre rouge.

Bois de Brésil en poudre . . . . .　1 kilogr.
Vinaigre . . . .　4　—

Laissez macérez pendant trois jours; faites bouillir ensuite jusqu'à réduction de la moitié du vinaigre, et après filtrez et ajoutez :

Gomme arabique ⎫
Alun　　　　　　⎬ de chaque . .　125 grammes
Sucre candi　　⎭

Conservez dans des bouteilles bouchées.

Autre procédé :

Bois de Brésil en poudre . . .　120 grammes
Eau. . . . .　1 kil　»　—

Faites bouillir pendant un quart d'heure. Filtrez et ajoutez :

Gomme arabique . . . .　5 grammes
Alun de roche (sulfate d'alumine et potasse)　2　—
Vinaigre . . . .　10　—

Autre procédé :

Carmin de cochenille . .　30 centigrammes.
Ammoniaque liquide . .　30 grammes.

Voyez *Carmin liquide de cochenille.*

Faites dissoudre, et ensuite ajoutez :

Gomme arabique en poudre, quantité suffisante.

Cette encre s'appelle aussi *Encre carminée.*

Autre procédé :

Bois de Brésil. . . . .　100 grammes.
Vinaigre . . . .　4 kil　—

Laissez macérer pendant trois ou quatre jours. Après faites bouillir jusqu'à réduction des deux tiers. Filtrez et ajoutez :

    Gomme arabique.
    Alun de roche. . . } de chaque 0,125 grammes.
    Sucre . . . . .

Encre bleue.

Crème de tartre	30	grammes.
Verdet (acétate de cuivre). .	30	—
Eau.	100	—

Faites bouillir jusqu'à réduction de moitié ; ensuite, ajoutez quantité suffisante de gomme arabique en poudre pour lui communiquer l'épaisseur voulue.

Autre procédé :

Indigo.	8	grammes.
Chaux vive.	16	—
Carbonate de potasse	8	—
Sulfate d'arsenic	8	—
Eau.	100	—

Faites bouillir jusqu'à dissolution complète. Passez et ajoutez :

    Gomme arabique en poudre. .   16 grammes.

Autre procédé :

Faites dissoudre dans de l'eau gommée autant de carmin d'indigo qu'il en faut pour obtenir une belle couleur bleue.

Autre procédé :

Perchlorure de fer liquide . .	4	grammes.
Eau.	750	—

Délayez le premier liquide dans l'eau, ensuite précipitez en ajoutant :

    Cyanure de potassium ordinaire préalablement dissous
        dans 100 grammes d'eau. . . .   4 grammes.

On recueille le cyanure qui s'est formé, et on le lave à plusieurs eaux.

On laisse égoutter, jusqu'à ce que la pâte molle qui le représente ne pèse plus que 200 grammes.

Alors on ajoute :

Acide oxalique . . . . 1 gramme.

Mêlez et toujours en remuant à l'aide d'un morceau de bois, ajoutez assez d'eau pour obtenir la consistance voulue.

Si cette encre est embue par le papier, ajoutez quelque peu de gomme arabique en poudre.

Encre bleue en tablettes. — Ces tablettes se préparent en ajoutant au carmin d'indigo de l'alun dans les proportions de 4 à 34. L'alun doit être dissous dans une quantité suffisante d'eau. On fait précipiter au moyen du sous-carbonate de potasse. On laisse sécher le précipité, pour ensuite faire, avec de la colle de poisson, une pâte que l'on partage en tablettes et qu'on laisse sécher.

Encre jaune. — Une décoction ou infusion à chaud de différentes substances jaunes, telles que la graine d'Avignon, la gaude, le bois jaune, le safran, la gomme gutte, très concentrées et épaissies convenablement au moyen de la gomme arabique en poudre, donnent une très belle encre jaune.

Encre verte. — Cette encre n'est que le produit de la décoction d'écorce de nerprum (rhamnus catharticus) auquel on a ajouté une petite quantité de soude ou de potasse. On l'épaissit avec de la gomme arabique en poudre. Ce produit n'est-il pas le Lo-Lao des Chinois, autrement appelé en teinture *Vert de lumière*, se maintenant vert à la lumière de nos lampes et de nos bougies ?

Encre violette. — Cette encre s'obtient en ajoutant de la gomme arabique et de l'alun à la double décoction de bois de Fernambouc et de bois d'Inde dans la proportion de 100 parties du premier et 30 du second.

Encre d'argent. — Amalgamez de l'étain fin en feuille avec le double de son poids de mercure ; ayez soin que l'amalgame soit homogène, ce que vous obtiendrez en opérant le mélange pendant assez longtemps pour qu'il devienne coulant. Alors broyez sur le porphyre avec de l'eau gommée.

Encre d'or. — Feuilles d'or, la quantité que l'on veut.
Miel, quantité suffisante pour faire une pâte assez ferme.
Délayez cette pâte dans de l'eau : le miel se mêlera à l'eau et l'or divisé tombera au fond.

D'autre part on fait dissoudre de la gomme arabique dans l'eau pour obtenir un liquide d'une convenable consistance, et l'on y mêle la poudre d'or qui restera en suspension.

Encre en poudre. — Toutes les encres noires dont nous avons donné les formules, si on les évapore, laissent un précipité qui, desséché, n'est autre chose qu'une poudre donnant une encre, si on la délaye dans l'eau. On obtient cependant une encre noire en poudre, en réunissant ensemble la poudre de noix de galle et celle de la couperose verte dans les proportions de 60 à 10, et en y ajoutant un dixième de gomme arabique, du poids total du mélange.

Encre incorrodible.

Résine copal . . . . 25 grammes
Essence de lavande . . . . . 160 —

Faites fondre à une douce chaleur. Ajoutez selon la couleur que vous voudrez obtenir :

Noir de fumée.
Indigo ou bleu de Prusse.   } quantité suffisante pour lui communiquer la couleur.
Vermillon . . . .

On l'emploie ordinairement pour écrire sur les flacons à acides.

Encre lithographique. — 1° Pour écrire sur la pierre, ou pour y dessiner.

Suif de mouton épuré.	2 parties
Cire blanche épurée	2 —
Gomme laque	2 —
Bon savon.	2 —
Noir de fumée.	7/8 de partie

Mêlez et incorporez le tout pour obtenir une masse homogène. C'est en faisant fondre le tout ensemble à une douce chaleur que l'on obtiendra le mélange exact. On coule le mélange dans des moules où la liqueur se refroidit, et prend la consistance nécessaire pour servir de crayon.

Autre procédé :

Dans un vase chauffé on introduit :

Savon blanc de Marseille. } de chaque, une partie.
Mastic en larmes . . . .   }

On fait fondre ces substances en les remuant continuellement. Une fois fondues, on ajoute :

Laque en tablettes . . . .   5 parties

On continue à remuer et ensuite, le mélange obtenu, on y ajoute peu à peu une solution d'une partie de soude caustique dans cinq parties de son volume d'eau. Le mélange fait à l'aide d'une chaleur modérée, on ajoute le noir de fumée nécessaire, et immédiatement après la quantité d'eau nécessaire pour rendre cette encre propre à l'écriture.

Pour écrire ou dessiner sur le papier.

Savon. . . .   }
Suif. . . . .   } de chaque   30 parties
Mastic . . .   }
Sel de soude.   }

Gomme laque . . . . 150 parties
Noir de fumée. . . . . 12 —

Encre autographique. — Prenez :

Cire vierge . . . . 180 grammes
Savon blanc. . . . . 60 —
Laque en écaille . . . . . . 60 —
Noir de fumée ordinaire. 3 cuillerées à bouche

Dans un vase, on fait fondre la cire et le savon : on chauffe fortement. Lorsque le mélange sera sur le point de s'enflammer, ajoutez le noir de fumée, et laissez brûler pendant une demi-minute. Eteignez la flamme, ajoutez la laque par petites portions et laissez le mélange prendre feu encore une autre fois, pendant un instant. Eteignez alors vivement, sortez le vase du feu et laissez suffisamment refroidir pour couler le mélange ensuite dans des moules, où l'encre se consolidera.

Cette encre s'emploie absolument comme l'encre de Chine, c'est-à-dire en la frottant contre un corps dur contenant un peu d'eau.

On s'en sert pour autographier sur un papier préparé comme il est dit à l'article *Papier autographique*.

Encre typographique ou d'imprimerie. — Noir de fumée et huile de lin cuite, dans la proportion convenable pour obtenir la consistance voulue.

Encre de Chine. — Noir de fumée broyé avec de la colle forte longtemps bouillie dans l'eau : on y mêle un peu de camphre ou de musc, et l'on donne à la pâte la forme qu'ont les petits bâtons d'encre de Chine véritable.

Autre procédé :

Le docteur Lunel donne une formule pour obtenir une encre de Chine qui ne le cède en rien à la meilleure encre de Chine véritable. Nous la transcrivons textuellement :

Noir de fumée de lampe calciné . . . . 100 grammes.

Noir de schiste bitumineux en poudre impalpable	50 grammes
Carmin d'indigo sec.	10 —
Laque carminée	5 —
Gomme arabique (1ʳᵒ qualité) .	10 —
Fiel de bœuf purifié	20 —
Teinture de musc	5 —

Faites dissoudre la gomme dans soixante grammes d'eau, et passez; détrempez dans cette solution le carmin, la laque, les noirs, et broyez le tout à la molette. Lorsque la pâte est parfaitement homogène, ajoutez peu à peu le fiel de bœuf, puis le musc. Le broyage doit durer 12 heures. Laisser sécher à l'air.

Encre noire pour marquer le linge. — On mouille l'endroit de la toile où l'on veut écrire avec une solution de 62 grammes de sous-carbonate de soude dans 125 grammes d'eau. On laisse sécher, ensuite on écrit avec le liquide dont voici la formule :

Nitrate d'argent fondu (pierre infernale).	15 grammes.
Gomme arabique pulvérisée . .	20 —
Vert de vessie	30 —
Eau distillée.	62 —

On dissout le nitrate d'argent et le vert de vessie dans l'eau, et on y ajoute ensuite la gomme arabique. On conserve cette préparation dans des flacons bouchés à l'émeri.

Autre procédé :

Dissolvez de l'asphalte dans une suffisante quantité d'essence de térébenthine. Incorporez-y du noir de fumée ou de la plombagine.

Encre rouge pour marquer le linge.

Chlorure de platine.	4 parties.
Eau distillée	60 —

On écrit avec cette solution, et on laisse sécher. Après,

on passe de nouveau sur chaque lettre avec une solution de 4 parties de protochlure d'étain dans 60 parties d'eau distillée. Les caractères préalablement tracés acquerront une belle couleur pourpre.

La solution aqueuse de platine ci-dessus est ce qui constitue l'*Encre d'horticulture*. On écrit aussi bien sur les étiquettes en zinc à l'aide d'un liquide préparé avec une partie de sulfate de cuivre, dix parties d'eau, et une quantité suffisante de noir de fumée en suspension; ou bien avec le vernis au goudron de houille, ou encore en mêlant une partie de verdet, une partie de sel ammoniaque, une demi-partie de noir de fumée et dix parties d'eau.

Encre sympathique. — Tout liquide incolore, susceptible de prendre une couleur à l'aide d'un réactif chimique quelconque, de la lumière ou de la chaleur, peut servir pour encre sympathique. Par exemple :

1° Les caractères tracés par la solution d'acétate de plomb noircissent au contact des sulfures alcalins, ou simplement de l'hydrogène sulfuré. Il en est de même de la solution de nitrate de bismuth.

2° Les caractères écrits avec une faible solution de noix de galle, ou d'écorce de chêne, ou de sumac, noircissent par la dissolution d'un sel de fer au maximum d'oxydation.

3° La solution de sulfate de cuivre donne des caractères d'une couleur bleue au contact des vapeurs ammoniacales.

4° Le jus de citron donne des caractères qui deviennent bruns en les exposant à la chaleur. Le jus de cerises donne une couleur verdâtre, celui de l'oignon une couleur noirâtre; l'acide sulfurique, affaibli par beaucoup d'eau, une couleur rouge, et le vinaigre une couleur rouge pâle.

5° L'acétate, le nitrate, le chlorure de cobalt et l'oxyde de nickel servent mieux que tous autres pour tracer des caractères invisibles, et qui paraissent à la chaleur pour disparaître ensuite s'ils se refroidissent, sans perdre la faculté de reparaître de nouveau, et autant de fois qu'ils sont réchauffés. Cette particularité qu'a le cobalt, à l'exception de tous les autres liquides sympathiques, nous engage à transcrire les formules pour l'employer :

Acétate de cobalt . . . . 12 grammes.

Dissous dans une quantité suffisante d'eau. Ajoutez :

Sel marin. . . . . 30 grammes.

Autre procédé :

Nitrate de cobalt. . . . . . . 20 grammes.
Eau en quantité suffisante.
Sel marin. . . . . 4 —

La chaleur teint en bleu les caractères tracés par ces deux solutions.

La solution de chlorure de cobalt, mêlée à une solution de chlorure de fer, reçoit par la chaleur une couleur verte. Il en est de même de l'écriture faite à l'aide de la solution d'oxyde de nickel.

6º La solution d'alun donne des caractères invisibles, mais que l'on peut distinguer si, après avoir plongé le papier dans l'eau, on le fait chauffer. La place occupée par les lettres est beaucoup plus longue à sécher, ce qui servira à les discerner très facilement.

L'écriture au moyen d'une solution de sulfate de fer devient visible en noircissant à l'aide d'une solution d'acide gallique.

Encrivore. — Un moyen des plus usuels pour enlever les taches d'encre est *l'acide oxalique* dissous dans l'eau, ou appliqué en poudre que l'on mouille après.

Le *Quadrioxalate de potasse* ou *Sel d'oseille* est employé de la même manière.

Une liqueur douée d'une plus grande efficacité paraît être la solution d'un mélange d'acide oxalique et d'acide tartrique : Un gramme de l'un et un gramme de l'autre dissous dans 30 grammes d'eau simple.

L'acide nitrique délayé avec un peu d'eau (*eau forte*), enlève promptement les taches d'encre, en en couvrant la tache qui disparaît immédiatement, et en ayant soin d'y jeter de l'eau dessus pour enlever l'eau forte et empêcher qu'elle ne jaunisse le papier.

Écriture revivifiée. — On fera revivre l'écriture effacée en mouillant le papier avec une teinture alcoolique de tanin ou de noix de galle.

Autre procédé :

La solution saturée de prussiate jaune de potasse produit les lettres effacées en couleur bleue, pourvu que préalablement on ait mouillé le papier avec de l'acide chlorhydrique étendu d'eau. La solution de couperose verte dans l'eau produit le même résultat, mais en couleur noire.

Pains à cacheter. — Il y en a de deux espèces : l'une préparée avec de l'eau et de la farine réduite à l'état de bouillie assez claire que l'on colore comme l'on veut, et que l'on fait cuire dans des gaufriers, en lui donnant ensuite la forme avec un emporte-pièce. Ce sont les pains à cacheter ordinaires.

L'autre, la qualité fine, se compose de gélatine que l'on fait dissoudre dans l'eau bouillante, et que l'on verse ensuite dans un moule qui est formé d'une plate-forme en verre et d'une bordure de la hauteur du pain même. On verse la gélatine sur le point de se refroidir, et on a soin de graisser soit la plate-forme, soit le cadre avec de l'huile avant de mettre la gélatine. On a ainsi des feuilles très minces et très transparentes que l'on découpe avec un emporte-pièce. Il faut se garder de colorer les pains à cacheter avec des couleurs vénéneuses.

Papier imperméable. — V. *Apprêt imperméable*. On plonge le papier dans cet apprêt encore chaud, et on le suspend étendu pour qu'il sèche à l'air. Tout en étant imperméable il est encore tant soit peu incombustible. Cette préparation convient pour les papiers d'emballage.

En trempant un papier quel qu'il soit dans une solution concentrée d'alun, et le laissant sécher on le rend *incombustible*. Maintes substances plus ou moins combustibles sont rendues inflammables par la présence de l'alun.

Papier à calquer. — Enduire une page de la feuille de papier avec un mélange de noir d'ivoire et de savon vert.

Pour le calque des dessins on se sert encore du *Papier huilé ou verni*, qui n'est autre chose que des feuilles de papier ordinaire, rendues *transparentes* par une couche d'huile de noix et de térébenthine.

Un excellent procédé pour avoir un papier transparent, consiste à plonger une feuille de papier blanc, très fin, dans une solution de gomme arabique, et à la presser entre deux autres feuilles de papier très fin. Ces trois feuilles inséparables seront rendues transparentes sans les inconvénients de l'huile de noix.

Une bonne préparation pour rendre le *Papier transparent* est la suivante :

Prenez :

Huile de lin siccative.	500 grammes
— de noix	350 —
Graisse de bœuf (sans membranes) .	150 —

On fait fondre le tout à une chaleur douce, et on l'applique; ensuite on fait sécher le papier dans une étuve ou une chambre chaude.

Papier de verre ou Papier à l'émeri. — Dans une chambre close, on étend, à diverses hauteurs, des ficelles, et à cheval sur ces ficelles, on place des feuilles de papier enduites de colle d'amidon et encore humides. Par un moyen de ventilation quelconque, on soulève des nuages de poudre fine d'émeri qui remplissent la chambre. Comme cette poudre n'est pas toute d'une égale finesse, elle monte plus ou moins, et s'attache au papier qui se trouve dans la zone correspondante à sa puissance d'ascension. On obtient ainsi du papier verré d'une extrême finesse en haut de la chambre, finesse qui devient moindre, graduellement, dans les feuilles placées plus bas.

On pourra cependant préparer ce papier, en saupoudrant une feuille de papier collé, comme nous venons de dire, avec de l'émeri de la finesse que l'on désire. On laisse sécher, et avec un blaireau on sort tout l'émeri qui n'adhère pas à la feuille.

Papier autographique. — C'est le papier ordinaire enduit soit au moyen de l'empois d'amidon coloré avec de la gomme gutte, soit au moyen de différentes couches de gélatine ou d'ichthyocolle, également coloré en jaune.

On écrit sur ce papier avec des plumes en acier très flexibles, en ayant à sa disposition une pierre lithographique sur laquelle on étend la page écrite. Ensuite on presse ; l'écriture est ainsi transportée renversée sur la pierre. En y superposant du papier blanc et pressant, on aura une épreuve redressée. Avec une bonne encre, on peut tirer jusqu'à cent exemplaires d'une page écrite. (V. *Encre autographique.*)

Papier parchemin ou Parchemin végétal. — L'acide sulfurique monohydraté, étendu de son volume d'eau, a la propriété de modifier la constitution de la cellulose ligneuse qui constitue le papier. Si l'on plonge des feuilles de papier sans colle dans cette solution pendant quelques secondes, elles acquièrent une consistance cinq fois plus forte que celle du papier ordinaire, et qui se rapproche beaucoup de celle du parchemin animal. Il est indispensable cependant de ne pas laisser séjourner trop longtemps le papier dans l'acide qui le détruirait, et il est indispensable aussi de neutraliser immédiatement l'acide sulfurique en le plongeant dans un bain d'ammoniaque, où cet alcali figure pour un dixième, et en le trempant ensuite dans un bain d'eau ordinaire à plusieurs reprises.

Après on le laisse sécher.

On obtient aussi un papier parchemin en plongeant le

papier sans colle dans une solution concentrée neutre de chlorure de zinc, le lavant, le pressant et le séchant. M. Taylor a obtenu ainsi un papier plus volumineux, plus fort, plus dense, moins poreux. L'on peut ajouter à la dissolution de chlorure, de l'amidon, de la dextrine, ou de la gomme, ou encore du chlorure d'étain, de calcium ou de magnésium (Dorvault).

Papier tue-mouches. — Feuilles de papier buvard trempées dans une décoction de quassia sucrée, additionnée de la décoction de noix vomique, et même d'acide arsénieux. On les place sur des assiettes, et on les tient mouillées. Un liquide dont les mouches se montrent gloutonnes et qui leur est très préjudiciable consiste dans un mélange de décoction de quassia, de miel et d'essence de savon.

Outre-mer artificiel. — Saturez une dissolution de soude caustique de silice, et ensuite ajoutez de l'alumine en gelée, en employant à peu près la même quantité que vous avez employé de silice (en supposant l'alumine à l'état sec). Évaporez le tout et réduisez le mélange à l'état d'une poudre humide. D'autre part, introduisez dans un creuset un mélange de deux parties de soufre et une partie de sous-carbonate de soude. Couvrez le creuset de son couvercle, et chauffez graduellement jusqu'à ce que la masse entre en fusion. Alors, ajoutez à la masse fondue et par petites parties, le mélange ci-dessus, et entretenez le creuset à une chaleur modérée pendant une heure. Laissez refroidir. On lave le contenu pour le débarrasser de l'excès de soufre, et ensuite on l'expose à une douce chaleur qui volatisera le soufre non-combiné. On porphyrise après avec de l'eau, et on laisse sécher.

Autre procédé. — Le procédé qui est dû à Robiquet consiste à mêler une partie de kaolin (*terre à porcelaine*) une partie et demie de soufre et une demi-partie de carbonate de soude sec et pur. On introduit ce mélange dans une cornue de grès enrobée, et on chauffe graduellement jusqu'à la cessation de toutes vapeurs. Une fois refroidi, le mélange se présente sous la forme d'une éponge d'une couleur verdâtre, et exposé à l'air, cette couleur devient bleue toujours de plus en plus. On lessive cette masse pour la débarrasser du sulfate qui se dissout. Dans le lessivage, il ne reste plus qu'une poudre d'une magnifique couleur bleue. Enfin on lave par décantation et on fait sécher cette poudre pour la faire calciner jusqu'au rouge cerise pour la débarrasser de l'excès de soufre qu'elle contient.

D'après ces deux procédés, et d'après les résultats de l'analyse de l'outremer naturel instituée par Clément et Désorme, cette belle couleur ne serait qu'une combinaison intime de silex, d'alumine, de soude et de soufre.

Rouge de Sorgho. — Lorsqu'on a pressé la tige de sorgho pour en retirer tout le liquide sucré, la tige est abandonnée à la fermentation pendant quinze jours ; au bout de ce temps elle sera colorée en rouge. Alors on fait sécher la tige et on la pulvérise.

Cette poudre est infusée pendant douze heures dans l'eau froide. Alors on exprime la masse et l'on fait digérer le résidu dans une lessive alcaline très faible. On filtre, on presse, et l'on neutralise l'alcali au moyen de l'acide sulfurique. La matière colorante se précipite sous la forme de flocons rouges. L'on décante, on filtre, on lave sur le filtre et on fait sécher.

Soluble dans l'alcool et dans les liquides alcalins, cette matière tinctoriale est insoluble dans l'eau. Elle se fige sur la laine et la soie pourvu que ces deux matières textiles soient mordancées à une préparation ordinaire d'étain.

La graine de sorgho est de couleur foncée. On a extrait de sa coque un rouge qui ne paraît pas absolument le même que le rouge de la tige.

Le sorgho est une des céréales les plus rémunératrices pour le cultivateur, toutes les parties de la plante étant susceptibles d'une application spéciale. La tige donne 15 0/0 le sucre cristallisable, et conséquemment la même quantité environ d'alcool ; les feuilles constituent une bonne nourriture pour les bestiaux qui en sont friands ; la graine contient une farine excellente pour engraisser les volatiles de basse-cour ; sa coque donne du rouge, ainsi que sa tige, si on la laisse fermenter, ainsi que nous venons de le dire.

L'*Alcool de sorgho* se prépare en découpant les tiges fraîches, qui viennent d'être effeuillées, en minces rondelles que l'on écrase, et dont on extrait le jus à l'aide de la presse. Le liquide que l'on obtient est très doux et très facilement fermentescible. En faisant distiller le vin de sorgho, c'est-à-dire le jus fermenté, on en retire l'alcool par les procédés ordinaires.

L'on peut obtenir (et peut-être cette méthode est préférable) une décoction sucrée de sorgho, moyennant l'ébullition dans l'eau des rondelles, puis en concentrant la liqueur, et la faisant fermenter pour la distiller ensuite. Ce procédé nous a donné plus d'alcool que n'en donne le procédé par expression.

Le *Sirop de sorgho* se prépare en concentrant la décoction de la tige ou le jus jusqu'à consistance assez douce pour avoir un liquide sirupeux très prêt à cristalliser. Son goût est très agréable, et d'autant plus, s'il a été obtenu dans le vide.

Rouge de monarde. — La *monarde* ou *menthe de cheval* est une labiée cultivée dans nos jardins à cause de la beauté de ses fleurs, et de leur gracieuse disposition.

Toute la plante a une odeur aromatique très pénétrante, contenant en abondance une huile volatile camphoracée. Ses corolles sont d'une belle couleur rouge tirant sur la grenat.

En faisant sécher à l'ombre ces corolles, et ensuite en les traitant à l'eau bouillante ou à une solution légèrement alcaline, elles cèdent leur principe colorant, qui, du vineux, passe à la couleur rouge par l'addition de quelques gouttes d'une solution d'acide citrique ou tartrique. La liqueur se trouble, et si on la filtre, la plus grande partie du principe colorant reste sur le filtre. Séché, ce dépôt présente l'aspect cuivreux qui est le propre de certaines substances tinctoriales telles que l'indigo et le carthame.

Ces corolles sont très riches en matière colorante, qui, appliquée sur la soie, la laine ou le coton, ne diffère pas essentiellement de la couleur de la cochenille, quoiqu'elle ne puisse pas absolument lui faire concurrence, au moins jusqu'à présent. Il vaudrait la peine d'en étudier l'application à la teinture un peu plus attentivement qu'on ne l'a fait jusqu'à ce jour.

D'autres plantes indigènes donnent de la couleur rouge que l'on peut parfaitement appliquer sur les matières textiles, par exemple :

Les corolles de *Salvia splendens*. . . ⎫
— de *Fuschia*. . . . . ⎬ par l'action de l'eau bouillante ou de l'eau légèrement alcalinisée.
— de *Verveine de jardins*. ⎭
— de *Coquelicot*, par l'action d'un liquide légèrement acide.

COULEURS DES HUILES DE LA HOUILLE

Acide picrique. — Cet acide, que plusieurs substances contiennent, se prépare aujourd'hui en grand pour les applications nombreuses que l'on en a fait dans la teinture en jaune. Le procédé pour l'obtenir consiste à mêler, avec beaucoup de précautions, petit à petit, douze parties d'acide nitrique du commerce, avec dix parties d'huile lourde de la houille. Il se produit une réaction tumultueuse qu'il faut laisser apaiser avant d'évaporer jusqu'à consistance sirupeuse. Au bout de quelque temps, l'acide picrique se dépose sous forme d'une résine jaune et molle, que l'on peut changer en picrate, si on la traite par le carbonate de soude, et qui se cristallise dans l'alcool. Ces cristaux ont une amertume et une puissance tinctoriale extraordinaire. Soluble dans l'eau chaude, l'alcool, l'éther.

Aniline. — La benzine du commerce qui n'est autre que de l'huile volatile de houille rectifiée, se transforme en *Nitro-benzine* par l'action de l'acide nitrique fumant, ou par un mélange d'une demi-partie d'acide nitrique du commerce, et une partie d'acide sulfurique.

Cette nitro-benzine soumise à l'action d'agents réducteurs, tels que l'hydrogène sulfuré, l'acide acétique, la limaille de fer ou la fonte et autres, se transforme en *aniline* qui se présente sous la forme d'un liquide incolore, bouillant à 182°, d'une odeur forte, aromatique, et d'une saveur âcre, brûlante. Fort peu soluble dans l'eau, elle l'est beaucoup dans l'alcool, dans l'éther, les huiles grasses et volatiles.

Couleurs d'aniline. — *Violet d'aniline.* On l'obtient par l'oxydation d'un sel d'aniline, tels que le sulfate et le chlorhydrate, à l'aide du chlorure de chaux, du bichromate de potasse, etc.

Rouge d'aniline, ou Fuchsine. En faisant agir sur l'aniline une grande quantité de réactifs, tels que l'acide arsénique, le perchlorure d'étain, les nitrates de mercures secs, ou l'acide nitrique, etc.

Vert d'aniline. En mélangeant des solutions de chlorhydrate d'aniline et de chlorate de potasse, en présence d'un peu d'alcool et d'acide acétique.

Bleu d'aniline. S'obtient en chauffant la fuchsine avec un excès d'aniline.

Noir d'aniline. S'obtient par un sel d'aniline préparé avec l'intervention d'un sulfure de cuivre, de chlorate de potasse et de sel ammoniac ou de ferro-cyanure de potassium.

Toutes ces couleurs dérivées de la houille s'emploient de la manière suivante.

On broie dans un peu d'eau, trois grammes — par exemple — de la couleur d'aniline qu'on aura choisie, et on y mélange 20 grammes de glycérine pure, ensuite on ajoute de l'amidon en poudre en quantité suffisante pour obtenir, en triturant, une pâte qu'on fera sécher. On délaie de cet amidon dans l'eau jusqu'à obtenir la nuance voulue.

Pour teindre une étoffe telle que la *mousseline*, la *gaze*, le *tulle* d'une de ces nuances qui font si bien dans la toilette printanière, on n'aura qu'à plonger l'étoffe dans le bain préparé comme nous venons d'indiquer, et le sortir ensuite, lorsqu'on aura atteint la nuance désirée. Il ne reste plus qu'à sécher l'étoffe, et la repasser ensuite au fer, pas trop chaud, en humectant légèrement comme on le fait pour le linge fin.

Les bas de soie se teignent en rose en employant une solution de fuchsine dans l'eau. L'intensité de la nuance sera en rapport avec l'intensité de la couleur de la solution, et la durée de l'immersion des bas à teindre dans le bain de fuchsine. On les lave dans l'eau pure, on les fait sécher, et on les repasse ensuite.

DÉSINFECTANTS

On appelle *Désinfectants* certains corps qui jouissent de la propriété d'enlever à l'air, aux vêtements, aux meubles, aux tissus organiques, à un corps quelconque les miasmes méphitiques dont ils peuvent être infectés. Il ne faudrait pas confondre ce genre de substances qui agissent chimiquement en décomposant les miasmes dangereux, avec d'autres substances, qui dégagent, au moyen de la chaleur, des émanations simplement odoriférantes, mais destituées de toute action chimique. Celles-ci, telles que le benjoin, le camphre, le vinaigre, les huiles essentielles, les vapeurs de sucre, ne sont que des parfums avec lesquels on ne réussit qu'à masquer momentanément les mauvaises odeurs, sans purifier l'air de ce qu'il peut contenir de préjudiciable à la santé. Les odeurs fétides bien que désagréables ne sont certes pas, toutes nuisibles, et les miasmes qui sont réellement à craindre, ne sentent pas tous mauvais. Il sera donc prudent de ne pas s'en rapporter à son odorat, et de ne pas croire que dans la chambre occupée par un malade affecté d'une fièvre persistante, ou comme on disait autrefois putride, adynamique ou maligne, il n'y ait pas de danger, par la raison qu'il n'y a pas de mauvaises odeurs. Dans cette circonstance, sans s'exagérer le danger, il est bon de maintenir dans la chambre où est le malade, un foyer d'émanations chimiques, qu'on renouvellera de temps à autre et qu'on suspendra si l'on s'aperçoit par l'olfact que l'air est trop saturé des exhalaisons du remède préservatif dont on se sert, car les exhalaisons chimiques tout en détruisant les miasmes d'infection, ne contribuent certainement pas à rendre plus pur l'air que le malade et les assistants sont obligés de respirer.

Ouvrir les croisées aussi souvent que le temps et la saison le permettent, et désinfecter la chambre de temps en temps, c'est tout ce que la prévoyance impose de faire, et que la science met à notre disposition.

On a proposé d'oxygéner l'air moyennant l'addition d'ozone, qu'on sait être de l'oxygène naissant aussi électrisé que peut l'être l'oxygène, le matin dans un lieu champêtre. Quoi qu'il en soit, voici la formule à l'aide de laquelle on pourra ozoniser l'air d'une chambre.

Ozone artificiel.

Peroxyde de manganèse
Hypermanganate de potasse } parties égales.
Acide oxalique

Ce mélange arrosé d'eau produit de l'ozone.

Pour une chambre de moyenne dimension il suffit de deux cuillerées à soupe de cette poudre mise dans une assiette, et arrosée de temps en temps avec deux ou trois cuillerées d'eau.

L'ozone qui se dégage est désinfectant, mais n'excite

pas la toux. Il faut cependant avoir la précaution de sortir de la chambre où l'opération a lieu tous les objets métalliques excepté ceux en or et en argent.

Une autre précaution consiste à ne faire le mélange qu'au moment de s'en servir, et surtout à ne pas le faire à l'aide d'un mortier et d'un pilon, pour éviter tout inconvénient.

Acide phénique. — Les nombreuses et intéressantes applications de ce produit de la houille, exigent que nous donnions le procédé pour l'obtenir, et que nous indiquions aussi les circonstances dans lesquelles on peut l'employer utilement.

On traite l'huile de houille par une lessive de potasse passablement concentrée, ou par un lait de chaux. Il se forme un sel (phénate de potasse ou de chaux), que l'on décompose par l'acide chlorhydrique, et ensuite l'acide qui est le résultat de cette réaction, est purifié par deux distillations successives. Il se cristallise en paillettes courtes ou en longues aiguilles rhomboïdes blanches, transparentes, d'une odeur approchant celle de la créosote. Il est extrêmement caustique.

Jouissant à un très haut degré des propriétés antipsoriques, antiputrides, désinfectantes, il est employé à neutraliser la puanteur des ulcères putrides, dans la gale des animaux, dans le piétin, la malandrie, etc. ; on l'applique au traitement des fistules et des hémorrhoïdes, et de plusieurs maladies de la peau.

On s'en sert sous la forme d'*Eau phénique* dissous dans ce menstrue, dans la proportion de 5/00. Comme boisson antimiasmatique, la dose est de 1/1,000 seule ou alcoolisée. On le mêle à l'alcool dans la proportion de 10 d'acide et 1 d'alcool, et sous cette forme il est appelé *Acide phénique soluble*. A la dose de 1 sur 10 d'alcool, il peut être bu impunément, édulcoré avec du sucre. Pour l'usage extérieur, on le mêle à l'huile (*Huile phénique*), au vinaigre (*Vinaigre phénique*), à la glycérine (*Glycérine phénique*).

Tels sont les usages les plus importants de cet acide.

Coaltar. — Nom anglais du *Goudron de la houille.* Il peut être utile de donner les différentes formules obtenues à l'aide de cette substance qui peut remplacer, sans cependant lui équivaloir d'une manière absolue, l'acide phénique comme désinfectant.

Coaltar plâtreux ou Plâtre coalté.

Goudron de houille	de une à trois parties
Plâtre fin	100

Mélangez. On peut aussi bien le mêler à de la farine, à de la marne, au lycopode, ou à d'autres substances inertes.

Coaltar saponiné ou saponifié, ou Émulsion de coaltar.

Coaltar.
Savon   } parties égales.
Alcool.

Chauffez au bain-marie jusqu'à dissolution complète. Trois kilogrammes de cette préparation peuvent donner 100 litres d'émulsion. On l'emploie sous forme de bains, lotions, fomentations, comme désinfectant. Une partie de cette préparation dissoute dans cinq parties d'eau, donne un liquide qui sert à préparer des bandes, compresses, charpie désinfectantes.

Coaltar alcoolisé ou teinture de goudron.

Alcool	500 grammes
Goudron de houille	200

Chauffez à l'ébullition et filtrez ; la moitié du goudron se dissout dans l'alcool, l'autre moitié reste à l'état de résidu sur le filtre.

Au moyen de cette teinture éminemment désinfectante, on prépare d'autres produits qui n'ont pas une destination différente.

Le *Saponide de coaltar*. — Eau 250 grammes, savon, q.s. : faites dissoudre à chaud ou à froid et ajoutez teinture de goudron, 20 grammes.

Le *Saponé de coaltar*. — Teinture de goudron, 100 grammes; savon, 8 grammes.

La *Pommade phénique*, 5 d'acide, 30 d'axonge, contre les engelures ; 1 d'acide, 10 d'axonge, contre l'ozène.

D'après toutes ces formules de produits tirés de la houille, on doit reconnaître que les diverses applications de ce combustible, aux besoins de la vie se sont considérablement accrues dans ces dernières années. Le goudron, résidu de la distillation de la houille n'avait, pour ainsi dire, aucun emploi il y a une trentaine d'années, et les huiles volatiles et lourdes que ce goudron donne à la distillation, en avaient un fort restreint. Maintenant goudron et huiles ont leur place dans l'industrie, et leur usage tend évidemment à se généraliser de plus en plus. Timidement essayées à l'éclairage, l'odeur et la fumée ont disparu grâce à des lampes ingénieusement combinées, et ces huiles, au moins la volatile, sont au nombre des combustibles les plus puissants et les plus économiques. Le chimiste s'est emparé aussi de ces huiles et a réussi à en extraire des couleurs de toutes nuances, qui surpassent en éclat celles fournies par les matières tinctoriales les plus estimées. Le médecin, enfin, s'est mis de la partie, et ses expériences l'ont conduit à trouver dans le goudron et dans ses produits des préparations désinfectantes, antiposriques et caustiques. Peut-être ne s'arrêtera pas là le dénombrement des qualités thérapeutiques que d'autres expérimentateurs auront la fortune de constater dans ces substances. On a déjà commencé à en prescrire quelques-unes pour l'usage interne, et, quoique jusqu'à présent les résultats ne soient pas très avantageux, ce n'est pas trop présumer que d'espérer que, grâce à la persévérance des chercheurs, on parviendra, tôt ou tard, à obtenir d'autres utiles applications à l'art de guérir.

Poudre désinfectante pour fosses, égouts, etc. — Le comité de salubrité publique a proposé la formule suivante pour désinfecter les égouts, les fosses, les cabinets d'aisances, les fumiers, etc.

Prenez :

Sulfate de fer (vitriol vert) . . . 200 parties

Sulfate de zinc (vitriol blanc) . . 10 parties
— de chaux (plâtre) . . . . 265 —
Charbon pulvérisé . . . . 10 —

Mêlez.

En ajoutant une quantité d'eau suffisante pour réduire ce mélange sous la forme d'une pâte molle, 160 parties de pâte suffisent pour désinfecter 1,000 mètres d'égouts ou de fosses.

Pour les canaux des latrines et urinoirs, une poignée du mélange ci-dessus suffit pour les désinfecter pendant plusieurs jours.

La voirie de Lyon se borne à l'emploi de la couperose verte (sulfate de fer), en en introduisant des quantités plus ou moins considérables dans les égouts de la ville, selon la longueur de leur parcours avant d'arriver à leur sortie dans le Rhône.

Désinfectants gazeux. — On a proposé l'emploi du chlore, de l'ammoniaque et des vapeurs d'acide sulfureux et nitreux pour désinfecter les salles d'hôpital, les chambres de malades atteints d'infirmités contagieuses, ou à émanations fétides, et tous les lieux où l'atmosphère est imprégnée de mauvaises odeurs ou de corps gazeux préjudiciables à la santé. Voici les principaux procédés.

Guiton-Morveau donne la formule suivante pour obtenir du chlore.

Chlorure de sodium en poudre (sel de cuisine) . . . 300 grammes
Manganèse . . . . 100 —
Acide sulfurique à 60° . . . 200 —
Eau . . . . 20,000 —

Mettez dans une casserole en terre le mélange de sel et d'oxyde de manganèse, et ajoutez ensuite petit à petit l'acide sulfurique. En remuant à l'aide d'un agitateur en verre, il se dégagera des vapeurs de chlore. La dose indiquée peut servir à désinfecter une salle qui serait de la capacité de 111 mètres cubes.

Le *Chlorure de chaux* placé sur une assiette et légèrement arrosé d'eau acidulée d'huile de vitriol sert admirablement pour produire des vapeurs de chlore; aussi ce procédé de désinfection est-il généralement préféré à tout autre comme désinfectant chimique.

L'acide nitreux, ou *Fumigation de Smith*, s'obtient en décomposant le nitre ou le nitrate de soude par l'acide sulfurique, étendu d'eau. Voici la formule :

Acide sulfurique à 66°. . . . . . 64 parties
Eau . . . . 42 —
Nitre purifié et en poudre . . . . 64 —

Mêlez l'acide à l'eau dans un vase en terre ou en verre placé sur des cendres chaudes, ou maintenu chaud d'une manière quelconque. Projetez-y le nitre par petites fractions à la fois, et n'ajoutez qu'à mesure de sa décomposition, c'est-à-dire lorsque les parties de nitre précédentes auront cessé de donner lieu à des vapeurs. Cette dose peut suffire pour un espace de 120 mètres cubes.

Le soufre en combustion dégage des vapeurs de *Gaz acide sulfureux* qui est un des plus énergiques désinfectants connus. On se sert, pour l'obtenir, d'une petite cassolette en métal pour y brûler le soufre, qu'on arrose d'alcool auquel on met le feu.

Désinfectants liquides. — *Eau chlorurée*. Pour ce qui est des solutions de chlorure de chaux, de potasse et de soude, voy. *Pastilles du Sérail*.

Les alcalis, tels que l'ammoniaque, la chaux vive, la potasse et la soude s'emploient ordinairement en lavage en les délayant, ou les dissolvant dans une quantité suffisante d'eau pour amender leur action caustique. On s'en sert pour neutraliser l'action des acides malfaisants, et particulièrement de l'acide carbonique. (V. *Acide phénique*.)

Désinfectants en poudre. — Outre les préparations de coaltar, indiquées à son article (v. *Coaltar*), et la poudre désinfectante pour fosses et égouts, également décrite précédemment, l'on a proposé un mélange de *charbon* et de *plâtre*, les *cendres de houille*, le *mâchefer en poudre*, la *tourbe* non calcinée, toutes ces substances ayant la propriété d'absorber les produits gazeux qui s'échappent des matières animales en décomposition. Toutes ces substances cependant peuvent être avantageusement remplacées par le goudron de houille mêlé avec le plâtre, ou par le *Coaltar plâtreux*. V. cet article.

Moll a proposé une poudre que Lunel nomme *Réactif désinfectant*, dont nous empruntons la formule au livre de Lunel même, quoique nous n'en reconnaissions pas l'importance. Des sulfates de fer et d'alumine dissous et concentrés à 55° sont soumis à une évaporation pendant 8 ou 10 heures, et sur ces entrefaites on y mélange de la chaux dans la proportion de 5 à 10 0/0, et l'on fait sécher toujours en remuant. On réduit ce mélange en poudre plus ou moins fine pour servir à l'usage voulu.

Si l'on mêlait les deux sulfates avec de la chaux, il me semble que l'opération serait plus vite terminée, et que le produit serait également actif.

Désinfectants hygiéniques. — Il n'est pas rare que dans les ménages on ait besoin de recourir aux désinfectants, pour assainir des couvertures, des matelas des objets d'habillements ayant servi à des personnes mortes de maladies plus ou moins contagieuses. Le lessivage et le dégraissage suffisent le plus souvent; mais on aura un degré de sûreté de plus si l'on ne se contente pas de ces moyens et si l'on expose tous les objets à purifier à l'action du chlore ou de l'acide sulfureux. Les précautions ne sont jamais superflues lorsqu'il s'agit de maladies, qui se propagent par contact indirect, et dont l'action malfaisante peut rester à l'état d'incubation pendant longtemps.

Dans les lazarets on n'emploie d'autres moyens pour se préserver de la peste, du choléra, et d'autres maladies contagieuses. Cependant on pourrait employer un fort degré de chaleur, en exposant hommes, hardes et marchandises, à une température de 40° puisque l'expérience, assure un très habile observateur de Genève, a démontré qu'à ce degré de chaleur tous les miasmes sont annihilés.

Ainsi tout objet de literie et d'habillement, après avoir subi l'action des alcalis, devrait être maintenu dans un four pendant quelque temps, après les y avoir introduits à la sortie du pain.

Eaux chlorurées. — V. *Désinfectants liquides.*

Fumigations sulfureuses. — Les vapeurs de soufre seraient trop actives sur les plantes de serres; en produisant la mort des insectes elles peuvent aussi endommager les plantes. Un moyen pour avoir des émanations sulfureuses à un degré convenable consiste à appliquer à l'aide d'une brosse sur les conducteurs de chaleur, un mélange de 4 litres d'eau, de 500 grammes de soufre, et autant de chaux qu'il faut pour donner à la préparation une consistance convenable. La vapeur sulfureuse se dégage lentement, mais assez pour tuer les insectes sans détériorer les plantes.

Cet article nous amène à parler du *Soufrage* ou *Mutage des vins.*

Le soufrage des vins consiste à imprégner le vin d'une quantité variable de vapeurs de soufre, ou autrement d'acide sulfureux. Cette opération a pour but d'arrêter la fermentation, et de conserver aux vins leur douceur. L'action de l'acide sulfureux détruit en partie la matière colorante, et communique au vin une saveur agréable, qui est très recommandable lorsqu'il s'agit de vins manquant d'un degré quelconque d'acidité. Il est à noter cependant que les vins par trop soufrés conservent longtemps une saveur désagréable, et perdent presque entièrement leur bouquet. Ainsi, il est indispensable de soufrer petit à petit et s'arrêter avant que ces inconvénients se produisent.

On soufre ordinairement au moyen d'une mèche, ou d'une bande en toile ou en coton recouverte d'une couche de soufre, qu'on lui a appliquée en l'immergeant dans le soufre fondu. On en suspend un morceau de 4 centimètres de long sur 3 de large à un fil de fer terminé en crochet qui sert à fixer la mèche. De l'autre côté le fil de fer est implanté dans le bondon. On met le feu à la mèche, et on l'introduit par la bonde que l'on bouche hermétiquement. Le soufre brûle et remplit le tonneau de vapeurs sulfureuses. On enlève l'appareil aussitôt que l'on pense que la combustion est finie, et on introduit le vin.

Cette opération de soufrer les tonneaux vides est utile pour empêcher la formation de la moisissure sur le bois, l'acide sulfureux détruisant toutes sortes de végétations, et plus spécialement celle des cryptogames.

On mute encore le vin dans les tonneaux en sortant le quart du contenu. On place la mèche enflammée sur la bonde ouverte, et au fur et à mesure que le vin sort par le robinet d'en bas la fumée entre, par l'effet du vide qui se forme. Dès que le soufre a brûlé, on ferme toutes les ouvertures du tonneau et on l'agite en tous sens, pour y ajouter ensuite la portion du vin que l'on a soutiré.

Au lieu de soufrer le vin par la méthode que nous venons d'indiquer, M. Batillat voudrait que l'on employât l'acide sulfureux liquide que l'on peut doser plus facilement.

Le sulfite de chaux se décomposant par les acides du vin laisse échapper l'acide sulfureux; il pourrait donc remplacer l'emploi de la mèche.

Les fumigations sulfureuses sont employées à détruire les insectes nuisibles, et dernièrement on les a appliquées avec succès, à la destruction de l'*oïdium* du raisin. Il faut pour cela que l'atmosphère soit dans un état de calme parfait pour que la vapeur sulfureuse ne soit pas dévoyée de sa direction. C'est au moyen d'une mèche enflammée que cela se pratique. Nous avons essayé d'un soufflet ayant à son tuyau un renflement où l'on place la mèche soufrée et allumée. En faisant agir le soufflet, on dirige la vapeur où l'on veut, et on en donne ce que l'on veut. C'est peut-être le moyen le plus pratique et le plus économique que l'on connaisse.

ANIMAUX ET VÉGÉTAUX NUISIBLES ET INSECTES UTILES

INSECTES ET ANIMAUX NUISIBLES

Altise ou *Puce de terre* ou *Tiquet*. Comme cet insecte hante plus particulièrement les champs ensemencés de plantes crucifères, et qu'il ne détruit que les feuilles séminales aussitôt écloses, l'on a proposé une fumure abondante dans le but de faire grandir vite les feuilles que l'insecte ne peut dévorer si elles sont un peu dures, à cause de la faiblesse de ses mandibules.

Dernièrement on a recommandé le coaltar, qui paraît réussir contre presque tous les insectes nuisibles à l'agriculture.

Alucite ou *Teigne des blés*. Les œufs de cet insecte sont déposés par la mère dans la substance même du grain de blé avant la maturité de l'épi. Ces œufs deviennent des chenilles, et cette chenille se change en papillon à la sortie du grain. C'est alors que l'on s'aperçoit de l'existence de cet insecte. Il faut, à l'apparition du premier papillon, employer la tarare, et vanner le blé pour en faire sortir tous les papillons.

Courtilière ou *Taupe-grillon*. Quoique cet insecte ne soit pas herbivore il détruit les racines des plantes en faisant des galeries pour y chasser sa proie. Pour les détruire on place des gazons bien herbus d'environ six centimètres d'épaisseur, dans les carrés ou plates-bandes, et en les arrosant tous les soirs et matins. Les courtilières vont s'y loger dessous ; conséquemment il n'y a qu'à multiplier ces gazons, les tenir mouillés, et les visiter de temps à autre. L'urine de bétail les tue, d'autant mieux qu'elle est fraîche. Un autre moyen consiste à enterrer sur leur passage des pots à fleurs vides. Elles y tombent dedans et ne peuvent plus en sortir. La suie et le goudron les détruisent également. (*V. Eau pétrolisée.*)

Ver blanc du Hanneton. On a préconisé contre ce ver la cendre de charbon de terre répandue sur le sol à l'épaisseur de quinze millimètres. C'est un remède qui ne peut être très efficace, à cause de la profondeur à laquelle cette larve s'arrête.

Un meilleur remède, il nous semble, est de labourer profondément le terrain et de faire suivre le laboureur par un troupeau de dindons qui mangent les vers avec assez d'avidité, si on a eu la précaution de les faire jeûner. (*V. Hanneton* et *Eau pétrolisée.*)

Chenilles. La *Chenille des livres* ou *Aglosse*, n'admet d'autre correctif que de visiter les livres, et les manier en tapant dessus avec les mains. L'*Aglosse de la graisse* ne paraît que dans le lard rance, la graisse gâtée et le vieux beurre non salé. Elle n'occasionne donc à proprement parler aucun dommage, puisqu'elle éclot sur des substances qui ne peuvent plus servir à la nourriture. Si cependant on venait à en avaler, elle pourrait donner lieu à des dérangements gastriques, et, entr'autres, au vomissement.

La *Chenille* ou *Pyrale de la vigne.* Laver avec de l'eau bouillante les échalas, et les vieux ceps de vigne recélant dans les vides de leur écorce les œufs de cet insecte. C'est le seul moyen vraiment efficace.

La *Teigne des fourrures* ou *Mites.* Les odeurs pénétrantes les tuent ; aussi se sert-on de camphre, de tabac, de sulfure de carbone, de poivre, d'insecticide ou pyrèthre, pour préserver les fourrures et les habillements de laine. Ces moyens n'exemptent pas d'avoir la précaution d'exposer à l'air, de temps en temps, les objets à préserver, de les secouer, et de les battre à l'aide d'une mince baguette, et, ce qui est plus indispensable, de les conserver dans des boites que l'on puisse fermer hermétiquement à volonté.

La *Chenille des arbres*. Destruction des nids et des œufs par l'*Echenillage*. C'est à l'époque de la taille d'hiver que l'échenillage peut être le mieux pratiqué. Les petits oiseaux seront d'un grand secours, et il serait convenable de les laisser multiplier, en respectant leurs nids, et au besoin en tenant à leur disposition, dans un lieu écarté, un vase d'eau où ils puissent se désaltérer.

La vapeur de soufre détruit les chenilles. Un réchaud rempli de braise, est placé sous la plante enchenillée. On jette de petites pincées de soufre sur la braise, et par ce moyen les plantes soufrées ne craignent plus cet hôte dangereux.

Le *Perce-oreille*, *Cure-oreille* ou *Forficule*, se niche volontiers sous l'herbe fraîche le soir. Pour les prendre il ne s'agit que de faire un trou que l'on remplit d'herbes fraîches. On fait cela le soir, et le matin on peut les détruire.

Les *Blattes*, ou *Cafards*, ou improprement dits *Cancrelats*, s'empoisonnent par différentes substances, telles que la farine mêlée à l'arsenic, une pâte faite avec de l'eau dans laquelle on a mis séjourner pendant 24 heures un paquet d'allumettes phosphoriques et de la farine; on étend cette pâte sur des feuilles de laitue. Le meilleur moyen est de se servir de *Cafardières* (boîte sans couvercle ayant les quatre bords supérieurs renversés en dedans, et à plan incliné d'une matière lisse, comme le verre et le fer-blanc). On introduit dans la boîte quelque chose à manger pour les amorcer. Ils s'y portent, et tombent dans la boîte, d'où il leur est impossible de sortir.

Les *Puces*. Si ces parasites se tiennent sur le chien ou sur le chat, il faudra laver l'animal avec une solution de sulfure de potasse, ou une décoction de feuilles de tabac ou de staphisaigre. Lorsqu'on fait usage de cette dernière substance il faudra laver le chien ou le chat dans l'eau immédiatement après l'application du remède pour éviter tout danger d'empoisonnement. S'il s'agit de les dénicher des appartements, le moyen le plus convenable est de rincer les parquets, et partout ou on pourra mouiller, avec de l'eau dans laquelle on ait infusé de l'absinthe ou du tabac. Le hièble aussi est fatal aux puces ; il suffit de mettre de cette espèce de sureau entre les matelas, et partout où l'on remarque la présence des puces pour les faire sauver. L'absinthe en herbe les fait fuir. On dit que la menthe placée entre les matelas les ramasse. Il n'y a qu'à ôter la menthe après pour la mettre au feu. La poudre de pyrèthre, autrement dite *Poudre Vicat* ou *Poudre insecticide,* les tue instantanément, comme elle tue tous les insectes. La benzine et la colophane en poudre très fine débarrassent aussi les animaux de leurs puces, et la poudre de staphisaigre en fait autant. Cependant comme les animaux pourraient se lécher, il est prudent de ne pas se servir de cette dernière substance, douée d'une action très dangereuse.

Les copeaux de sapin débarrassent des puces les chiens et les chats qui couchent dessus. L'aloès en poudre impalpable répandu sur les draps préserve des atteintes de cet insecte.

Les *Punaises.* Plusieurs moyens sont employés pour la destruction de cet insecte. Qu'elles se tiennent derrière les tapisseries ou dans les crevasses des murs, ou dans les joints et les bois de lit, l'eau de savon bouillante détruit œufs et insectes, pourvu qu'on l'applique exactement sur les endroits infestés. Viennent ensuite la solution d'arsenic, ou de sublimé corrosif, la coloquinte, le tabac, l'acide sulfurique, les poudres insecticides, la staphisaigre, l'assafœtida, les fougères, les varechs marins, les plantes aromatiques. On le voit, les moyens ne manquent pas pour détruire les punaises. Seulement il est important de leur donner la chasse dans le mois d'août ou de septembre pour détruire à la fois l'insecte et ses œufs, qui sont à peine éclos à cette époque de l'année.

Pour s'en préserver ou pour éviter que les appartements n'en soient infestés, c'est une utile précaution de mêler de la coloquinte au plâtre qui doit servir à donner la dernière couche d'enduit, ou à la colle des menuisiers ou des peintres pour coller les mortaises des lits et des meubles, et les papiers de tenture. La dose est de 30 grammes de poudre de coloquinte par kilo de colle, et autant par litre d'eau pour le mortier ou le plâtre. L'amertume de ce fruit est un poison violent pour les punaises. Il conserve ses propriétés vénéneuses pendant longtemps, particulièrement lorsque sa poudre est mêlée à des substances qui sèchent promptement.

Les *Poux*. Cet insecte infeste aussi bien l'homme que d'autres animaux. Il y en a de plusieurs espèces. On connaît le *Pou de tête*, qui est cendré; le *Pou de corps ou des vêtements*, qui est blanc; le *Pou du pubis*, beaucoup plus plat et plus large; le *Pou des porcs*, et le *Pou des brebis*, dont j'ignore les différences qui les caractérisent.

On détruit le *Pou de tête* d'abord avec un peigne fin et une brosse pour nettoyer de la vermine les cheveux et le cuir chevelu, et du même coup enlever les *lentes* qui en sont les œufs. Si cela ne suffit pas, l'on peut avoir recours à la poudre de cévadille ou de sassafras, ou à la poudre insecticide, à quelques légères frictions avec l'onguent mercuriel, ou à la décoction de staphisaigre. On a proposé aussi du soufre dans l'huile de noix. On fait cuire ce mélange jusqu'à ce qu'il ait acquis une couleur rouge-brun, on y ajoute un peu de térébenthine, et, avec ce mélange, on frotte soigneusement les cheveux et l'épiderme de la tête.

Le *Pou de corps* se détruit au moyen de bains sulfureux ou de fumigations sulfureuses s'il s'agit d'objets d'habillement.

Nous avons eu l'occasion de voir des personnes affectées de cette espèce de pityriasis, qui, malgré tous les moyens mis en usage pour se débarrasser de l'ignoble parasite, n'ont jamais pu y parvenir. Autant on en détruisait, autant il en reparaissait le jour suivant, avec une persistance désespérante au point de me faire croire à une génération spontanée. De trois malades que j'ai pu observer, deux dames de la haute société et un ouvrier tisseur, je n'en ai vu guérir aucun, et certes l'on n'a négligé ni de changer d'habillements tous les jours, ni de purifier ceux de la veille, de prendre des bains de sulfure de potasse, de faire des embrocations de tout genre. Rien n'y a fait.

Le *Pou du pubis* est facilement empoisonné par des frictions d'onguent gris, ou par la décoction de tabac. La poudre insecticide et l'acide phénique délayé dans de l'eau produiront le même résultat. Ce ne sera pas une précaution inutile que de purifier ses habillements, car cet insecte déposant ses œufs partout, peut se propager d'autant plus qu'il se multiplie avec une promptitude extraordinaire.

Quant au *Pou de porc*, on pourra, comme les autres, le détruire avec la décoction de staphisaigre.

Le *Pou des brebis* se détruit au moyen de frictions faites avec une pommade préparée avec : cire, camphre et fleur de soufre. Ces frictions se répètent trois ou quatre fois, à intervalles, puis on lave la brebis à l'eau pure.

Le *Pou des poules*. Il suffit de placer dans le poulailler une branche d'aulne ayant toutes ses feuilles, pendant la nuit. En ouvrant le poulailler le matin après on sort la branche d'aulne, et on la brûle, en la remplaçant le soir même, et cela jusqu'à ce que les poules, les coqs, les poussins, et autres volatiles de basse-cour ne se montrent plus tourmentés par la vermine.

Le *Puceron* il y en a de trois variétés : 1° le *Puceron vert*; 2° le *Puceron noir* et 3° le *Puceron lanigère*. Les deux premiers attaquent plusieurs végétaux, le troisième exclusivement le pommier. Le vert et le noir se détruisent avec des fumigations de tabac. Un moyen très efficace pour débarrasser de ces deux pucerons les plantes et les arbres, consiste dans l'emploi de l'aloès, à la dose d'un gramme par litre d'eau. Avec cette solution on lotionne les plantes affectées, les troncs, les rameaux, et on en arrose les plantes potagères, au moins celles dont la racine seule est comestible. L'eau de savon préparée avec 100 grammes de savon par litre d'eau, peut rendre aussi bien des services ; on l'applique comme le précédent avec un pinceau que l'on promène sur toutes les parties infestées. Si la première application ne suffit pas, on passe à une seconde et même à une troisième

Le puceron des pommiers est plus difficile à détruire ; mais on y parvient cependant si on s'y applique sérieusement. L'emploi des corps gras, des huiles les plus communes, appliquées avec une brosse un peu forte sur les œufs et sur les pucerons est très utile. Il est utile également de traiter cet insecte par l'opération qu'en Normandie on appelle le *Coulinage* et qui consiste à faire passer rapidement, pour ne pas attaquer le végétal, des torches enflammées au moment de la reprise de la végétation, au printemps.

L'*Eumolpe* ou *Barbotte* ravage la luzerne lorsqu'il n'est qu'à l'état de larve. On le détruit en saupoudrant la luzerne avec de la chaux au moment de la plus grande chaleur de la journée lorsque la femelle est prête à pondre. L'on pourrait encore, par un moyen quelconque secouer la luzerne à l'époque dite, deux fois par jour et pendant huit jours.

Le *Gribouri* ou *Eumolpe de la vigne, Ecrivain, Pic-Broc, Coupe-bourgeon*. C'est la larve qui endommage le bourgeon de la vigne et qui souvent produit des désastres incalculables dans les vignobles. Pour combattre ce fléau, on ne connaît qu'un moyen efficace, c'est de mettre à profit l'habitude de cet insecte de se laisser tomber par terre dès qu'il se croit poursuivi : à cet effet on a un grand entonnoir en fer-blanc sans douille, fendu sur un côté pour pouvoir être appliqué au cep et à l'échalas. Une fois placé, on secoue la plante et son tuteur, et l'insecte tombe dans l'entonnoir, d'où il ne peut sortir, parce qu'il ne rencontre devant lui qu'une surface lisse. L'entonnoir est percé dans sa partie du milieu et repose sur une terrine où finissent par glisser les insectes, que l'on peut ainsi détruire. Si l'on découvre sur quelques feuilles des œufs, on les arrache et on les brûle. En répétant ces deux moyens, on parvient à se débarrasser de cet hôte fort dangereux. On pourrait aussi faire tomber l'insecte dans un vase contenant de l'aloès dissous dans l'eau. En y tombant, l'insecte meurt.

Les *Charançons* ou *Calandres*. Pareillement à l'alucite, cet insecte dépose ses œufs dans la substance du grain avant sa maturité, et ce n'est que dans le grenier que ces œufs éclosent et deviennent des larves toujours logées à l'intérieur du grain pour prendre des ailes dès qu'elles se transforment en papillons. Pour empêcher la formation de la larve, il faut tenir le blé dans un endroit dont la température soit au-dessous de 10°, ou bien répandre sur le plancher du grenier à blé quelque peu de liqueur d'absinthe, ou saupoudrer le blé avec de la chaux en poudre ou de la farine de haricots, ou encore placer dans les tas de blé du chanvre femelle. L'oignon, le camphre, le goudron, les herbes fortement aromatiques peuvent servir à empêcher les tranformations des œufs de calandre.

Lorsque le papillon est déjà formé, il faut partager le blé en petits tas, que l'on remuera souvent à la pelle. Ces papillons qui ne volent pas malgré leurs ailes, et qui se traînent même avec beaucoup de peine sur le plancher, s'éparpillent lentement loin du tas dans toutes les directions.

Pour mettre le blé à l'abri des ravages du charançon, il n'y a rien de tel que de le conserver dans des tonneaux dont un fond sert de couvercle mobile, que l'on tient en place en y superposant une grosse pierre. Les semences des blés et d'autres céréales demandent une préparation préalable avant d'être confiées à la terre pour détruire toutes les sortes de maladies qu'elles pourraient renfermer, et particulièrement les spores ou graines de l'uredo qui constituent la *Carie des blés*. Ces moyens préservatifs sont le *Sulfatage des blés* et le *Chaulage des blés*. Le premier consiste dans l'emploi du sulfate de cuivre, le second dans l'emploi de la chaux. Voici comment on opère : On fait une dissolution de 650 grammes de sulfate de cuivre dans un hectolitre d'eau ; on met dans cette solution autant de blé qu'il en faut pour que l'eau recouvre le blé de quelques centimètres. On remue et on laisse reposer ; les graines légères viennent surnager ; on les enlève, et on les jette, en ayant soin de ne pas les laisser manger par les poules. Après on met à égoutter les blés sulfatés dans des corbeilles, pour les étendre ensuite en couches très minces au grenier et les faire sécher. Au lieu de sulfate de cuivre, on pourra se servir de sulfate de soude.

Le chaulage s'obtient en trempant les blés dans l'eau de chaux, additionnée de sel marin. Voici comment on procède : On fait une dissolution de trois kilos de sel dans un hectolitre d'eau, et avec cette solution on éteint 10 à 12 kilos de chaux. Cette dose suffit pour le chaulage de 10 hectolitres de blé. On met le blé en tas, on l'arrose avec cette eau de chaux salée et on le remue avec une pelle. Enfin on le sème, encore mouillé.

Les *Cousins* et *Moustiques* disparaissent s'ils sont atteints par des émanations de camphre en combustion ou de la fumée de tabac ou de la poudre à fusil, les fenêtres étant toutes grandes ouvertes et la chambre dans l'obscurité. On les attrape aussi en fermant les croisées avant de se coucher et en éclairant la chambre au moyen d'une lanterne de verre allumée, mouillée en dehors avec du miel délayé dans du vin ou de l'eau de roses. Ils ne savent plus se dépêtrer dès qu'ils y touchent. En plaçant un bout de bougie allumé au fond d'une cuvette dont les bords soient emmiellés on obtient le même résultat. On n'opère pas différemment pour se défendre des moustiques.

Les *Mouches*. (V. *Papier tue-mouche*.) On vend des *pièges à mouches* en cristal, d'une forme assez élégante, et qui remplissent parfaitement le but. On peut les remplacer cependant par deux planchettes en bois placées très près l'une de l'autre, et enduites à leur surface intérieure de miel. Lorsque l'on voit les mouches bien attablées, on rapproche promptement les deux planchettes, qui, du reste peuvent être disposées de manière à pouvoir se rapprocher instantanément au moyen de la détente d'un ressort. Le gaz acide sulfureux pourra être employé dans les cas où ce gaz ne peut nuire, pourvu que l'appartement soit fermé.

Pour préserver les dorures des déjections des mouches, il n'y a qu'à les frotter avec de l'huile de laurier, et en passant une légère couche sur les objets que l'on veut préserver. Les feuilles de citronnelle leur sont aussi antipathiques. Elles ne touchent pas aux endroits frottés avec ces feuilles. Soit que l'on emploie une de ces choses ou l'autre, on s'en préserve pendant tout un été.

Pour préserver les chevaux, les mulets, etc., des piqûres des mouches et d'autres insectes, il n'y a rien de tel, d'après l'avis d'un vétérinaire, que d'introduire, à l'aide d'un pinceau, dans la conque de l'oreille de l'animal une ou deux gouttes d'huile de cade, et en répétant cette application chaque semaine. Si l'on frotte le ventre et les naseaux de l'animal avec la même huile on le rend tout à fait invulnérable. Un sou (5 centimes) de cette huile par cheval suffira pour une saison.

Les *Fourmis*. Lorsque cela peut se faire, on échaude les fourmilières sur place. On arrive encore à détruire les repaires de fourmis en les saupoudrant avec de la chaux, et en y versant ensuite de l'eau. Mais, lorsque ces fourmillières sont dans des endroits inaccessibles, comme entre ou sous les racines des arbres, il faut remuer la terre pour les faire déloger. On les amorce au passage en les alléchant avec des planchettes emmiellées, ou des fioles remplies d'eau sucrée. Dans le premier cas, elles s'y agglutinent, dans le second, elles meurent.

Lorsque les fourmis attaquent les arbres, il faut pour les éloigner, laver l'arbre avec une lessive de cendres de bois, ou bien entourer l'arbre d'un flocon de laine cardée, ou d'une litière imbibée de goudron ou d'huile de térébenthine. Ces deux moyens sont excellents, mais demandent à être renouvelés de temps à autre. On enduit encore le pied de l'arbre jusqu'à la hauteur de quelques centimètres de substances grasses, huileuses, goudronneuses, mais l'action préservatrice de ces substances n'est que temporaire.

L'aloès est mortel pour les fourmis comme il l'est pour d'autres insectes. Dissous dans l'eau, on lotionne avec cette solution tronc et branches des arbres infestés.

On dit aussi que le marc de café bouilli, l'absinthe, la lavande, le basilic chassent les fourmis des appartements, des cuisines et des armoires. La suie et les feuilles de tabac donnent les mêmes résultats.

Si les fourmis infestent une plante dans un pot, il suffit de placer le pot dans une écuelle ou soucoupe pleine d'eau, ou de charbon pilé.

Un moyen assez facile à employer, sinon pour détruire complètement une fourmillière qui serait inaccessible à l'eau bouillante et à la chaux, du moins pour la dépeupler en grande partie, est le suivant : On a à sa disposition un grand pot à fleurs que l'on place, renversé, très près de l'issue de la fourmilière. Sous ce pot il y a une assiette, légèrement enduite de mélasse. Le pot doit être placé de manière à ménager une petite entrée pour les fourmis qui y accourent en masse. Lorsque l'on croit que la chasse est assez bonne, on appuie sur le pot s'il est posé sur la terre, ou on l'entoure d'un linge quelconque pour boucher toutes les issues, et l'on introduit par le trou d'en haut une mèche de soufre allumée. On bouche le trou : l'acide sulfureux qui se dégage, tue les fourmis impitoyablement. Comme les survivantes ne sont pas prévenues du piège, en répétant le jeu, on pourra en prendre une quantité prodigieuse, et très souvent arriver à détruire en plein une fourmillière.

On propose encore d'entourer de genêts verts, l'arbre infesté, ou d'exposer sur le passage des fourmis un pot enterré jusqu'au rebord. Les fourmis, dit-on, s'y réfugient, et le matin on peut les noyer, en remplissant le pot d'eau, ou en les échaudant. (Voir *Eau pétrolisée*.)

Les fourmis ont cependant leur bon côté. Si l'épicier et le confiseur peuvent s'en plaindre, les jardiniers doivent tenir compte que cet insecte délivre les plantes des pucerons, qui leur sont si préjudiciables. A ce point de vue les fourmis sont plutôt utiles que nuisibles. Le chat qui préserve nos maisons des souris, fait main basse sur l'office, s'il parvient à y entrer sans être vu. Utile d'un côté, dangereux et nuisible de l'autre.

Les *Guêpes*. Un moyen que l'on préconise comme infaillible pour détruire les guêpes consiste à placer près du guêpier une cuvette remplie aux deux tiers d'eau de savon.

Si le guêpier est situé dans une crevasse d'un mur, le plus sûr moyen est de le plâtrer le soir après la rentrée, ou encore d'y introduire une mèche soufrée et allumée. Si le nid est en pleine terre, on le perfore avec un bâton, après avoir mis le feu à un tas de paille qui est placé au-dessus. On peut également dans ce cas l'échauder, ou verser dans le trou de l'huile de térébenthine. Si l'on veut détruire les guêpes qui sont dans les appartements, comme ces insectes sont friands des douceurs, on se sert de planchettes; nous l'avons dit un peu plus haut, en parlant des mouches.

Les *Frelons* font leur nid ordinairement dans des arbres creux. Si l'ouverture n'est pas très grande, on pourra la fermer avec un moyen quelconque, et l'on devra le faire le soir, pour que le matin en se réveillant, ils ne puissent plus sortir. Une mèche soufrée allumée et introduite dans le trou les tue également. La piqûre de cet insecte est plus douloureuse que celle de la guêpe, mais l'alcali volatil ou ammoniaque calme les souffrances. A défaut d'alcali, le poireau ou l'oignon pourront le remplacer. On frotte l'endroit blessé.

Les *Taons*. On ne connaît pas de remèdes propres à

détruire cet insecte qui cause de si poignantes douleurs aux chevaux et aux bêtes à cornes, jusqu'à les mettre en fureur. Il est rare cependant qu'il entre dans les écuries et dans les étables, et c'est ordinairement dans les moments de plus forte chaleur, au milieu de chaudes journées, qu'il agit en se fixant sur la peau des animaux pour leur sucer le sang à l'aide d'une trompe. Si on a la précaution de frotter les chevaux à rebrousse-poil avec des feuilles de courge, avec du saindoux, de l'huile grasse, ou avec la douce-amère, on parviendra à les préserver des atteintes de cet insecte. On a proposé de frotter le bétail avec de la bouse.

On préserve les chevaux des taons et des mouches qui les piquent pour leur sucer le sang particulièrement pendant les fortes chaleurs, au moyen d'une infusion de *marrube noir*, plante à odeur fétide, qui croît sur le bord des chemins. On trempe une éponge dans cette infusion, et on en mouille tout le cheval, en le parfumant ainsi d'une manière fort désagréable pour les insectes susdits. A défaut de marrube, on pourra employer la morelle, l'absinthe, la chicorée sauvage et la feuille de noyer.

Les *OEstres*. Cet insecte nuisible, qui n'est guère plus gros qu'une mouche ordinaire, mais qui est rayé transversalement de jaune et de brun, attaque les moutons, les chevaux et les bœufs, non pour vivre à leurs dépens, mais simplement pour leur confier ses œufs. A l'état de mouche cet insecte ne mange ni ne suce aucun aliment; il n'a pas même d'organe pour cet usage.

Les trois variétés principales de cette mouche ne se distinguent entre elles que par des différences insaisissables, mais chacune d'elles a son animal de prédilection qu'elle choisit pour nourrice de ses petits.

L'*OEstre du cheval* dépose ses œufs à l'épaule, et a la la précaution de les enduire d'une matière poisseuse pour les agglutiner à la peau. Il n'y a pas de piqûre, mais il y a démangeaison lorsque la larve est éclose sous la forme d'un petit ver. Le cheval se lèche et avec la salive il avale ces vers qui peuvent vivre pendant un an dans son estomac, pour en sortir à un certain moment avec les matières fécales, et se préparer ainsi à la dernière métamorphose, c'est-à-dire à devenir mouche. Si le cheval n'en avale pas beaucoup, il n'y a point de mal, mais si par contre la quantité est considérable, le cheval en est très malade. On l'en débarrasse avec de légers purgatifs, et avec le goudron, employé à la dose de 60 grammes.

L'*OEstre du mouton* procède différemment. Il pose ses œufs dans une petite incision qu'il pratique dans le naseau de l'animal. Cette piqûre cause une douleur si vive que le mouton se met à courir comme un forcené. Le berger qui connaît la cause de ces mouvements désordonnés, prend la tête du mouton entre ses genoux, et inspecte le lieu de la blessure qui est décelé par une rougeur intense. Avec la pointe d'un canif, il blesse l'animal à cet endroit, une goutelette de sang en sort, et avec elle les œufs entreposés. L'animal est guéri. Si l'on néglige cette opération chirurgicale, le ver, à son apparition, rencontre et ravage toute la pituitaire avec dépérissement de l'animal. Des injections d'eau fortement goudronnée tueront ces vers.

L'*OEstre du bœuf* procède ainsi à sa guise : il pique la peau de l'animal au moyen d'une sorte de tube se terminant en pointe, dont est munie la femelle à la partie postérieure de son corps. Cette piqûre dans laquelle la mouche niche ses œufs l'un après l'autre, donne lieu à une petite tumeur sous laquelle la larve vit et subit ses transformations. Le remède est de presser doucement ces petites tumeurs pour en faire sortir des vers déjà éclos ; la plaie se cicatrise d'elle-même. Les frictions goudronnées pratiquées immédiatement après la piqûre détruisent les œufs et guérissent les petites tumeurs. Dans les pays où le bétail est pansé, on emporte ces tumeurs au pansement, et avec les tumeurs la larve et l'insecte.

Les *Mouches charbonneuses*. La piqûre de la mouche saine est plutôt ennuyeuse que dangereuse ; il n'en est pas ainsi, lorsque la mouche par sa piqûre injecte un poison quelconque qu'elle a ramassé en se nourrissant de la viande putréfiée, ou ayant appartenu à des animaux morts de maladies contagieuses, ou pestilenticlles. Des exemples malheureusement assez nombreux de personnes mortes dans les 24 heures à la suite d'une piqûre d'une mouche, attestent d'une manière irréfutable le danger qu'il y a de ne pas prendre d'assez promptes précautions aussitôt après avoir reçu une de ces piqûres. Frictions immédiates, lotions à l'eau salée, ou ammoniacales, ou d'urine à défaut d'ammoniaque, cautérisation au fer rouge tels sont les moyens dont on doit se servir. Le moyen encore le plus sûr est de faire une petite incision sur le lieu de la piqûre et de laver la plaie avec de l'ammoniaque et du beurre d'antimoine, ou de feuilles de noyer pilées. A défaut des caustique de la chimie, si l'on se trouve loin d'un lieu où l'on puisse s'en procurer, les feuilles de noyer appliquées, comme je viens de le dire pourront être d'un grand secours. Si l'absorption n'a pas encore eu lieu, la guérison est immanquable ; mais comme il s'agit ici d'un poison qui n'a que quelques instants d'incubation, la réussite tient surtout à la promptitude dans l'application des remèdes.

Les *Grillons*. C'est à tort que l'on range cet insecte dans la catégorie des nuisibles, tandis qu'il serait mieux placé dans celle des animaux utiles, se nourrissant des larves d'insectes nuisibles et malpropres. Aussi dans certains pays il est sous la sauvegarde de la superstition qui lui attribue la prégorative d'être de bon augure. Dans ces pays là on le traite en ami comme grillon du foyer. Cependant si une trop grande quantité de ces insectes abusaient du droit d'hospitalité, et que l'on voulût s'en défaire, on pourrait se servir d'un mélange de farine et d'arsenic, ou de pâte phosphorée.

Les *Rats et les Souris, ou Mulots*. Pour la destruction de ce rongeur, le phosphore est un poison excellent et facile à employer. Pour cela il n'y a qu'à faire infuser un paquet d'allumettes phosphoriques dans une décoction d'orge. Les rats mangent volontiers cette céréale qui, dans ce cas, leur est fatale. On pourra faire une pâte avec de la farine ou des pommes de terre cuites avec cette eau, et la leur offrir en pâture.

L'éponge en petits fragments fricassée dans la graisse, et à côté une écuelle pleine d'eau. Les rats alléchés par la graisse mangeront l'éponge qui les excitera à boire.

Un mélange de farine et de plâtre, ou de verre pilé est encore proposé pour la destruction des rats et des souris.

Il faudra ne pas employer de poisons minéraux tels que l'arsenic et le sublimé corrosif pour éviter toutes méprise désagréable. Les chats et les chiens pourraient en manger.

Des noix ou cerneaux de noix bouillis dans l'eau contenant de la noix vomique conviendront mieux que tout autre poison car ni les chats ni les chiens n'y mordent.

Le *Rat des champs* ou *Campagnol* est la victime et la pâture de certains oiseaux de proie, tels que tiercelets, hobereaux, hiboux, etc., qui en détruisent une bonne partie. Le seul moyen praticable pour s'en débarrasser est de labourer le terrain en faisant suivre le sillon par des enfants armés de bâtons, qui tuent les rats au fur et à mesure que ces animaux sont mis à découvert.

On a proposé deux pâtes pour détruire les rats, mais elles sont plus vénéneuses l'une que l'autre, et conséquemment elles exigent quelques précautions dans leur emploi.

Les *Taupes*. Des cerneaux de noix bouillis avec de la lessive pendant un quart d'heure, mêlés avec des vers de terre, et le tout réduit en pâte que l'on met dans les trous des taupes et des mulots.

Les taupes fuient la plante de ricin. Dix pieds de ricin par hectare, suffisent, assure-t-on, pour préserver un pré des taupes. Le datura stramonium paraît jouir de la même propriété.

Le moyen le plus sûr et le plus facile à pratiquer consiste à se tenir en observation entre dix heures et midi auprès des taupinières et à remarquer si le terrain remue. C'est la taupe qui le déplace, alors, avec un coup de bêche bien appliqué, on fait sauter le terrain et la taupe, que l'on tue immédiatement. (V. *Pâte phosphorée*.)

Les *Limaces* se détruisent en saupoudrant les endroits avec de la chaux délitée à l'air, ou en les arrosant avec de l'eau de chaux. Deux ou trois hectolitres par hectare. Les pigeons les mangent assez volontiers. Dans les jardins on se sert de l'eau salée, qui est encore plus préjudiciable aux limaces que toute autre substance. On plante des ceps de salade, on place des planchettes à plan incliné et tournées vers le nord pour leur tendre un piège, et une fois recueillies on les donne à manger aux poules par petites quantités à la fois. Les limaces ne dépassent jamais une petite digue faite avec des cendres de bois : aussi se sert-on de ce moyen pour en abriter les plantes.

Elles sont d'un usage thérapeutique : c'est d'être prescrites crues et vivantes dans les cas de phtisie pulmonaire. (V. *Eau pétrolisée*.)

Le *Loir*. Cet animal, jadis domestique, est tombé de nouveau à l'état sauvage. Il niche dans les vieux arbres creux, où il faut l'atteindre pour en arrêter la multiplication. Les petits soignés à l'état de domesticité s'apprivoisent très vite et très facilement. La chair du loir est bonne à manger.

On les prend avec des pièges, ou on les empoisonne d'une manière quelconque, en mêlant à un fruit bien mûr et dont ils sont friands quelque substance vénéneuse. On se sert aussi de la *pâte phosphorée*.(V. cet article.)

Cet animal, à l'état sauvage, est soumis à l'hivernation. Si l'on en prend un dans l'état de sommeil ou plutôt d'engourdissement, et qu'on veuille le maintenir vivant, il faut graduellement l'exposer à une température de plus en plus tiède et peu à peu, car si on le rapprochait du feu brusquement il mourrait à l'instant même.

La *Fouine*. Le plus impitoyable des ennemis du poulailler après l'homme. Lorsqu'on connaît le passage qui leur est habituel, on y répand des boulettes faites avec du levain de pâte et de sel d'ammoniaque dont l'odeur les attire, et qui est pour elles un poison violent. Ordinairement on les tue à coup de fusil, ou on les prend avec des chiens dressés à cette espèce de chasse.

On peut ranger dans la même catégorie les animaux suivants qui ont du reste beaucoup d'analogie avec la fouine.

La *Marte*.
Le *Putois*.
La *Belette*.
L'*Hermine*.

qui tous sucent les œufs de volaille, et mangent les volatiles même. On les prend par les mêmes moyens que l'on prend la fouine, et à l'aide de traquenards et de pièges

La *Vipère*. C'est un reptile d'Europe à craindre, quoique sa piqûre soit rarement mortelle. Les dindes et les poules les tuent, le hérisson aussi. Quelques races de chiens dressés à cette espèce de chasse les tuent aussi ; mais souvent ils en restent blessés. Succion de la piqûre, cautérisation au nitrate d'argent et à l'ammoniaque, ligature du membre piqué au-dessus et au-dessous de la piqûre suffisent pour éloigner tout danger d'intoxication. Que si cependant cette intoxication s'était déjà manifestée, il faudrait administrer des boissons sudorifiques aiguisées de quelques gouttes d'ammoniaque.

Pour que le venin de la vipère agisse d'une manière malfaisante, il faut qu'il soit absorbé et porté dans la circulation. Sur toutes les parties où il n'y pas d'ulcération, ce venin n'a produit aucun mauvais effet, pas même sur les lèvres et l'intérieur de la bouche, s'ils ne sont pas ulcérés.

Les *Araignées*. Décoction de tabac si on peut les atteindre : fumigations de tabac, et ensuite (V. *Fumigations sulfureuses*).

Les *Scorpions*. Si une maison est infestée, on se procurera des pots à fond large et plat en terre cuite, mais non vernissés, et on les remplit d'eau. On les place de manière à laisser un petit espace entre eux et la surface sur laquelle on les pose afin qu'il y ait un vide qui sert de point de ralliement à ces insectes qui, alléchés par la fraîcheur, viennent s'y cacher. Le matin suivant on les tue.

Quoiqu'on ait exagéré les conséquences de la morsure de cet animal, cependant elle est très douloureuse, et tant soit peu à craindre. Le remède est encore dans cette circonstance, l'alcali volatil, que l'on introduit dans une petite blessure que l'on fait sur le point piqué afin de cautériser un peu au-dessous de l'épiderme. Après on applique sur la plaie un cataplasme de farine de graines de lin, ou de mie de pain avec du lait ou de la décoction de guimauve.

On peut arroser ces cataplasmes avec un peu de laudanum si l'on en a sous la main. Mais ce n'est pas indispensable.

Les *Araignées-loups*. Cette espèce d'arachnide ne file pas de toile, et vit sur la terre aux dépens, plus particulièrement, des jeunes carottes. Comme ces insectes craignent l'humidité, on les écartera par de fréquents arrosements, dans l'eau desquels on aura mis un peu de suie en décoction, et faits par un temps sec et chaud. Lorsque les plantes ont poussé deux ou trois feuilles elles n'en craignent plus les atteintes.

Les *Tiques* ou *Ixodes*, qui se tiennent pendus par les deux pieds antérieurs aux végétaux même les plus élevés, se laissent tomber sur un chien, un bœuf, un cheval, qui viennent à passer dessous. Ils enfoncent leur suçoir dans la peau et s'y cramponnent tellement qu'on ne peut les arracher qu'en arrachant la portion de chair où ils sont plantés.

L'*Ixode ricin* ou *Louette* ou *Tique des chiens*, s'attache plus particulièrement aux chiens. Il est d'un rouge foncé, et sur les rebords de son corps un peu poilu.

L'*Ixode réticulé*, qui est cendré, attaque les bœufs et les chevaux. Les bords de son ventre sont striés. Les mésanges, et plus particulièrement les bergeronnettes, leur donnent la chasse sur le dos de l'animal. Lorsque ces tiques sont en grand nombre on les détruit en frictionnant les parties attaquées avec de l'onguent gris. L'essence de térébenthine et la décoction de tabac peuvent aussi être employées avec succès. L'eau de savon est également énergique.

Les *Leptes,* ou *Rougets,* ou *Bêtes rouges,* ou *Mites rouges.* Ils sont excessivement petits et presque inappréciables sans leur couleur rouge, qui tranche avec le blanc de la peau. Ils vivent sur les plantes graminées, les haricots et les autres végétaux, et grimpent sur les passants s'insinuant dans la peau, à la racine des poils, et causent une démangeaison insupportable. On s'en débarrasse cependant avec des lotions d'eau vinaigrée ou d'huile d'amandes douces.

Les *Jules.* Petit ver de terre ayant le corps cylindrique et fort long. Dans le repos il roule son corps en spirale comme un serpent.

Il ravage les plantes potagères, et particulièrement les semis de haricots, en se logeant dans la graine lorsqu'elle commence à germer, et détruisant tout ce qu'elle contient, pour ne la quitter que pour passer dans une autre.

Pour en préserver les haricots il faudra faire tremper la graine pendant 48 heures dans une forte décoction de suie. Mais si on l'aperçoit sur le semis on arrosera avec la décoction de feuilles de noyer additionnée d'un peu de sel de cuisine.

Les *Scolopendres* ou *Mille-pattes.* Elles sont plutôt utiles que nuisibles à l'agriculture, ne se nourrissent que de vers de terre, de limaces et de larves d'insectes. Les plus grosses cependant peuvent mordre, et leur morsure est très douloureuse. L'alcali volatil en apaise les souffrances.

Les *Hannetons.* Cet insecte est aussi préjudiciable à l'agriculture et au jardinage quand il est à l'état parfait que lorsqu'il est à l'état de larve. La seule manière de se débarrasser des hannetons est de les prendre. Pour cela il n'y a qu'à secouer les arbres qui en abritent, le matin, à la rosée, et les ramasser ensuite, ce qui est très facile, les hannetons se trouvant à cette heure dans un état d'engourdissement. Dans toute commune bien administrée les enfants devraient être employés à faire cette chasse, contre une récompense qui serait rémunérée sans doute par la quantité de fumier que ces hannetons donnent, si, après les avoir ébouillantés, on les mêle à de la terre et on les laisse pourrir.

On détruit les hannetons en allumant des feux en flamme à la nuit tombante près des endroits où ils se tiennent. A l'instar des cousins ils viennent se précipiter dans le foyer lumineux et s'y brûler.

Les *Sauterelles* ou *Criquets*. Lorsque les sauterelles se mettent en bandes de passage, ainsi que de temps en temps cela a lieu en Afrique et dans les plaines de la Hongrie, elles prennent les proportions d'un fléau. Partout où elles se posent la campagne la plus riante se change en un désert, et lorsqu'une pluie froide les fait périr, leurs cadavres deviennent un foyer d'émanations capables de causer des maladies épidémiques et pestilentielles. On n'a pas encore trouvé un moyen efficace pour s'en préserver, quoique avec un peu d'attention on pourrait rechercher sur les plantes les œufs de ces animaux, qui y sont collés sous forme d'une coque. Mais on comprend tout d'abord combien cette opération est inexécutable. Il y aurait la flamme provenant de végétaux en combustion, et placée par ci par là, dans la direction tenue par les nuées de migration. Ce moyen est employé en Hongrie, mais il ne produit que des résultats restreints.

On donne plus particulièrement le nom de criquet à la petite sauterelle grise et rouge de nos prés, et dont la vraie dénomination est *Locuste*.

Cette espèce, ainsi que la grande sauterelle verte, est inoffensive.

La *Cigale*, sans être aussi dangereuse que le hanneton, n'est pas tout à fait inoffensive pour les arbres qu'elle affectionne, pendant qu'elle est à l'état d'insecte parfait, ainsi que pendant qu'elle est à l'état de chrysalide, sous terre. Dans le premier cas elle se nourrit du suc des branches qu'elle suce, et dans le second cas en mangeant les radicelles de la plante. Je le répète, cet insecte est plutôt désagréable par son tapage monotone, que nuisible au point de vue de l'agriculture.

Les *Dermestres*. Il y en a deux espèces : l'une, le *Dermestre du lard*, qui ne ravage que la couenne du lard rance, à demi-corrompu. Cette espèce n'est pas nuisible. Mais il n'en est pas de même du *Dermestre des fourrures*, dont les larves attaquent les peaux, et font tomber le poil. Pour les détruire, voyez Teigne *des fourrures*.

Les *Bruches* ou *Cussons*. Cet insecte attaque plus particulièrement les pois, les lentilles, les fèves. Les femelles déposent leurs œufs dans la silique encore verte des plantes légumineuses. Plus tard elles pondent dans la substance même de la graine, où les œufs, peu de temps après, se transforment en larve qui dévorent les cotylédans, sans cependant attaquer le germe. Aussi les graines maltraitées par la présence de cette larve conservent leur propriété germinative, en perdant toutefois leurs qualités nutritives.

Le moyen pour tuer ces insectes, soit à l'état d'œufs, soit à l'état de larves est d'ébouillanter les graines aussitôt récoltées, ou de les exposer à la température d'un four à pain. Il est bon de prévenir que les graines échaudées de cette manière perdent leur faculté de germination.

Eau pétrolisée. — De trente à soixante grammes de pétrole, délayés dans un litre d'eau ordinaire. Cette eau tue tous les insectes qu'elle touche : le ver blanc du hanneton, les courtilières, la vermine des vieilles maisons, les insectes parasites qui incommodent les animaux, et dans ce cas on savonne l'animal après l'avoir frictionné avec l'eau pétrolisée. En en arrosant les fraisiers on détruit les animaux qui en rongent les racines.

La meilleure eau pour cet usage est l'huile non épurée. Se vendant à très bas prix, son usage n'est interdit à personne, tant modestes que puissent en être les ressources.

Non seulement les insectes meurent à l'approche de cette huile, les rats aussi et les souris quittent les maisons dont l'atmosphère est imprégnée d'exhalaisons pétroliennes, et les limaces des jardins disparaissent si on les arrose avec l'eau pétrolisée.

Pâte arsenicale.

Suif.	1,000 grammes.
Farine.	1,000 —
Arsenic	100 —
Noir de fumée	10 —
Essence d'anis	1 —

Mêlez exactement; étendez cette pâte sur des feuilles de laitue, et le soir mettez ce mets à la disposition des rats, des souris, etc.

Pâte phosphorée.

Phosphore.	20 grammes.
Eau bouillante ⎫	
Suif fondu ⎬ de chaque. . .	400 —
Farine ⎭	
Huile de noix.	200 —
Sucre pulvérisé finement . .	260 —

Mettez le phosphore et l'eau dans un mortier, où le phosphore fondra immédiatement. Ajoutez après la farine par petites portions, en agitant et en remuant toujours avec le pilon. Lorsque le mélange est presque froid on y ajoute le suif fondu, l'huile, puis le sucre, toujours en remuant jusqu'à refroidissement complet.

On conserve cette pâte dans des flacons bien bouchés, et à l'abri de la lumière pour empêcher le phosphore de s'oxyder.

On la sert sur des tranches de pain bien minces aux rats, souris, mulots, taupes, grillons, loirs, etc. Ces animaux, qui en sont friands, ne tardent pas à mourir dès qu'ils en ont mangé.

INSECTES UTILES

Abeille ou Mouche à miel. — La *Reine abeille* ou *Mère* chargée de peupler la colonie, de multiplier l'espèce, autrement dit de pondre, se met à ses fonctions très jeune, puisqu'elle sort de la ruche pour se faire féconder, dès le deuxième jour, ou, au plus tard, le neuvième de sa naissance. Si elle n'est pas fécondée dans les premiers jours de son existence sa fécondation est anormale. Aussitôt fécondée, elle rentre dans sa ruche, et vingt-quatre ou trente-six heures après, elle commence sa ponte, qui continue un peu plus ou un peu moins toute l'année, ou pour mieux dire, pendant toute la durée de son existence, qui est de quatre ou cinq ans. Elle pond cependant davantage au retour de la belle saison, à l'époque où les fleurs produisent beaucoup de pollen. Cette *grande ponte* peut avoir lieu deux fois dans l'année. La quantité d'œufs que la mère pond est plus ou moins considérable selon les circonstances ; il est ordinairement de quarante à cent mille par an ; il peut s'élever de deux cent à cinq cent mille pour la durée de son existence.

La mère abeille n'est fécondée qu'une seule fois de sa vie, et pond des œufs mâles ou femelles à volonté. Nous ne connaissons pas comment les choses se passent au moment de la fécondation, ni comment cela se fait qu'une seule fécondation peut suffire. L'on sait seulement que le germe des mâles n'a pas besoin d'aucune fécondation ultérieure, tandis que le germe femelle a besoin d'une autre fécondation de la part de la mère même, et cette fécondation s'accomplit au moment du passage de l'œuf devant l'orifice de la vésicule séminale en touchant le liquide fécondant. Cela explique comment des mères non fécondées peuvent produire des faux bourdons complets.

Les mâles n'ont d'autre fonction à exercer que celle de se repaître de miel, de se promener et de féconder la mère-abeille. Cet honneur n'est cependant accordé qu'à un seul, et il lui coûte la vie. On peut dire que si les faux-bourdons mènent une vie bonne, elle est très courte puisqu'ils ne vivent guère plus de deux ou trois mois.

Les abeilles ouvrières s'occupent de pourvoir à l'alimentation pour toute la colonie, de la construction des édifices au moyen de la cire qu'elles sécrètent et du couvain, de la garde de l'habitation, de sa propreté et du récurage. Ces abeilles ne font pas seules toutes ces choses, Il y en a qui vont aux champs et que l'on nomme *pourvoyeuses*, il y a les *cirières* et enfin les *nourricières*. Peut-être y a-t-il les *concierges* et les *vidangeuses*, chargées de la police et de la propreté de l'habitation.

Toutes abeilles ouvrières peuvent être transformées en mère abeille, ou pour mieux dire, tout ver ou tout œuf d'ouvrière, qui n'a pas atteint sa dernière période de développement, peut acquérir les attributs de la femelle complète. Cela arrive lorsque la ruchée vient de perdre la mère, et pour accomplir cette transformation qui donne à la ruche une *mère artificielle*, les abeilles n'ont qu'à détruire quelques cloisons pour agrandir une cellule contenant une larve d'ouvrière. On dirait que les ouvrières ont la même structure que la mère, mais que les organes générateurs sont atrophiés par l'étroitesse des cellules où se développent leurs œufs.

Lorsque la population d'une ruche a augmenté de manière à ne plus pouvoir y tenir, il devient nécessaire qu'une partie de la colonie aille chercher un gîte ailleurs. Cette partie émigrante s'appelle *Essaim* ou *Jeton*, et l'acte d'émigrer s'appelle *Essaimage*. On appelle *Essaim naturel* la colonie sortie spontanément, et *Essaim artificiel* ou *forcé*, lorsque l'on emploie un moyen quelconque pour le provoquer.

Essaimage spontané. — Lorsque les ruches veulent essaimer, on voit tout autour d'elles voltiger une grande quantité d'abeilles, ce qui est un signe qu'elles se préparent au départ, qui ne s'effectue cependant pas si la mère abeille n'est pas disposée à partir. On surveille et on suit l'essaim, et lorsqu'il est posé quelque part sous forme de grappe, on lui présente une ruche enduite de miel, où elles entrent sans grande difficulté, d'autant plus facilement si la personne chargée de cela est l'éleveur lui-même, car les abeilles le connaissent.

Quelquefois l'essaim ne s'arrête pas dans le voisinage de la maison ou du rucher, et même il va si loin qu'on le perd de vue. Pour en arrêter le vol, on lui jette avec un balai de l'eau ou du sable. Les abeilles croient à un orage, et elles s'arrêtent plus vite qu'elles ne le feraient si l'on se contentait de les charivariser, comme on en a la coutume.

Un bon moyen pour empêcher les abeilles d'aller trop loin, c'est de planter devant les ruchers des perches liées à leur extrémité supérieure, entre elles, au moyen d'une corde d'où pendent des petits fagots de paille, de joncs ou de genêts, sur lesquels on jette quelques vieux filets de pêcheur. Les abeilles s'y fixent assez volontiers.

Comme il est important de prévoir la sortie de l'essaim, nous dirons que les ruches à essaimer font entendre un bruissement aigu éclatant. Ensuite l'on verra, quelques jours auparavant l'essaimage, de nombreuses abeilles sortir de la ruche, s'avancer en toute hâte sur le plateau, puis rentrer avec le même empressement.

Les abeilles qui essaiment sont de tout âge, et la plupart très prévoyantes, se chargent de vivres, et sont accompagnées par la mère abeille de la ruche qu'elles quittent, laquelle ruche en a une ou plusieurs au berceau.

Essaimage adventice. — On donne ce nom, ou simplement le nom d'*Essaim volage*, aux colonies qui émigrent au loin ou qui ne veulent pas se fixer dans les ruches qu'on leur donne. Quelquefois ces essaims viennent s'établir dans le rucher du voisin, et peuvent donner lieu à des contestations, entre le propriétaire véritable et le possesseur actuel de l'essaim. Pour reconnaître de quelle ruche est sorti un essaim, il faut sortir de cet essaim une quarantaine d'abeilles, les emporter à une distance d'une centaine de mètres, les saupoudrer de farine ou d'ocre rouge et leur donner la liberté. La plus grande partie de ces abeilles retournera à la ruche mère.

Essaimage empêché. — Si les abeilles essaiment trop, c'est-à-dire plus d'une ou deux fois dans l'année, ce qui causerait l'épuisement de la ruche, on doit les empêcher d'essaimer en s'y prenant de la manière suivante. On tourne la ruche devant-derrière en bouchant l'entrée existante et en en faisant une sur le devant. Cette espièglerie semble suffisante pour faire changer d'avis au nouvel essaim qui voudrait se former.

Le signe de la sortie d'un *essaim secondaire*, qui se fait ordinairement huit ou neuf jours après la sortie du premier, c'est le chant des femelles, il n'y a qu'à placer l'oreille contre la ruche pour s'en assurer. On peut être sûr que ce chant précède toujours la sortie des essaims. Il est prudent, dans les localités où la nourriture est abondante, de ne pas laisser essaimer les ruches plus de deux fois dans l'année.

Essaimage artificiel ou forcé. — Si l'on voit que les abeilles s'attachent autour de la ruche, sans se décider à essaimer, on cherche à les faire entrer, ce que l'on obtient en les enfermant avec du vieux linge ou du papier brûlé. Une fois rentrées elles se trouvent tellement oppressées et échauffées, qu'elles ne tardent pas à prendre la détermination d'essaimer. On parvient au même résultat en sortant le couvercle de la ruche pendant une heure à la chaleur du soleil.

Taille des ruches. — Ce serait une mauvaise spéculation que de suivre conseil de prendre tout le miel et toute la cire contenue dans la ruche, en forçant toutes les abeilles à se transporter dans une ruche vide. Il se peut, et c'est ce qui arrive fréquemment, que ces insectes ne parvienent pas à butiner assez pour avoir de quoi passer la mauvaise saison d'hiver, ce qui les condamnerait à mourir d'inanition. Il est plus prudent de les tailler que de les décimer. A cet effet, l'on fait des ruches par des tronçons superposés les uns aux autres, et à chaque saison on enlève celui qui est en haut avec tout ce qu'il contient. Une fois le miel et la cire ramassés, on le pose en bas de la ruche. Pour faire descendre les abeilles qui pourraient se trouver dans le rayon que l'on veut enlever, il n'y a qu'à frapper de petits coups avec une baguette sur le sommet de la ruche ; les abeilles descendront aux étages inférieurs.

Abeilles malades. — Les abeilles sont sujettes à beaucoup de maladies incurables, et à quelques-unes qu'on parvient à combattre. Par exemple : si les larves et les nymphes meurent dans leurs alvéoles, par leurs émanations putrides, elles infectent toute la colonie, qui périt infailliblement. Cette maladie, que l'on connaît sous le nom de *Faux couvain des abeilles* peut être conjurée en forçant, par des fumigations, les abeilles à se transporter dans une ruche vide, emmiellée intérieurement, où elles se mettent à refaire tout le matériel qu'elles ont perdu.

Les *Antennes jaunes des abeilles* est une maladie qui consiste dans un gonflement des antennes et de la partie antérieure de la tête, et une coloration en jaune. La cause est inconnue. Le remède consiste à placer sous la ruche une soucoupe pleine de bon vin vieux légèrement sucré. Des baguettes d'osier ou des croûtes de pain grillé servent de point d'appui pour les abeilles qui viennent y puiser la santé en buvant ce qu'on leur offre.

La *Dyssenterie des abeilles* ne serait pas une grave maladie, si cet insecte pouvait conserver l'instinct qu'il a en état de santé, de poser ses déjections en dehors de la ruche. Quand les abeilles sont malades, elles perdent cette louable habitude. Celles qui se tiennent aux rayons supérieurs salissent les rayons inférieurs de leurs déjections, en les couvrant d'un enduit noirâtre qui bouche les trachées des abeilles saines, et les empêchent de respirer. — On combat cette maladie par un mélange de parties égales de vin vieux et de miel, et on y ajoute un peu de sel. C'est le remède qui réussit le plus sûrement et le plus promptement.

Ruches. — Selon le but que l'on s'est proposé d'atteindre, on a varié de plusieurs manières la construction des ruches, et les matériaux de construction. Il y en a en bois, en terre cuite, en paille; il y en a de rondes et de carrées, il y en a d'opaques et de transparentes, il y en a enfin de construites tout d'une pièce, et d'autres qui sont le résultat d'un ensemble de tronçons ou tiroirs mobiles superposés les uns aux autres. — On peut choisir; nous nous bornerons à expliquer les indications auxquelles une ruche doit satisfaire.

D'abord nous commencerons par dire que les ruches à compartiments sont préférables, pourvu que ces compartiments ne soient pas trop volumineux, et en voici la raison. Dans le système de la décimation de la ruche l'on comprend que ne pouvant récolter que ce qui est contenu dans le tiroir supérieur, où les abeilles réunissent de préférence leur provision de miel, il se pourrait, si le tiroir est trop haut, que la récolte fût disproportionnée avec les ressources de la ruchée et que les abeilles-ouvrières ne pussent pas la remplacer avant la mauvaise saison. Ce serait les condamner à mourir d'inanition, ou s'obliger à les entretenir pendant l'hiver. S'il est prudent de se contenter d'une médiocre récolte, on comprend combien les ruches à deux compartiments doivent être bannies de l'agriculture, car tout le bon de la ruche se trouve justement dans le compartiment qu'on peut enlever, et dans l'inférieur n'existent que des rayons, la plupart vide. Contentons-nous de voler aux abeilles leur superflu, car différemment l'on risque de perdre la ruchée, qui ne donnerait plus que des essaims sans avenir.

Comme dans ce système de taille des ruches, qui est préférable, il faut que la ruche soit couverte, il est donc nécessaire que le couvercle du dernier tiroir soit mobile, quoique joignant très bien, et qu'il puisse s'adapter aux tiroirs qui successivement doivent le remplacer.

L'abeille a beaucoup d'ennemis parmi les rongeurs, les oiseaux, et les insectes. Il faut donc autant que possible disposer les choses de manière à les abriter de toute atteinte. Pour ce qui est des souris, des rats, des mulots et des crapauds, l'on s'en défendra en plaçant la ruche sur une large tablette supportée par un pieu isolé et à une certaine hauteur. Ces animaux destructeurs des abeilles en seront quittes pour se consoler avec le renard de la fable qui trouvait que le raisin n'était pas mûr.

Comme les insectes nuisibles aux abeilles, ont un volume qui dépasse celui de l'abeille, il faudra pour s'en préserver donner à la porte d'entrée de la ruche la dimension juste pour que l'abeille puisse passer.

Il n'est pas si aisé de se défendre des oiseaux friands de l'abeille, tels que la mésange commune, et le guêpier qui les prennent au vol. On pourra placer quelques pièges dans le voisinage des ruches, en les alléchant avec des vers de terre, ou des vers de farine. Il ne faut jamais les tuer à coups de fusil dans le voisinage de la ruche, car l'abeille est très craintive, se trouble et s'irrite facilement. Elle n'aime le bruit d'aucune manière; elle aime le recueillement et la tranquillité.

La forte chaleur est nuisible aux abeilles. Ainsi pendant l'été, les ruches ne doivent pas être exposées en plein midi. L'exposition du sud-est ou du sud-ouest est la plus convenable. Il faut que le rucher soit abrité des vents violents. Il faut en dernier lieu que l'abeille puisse trouver près de la ruche de l'eau pour se désaltérer. L'eau courante d'un petit ruisseau est celle qui convient le mieux.

Le rucher doit être couvert par un toit pour qu'il soit abrité de la pluie, et il convient que toutes les tablettes sur lesquelles reposent les ruches soient séparées les unes des autres, aussi bien que du mur, si elles sont adossées à un mur.

Les ruchers prospèrent à merveille s'il sont placés à un endroit où tout autour la végétation soit alternée de manière à avoir toute la bonne saison des plantes en fleurs. Moins les abeilles ont de chemin à faire plus elles travaillent fructueusement, et ont moins de dangers à courir.

Abeilles fécondantes. — On a observé que les vergers dans le voisinage des mouches à miel produisent plus, toutes choses égales, que les vergers qui ne sont pas visités par les abeilles. C'est que l'abeille pendant son butinage se charge de la poudre fécondante qu'elle porte sur d'autres fleurs. Il en résulte une fécondation artificielle qui donne très souvent des fruits et des fleurs hybrides tout à fait inattendus. Bien des variétés de fleurs panachées sont dues entièrement à l'intervention des abeilles.

Ce fait de jardins plus productifs par la visite des abeilles, a conduit à une autre observation non moins intéressante. C'est que l'abeille en sortant de la ruche se dirige vers les régions supérieures pour chercher à butiner, probablement pour qu'il lui soit plus facile de se rendre à sa ruche lorsqu'elle est chargée. Ainsi l'on peut croire que les abeilles appartenant à un rucher placé à mi-coteau épargneront les jardins au-dessous, et donneront la préférence à ceux qui sont plus élevés. Placées dans la plaine, les abeilles n'ont pas de préférence. Elles prennent où elles trouvent.

Abeilles enterrées. — Si la saison d'hiver est par trop rigoureuse, les abeilles périssent. Ce fait qui malheureusement est incontestable a réveillé l'idée de les conserver pendant cette saison, depuis novembre, époque où elles se retirent de leurs occupations, jusqu'à mi-février, lorsqu'elles commencent pour ainsi dire à sentir le printemps. Dans certains pays on les conserve à la cave, dans d'autres on entoure les ruches avec une couche épaisse de paille. Il y a enfin un apiculteur qui les enterre dans des silos pratiqués dans un terrain éloigné des grandes routes, des granges et des usines. A cet effet, on fait un fossé d'un mètre de largeur, de 70 centimètres de profondeur, et d'une longueur proportionnée à la quantité de ruches que l'on veut enterrer. On place les ruches dans ce fossé à quelque distance l'une de l'autre, sur des madriers pour qu'elles ne touchent pas terre. On remplit les espaces laissés par les ruches avec de la paille, et on recouvre le tout avec des planches. Avec la terre d'excavation on fait un monticule tout autour du silo.

Au milieu de février, comme nous avons dit, au plus tard, selon la saison, on les déterre, en leur rendant la liberté dont elles profitent tout de suite en se mettant au travail. On replace les ruches dans le rucher.

Privées d'air et de lumière, les mouches à miel (parce que probablement cette ténébreuse quiétude les fait dormir davantage), consomment moins que dans toute autre circonstance ; leur mortalité, assure-t-on, est presque nulle, et la reine pond trois semaines plus tôt.

De tels avantages ne laissent pas à douter de l'empressement de nos agriculteurs à mettre en pratique ce procédé au moyen duquel, sans frais, on réalise une économie, et on conserve ses ruchées.

Plus les abeilles ont froid et plus elles consomment de miel, pas tant pour se nourrir que pour maintenir la température. Elles mangent, pour ainsi dire, pour se tenir au chaud. Il est donc important d'entretenir un certain degré de température dans les ruches, soit en les enveloppant de paillassons ou de tout autre matière capable d'empêcher le rayonnement calorifique de la ruche, soit comme nous venons de le dire, en les conservant à la cave, ou dans un sous-sol quelconque à température constante, soit enfin en les enterrant.

Si les provisions ne suffisent pas à l'entretien des

mouches à miel pendant l'hiver, il faudra leur en fournir ou leur donner des matières sucrées, que l'on placera tout près de la porte de la ruche.

L'enterrement des ruches a l'inconvénient de ne pas permettre à l'apiculteur de donner à ses abeilles la nourriture dont elles pourraient avoir besoin, et il pourrait arriver qu'en les déterrant au printemps, il fût obligé de les enterrer pour tout de bon.

On a proposé de chloroformiser les abeilles pour leur soustraire une portion de miel ou de cire, et voici la façon de procéder que l'on donne. Au milieu d'une table on pose une assiette dans laquelle on verse une dizaine de grammes de chloroforme (quantité suffisante pour une ruche ordinaire) on couvre l'assiette d'une toile et on y superpose la ruche. Au bout de quelques minutes toutes les abeilles sont anesthésiées et on peut leur voler tout ce que l'on veut. On replace ensuite la ruche, et les abeilles en se réveillant reprennent leurs occupations comme si de rien n'était.

Ce procédé ne nous paraît pas exempt de risques par la difficulté qu'il y a de doser la quantité de liquide et la durée de la chloroformisation de manière à retirer les abeilles, ne voulant que les endormir. Ensuite, comme chaque abeille s'endort à la place où elle se trouve, la cueillette du miel n'est pas facile à faire. Il est plus sûr de se tenir au premier procédé, car il est essentiel de faire quitter aux abeilles les rayons qu'on veut enlever.

Vers à soie ou Bombyx du mûrier. De même que le mot italien *bigatto*, on a fait celui de *Bigattiera* ou *Bigataja*, pour exprimer le local où l'on élève les vers à soie, le mot *Magnan* des Méridionaux a servi à former l'expression *Magnanerie* ou *Magnanière* qui exprime la même chose, et le mot *Magnanier* avec lequel on qualifie l'ouvrier chef d'un établissement de ce genre.

Les vers à soie vivent à l'état de larve, une trentaine de jours environ, et pendant ce temps ils changent de peau quatre fois; leur peau ne se prêtant que jusqu'à un certain point au développement du corps de la larve. Chaque mue marque un passage d'un âge à un autre, l'âge du ver à soie consistant justement dans le temps parcouru entre une mue et une autre. Sur la fin de chaque âge les vers s'engourdissent (ils dorment, dit-on, de la première, de la seconde), et ne mangent point; mais après avoir fait peau neuve, ils se réveillent, et leur faim redouble.

La durée et le nombre de ces âges n'est pas pour tous les mêmes. Ordinairement le nombre des âges est de quatre; mais une espèce de vers n'en a que trois.

Depuis l'éclosion de l'œuf jusqu'à la première mue.	5 jours.
Le second âge	4 —
Le troisième âge	6 —
Le quatrième âge	6 —
Du quatrième à la construction du cocon	9 —
Total. . .	30 jours.

Selon la quantité et le mode de nourriture ces âges durent plus ou moins.

Après le septième jour du cinquième âge, le ver à soie cherche un endroit propice pour la construction qui doit l'envelopper à l'état de chrysalide, et d'où il sortira papillon, pour se propager immédiatement après.

La confection du cocon dure ordinairement trois jours ou trois jours et demi, et la chrysalide met dix-huit ou vingt jours pour se métamorphoser à l'état d'insecte parfait, de papillon reproducteur.

A peine éclos, ces vers pèsent 1/1700 de gramme, ou autrement il en faut 1,700 pour faire 1 gramme. Leur longueur à l'état naissant est de deux millimètres. Pendant leur existence d'un mois environ, ils se développent jusqu'à acquérir une longueur de 8 à 10 centimètres et un poids de 3 à 5 grammes et même plus.

La quantité de feuilles de mûrier que les vers à soie

consomment augmente à chaque âge avec une progression rapide. La quantité de larves qui sortent de graines ($31_{gr},25$), mangent :

Pendant le premier âge . . .	7 livr. de feuilles.
— le second âge . . .	21 — —
— le troisième âge . .	70 — —
— le quatrième âge . .	210 — —
— le cinquième âge . .	1,200 à 3,000 liv.

Pour la nourriture de chaque once, il faut donc 1,508 à 2,308 livres de feuilles de mûrier ou de 750 à 1,100 kilos environ.

Dans les bonnes années, dont malheureusement nous avons presque perdu le souvenir, une once de graine produit jusqu'à 65 kilogrammes de cocons; les récoltes les plus ordinaires sont environ de la moitié.

Aujourd'hui à peine si elles sont rémunératrices même pour quelques éleveurs seulement assez heureux pour pouvoir se préserver de la maladie, qui règne depuis bien des années, et qui menace sérieusement cette branche d'industrie

De toutes les maladies qui affectent les vers à soie, la *Dyssenterie*, la *Muscardine*, la *Pébrine* et la *Gattine* sont les plus funestes, et particulièrement les deux dernières, qui peuvent être envisagées comme le fléau des magnaneries.

La *Dyssenterie* provient de la mauvaise qualité des feuilles dont on les nourrit, et particulièrement de la feuille atteinte de la miellée, c'est-à-dire couverte d'une substance visqueuse, d'une saveur douce qui paraît n'être que le produit de la sécrétion du puceron. Si la feuille présente ces caractères, il faut la laver et la faire sécher avec soin, ou en choisir de meilleure.

La *Muscardine* tue les vers à soie en les foudroyant. Cette maladie peut les frapper à tout âge, mais ses plus grands ravages se font sentir au cinquième. Le ver malade ou prédisposé à cette maladie monte quelquefois jusqu'à la bruyère, et alors il meurt subitement se tenant accroché par les pattes ventrales à la branche, et le corps replié sur lui-même. On les appelle des pendus. Quelquefois il ne succombe à la muscadine que dans son cocon, après l'avoir commencé, et même quelquefois après l'avoir à peu près achevé. Ordinairement les cocons ont une coque très mince et contiennent peu de soie. En termes technologiques, ils s'appellent des *Chiques*.

Ces chiques, ou cocons inachevés, ont été dernièrement employés à produire des papillons, qui ont donné quelquefois de la mauvaise graine, et quelquefois de la bonne. Si l'on vérifiait que réellement ces rebuts sont aptes à la génération ils acquerraient sans doute une valeur commerciale qu'ils n'ont pas actuellement.

En remarquant que si le temps est humide et chaud le verse couvre d'une efflorescence d'un blanc pur, qui se change en jaune et qui est formée de spores d'un champignon parasite, on a cru que ces spores étaient la cause de la maladie. Mais l'on a pu se convaincre que la muscardine peut se développer spontanément par le manque de propreté, et par un entassement exagéré de vers sur les claies.

C'est une précaution très utile d'enlever le plus tôt possible les dépouilles des morts, et de parfumer au gaz acide sulfureux toute la magnanerie pour la préserver l'année d'après. La fumée du foyer seule est également fort efficace pour détruire les germes de la muscardine, et c'est peut-être à cette fumée que l'on doit avoir observé que les petites éducations faites par de petits éleveurs dans leurs chambres et dans leur cuisine, réussissaient mieux que dans les grands établissements.

La *Gattine* aussi est produite par une cause qui n'est pas connue. Rien d'étonnant, conséquemment, que l'on ait proposé comme pour le choléra humain, beaucoup de traitements et beaucoup de remèdes inefficaces. Maintes suppositions sur la provenance de cette maladie ont défrayé les investigations des savants, et, il faut le dire, sans beaucoup de succès. Les uns prétendent qu'il faut mettre la gattine sur le compte de la qualité de la feuille, d'autres d'une maladie congéniable de la graine, d'autres enfin, de la manière d'élever les vers à soie. — Un des remèdes que l'on a essayés, c'est celui de se procurer de la graine provenant des pays qui ne sont pas infestés par la maladie, et jusqu'à un certain point on n'a eu qu'à se louer de la détermination prise de se pourvoir de graines du Japon, et d'autres pays lointains préservés jusqu'à présent du fléau. Je dis jusqu'à un point, parce qu'il ne faudrait pas croire que toute graine étrangère ait réussi ; au contraire, si elle réussit mieux que l'indigène, elle ne réussit pas toujours, ni pendant longtemps. Dès sa seconde génération généralement, elle donne des signes d'avoir subi un commencement de maladie, qui se développe dans toute son intensité la troisième année, pour décroître ensuite et disparaître enfin au bout de la sixième. C'est du moins ce qu'un sériciculteur italien, M. Grimelli, prétend avoir observé.

Les proportions désastreuses qu'a prises cette maladie depuis quelques années ont éveillé la sollicitude du gouvernement français, qui, dans son impartialité à écouter tous les savants, a mis à la disposition de plusieurs éleveurs de vers à soie des microscopes pour inspecter la graine de provenance étrangère, et a promis des prix aux petits éleveurs, pensant peut-être que les conditions hygiéniques sont mieux observées dans les petits locaux que dans les grands. Malheureusement il en est de la gattine comme du choléra ; à l'exception de quelques endroits où ses fléaux ne se sont jamais présentés, les petites éducations n'ont pas toujours joui de l'immunité. D'autre part, on avait cru remarquer dans les graines de petits corpuscules ovoïdes que l'on a appelés *corpuscules vibrants* et que l'on croyait un des symptômes de l'infection ; or on a été tout étonné de constater que des graines ayant cette particularité ont réussi, tandis que d'autres qui en étaient dépourvues, n'ont pas fourni des résultats satisfaisants. Peut-être le microscope nous donnera-t-il le mot de l'énigme.

Les remèdes que l'on a proposés pour arrêter les progrès de la gattine dans une magnanerie se ressentent de la théorie sur la cause de la maladie qui les a produits. Les uns ont proposé de nourrir les vers à soie avec de la feuille de mûrier non greffé; les autres de tremper la feuille dans un mélange de vin et de miel; d'autres enfin de la saupoudrer de sucre, et de saupoudrer les vers avec des poudres aromatiques, ou de les arroser avec des liquides excitants. Il y en a qui prétendent avoir guéri des chambrées avec la vapeur de soufre, en tenant les vers sur du papier dont la pâte soit imprégnée de soufre. Finalement, nous trouvons dans un journal, entre autres formules correctives et prescriptives, une fumigation qu'il faut répéter assez souvent, et composée ainsi qu'il suit:

Prenez: essence de térébenthine, huile de cade et pétrole camphré, parties égales. Projetez-en quelque peu sur une pelle rougie au feu, et promenez la tout autour des claies.

Les maladies épidémiques ne reconnaissent pas, en général, une cause unique. Elles sont souvent le résultat d'un concours fortuit de circonstances qui, considérées une à une, ne sont nullement à craindre, et qui se succédant ou se manifestant simultanément, constituent par leur ensemble un véritable fléau. Les causes de cette nature sont insondables, car, si nous connaissons à peine l'action des causes simples, nous ignorons, à ne pas en douter, le mode d'agir de plusieurs interventions à la fois, et qui ne sont morbides que par leur assemblement.

Si la cause de la maladie n'est pas simple, comme il est probable, il est probable aussi que le remède ne l'est pas davantage, et que peut-être il consiste dans un ensemble de précautions et de soins que l'on n'a pas encore songé à employer. Si la science nous fait quelquefois défaut dans les circonstances les plus pressantes, elle nous aide cependant de ses lumières dans bien des conjonctures. Espérons donc qu'un problème qui intéresse tant de monde et qui occupe tant d'intelligences ne restera pas longtemps dans l'obscurité, où il s'est relégué jusqu'à ce jour.

En attendant que la science puisse se frayer un chemin au milieu de ces ténèbres qui enveloppent encore la maladie des vers à soie régnant depuis douze ans et plus à l'état épidémique, il nous incombe de rendre compte à nos lecteurs des résultats et des conséquences qui se rattachent à une observation faite à l'égard de la durée de la maladie. D'après bon nombre d'expériences il résulterait que la période affectée par la maladie sur une famille de vers à soie se compose de six phases, correspondant chacune à une génération. La maladie, je l'ai dit, se déclare, prend de l'extension à la seconde génération, acquiert son plus grand développement à la troisième, pour décroître de plus en plus à partir de la quatrième, et disparaître tout à fait à la septième.

Si cela est (et nous n'avons aucune raison pour en douter) faute de ne pas pouvoir couper court à la maladie pendant qu'elle règne, on peut la prévenir en affranchissant la graine, ce que l'on obtiendra en faisant trois éducations dans l'année de manière à se trouver l'année d'après avoir affaire à de la graine qui a subi trois accès, et conséquemment est déjà en convalescence. Cette méthode d'affranchir la graine a, dit-on, donné des résultats qui ne laissent rien à désirer.

Vers à soie de l'Ailante. — Ce ver (*Bombyx cynthia*) se nourrit en plein air des feuilles d'un arbre d'une culture assez facile, que l'on nomme *Vernis du Japon* (*Ailanthus glandulosa*). Les oiseaux cependant en sont friands, et il est à craindre que si l'on adoptait la méthode de mettre le ver sur les arbres, au moment de la récolte on les trouverait tout récoltés. Il faudrait donc, si l'usage venait à se généraliser, les élever dans la maison.

Leur cocon est percé au bout, et est très difficile à tirer, aussi n'a-t-on, jusqu'à présent, pu en faire qu'une espèce de bourre donnant une étoffe assez grossière. Peut-être parviendra-t-on à les tirer comme l'on tire les autres cocons, et cela ne paraît pas impossible puisque, soit le ver du murier, soit le ver de l'ailante, soit tout autre chenille ne perce pas le cocon en brisant des fils, mais bien en les écartant les uns des autres.

La soie cependant que l'on en obtient, quoiqu'elle se laisse décreuser, ne blanchit pas facilement, ce qui rend la teinture qu'on lui donne d'un aspect tout autre que pur.

Il y a encore les *Vers à soie du Chêne* (*Bombyx Mylitta*) et les *Vers à soie du Ricin*; les uns et les autres portent une dénomination qui réveille l'idée de la feuille dont ils se nourrissent. Le produit de l'ouvrage de ces deux insectes n'est pas assez précieux pour qu'on soit autorisé à en recommander l'élevage. Il y a dans le commerce une espèce de soie que l'on connaît sous le nom de *Soie sauvage*, très grossière et très inégale, d'une couleur grisâtre marron, d'une grande solidité et ayant un certain brillant. Décreusée, elle reste couleur nankin, et malgré tous les procédés préconisés pour la blanchir, on n'a pas encore réussi à la faire aussi blanche que la soie du ver à soie commun. Cependant on l'emploie depuis quelque temps, et son prix, qui, dès le commencement, était très infime, tend tous les jours à augmenter.

Il y a des cocons pour ainsi dire de toutes les couleurs et de toutes les formes. Il y en a de jaunes, de blancs, de verts, de gris, de marrons, etc. Il y en a d'ovoïdes réguliers et irréguliers, il y en a encore dont la forme s'approche de la sphère, et d'autres étranglés au milieu. Enfin il y en a de plus ou moins volumineux. La texture des cocons varie aussi selon la disposition des fils : il y en a de rugueux et de lisses. Ces derniers portent le nom de *Cocons satinés*. (V. *Tirage de la soie*.)

Finalement, il y en a de *doubles*, renfermant deux chrysalides. Selon la race, on obtient ou une seule récolte par an, ou plusieurs : ceux qui en donnent trois s'appellent *Trivoltins*, et *Polyvoltins* ceux qui en donnent un plus grand nombre.

Le nombre des mues, ou des âges des vers varie ; les uns muent quatre fois, les autres trois seulement.

Grainage des vers à soie. — Les œufs sont fécondés au passage dans les organes du papillon femelle par la liqueur que le mâle y a déposée. L'accouplement dure plusieurs heures, de douze à quinze, et la ponte des œufs dure à peu près trois jours, et commence aussitôt que le mâle quitte la femelle. Cette femelle s'efforce de ne pas entasser ses œufs. Aussi voyons-nous les cartons de graines, et les toiles toutes couvertes de graines qui ne se touchent presque pas, et qui y sont agglutinées au moyen de la liqueur dont ils sont enduits.

Une femelle donne depuis 400 œufs jusqu'à 700, et quatre kilogrammes de bons cocons donnent à peu près une once de graine, 1,350 œufs pèsent un gramme; 1,350,000 un kilogramme.

M. Guérin-Méneville a signalé quelques précautions bonnes à prendre pour avoir de la bonne graine. En voici les principales :

1° Choisir les papillons éclos de trois à sept heures du matin, et mettre au rebut ceux qui sont éclos dans la journée ;

2° Ces papillons reproducteurs doivent développer leurs ailes facilement, être agités et ardents à s'unir ;

3° Il faut surveiller l'accouplement, et rejeter ceux qui se séparent au bout de deux ou trois heures au lieu de douze ou quinze ;

4° Les femelles se vident presque entièrement de leurs œufs dans la nuit et la matinée suivante. Après la ponte, elles doivent conserver leur agilité, et mourir vides et désséchées, et non à moitié pleines ou affectées d'une perte visqueuse et fétide.

5° Les œufs d'abord jaunes et roux doivent prendre leur couleur grise vers le troisième jour.

Les cocons destinés au grainage doivent être les plus beaux, les plus parfaits, les mieux conformés. Cependant, ainsi que nous l'avons dit, dans ces derniers temps on a essayé de faire grainer les cocons inachevés (*chiques*), et l'on s'en est trouvé relativement satisfait.

Il est prudent de recueillir le produit de la ponte du premier et du deuxième jour, et de mettre à part ceux du troisième jour.

Il faudra à peu près trois kilogrammes de bons cocons pour faire une once de graine que l'on conservera jusqu'à la saison suivante en suspendant les feuilles de papier, ou des toiles, sur des cordes dans un lieu à l'abri du soleil, mais sans chercher à éviter les froids de l'hiver qui ne détruisent pas en elle la faculté de se développer.

Cocons. — Le cocon est une pelotte creuse formée d'un seul fil enroulé, et ininterrompu. Sa longueur est considérable, puisqu'on en a dévidé dont le fil toisait jusqu'à 1,250. La chenille qui l'a filé, s'y est renfermée pour en sortir après vingt jours de captivité et s'être transformée en chrysalide d'abord, et en papillon après. Pour en sortir, le papillon mouille un bout du cocon avec une humeur qui ramollit la gomme de l'enduit du fil, et écartant les brins se fraye un passage et finit par abandonner la coque qui a servi à la larve pour cacher et protéger ses mystérieuses métamorphoses.

Le cocon ainsi percé, ne se laisse pas dévider parce que le papillon en sortant désagrège entre eux les fils, leur ôte leur colle, et les dispose en une espèce de houppe tout autour du trou. Les cocons percés n'ont que le prix de déchets inférieurs de filature.

Il est donc important que le cocon soit entier sans solution de continuité pour qu'il puisse se dévider. On est donc obligé de tuer la chrysalide, et on y parvient en soumettant le cocon à un fort degré de chaleur. Le soleil de juin et de juillet dans les pays méridionaux suffit à produire cet effet : mais on se sert plus ordinairement du *fournoyage*, et de la vapeur qui mérite la préférence ; car, s'il est difficile de régler la chaleur d'un four qui pourrait endommager la soie, par la vapeur non comprimée qui ne s'élève pas au-dessus de 100°, l'on est sûr de ne pas y porter atteinte. Les cocons sortant de la cloche à *étouffe-*

ment sont humides, quoiqu'ils y restent tout au plus un quart d'heure. On les laisse sécher, et pendant ce temps ils perdent environ 75 0/0 de leur poids primitif. Quatre kilos de cocons verts donnent un kilo de cocons secs. Il faut quelques mois pour obtenir un desséchement complet. On les conserve dans cet état, en couches très peu épaisses, sur des planches, et mieux sur des claies dans un local à température tempérée, constante, point humide, et à l'abri des rats et des souris qui, étant excessivement friands de la chrysalide, rongent le cocon pour l'en extraire et pour s'en régaler. On les remue de temps à autre.

Le propriétaire de cocons doit faire un triage pour séparer les cocons simples des cocons doubles, qui étant construits par deux vers à la fois ne peuvent être dévidés que difficilement, et ne donnent qu'une soie grossière et irrégulière. Les cocons triés se vendent à un meilleur prix.

Dévidage des cocons ou Tirage de la soie. — Parmi les industriels séricicoles et séritechniques, il y en a un grand nombre qui font peu de cas du dictionnaire, et conséquemment qui ne craignent pas de changer la valeur des mots, ou de remplacer les existants par des nouveaux de leur invention. Ainsi, au mot tirage de la soie, qui est l'expression véritable, l'on a substitué le mot filage de la soie, filature de la soie, sans avoir l'air de se douter que les mots filature et filage impliquent une torsion donnée au fil, et qu'au dévidage du cocon la soie ne subit aucune torsion persistante. L'on dit filer le chanvre, le lin, le coton, parce que la filature de ces matières textiles ne peut s'effectuer qu'en tordant les fils; mais on dit par contre, tirage des métaux et tirage de la soie, parce que les fils ne sont pas tordus. En un mot, un fil peut être filé et tiré puisque l'ouvraison implique une torsion, et se tire à la bassine, car elle monte au guindre telle que le cocon la donne.

Après cette digression linguistique, qui n'a d'autre importance que celle que peut avoir une diction correcte, résumons le travail technologique qu'il faut accomplir pour obtenir la *soie grège* ou *tirée*.

Les cocons se dévident après les avoir fait tremper dans l'eau chaude à 70° Réaumur, pendant le temps nécessaire pour ramollir la gomme qui enveloppe le véritable fil de soie. Comme ces cocons ne demandent pas tous le même degré de chaleur, il faut soigneusement trier les *satinés*, qui ont une surface lisse, de ceux qui ont une surface plus rugueuse ; les premiers exigeant un degré de chaleur moindre. L'âge du cocon et son état de dessèchement demandent aussi un degré de chaleur plus ou moins intense, et une cuisson plus ou moins durable. Il y a des cocons pour lesquels il faut de l'eau bouillante.

La tireuse bat ses cocons avec un petit balai de chiendent ou de bruyère, jusqu'à ce qu'elle ait pu saisir le bout. Elle ramasse tous ses bouts dans la main gauche, et en en réunissant depuis trois jusqu'à quinze ou vingt, selon la grosseur que l'on veut donner au fil, elle les fait passer, ainsi réunis en un seul faisceau, dans une filière, de là (comme il y a deux fils), elle les croise pour les comprimer l'un contre l'autre, et souder toutes les baves ensemble, et enfin après les avoir fait passer sur un crochet placé un peu plus haut, ces deux fils traversent un va-et-vient pour aller se fixer l'un à une certaine distance de l'autre sur le guindre, où ils se disposent en flottes.

Pour obtenir de la soie régulière, il faudrait deux conditions auxquelles on satisfait plus ou moins bien. Il faudrait, veux-je dire, que les baves des cocons fussent tout au long d'un même diamètre, et qu'elles ne se cassassent jamais. Mais ces baves se rapetissent ou s'amincissent au fur et à mesure qu'elles s'approchent de leur extrémité intérieure, et rarement on peut dévider un cocon d'un bout à l'autre. Aussi la tireuse est-elle obligée de surveiller ses groupes de cocons, pour voir combien de baves continuent à monter, et combien il y en a de cassées pour les remplacer par des nouvelles. C'est ce qu'elle fait en jetant avec son doigt un bout toutes les fois qu'elle s'aperçoit que son compte n'y est pas.

L'amincissement de la bave exige de la tireuse une attention toute particulière. Il arrive presque toujours que dans le groupe des cocons il y en a une bonne moitié qui est près de la fin de leur dévidage, et conséquemment donnent un fil plus fin. Alors la femme en ajoute un nouveau pour égaliser. Ordinairement elles marchent avec trois cocons vieux et deux neufs, lorsqu'on veut le titre de douze à quatorze deniers.

Les cocons qui ont servi et qui ne sont pas épuisés, sont rebattus pour en avoir encore une fois le bout, et les dévider jusqu'à la fin. On les mêle à des nouveaux dans de nouvelles battues. Cependant, dans de certaines usines on bat séparément les vieux et les neufs. Si l'on ne marche qu'avec des vieux selon leur degré d'épuisement, il en faudra cinq ou six pour quatre nouveaux. A chaque battage on arrache une portion de baves, qu'on recueille, que l'on sèche, et que l'on emploie sous le nom de *frisons*, pour faire cette matière textile que l'on appelle *fantaisie*. On est parvenu à la filer aussi fine presque que la soie.

L'eau de la bassine, chauffée à la vapeur ou à feu nu, ne doit pas contenir des substances qui puissent durcir la gomme, telles que les sels calcaires. Le suc exprimé des chrysalides et ajouté à l'eau, facilite le tirage. En font autant toutes les susbtances légèrement alcalines. Si l'égalité de la soie tient à l'habileté de la fileuse, d'autres prérogatives propres à ces précieux fils proviennent de la qualité de l'eau. On attribue à l'eau des Cévennes la supériorité de ses soies sur les autres, produites dans d'autres pays. Une même qualité de cocons tirée en partie dans les Cévennes, et une autre partie à Avignon, a donné deux qualités de soie, celle d'Avignon inférieure à celle des Cévennes.

La bave des cocons n'a pas la plus petite irrégularité : elle est lisse d'une extrémité à l'autre, et cependant la soie grége présente des imperfections qu'il faut corriger sous peine de n'avoir que de la soie médiocre. Voici en quoi ces imperfections consistent :

Le ver à soie, en disposant son fil, ne conserve pas toujours une méthode invariable. Tantôt il en ramasse en un point une pelote partielle, qui est d'un dévidage très difficile, et qui, passant outre, laisse sur le fil un *paquet* ou une *coste*. Tantôt ces paquets sont gros, et tantôt ils sont petits, et dans ce cas ils constituent le *bouchon*. Tantôt enfin il n'y a qu'un chevauchement d'un fil sur un autre, ce qui constitue une *boucle*. Ne sachant pas la manière d'empêcher ces imperfections à la bassine, on est obligé d'y remédier en partie au moyen de *purgeoirs* qui, s'ils arrêtent les imperfections volumineuses n'arrêtent pas les boucles, celles de toutes les imperfections que le fabricant de soieries craint le plus.

On a proposé différents moyens chimiques et mécaniques pour débrouiller ces boucles, ces costes, et ces bouchons avec plus ou moins de succès, sans cependant résoudre la question d'une manière définitive, laissant ainsi aux inventeurs une voie ouverte pour exercer leur intelligence.

Il y a cependant une autre imperfection de la soie, et celle-ci est à la charge de la tireuse, qui, en jetant la bave, ne l'attache pas au fil par la pointe. De là une portion de cette bave qui perd, et qui fait un *bout flottant*. Le remède est tout entier du ressort de l'habileté de la tireuse.

Nous avons réussi à combiner un système de tirage de la soie qui nous donne un produit irréprochable. Notre méthode consiste à ramollir la gomme de la soie avec un menstrue chimique, et ensuite à opérer une traction incessante sur la bave qui sort du cocon, en obligeant celui-ci à opposer une résistance, d'un côté, et en disposant la filière de manière à présenter aussi une résistance de l'autre. Lorsque l'on veut débrouiller un fil qui n'est pas noué, mais qui est seulement chevauché, il n'y a qu'à tirer des deux bouts. C'est ce principe que nous avons appliqué.

On a proposé de tirer la soie à froid, c'est-à-dire en se servant d'eau froide à laquelle on a ajouté du suc exprimé de chrysalides. D'après ce que l'on a dit de ce procédé on serait porté à croire qu'il y aurait avantage à l'adopter. Nous sommes incompétent pour en décider.

Moulinage des soies. — On mouline une soie de diverses manières, pour obtenir différentes combinaisons, soit de nombre des fils, soit de degré et de mode de torsion auquel on les assujétit. Les principales ouvraisons sont le *poil*, la *trame*, l'*organsin*, la *grenadine*.

Le *Poil* est une soie grège à un seul bout, qui a subi un tors au moulin.

La *Trame* se compose de deux ou trois ou quatre bouts, réunis ensemble et légèrement tordus. On ne se rend pas assez compte généralement de ce qui se passe dans cette simple opération d'ouvrer la soie en trame. Peut-être les deux tiers des mouliniers ne savent pas que cette torsion d'ensemble en engendre une spéciale à chaque bout, de manière que la trame a réellement deux apprêts au lieu d'un. Pour que la trame n'eût que l'apprêt d'ensemble, il faudrait avant de réunir les bouts, les tordre isolément en sens inverse de la torsion d'ensemble, et leur donner le même nombre de tors que l'on donne au second apprêt. Une trame préparée ainsi fournirait peut-être davantage, car plus elle est ouverte, plus elle donne une étoffe garnie. Ce serait un surcroît de travail, qui serait sans doute rémunéré par la qualité de l'étoffe ou par la quantité de soie que l'on économiserait.

L'*Organsin* ou *Chaîne* se compose de deux ou plusieurs bouts fortement tordus isolément de droite à gauche, et modérément tordus de gauche à droite après leur réunion. Les organsins les plus forts ont 700 tors par mètre au poil, et 4 ou 500 tords de second apprêt. Encore dans cette circonstance il se passe un fait qui échappe au plus grand nombre. Et ce fait le voici : généralement l'on croit que le second apprêt laisse intact le premier, c'est-à-dire celui de chaque fil isolé; c'est une erreur qu'il est bon de redresser. Le second apprêt détruit un nombre d'autant de tors du premier apprêt qu'il a de nombre de tords lui-même. Ainsi par exemple, dans l'hypothèse que nous avons admise plus haut de 700 tors au mètre de poil, et de 4 ou 500 au second apprêt, le nombre des premiers tors ne reste en réalité que de 3 ou de 200. Si les deux apprêts ont le même nombre de tors, le premier disparaît en plein, et dans ce cas réellement au lieu d'organsin on n'a que de la trame; de même que la plus grande partie des mouliniers en ouvrant la soie en trame ne se doutent nullement que c'est de l'organsin qu'ils font, mais de l'organsin ayant les deux apprêts dans le même sens.

L'organisage des soies se prête à beaucoup de variantes, chacune desquelles peut avoir son bon côté pratique. Selon la qualité de l'étoffe on tord plus ou moins vivement, c'est-à-dire que l'on donne le premier apprêt, ainsi que le second plus ou moins fort. Il y en a qui donnent deux apprêts dans le même sens, et ce genre d'ouvraison, produit une variété de trame, et non une variété d'organsin.

Il y a encore d'autres espèces d'ouvraisons, qui ont différentes applications dans les manufactures séricitechniques. La *Grenadine* est une soie grège ouvrée à deux bouts, et très tordue. Le nombre des tors dépasse quinze cents au mètre.

Il y a le *marabout* qui est une soie composée souvent de trois bouts ouvrés en trame. On la laisse écrue car elle est d'une blancheur éclatante, et alors elle sert pour les blondes; ou bien on la teint sans la décreuser, et après on la dévide de nouveau et on la réorgansine. C'est à Novi, en Piémont, et à Annonay, en France, que l'on fait ce genre de soie. Celle de Fossombrone est très estimée.

Le marabout est tordu comme la corde d'un fouet.

Ce livre étant destiné à donner une idée sommaire de tout ce qu'il renferme on comprendra que ce que nous avons dit de la soie et de son origine, suffit et au delà à notre but. Nous ne pouvons donc pas nous occuper de toutes les qualités de soie que l'on connaît dans le commerce, soit des soies grèges, soit des soies ouvrées, et moins encore nous permettre d'entrer dans tous les détails de la teinture, du dévidage, de l'ourdissage, du tissage, ce qui nous conduirait à donner à cet article les proportions d'un volume.

Avant de finir cependant, nous croyons devoir expliquer en quoi consistent l'*Essayage des soies* et leur *Conditionnement*.

Les soies, nous l'avons dit, se composent d'un nombre de baves indéterminé, ce qui, évidemment, les rend plus ou moins lourdes et plus ou moins grosses. On détermine la finesse de la soie en en dévidant 476 mètres, qui correspondent à l'ancienne mesure de 400 aunes (à quelques petites fractions près), et pesant cette longueur à une balance de précision. Lorsqu'on veut constater le plus ou moins de régularité dans la finesse de la soie, on multiplie le nombre de tous ces petits écheveaux d'essai, et l'on a ainsi une série de poids qui peut présenter beaucoup d'écart, ou peu d'écart entre les chiffres qui les expriment. Le poids est en deniers, ou, ce qui revient au même dans ce cas, en grains. Si par exemple, comme dans certaines soies étrangères, il y a des essais à 12 deniers, tandis qu'il y en a à 36, il y a un manque d'uniformité qui déprécie de beaucoup le mérite de la soie. L'industrie humaine qui n'est jamais à court d'expédients a trouvé le moyen de corriger cet inconvénient, au moyen d'un petit engin qu'on appelle *Assortisseur*.

L'essai des soies de la Condition de Lyon mesure 500 mètres de soie, et est pesé par centigrammes. Mais l'essayeur, tout en rendant compte des résultats obtenus à ses clients, est obligé de mettre en regard les centigrammes et les deniers, sans quoi peut-être ne réussirait-il pas à se faire comprendre par tout le monde.

Conditionnement. La soie est éminemment hygrométrique, ou en d'autres termes, elle absorbe facilement l'humidité de l'air, dont elle se sature en retenant une quan tité d'eau considérable. En moyenne, la soie du commerce contient 10 à 15 0/0 d'eau : mais cette quantité peut varier aussi bien en plus qu'en moins. La condition a pour but de sécher une partie de la soie d'une balle, d'une manière absolue. Alors au poids on ajoute par la plume 10 à 11 0/0 d'eau ; et on en détermine le poids sur lequel s'établit celui de la balle entière. L'acheteur paye ce poids.

PLANTES NUISIBLES

Chardon. — Le moyen le plus pratique pour détruire cette plante, qui nuit énormément à la récolte des céréales, consiste à l'arracher lorsque le chardon est prêt à fleurir, ce qui a lieu à peu près au milieu du mois de mai. On commence par les blés et ensuite on purge les avoines et les orges. Cette opération est connue sous le nom d'*Échardonnage*, et s'exécute au moyen d'un petit instrument qui ressemble à une houlette ou à une bêche en miniature. On s'en sert pour couper, un peu au-dessous du collet, la plante que l'on veut détruire sans l'arracher, pour ne pas nuire aux plantes environnantes que l'on tient à respecter. Une ouvrière coupe, et une qui la suit ramasse.

Si les épines ne sont pas trop résistantes, ou si l'on découpe le chardon en petits fragments, cette plante fournit une bonne nourriture pour le bétail.

Si par contre on la laisse croître et qu'on la ramasse avec la paille, elle gâte le fourrage, attendu que le bétail se sentant piquer au naseau, renonce à manger même la paille.

C'est une excellente spéculation agricole que d'échardonner les champs de blé, d'avoine, ou d'orge, et aucun propriétaire ne devrait s'exempter de cette épuration, qui ménage les sucs de la terre au profit de la plante cultivée, et donne des fourrages de meilleure qualité, outre que le chardon encore frais constitue lui-même une bonne alimentation pour les animaux affectés à l'agriculture.

Chiendent ou Gramen. — Autant cette plante est utile en médecine pour la confection des tisanes diurétiques et rafraîchissantes, autant elle est nuisible à l'agriculture. On la craint comme un véritable fléau des champs cultivés.

Le seul moyen efficace pour la faire disparaître, au moins temporairement, est celui de labourer la terre trois ou quatre fois au moins pendant l'été, car cette plante ne continue pas à vivre dans un terrain que l'on remue souvent.

Pour en faire la cueillette, on fait suivre le laboureur par des filles, ou des enfants, qui s'en emparent au fur et à mesure que la charrue met à découvert ses racines rampantes. La qualité la plus commune de chiendent est la racine du *Triticum repens*; mais elle n'est pas la seule qui infeste nos campagnes. Il y en a une autre espèce qui est connue plus communément sous le nom de *Pied-de-poule*, et qui est la racine du *Panicum dactylon*, un peu plus grosse, mais rampante comme la précédente, et aussi rafraîchissante et diurétique.

Cuscute ou barbe de moine. — De tous les moyens pour détruire cette plante, qui est le fléau des prairies artificielles et surtout de la luzerne, le meilleur est celui qui consiste à arroser la surface qu'elle occupe avec une dissolution de coupe-rose verte, ou autrement de sulfate de fer. La plante est détruite en quelques heures, et la luzerne, le trèfle ou le sainfoin, débarrassés d'une plante qui a un appétit aussi dévorant, repoussent, et, par l'action fertilisante du sel de fer, acquièrent toute la vigueur désirée.

A défaut cependant de sulfate de fer, on pourra employer la colombine ou la suie, ou faucher la cuscute et en brûler sur les lieux les tiges. Ce dernier moyen n'est pas toutefois sans inconvénient pour les plantes fourragères.

La solution de sulfate de fer se compose de 1 de sel sur 10 d'eau. Sur les sols sablonneux, la solution pourrait, en pénétrant profondément, attaquer les racines que l'on veut sauvegarder, et dans ce cas il faudra que la solution soit plus faible.

Il est bon d'arroser au delà des limites occupées par la cuscute pour atteindre les quelques filaments qui pourraient se glisser plus loin.

Avant d'arroser, il faudra faucher la cuscute, l'enlever et la détruire par la combustion, pour être plus sûr que la solution, pénétrant dans le sol parviendra jusqu'aux racines.

TABLE DES MATIÈRES

PAR ORDRE ALPHABÉTIQUE

A

	Pages.
Abcès	1
Abeilles	492
— enterrées	499
— fécondantes	499
— malades	496
Ablution ordinaire	147
Abricots confits	311
Absinthe	229
— (liqueur d')	229
Acétate d'alumine	387
Acide acétique	262
— acétique concentré	266
— hydrochlorazotique	386
— phénique	461
— phénique soluble	461
— pivrique	457
— pyro-acétique	265
— pyroligneux	265
Acidité des vins	162
Agents de dégraissage composés	391
Agents de dégraissage simples	391
Alcool rectifié. *V.* Rectification des alcools	
Alcoolat d'abricots	256
— d'absinthe	256
— d'aloês	256
— d'amandes amères	256
— d'ambrette	256
— d'aneth	256

	Pages.
Alcoolat d'angélique	256
— d'anis étoilé	256
— d'anis vert	256
— de badiane	256
— de benjoin	256
— de bergamote	256
— de bois de Rhode	256
— de cachou	256
— de cannelle	256
— de cardamome	256
— de carvi	256
— de cascarile	256
— de cédrats	256
— de céleri	256
— de chervi	256
— de citronelle	256
— de citron	256
— de cocléaria	256
— de coriandre	256
— de cumin	256
— de daucus de Crète	256
— dentifrice	110
— de fenouil	256
— de fleurs d'oranger	256
— de galanga	256
— de génépi	256
— de geneviève	256
— de gingembre	256
— de girofle	256
— d'hysope	256

	Pages.		Pages.
Alcoolat de jasmin	256	Alliage d'alluminium et de cuivre	421
— de lavande	256	Alopécie	82
— de limette	256	Altise	469
— de macis	256	Amalgame aurifère	415
— de mélisse	256	Amidon	322
— de menthe poivrée	256	Aniline	458
— de myrrhe	256	Animaux nuisibles	469
— de myrrhis. V. Liqueur de myrrhis	256	Anthrax	35
Alcoolat de noix de muscade	256	Apoplexie	82
— d'œillet	256	Apprêt à la cire	368
— d'orange	256	— des crêpes	367
— de romarin	256	— des dentelles	367
— de roseau aromatique	256	— des étoffes de laine	367
Alcoolat de rose	256	— des étoffes de soie	368
— de safran	256	— des gazes	367
— de santal	256	— imperméable	369
— de souchet long	256	— pour papiers peints en relief	370
— de Tolu	256	Apprêt pour les satins	368
— de tubéreuse	256	Apprêt au tannate de gélatine de M. Kulmann	370
— de violette	256	Apprêt des tulles	367
Alcoolats	255	Apprêts	366
— composés	258	Araignées	486
— simples	255	Araignée-loup	487
Alcoolé alcalin détersif	257	— diverses	411
— d'ambre gris	257	— des matières textiles	411
— de baume du Pérou	257	Argenture des métaux	411
— de benjoin	257	— au pinceau	412
— de cachou	257	Arrowroot	319
— de gingembre	257	Ascarides lombricoïdes	4
Alkermes de Florence	232	Ascarides vermiculaires	4
Alliage d'aluminium	421	Asphyxies	84
— d'aluminium et d'argent	421	Astringence des vins	161
		Attaque de nerfs	1

B

Bain alcalin	145	Bandoline	133
— aromatique	145	Barbe de moine	519
— émollient	144	Belette	486
— excitant	146	Beurre de cacao	334
— gélatineux	145	— conservé	295
— tonique astringent	146	Bête rouge	488

	Pages
Beton	434
Bière	178
— anglaise	184
— de chiendent	183
— conservée	181
— domestique	186
— économique	182
— falsifiée	181
— à froid	185
— de gingembre	184
— de ménage	172
— de pâte et de pain	173
— résineuse	182
— russe	185
— de sapinette	182
Bischoff d'oranges	243
Bischop	243
Blanchiment	386
Blanchiment du coton, chanvre, lin	388
Blanchiment des dentelles	390
— des étoffes de soie	389
Blanchiment des fruits	303
— de l'ivoire	390
— du laiton	391
— des légumes	276
— de la laine	390
— des os	391
— de la paille	410
— de la soie	389
Blattes	471
Blessures en général	85
Bleu d'aniline	458
— de Saxe	385
Bois enrobé	354
— imité	254
— incombustibles	354
— minéralisé	353
— teint	354

	Pages.
Bois teint en bleu	354
— teint en jaune	354
— teint en noir	354
— teint en rouge	354
— teint en rouge orange	354
Boissons	156
— économiques	172
Bombyx du chêne	501
— du mûrier	501
Bouche puante	33
Bouillon américain	329
— conservé	328
— consommé de Liébig	329
— d'écrevisses	329
— de grenouilles	329
— de lézards	329
— de Liébig	328
— de poissons	326
— sec ou en tablettes	328
— de tortues	329
— végétal de Pétroz	328
— de vipère	329
Boules à détacher	393
Bronzage	417
— de l'acier	418
— antique des statues en plâtre	418
Bronzage des canons de fusils	418
— du cuivre	418
— du fer	418
— florentin du plâtre	418
— de la fonte	418
— du laiton	418
— des médailles en cuivre	419
Bronzage pour les peintres	417
Bronzes et alliages	420
Brûlures	86

C

	Pages
Cafards	471
Café	208
— au caramel	213
Café de caroube	212
— de Chartres	213
— de chicorée	212

	Pages		Pages
Café de figues	214	Chenilles	470
Calandre	476	Chiendent	519
Cancer scrofuleux	66	Chiques	504
Câpres confits	269	Chocolat	330
— au vinaigre	269	— analeptique	334
Capucines confites	270	— antipériodique	333
— au vinaigre	270	— à l'arrow-root	333
Caramels des confiseurs	337	— à la cannelle	334
Caramel des liquoristes	337	— aux fécules	333
Carbonisation des bois	354	— praliné à la crème	334
Carmin de cochenille	385	— purgatif	334
— de cochenille liquide	387	— au sagou	333
— d'indigo	383	— au salep	333
— de lac-dye	385	— tempérant	333
— de safranum	384	— au tapioca	333
Carmine	385	— à la vanille	334
Carreau des enfants	66	Choléra	22
Carthamite	384	Choucroûte	275
Carton bitumé	436	Choux de Bruxelles conservés	274
— pierre	436	— cabus conservés	274
— pour toiture	436	Chrystofia des Russes	250
Cassolettes	153	Cigale	489
— à l'ambre	154	Cidre artificiel	177
Catarrhe	73	— de Berg-op-soom	177
— angineux	73	— de ménage	176
— intestinal	73	— de poires	176
— de l'œil	74	— de pommes	175
— des oreilles	74	Ciment algérien	425
— pituitaire. V. En-chifrènement	73	— arménien	425
		— de Botany-Bay	427
Catarrhe urétral	75	— de Chenot	426
— vaginal	75	— chinois	425
— vésical	75	— mastic	431
Cérat cosmétique	140	— naturel	434
Champignons	270	— obturateur des dents	430
Champignons conservés	273	Ciment romain	434
— de couche	272	— turc	425
Champignons vénéneux	271	— universel	425
Charançons	476	Cirage anglais	347
Charbon	36	— pour chaussure	346
Chardon	518	— pour les harnais	349
Chaud et froid	2	— imperméable	349
Chenille des arbres	471	— italien	348
— des livres	470	— Jacquand	347
— de la vigne	470	— pour revers de bottes	350

	Pages.
Cire	355
— à cacheter	355
— d'Espagne	356
— à goudronner les bouteilles	357
Cire à greffer	358
— à modeler	358
— à rasoir	153
Citrons conservés	275
Coaltar	462
— alcoolisé	462
— plâtreux	462
— saponifié	462
Coco	178
Cochenille ammoniacale	385
Cocons	510
Cognac de Lyon	223
Cold-cream	140
Coliques	20
Colique néphrétique	21
— des peintres	15
— utérine	22
— névralgique	22
Colle à la dextrine	363
— à l'ail	361
— à bouche	362
— au caséum et à la chaux	361
— à clarifier les boissons	363
— à étiquettes	363
— pour faïence et porcelaines	361
Colle de farine	359
— de Flandre	359
— pour fleurs artificielles	365
— forte	359
— à la gomme	362
— liquide	362
— minérale	360
— de peaux de gants	365
— de poisson	359
— d'os	365
— de riz	360
— de Vancouver	361
Colles	358
Collier de Morand	65

	Pages.
Coloration en bleu des vins	162
— de liqueurs	260
Compote d'abricots	313
— d'angurie	308
— de bergamote	313
— de cerises	313
— de chinois	313
— de citrons	313
— de coings	313
— de Crémone	313
— pour dessert	313
— de fraises	313
— de framboises	313
— de groseilles	313
— de marrons	313
— d'oranges	313
— de pêches	313
— de poires	313
— de pommes	313
— de pruneaux	313
— de prunes fraîches	313
— de verjus	313
— verte de Chambéry	308
Concombres conservés	275
Conditionnement des soies	517
Confitures	309
Confiture d'abricots	311
— de coings	311
— de ménage	309
— de poires	311
— de pommes	310
Confiture de prunes	311
— de quatre fruits rouges	310
Constipation	26
Contusions	30
Convulsions des enfants	3
Coqueluche	10
Cornichons confits	267
— au vinaigre	267
Cors aux pieds	45
Coryza	30
Couleur blanc à l'huile	382
— bleu (des liqueurs)	261
— bleu à l'huile	283

	Pages.
Couleur brun à l'huile	383
— jaune à l'huile	382
— jaune (des liqueurs)	261
— jaune orange à l'huile	382
— noir à l'huile	383
— olive (des liqueurs)	260
— rouge à l'huile	382
— rouge (des liqueurs)	260
— siccatives à l'huile	382
— violet à l'huile	383
— verte (des liqueurs)	261
— violette (des liqueurs)	261
Coup de sang	82
— de soleil	40
Couperose	51
Courtillière	469
Cousins	477
Crème d'anis	254
— froide	140
— de menthe	254
— de noyaux	254
— de fleurs d'oranger	254
— de rose	254
— de thé	253
— de vanille	253
Crevasse du sein	47
Criquet	489
Croup	12
Croûtes de lait	42
Cuivrage de la fonte	421
Cure-oreilles	471
Cuscute	519

D

Dartre phlycténoïde	56
Dartres	53
Dégraissage	391
Démangeaison	41
Dépilatoire au sulfhydrats de soude	124
Dépilatoires	122
Dermestes	490
— des fourrures	490
— du lard	490
Dérouillement de l'acier	406
— du fer	406
Désinfectants	459
— gazeux	464
— hygiéniques	466
— liquides	465
— en poudre	463
Désinfection de l'alcool	226
— de la viande	291
Dessuintage de la laine	389
Dévidage des cocons	511
Dissolution d'étain	386
— d'indigo	385
Dorure sur acier, fer, cuivre	413
Dorure sur aluminium	414
— galvanoplastique	416
— sur marbre	414
— des médailles	414
— sur plâtre	414
— sur plomb	413
— sur verre	414
Durillons aux pieds	45
Dyssenterie des abeilles	496
— des vers à soie	503

E

Eau ambrée	101
— anti-éphélide	138
— d'arquebusade	251
— antirugueuse	138
— des Bayadères	98
— de Botot	103
Eau de bouquet	100
— de Cologne	95
— qui colore en blond les cheveux roux	137
Eau qui colore en noir les cheveux roux	137

— 527 —

	Pages.
Eau de coings	233
— cosmétique	610
— désinfectante	147
— gazeuze	187
— d'héliotrope	106
— de jacinthe	105
— de jasmin	104
— de jonquille	105
— de lavande alcoolique	96
— de lavande distillée	94
— de mélisse des Carmes	102
— de miel de Londres	99
— de miel parfumé	98
— de mille fleurs	99
— de musc	99
— de myrthe	106
— des odalisques	100
— pétrolisée	490
— philodontine	111
— de la reine de Hongrie	103
— de réséda	104
— sans pareille	100
— de Seltz artificielle	187
— de toilette	101
— de tubéreuse	105
— de vanille	106
Eaux-de-vie améliorées	225
Eau-de-vie anisée	223
— d'Andaye	227
— de cognac artificielle	223
Eau-de-vie de Dantzig	228
Eau-de-vie de genièvre	231
— de Languedoc artificielle	224
Eau-de-vie de lavande	96
— de lavande anglaise	96
— de marc de raisin	223
Eaux-de-vie ordinaires	223
Eau-de-vie de pêches	229
— de sept grains	232
Eau de violettes	105
Échauffaison	25
Échauffement	25
Écorchures	47

	Pages
Écriture révivifiée	451
Écrouelles	68
Eczema	61
— des enfants	42
Elixir aromatique de Lefoulon	110
Elixir de Cagliostro	247
— dentifrice de Désirabode	109
Elixir de Garus	245
— de la Grande-Chartreuse	247
Elixir de longue vie	245
— oriental de Delabarre	110
— de pepsine	251
— de Stoughton	251
Email dur	419
— tendre	419
Emaillage de fer	419
Empoisonnements	12
Empoisonnement par les acides	13
Empoisonnement par l'acide prussique	16
Empoisonnement par les alcalis	14
Empoisonnement par les alcalis des végétaux	14
Empoisonnement par les aliments	18
Empoisonnement par l'antimoine	15
Empoisonnement par l'arsenic	14
Empoisonnement par l'eau de javelle	14
Empoisonnement par les boissons alcooliques	20
Empoisonnement par les cantharides	14
Empoisonnement par les champignons	12
Empoisonnement par le chlore liquide	14
Empoisonnement par les mercuriaux	14

	Pages.
Empoisonnement par les moules	17
Empoisonnement par la noix vomitique et la strychnine.	17
Empoisonnement par la pierre infernale	15
Empoisonnement par les plantes irritantes	16
Empoisonnement par les plantes narcotiques	16
Empoisonnement par les plantes vireuses	15
Empoisonnement par le seigle ergoté	17
Empoisonnement par les sels de bismuth	15
Empoisonnement par les sels d'étain	15
Empoisonnement par les sels d'or	15
Empoisonnement par les sels de plomb	15
Empoisonnement par les sels de zinc	15
Empoisonnement par le tabac, l'aconite, etc.	17
Empoisonnement par le vert-de-gris	15
Encaustique sur bois	352
— pour cuirs	352
— pour meubles	351
— pour planchers	351
Encaustique pour planchers parquetés	351
Enchifrènement	30
Encre d'argent	445
— autographique	447
— bleue	443
— bleue en tablettes	444
— de Chine	447
— à décalquer	440
— à copier	440
— d'imprimerie	447
— incorrodible	445
— jaune	444

	Pages.
Encre lithographique	446
— noire double	439
— noire économique	440
— noire incomparable	441
— noire indélébile	440
— noire inoxydante	441
— noire pour marquer le linge	448
Encre noire ordinaire	439
— noire orientale	441
Encre d'or	445
— en poudre	445
— rouge	442
— rouge pour marquer le linge	448
Encre sympathique	449
— typographique	447
— verte	444
— violette	444
Encrivore	450
Enduit hydrofuge	435
— imperméable	350 et 436
— pour navires	438
— pour pieux	437
— siliceux. *V.* Colle minérale	360
Enduit pour toiles et cordes	437
— pour toiles à tableaux	437
Engelures	44
Enlevage des taches	393
— des taches de boue	395
— des taches de café	395
— des taches de cambouis	395
Enlevage des taches de chocolat	395
Enlevage des taches de couleurs à l'huile	395
Enlevage des taches de cire	395
— des taches d'encre	393
— des taches sur étoffes épaisses	396
Enlevage des taches de fumée	395
— des taches de goudron	395

	Pages.
Enlevage des taches de graisse	394
— des taches d'huile	394
— des taches de liqueurs	396
Enlevage des taches mercurielles	395
Enlevage des taches de résine	393
Enlevage des taches de rouille	394
— des taches de sauce	395
Enlevage des taches sur la soie	396
Enlevage des taches de sucs végétaux	394
Enlevage des taches de suif	
— des taches de suie	396
— des taches de stéarine	395
Enlevage des taches de vernis	396
Enlevage des taches de vin	395
Entorses	28
Epices	326
Ervalenta Warton	316
Erysipèle	38

	Pages.
Erythème	56
Esprit d'absinthe composé	258
— d'anisette de Bordeaux	258
— de moka	259
— de thé	260
Essaimage adventice	494
— artificiel	495
— empêché	495
— forcé	495
— spontané	496
Essayage des soies	517
Essences	88
Etamage du fer	422
— de la fonte	422
— galvanoplastique du plomb	423
Etamage des glaces	423
— de métaux	422
— polychrome	422
Ether aurifère	415
Eumolpe	475
— de la vigne	475
Exanthèmes	61
Excoriations	47

F

Falsification de la bière	181
— du café	211
— du chocolat	330
— des étoffes	399
— du miel	341
— du sucre	340
— des thés	217
— des vinaigres	266
Fard blanc en pommade	142
— blanc en poudre	142
— blanc de talc	143
— rouge en crépons	142
— rouge végétal	140
Fards	140
Fécule arrow-root	319
— de blé	322
— de glands	318

Fécule d'igname	318
— de marrons d'Inde	318
— de pommes de terre	316
— sagou	319
— salep	319
— tapioca	319
— de topinambour	317
Fiel de bœuf préparé	392
Fièvres intermittentes	28
Fixateur pour faux toupets	133
Forficule	471
Fouine	486
Foulures	30
Fourmis	478
Fourrures conservées. V. Savon des empailleurs	
Fracture des membres	86

Frelons. 480	Fruits secs. 303
Fromages conservés. . . . 296	— au sucre. 303
Fromage de Roquefort artificiel. 296	Fuschine. 458
	— sulfureuse . . . 467
Fruits confits au résiné . . . 306	Furoncles 35
Fruits conservés 301	

G

Gale. 40	Glaces au kirsch 200
Ganteïne. 150	— au marasquin 200
Gants cosmétiques 151	— à la pêche. 199
Gattine. 503	— au rhum. 200
Genièvre (liqueur) 231	— à la rose. 199
Gelée de coings. 311	Glu marine. 438
— d'oranges. 313	Gluten. 323
— de pommes. 310	Gluten granulé. 323
— de viande de Reveil. . 327	Goître. 64
Gerçure du mamelon. . . . 47	Goût de fût des vins 161
Gerçures. 47	Goutte. 69
Gin des Anglais. 231	Grainage des vers à soie . . 509
Ginger-beer des Anglais . . 184	Graisse des vins. 161
Glace artificielle 196	Gramen 519
— naturelle. 195	Granites 200
Glaces aux abricots. 199	Granite de cerises 200
— à la cannelle. 199	— au citron 200
— au citron ou à l'orange 199	— aux fraises. 200
— comestibles 197	— à l'orange 200
— à la crème. 197	— de framboises. . . . 200
— à la crème aux amandes grillées. 198	— de groseilles 200
	Grenadine de soie. 515
Glaces à la crème au café . . 198	Gribouri. 475
Glaces à la crème à l'eau de fleurs d'oranger 199	Grillons. 483
	Griottes conservées à l'eau-de-vie. . . . .
Glaces à la crème à la cannelle. 199	
	Gros-cou. 64
Glaces à la crème au cédrat . 199	Groseilles confites au vinaigre
— à la crème au chocolat 198	— conservées . . . .
— à la crème aux pistaches. 198	Gruau d'avoine. 321
	— de blé. 321
Glaces à la crème à la vanille. 199	— d'orge. 321
— à la fleur d'orangers . 199	Gruaux 321
— aux fraises. 199	Guêpes 480
— aux framboises . . . 199	Guêpier 480

H

	Pages.		Pages.
Hanneton.	470	Huiles essentielles. *V.* Essences	
Hémorrhagie.	85		
— par le nez	85	Huiles éthérées. *V.* Essences	
Hermine.	486	Huile de froment.	127
Hernies.	29	— de lin siccative.	381
Huile anticalvitique.	134	— de macassar.	126
— antique.	126	Huiles philophiles.	125
— à brûler.	300	Hydrolats. *V.* Eaux distillées.	
Huiles comestibles et combustibles conservées.	298	Hydromel.	188

I

Ichthyocolle.	359	Iodure de chlorure mercureux	52
Indigestions.	18	Ivresse.	20
Inertie des vins.	162	Ixodes.	487
Insectes utiles.	492	Ixode réticulée.	487
Insufflation d'air dans les poumons.	84	— du ricin.	487

J

Jules.	488	Jus de viande crue.	327

K

Kirvas. 185

L

Lait.	218	Laque de Florence.	388
— artificiel de Liébig.	220	Leptes.	488
— artificiel de Rosenstein.	219	Levain artificiel.	189
— de brebis.	218	Levure artificielle.	189
— de bufflesse.	218	— de bière de Vienne.	189
— de cavale.	218	Limaces.	485
— de chèvre.	218	Limonade anglaise.	193
— cosmétique.	139	Limonade cuite.	194
— frais conservé.	281	— sèche.	193
— de soufre camphré.	52	— simple.	193
— de vache.	218	— vineuse.	193
— virginal.	144	L'queur d'absinthe.	229
Laitonnage des métaux.	422	— d'ambroisie.	237

Liqueur d'angélique.... 236	Liqueur de verveine.... 237
— de brou de noix.. 242	Liquide argentifère.... 410
— économique... 253	Loir............ 485
— de la grande Chartreuse, jaune, blanche, verte 250	Lo-kao.......... 386
Liqueur de miel..... 238	Lotions.......... 147
— Moldavie...... 237	Lumbago......... 31
— de myrrhis.... 237	Lustrage de l'argenterie.. 417
— de prunelles.... 238	Lustrage de l'or...... 417
— de punch à la bourgeoise........ 243	Lut argileux........ 432
	— blanc......... 432
	— au blanc d'œuf..... 431
Liqueur de punch à la cardinal......... 244	— au plâtre....... 433
— de Raspail..... 252	Luxations......... 30

M

Mal d'aventure....... 37	Mastic d'Ostermaier pour les dents........... 429
Marabout (soie)....... 516	
Marasquin de Zara..... 243	Mastic de Dhil....... 431
Marmelade d'abricots.... 312	— de fer........ 426
— de coings.... 311	— des fontainiers.... 424
— d'épine vinette.. 311	— de fonte....... 426
— de fleurs d'oranger........ 313	— de graphite..... 427
	— hydrofuge...... 378
Marmelade de pêches.... 312	— pour luts...... 432
— de poires.... 312	— de minium...... 427
— de pommes... 312	— pour moulage de Sorel. 428
— de viande de Reveil............ 327	— ordinaire...... 424
	— pour pipes en écume. 431
Marie............ 486	— de plombagine.... 427
Mastic à l'ail........ 361	— de vitrier...... 424
— argileux....... 428	Miel............ 341
— pour les arbres... 428	— aigre.......... 193
— des bijoutiers.... 425	— par expression.... 341
— bitume........ 428	— du Gâtinais...... 341
— au blanc d'œuf.... 431	— de Narbonne..... 341
— au caoutchouc de Maissiat............ 427	— vierge........ 341
	Miliaire.......... 60
Mastic commun...... 426	Mites............ 488
— des dentistes...... 427	Mite rouge......... 488
Mastic de Bernoth pour les dents........... 430	Mixture Falconi...... 345
	Mobilité nerveuse..... 81
Mastic de Feichtinger pour les dents........ 429	Moirage du fer-blanc... 422
	Moldavie.......... 237

	Pages.		Pages.
Mordant des doreurs	416	Moutarde à l'estragon	324
Morsures venimeuses	97	— des Jésuites	325
Mort réelle (signes)	85	— au kari	325
Mortiers	433	— à la minute	324
Mouches	477	— au raisiné	326
— empoisonneuses	482	— simple	323
— à miel	492	Mulot	482
Moulinage des soies	515	Muscardine	503
Moustiques	477	Musculine	330
Moutarde aromatique	324	Mutage des vins	467
— de Crémone	324		

N

Nettoyage de l'argenterie	405	Nettoyage des éponges	402
Nettoyage des boiseries vernies	402	— du fer	406
Nettoyage des bougies	410	— du fer-blanc	407
— des bouteilles	403	— des flanelles	400
Nettoyage des broderies en laine	401	— de la fonte	407
Nettoyage des broderies en métal	401	Nettoyage des gants. V. Saponine à gants.	
Nettoyage des broderies en soie	401	Nettoyage des glaces	407
Nettoyage des buffleteries	402	— des gravures	409
— des cadrans de pendule	408	— de l'ivoire	410
Nettoyage des cadres dorés	410	— du laiton	405
— des carafes	402	— des lunettes	407
— des chapeaux de feutre	401	— des marbres	408
Nettoyage des cuivreries	404	— de l'or	406
— des cuivreries dorées	405	— de la paille	410
Nettoyage des couvertures de laine	400	— des tableaux	408
Nettoyage des émaux		— des tapis	401
— des étoffes de laine	399	— des tonneaux	403
— des étoffes de soie	399	— du velours	400
		Névralgies	76
		Névropathie	81
		Névroses	76 et 81
		Nez puant	32
		Nitro-muriate d'étain	386
		Noir d'aniline	458

O

Œstre du bœuf	482	Œils de perdrix	45
— du cheval	481	Œufs conservés	284
— du mouton	482	Oignons au vinaigre	268
Œstres	480	Oïdium du raisin	268

	Pages
Olives confites	306
Ophthalmie scrofuleuse	66
Orangeade	194
Orgeat	194
Orgeat aux graines de melons	19
Outre-mer artificiel	45
Ozone artificiel	46

P

	Page
Pain anglais	343
— d'anis	344
— à cacheter	451
— d'épices	344
— de dextrine	343
— au lait	343
— sans levain	343
Palamoud des Turcs	316
Panaris	37
Papier autographique	453
— à calquer	452
— à l'émeri	452
— imperméable	450
— parchemin	453
— tue-mouche	454
— de verre	452
Parchemin végétal	453
Parfum pour appartements	149
Parfumerie et cosmétiques	88
Pastilles désinfectantes	147
— du sérail	148
Patates conservées	275
Pâte alumineuse acétique	430
— arsénicale	491
— de coings	312
— phosphorée	491
— à rasoir	153
Pébrine	503
Pemphigus	55
Perce-oreille	471
Petit lait	220
— conservé	281
Petite vérole	61
Petits pois conservés	277
Phlyctènes	58
Piqûres vénimeuses	87
Pisé	435
Plantes nuisibles	518
Plâtre coalté	46
Plombage de l'acier	42
— des armes	42
— du fer	42
Poil de soie	51
Poirée	176
Poisson conservé	291
Poivrons confits	269
— au vinaigre	269
Pommade contre l'alopécie	127
— anti-calvitique	134
Pommades anti-dartreuses	55
— anti-péduculaire	135
— de concombres	139
— dépilatoire	124
— de Dupuytren	127
— aux feuilles de noyer	131
— pour les lèvres	139
— mélanogène	136
— omnicolore	136
— phénique	463
— de précipité blanc	52
— régénératrice de Mahon	130
— du sérail	139
— philophiles	125
Poireaux	51
Potage à la sultane	316
Potée d'étain	419
Pou des brebis	473
— de corps, ou des vêtements	473
— des porcs	473
— du pubis	473
— de tête	473
Poudre anti-calvitique	131
— dentifrice anglaise	108
— dentifrice au corail	108

— 535 —

	Pages.
Poudre — de Lefoulon	107
Poudre dentifrice magnésienne	108
— — de Rhighini.	107
— — simple	107
— désinfectante pour fosses et égouts	463
— pour limonade.	193
— mélanogène.	136
Pourpre	60
— blanc	57
— rouge	57
Pouzzolane.	433
— artificielle.	433
Poux.	473
Préparations dentifrices.	107
Préparations cosmétiques	137
— liquides contre l'alopécie.	429
Préparations tinctoriales pour le poil.	135
Prurit.	41
Puanteur du nez.	32
— de la bouche.	33
Puceron.	474
Puces.	471
Punaises.	472
Purée de riz cuite.	315
— végétales.	314
Pustule maligne	36

R

Racahout des Arabes	315
Raifort sauvage au vin aigre.	269
Raisiné	306
Rat des champs.	484
Ratafia blanc.	239
— de cacao	241
— de café.	241
— de cassis de ménage.	234
— de coings.	233
— de fleurs d'orangers.	241
— de fraises.	234
— de framboises.	234
— de genièvre.	231
— de Grenoble.	235
— de groseilles.	234
— à l'italienne.	242
— de merises	236
Rats et souris.	482
Ravivage des couleurs altérées.	396
Rectifications des alcools.	227
Revalenta Barry	317
Revalescière Barry	317
Rhum artificiel.	225
Rhume de cerveau	30
— de poitrine.	31
Rinçage des bouteilles.	402
Rouge d'aniline.	458
— de monarde.	456
— de sorgho.	455
Rougeole.	58
Rouget.	488
Ruches	497

S

Sachet acétigène	192
— antémétique.	76
— parfumé pour bains	145
— odoriférant	149
Sagou	319
Saindoux conservé	281
Salades conservées	277
Salep de Perse	319
Salsifis confits ou conservés	273
Sambayon.	316
Sapajean.	316
Saponé de coaltar.	462
Saponide de coaltar.	462
Saponine à gants.	150

	Pages.
Sardines conservées	293
— à l'huile	293
Sauterelle	489
Savon à l'amande amère	113
— au benjoin	113
— au bouquet des Alpes	114
— au camphre	113
— cosmétique	114
— de fiel de bœuf	393
— à la fleur d'oranger	113
— à la glycérine	114
— à la guimauve	117
— liquide	115
— mélanogène	136
— au miel	114
— au musc	113
— au patchouly	113
— ponce	117
— poreux	118
— en poudre	116
— à la rose	113
— de toilette	115
— transparent	117
— à la vanille	113
— végétal	116
— de Windsor	113
Savons	112
— parfumés	113
Scarlatine	59
— angineuse	60
— maligne	60
Sciatique externe	72
— interne	72
Sciure de bois agglomérée	353
Scorpion	486
Scrofule	66
Semoule	321
Sirops	202
— de capillaire	202
— de cerises	203
— de chicorée	203
— de coings	203
— de cynorrhodons	207
— d'écorces d'oranges	204
— d'escargots	206

	Pages.
Sirops de fécule	207
— de fleurs d'oranger	204
— de fraises	205
— de gomme	240
— de grog	204
— de groseilles	203
— de guimauve	203
— d'ipécacuanha	204
— de lait d'ânesse	206
— de lait de vache	506
— de mûres	203
— d'œufs	206
— d'orgeat	202
— de punch au rhum	244
— de quinquina	203
— de raisin	208
— simple	201
— de sorgho	456
— de sucre	201
— de tamarins	207
— de verjus	205
— divers	202
Soda-water. V. Eau gazeuse	187
Sorbets à l'ananas	200
— au Champagne	200
— au citron ou à l'orange	199
— aux fraises	199
Soufrage des vins	467
Souris	483
Sucre	335
— de betterave	337
— brûlé	337
— au café	338
— candi	337
— au caramel	336
— aux cerises	338
— au citron	338
— à l'eau de fleurs d'oranger	338
— aux fraises	338
— à la framboise	338
— au grand cassé	336
— au grand lissé	336
— au grand perlé	336
— aux groseilles	338

	Pages.
Sucre à la menthe	338
— de miel	342
— à la nappe	336
— à l'orange	337
— à l'orgeat	338
— au perlé	336
— au petit cassé	336
— au petit lissé	336
— pilé	339

	Pages
Sucre à la plume	336
— de pommes	339
— royal	339
— au soufflé	336
— au thé	338
— à la vanille	338
Sueurs puantes	34
Sulfate d'indigo	395
Sulfindigotate de soude	383

T

Taches. *V.* Enlevage des taches	
— hépatiques	49
— de naissance	50
— de la peau	49
— de rousseur	49
Tænia	7
Taille des ruches	495
Tannes	51
Taons	480
Tapioca	319
Taupe-grillon	459
Taupes	484
Teigne	43
— des blés	469

Teigne des fourrures	470
Teinture anticalvitique	132
— dentifrice anglaise	109
— de goudron	462
— de verveine composée	103
Thés	214
Tique des chiens	487
Tiques	487
Tirage de la soie	511
Tomates conservées	278
Toux convulsive	10
Trame de soie	515

V

Vaccin	63
Vaccine	63
Vaccinelle	64
Vaccinoïde	64
Varicelle	63
Variole	61
Varioloïde	62
Ver solitaire	7
Vernis blanc	371
— bleu-ciel	380
— bleu-saphir	380
— pour bois	381
— bronze	377
— de Chine	373
— au copal	372

Vernis des ébénistes	372
— à l'écaille	377
— au galipot	378
— pour gravure	378
— pour gravure sur le cuivre	378
Vernis pour gravure sur verre	379
Vernis pour grillages de fer	380
— pour le fer	379
— des forgerons	376
— hollandais	378
— hydrofuge	378
— imperméable pour toiles	371
Vernis du Japon	376

	Pages.
Vernis jaune commun	380
— jaune à reflets verdâtres	380
Vernis insecticide	381
— jaune orangé	380
— pour meubles	377
— noir de Brunswick	376
— omnicolore	380
— d'or	374
— d'or sans or	375
— pour parquets	373
— photographique	379
— pour reliures	377
— rose et rouge	380
— rouge pourpre	380
— des sabotiers	376
— siccatif	375
— siccatif pour meubles	374
— à tableaux	372
— vert-bouteille	380
— violet	380
— pour le zinc	379
Vers des enfants	4
— à soie	501
— à soie de l'ailante	507
— à soie du chêne	508
— à soie du ricin	508
Verre liquide	360
— soluble de Fuchs	360
Verrues	51
Vespetro (liqueur)	241
Vert d'aniline	458
Vert de lumière	386
Viande conservée	286
Vin d'abricots	164
Vins artificiels, ou factices ou imités	165
Vin de Beauce	174
Vins blancs	159
— de Bordeaux imité	166
— de cassis	163
— de cerises	165
— de Château-Margaux imité	167
— de Chypre imité	168

	Pages.
Vins coupés	168
Vin d'eau sucrée au café	174
Vins falsifiés	169
Vin de fraises	163
— de framboises	163
— de Frontignan imité	166
— de fruits	163
— de fruits secs	173
— de Saint-Georges imité	168
Vins gelés	163
— de groseilles	163
— d'hydromel	188
— de Lacryma-Christi imité	166
— de Lafayette	174
— de Madère imité	167
— de Malaga imité	165
Vins malades	161
Vin de miel	188
Vins moisis	163
Vin mousseux	160
— de mûres de ronce	163
— muscat imité	166
Vins naturels	156
Vin d'oranges	164
— de pommes	175
— de poires	176
— de Portugal imité	167
— de prunelles	163
— de prunes	163
— de réglisse	172
— du Rhin imité	168
Vins rouges	157
Vin saint	165
— de sureau	163
Vins troubles	162
Vinaigre	190 et 262
— anglais	118
— aromatique de Bully	119
— artificiel	191
— de bière	263
— de cidre	263
— cosmétique	120
— à l'estragon	191
— framboisé	192
— de miel	192

	Pages.		Pages
Vinaigre d'Orléans	263	Vinaigre de toilette de Sinfar.	119
— des quatre voleurs	118	— de vin	263
— radical	266	Vipère	486
— rosat	119	Viscosités de vins	161
— de rouge	192	Vulnéraire suisse	251

A LA MÊME LIBRAIRIE

LE SAVOIR-VIVRE DANS LA VIE ORDINAIRE ET DANS LES CÉRÉMONIES CIVILES ET RELIGIEUSES. — Cet ouvrage n'est point une de ces compilations de vieux traités de civilité puérile et honnête qui surgissent de temps à autre. C'est un travail neuf par la forme et par le fond, rempli d'appréciations personnelles, et décelant à chaque page un auteur appartenant à la bonne compagnie, par Mlle Ermance Dufaux de la Jonchère, 1 vol. . . . . 3 fr.

CE QUE DOIVENT SAVOIR MAITRES ET DOMESTIQUES, par Mlle E. Dufaux de la Jonchère. — L'auteur du *Savoir-Vivre*, dont on a pu apprécier la compétence, a réuni dans ce volume tous les renseignements pratiques, tous les conseils qui doivent diriger les maîtres et les serviteurs dans leurs relations réciproques. Aux uns, il enseigne le moyen de faire de bons domestiques, aux autres, celui de mériter de bons maîtres. Il ne saurait y avoir, à coup sûr, d'ouvrage plus utile aujourd'hui. 1 vol. in-18. . . . . 3 fr.

L'AVOCAT DE SOI-MÊME, NOUVEAU GUIDE EN AFFAIRES. — Contenant toutes les notions de Droit et tous les modèles d'actes dont on a besoin pour gérer ses affaires, soit en matière civile, soit en matière commerciale, par Durand de Nancy. 1 fort vol. in-18, 4 fr. 50. Relié . . . . 5 fr.

NOUVELLE FLORE FRANÇAISE. — Descriptions succinctes et rangées par tableaux dichotomiques, des plantes qui croissent spontanément en France et de celles qu'on y cultive en grand, avec l'indication de leurs propriétés et de leurs usages en médecine, en hygiène vétérinaire, dans les arts et dans l'économie domestique, ouvrage suivi d'une table générale des espèces et de leurs synonymes, par MM. Gillet et J.-H. Magne, 1 fort vol. in-18 jésus . . . . 8 fr.

LE CUISINIER EUROPÉEN. — Ouvrage contenant les meilleures recettes des cuisines françaises et étrangères, pour la préparation des Potages, Sauces, Ragoûts, Entrées, Rôtis, Fritures, Entremets, Desserts et Pâtisseries, complété par un Appendice comprenant la Desserte, ou l'art d'utiliser les restes d'un bon repas et de servir les vins, les confitures, les sirops, les bonbons de ménage, les liqueurs, les soins à donner à une cave bien montée, par Jules Breteuil, ancien chef de cuisine. Nouvelle édition revue et corrigée. 1 fort vol. in-18 . . . . . . 5 fr.

TRAITÉ DE L'OFFICE, par T. Berthe, ex-officier de bouche de feu S. Ex. M. le comte Pozzo di Borgo. Ouvrage indispensable aux maîtres d'hôtel, valets de chambre, cuisiniers et cuisinières, et utile aux gens du monde. 1 vol. grand in-18 . . . . . . 3 fr. 50. Cet ouvrage, composé par un maître d'hôtel des plus distingués, est le résultat des observations faites par lui pendant une trentaine d'années. Grâce à ce précieux guide, toutes les personnes intelligentes pourront aisément confire et conserver les fruits, fabriquer les petits-fours, faire de bonnes glaces et quelques bonbons.

LE CUISINIER DURAND. — Cuisine du Midi et du Nord. Neuvième édition, revue, corrigée et augmentée, par C. Durand, maître d'hôtel, petit-fils de l'auteur. Nombreuses figures dans le texte. 1 vol in-18 jésus . . . . 6 fr.

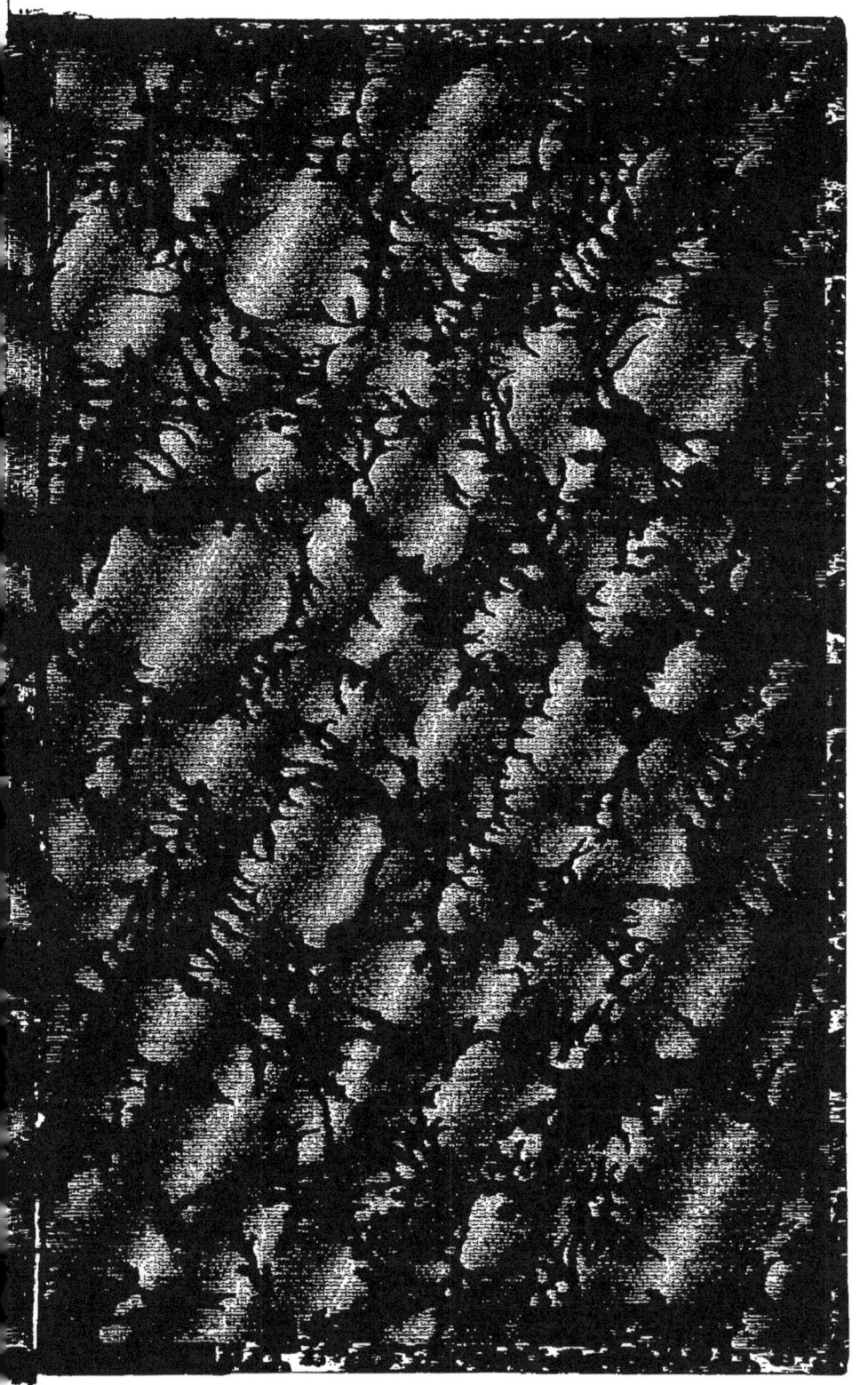

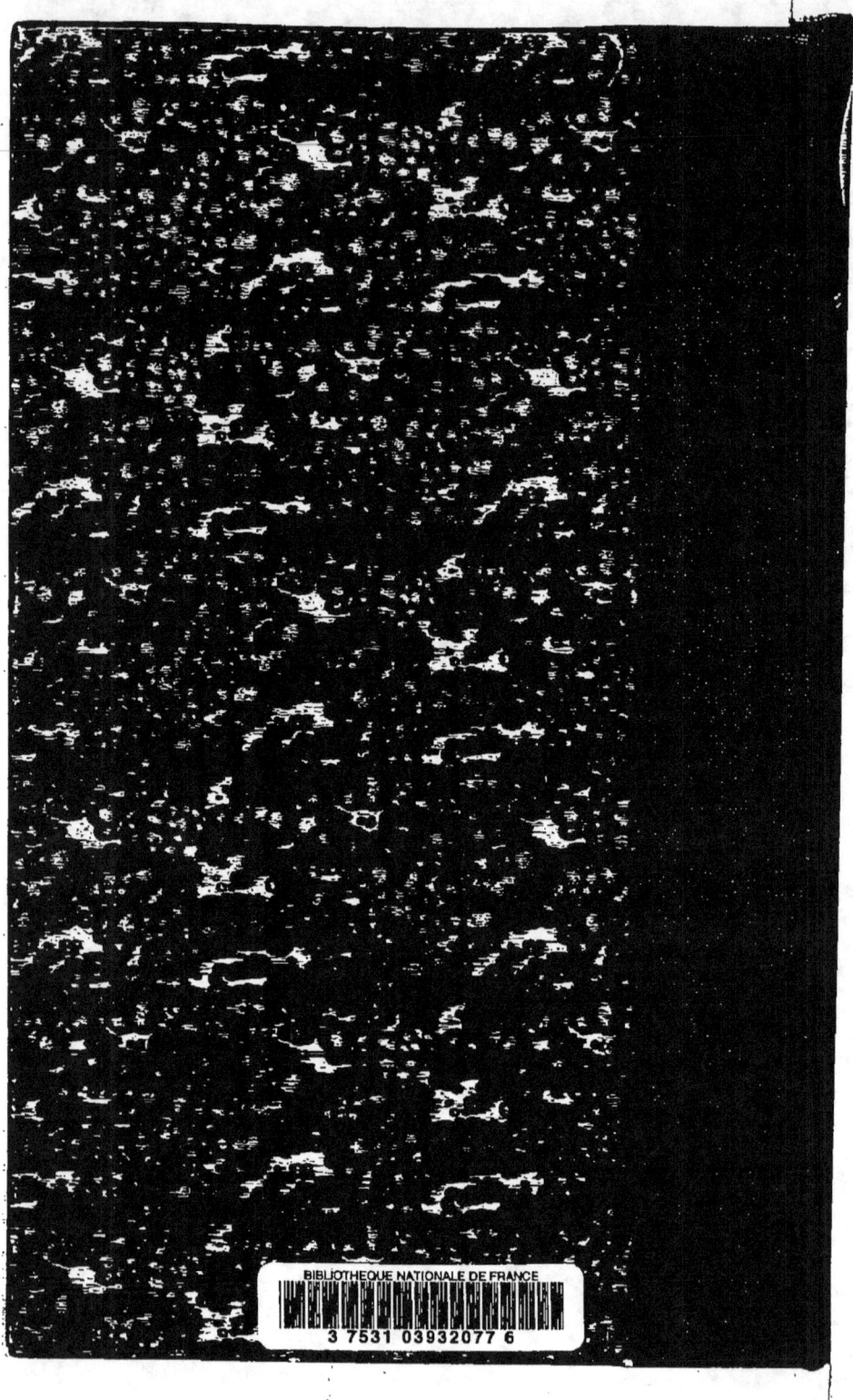

www.ingramcontent.com/pod-product-compliance
Lightning Source LLC
Chambersburg PA
CBHW070834230426
43667CB00011B/1790